学校で地域を紡ぐ

—『北白川こども風土記』から—

菊地 暁・佐藤守弘 編

小さ子社

はじめに
――一九五九年の〈こども風土記〉から――

〈こども風土記〉とよばれる作品群がある。日本民俗学の創始者・柳田國男の新聞連載をまとめた『こども風土記』（一九四二年）が嚆矢となり、戦中、戦後、そして現在に至るまで、数多くの〈こども風土記〉が書き継がれてきた。それらは、子どもたちのために書かれた平易な読み物であったり、子ども時代を回顧したノスタルジックな散文であったり、子どもたちの生活に迫ったリアルなドキュメントであったり、子どもたちが自ら筆を執った学習の成果であったりする。「こども」と「風土」と「記」の結びつきは、じつに多様だ。

本書が中心的に取り上げるのは、京都市立北白川小学校編『北白川こども風土記』（一九五九年）である。京都盆地の東北に位置する北白川は、旧石器遺跡をもつ歴史ある土地であり、京と大津を結ぶ街道沿いの近郊農村として発展したが、昭和初期から住宅地化が進行し、伝統的な生活は急速な変貌を遂げつつあった。この北白川で一九四六年に生まれた「戦後の子」四八名が、三年間

の課外学習をまとめた成果が『北白川こども風土記』である。そこには、風土、歴史、産業、生活、風習など、北白川という地域にまつわるさまざまなテーマが収められ、地域の来し方と変わり続ける現在が、子ども自身の視線から丁寧にすくい上げられている。国立民族学博物館初代館長・梅棹忠夫をして「これはおどろくべき本である」と言わしめたのも、故あることといわねばなるまい。

児童たちは、いかにして自らの地域社会を発見し、記述していったのか。その学びを教員や周囲の大人たちはどのように関わり、支えていったのか。その成果が出版され、さらには当時の日本映画ブームを支えた脚本家・依田義賢の手で映画化されるまでに至ったのは、どのような経緯があったのか。そして、そのようにして生み出された『北白川こども風土記』は、当時そして現在の北白川の人々に何を残したのか。本書は、こうした一群の問いに答えようとするものである。民俗学、歴史学、考古学、地質学、学校資料論、視覚文化論、メディア論、アーカイブ論・・・、さまざまな分野の研究者、クリエーター、ファシリテーターたちが、この不思議な魅力をたたえたテクスト、それを生み出した北白川という地の歴史的・文化的コンテクストと向かい合った結果が本書である。

急いで付け加えておかなければならないのは、本書を北白川「についての」本に留めるつもりはさらさらない、ということだ。そうであることは間違いないが、この地のこの本を深く掘り下げるのは、あくまで課題を多面的に浮かび上がらせるためのアプローチであり、その先に、北白川「から」、さらにいくつもの〈こども風土記〉に光を当てていくことこそが、本書に集ったメンバーたちの野望なのだ。

〈こども風土記〉を冠した作品は各地に存在し、そのような名称を用いずとも、生活綴方、総合学習など、子どもたちが地域を学ぶ取り組みはそれこそ無数に広がっている。この実践の蓄積は、学校で学ぶ子どもたちにとっても、地域で暮らす人々にとっても、看過しえない貴重な財産なのではないだろうか。

あらためて確認しておきたいのは、学校が、子どもたちの学びの場であると同時に、多様な情報と社会関係が交錯する、地域の結節点だという事実である。近代日本の学校は、既に一世紀半の歴史を有している。そしてしばしば、〇〇周年などを契機に、校史を編纂し、関連資料を収集し、郷土資料室を開設する。学区にまつわる古文書、写真、民具など、地域資料が学校に残されているのは

ごく普通のことなのだ。義務教育に関わる小中学校が全国くまなく設置されていることを考えると、それらの総量は膨大なものに上るだろう。

〈こども風土記〉をはじめとした「学校資料」は、地域の来歴を解き明かし、将来を展望する上で、重要な足がかりとなり得るものだ。にもかかわらず、適切な関心と管理に与るとは限らず、校舎の改築や学校の統廃合の際、散逸・廃棄などの危機に晒される。そうでなくとも、ブラック労働化が指摘されて久しい近年の教員待遇を考えれば、学校だけに責任を押し付けるのはあまりに酷といえよう。地域住民や専門家が分担して関与していけるような、開かれたサポート体制の構築が望まれる。本書が詳述する『北白川こども風土記』の経験は、あらゆる地域の学校に関わる人々、学校で地域に関わる人々に、なにかしらのヒントを与えるものだろう。

学校で地域を紡ぐ。北白川から、さらにいくつもの〈こども風土記〉へ。それが本書の願いである。

菊地　暁

目次

北白川城
水車
石切り

※目次およびコラム冒頭のイメージは『北白川こども風土記』より引いた。

京都市立北白川小学校編

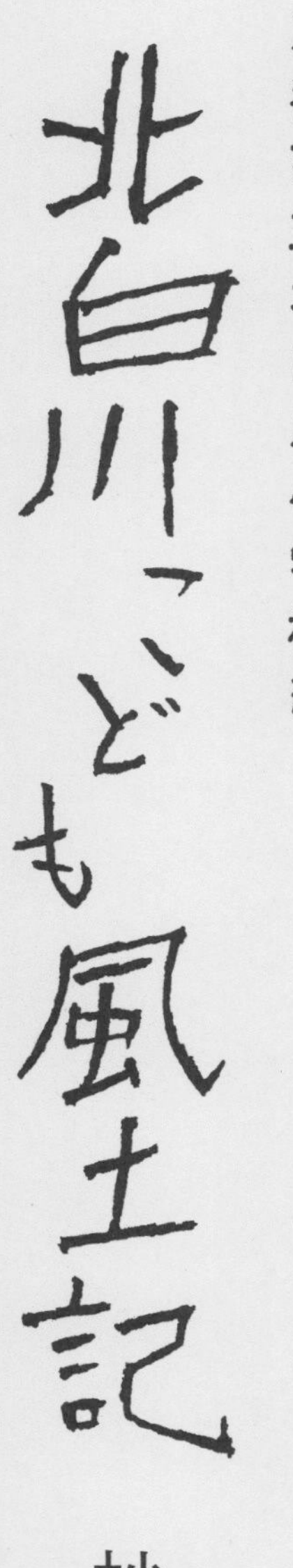

抄

『北白川こども風土記』を論じるにあたっては、オリジナルの作品が読者に届けられねばならないはずだが、残念ながら昨今の出版事情が「復刊」という手法を許さない。そこで、次善の策として、いくつかの節をピックアップし、原著者の許諾を得て収録したのがこの「『北白川こども風土記』抄」である。優れた作品であるにもかかわらず、紙幅が許さなかったために収録を断念したものも少なくないが、今は、この抄録から作品の概観をつかみ取っていただければ幸いである。

編者

『北白川こども風土記』抄

大文字の送り火

今日は八月十六日で、晩には大文字の送り火が行われる日だ。四時ごろからぼくはこの送り火のようすを見るため、二―三人の友だちと、大文字山へ登ることにした。

この山は東山の北のはしにあって、如意が岳というのだが、昔からおぼんの十六日には、大文字の送り火がたかれるので、ふつう大文字山とよんでいる。

銀閣寺の門を少し過ぎた所に、テントが張ってあって、その中にはまきが山のように積んであった。そのテントの前には、数人の人が筆でまきに名前を書いていた。

このまきを、「ごま木」といって人間の心の中にある悪魔(あくま)を焼きつくしたり、病気をおいはらったりするという意味があるそうだ。だから人々は、自分の体が病気にかからないで、いつも健康であるようにとお祈りするために、ごま木に名前を書いているのだろう。

このごま木はみんな赤松で、春になると浄土寺村の共有林になっている大文字山から切り出される。切り出した赤松は山の上の倉庫にしまっておき、八月に入ってから取り出して、ふつうのまきのように割り、そしてその約半分の百五十束を下へ運ぶようになっている。それがさっきのテントの所に積まれたごま木だ。

昔は、村人たちが自分の受持のごま木だけこしらえておぼんが来るまで家にしまっておいたそうだ。それに、今までは大文字山に赤松もたくさんあったのに、この頃は大分少なくなり、ほとんど人の持山から買っているのだそうだ。

それに、木を切り出したり火床(ひどこ)をなおしたりする山仕事も、今では浄土寺の若い人たちがみんな会社などへつとめているから、人夫をたのんでやってもらっているということだ。

しばらくごま木に名前を書いているのを見たぼくらは登りを急いだ。大文字山へ登る人たちが、後から後からたくさんつづいている。その中にアルバイトの学生さんたちが、てんびんぼうでごま木をかついでいるのに出合った。みんな汗をたらたら流しながら、ふうふう言っていた。

学生さんは、まきをかつぎながら口々に、

「重いなあ、こんなん知らんわ。」などと言っていた。

昔の若者は農業をしていて体が強かったので、学生さんの二倍以上(四束)もかついだそうだ。ある学生さんは、途中でへこたれたのか、ぼくを見て、「まきを持ってくれへんけえ。」とじょうだんを言っていたが、ぼくは知らん顔をした。

頂上へ近づくにつれて、道はますます登る人おりる人でこんざつした。

ぼくは、道の右側に小さな小屋があるのに気がついた。そこには下から運んできたごま木と、上の方においてあったごま木とをいっしょにして積んであった。

そしておじいさんが二―三人いて、紙に書かれた大文字の図面を見ながら、名前の書いてあるごま木と、書かれていないごま木を何束かずつ割り当てて、責任者に渡しながらいろいろさしずしていた。ぼくらはそのようすをしばらく見て、頂上めがけてかけ登つた。

頂上へ着くと、京都の町が広々と見わたされた。四百六十六メートルの山でもずいぶん高い感じがした。上から見る家々は、小さくぎっしりとつまって、道路だけはっきりと白く見えた。

もう頂上は数えきれないほどたくさんの見物人でこんざつしていた。カメラを持ってあちらこちら熱心に写している人や、OTVのテレビニュースを写すために、準備をしているカメラマンなど、中には外国人も何人かいた。

大文字の中心には、大師堂という小さい御堂があるが、ここには弘法大師がまつられている。御堂の中では、二人のおぼうさんが経木（いはいのようなもの）に書かれてある仏様の名前を、お経式にだらだら読んでいた。

この大師堂は、全部鉄板で出来ていて緑色にぬってあった。これがもし木造だったら、火がうつって燃えてしまうだろう。

だんだん夕方になって太陽が西山の方にかくれそうになると、雲のふちが赤く染まりとても美しい夕やけ空になった。

ぼくは、おじさんたちがせっせとごま木を積んでいる所を注意して見ながら、質問した。

「おじさん、ごま木は、赤松やないとあかんの。」

「昔は、くぬぎもまぜてもやしたこともあるけど、いつまでもだらだら燃えているさかい今では赤松だけや。なんで言うたら赤松は、さっともえて、同時にさっと消えるからや。」

「おじさん、一か所で、何束ずつのわり当てになってんの。」

「場所によって、ちがうけどここの流れ（三画）はみな四束ずつや。」

「大文字で燃やすごま木は、みんなで何束ぐらいいる

の。」

「そうやなあ…五百束はいるなあ。」

「そんなやったら、ずいぶんお金がいるなぁおじさん。」

「そうや、ごま木代やなんやかんやで、送り火をするために、ざっと二十万円はいることになっとるんや。」

ぼくは、一晩の送り火のために、二十万円もいると聞いてびっくりした。その費用は、市や観光連盟、それに地元で出し合うことになっているそうだ。

　話を聞いているうちに、ごま木は大分積み上った。積み方は、井げたに四本ずつ並べて二十段ぐらいに積んで、木のすき間すき間には、かれた松の葉を入れていた。

　まきだけだと火の手のまわりがおそくなるから松の葉を入れてよく燃えるようにしてあるのだろう。それに積み上がったごま木の一方を麦わらでかこんでいた。それは、風の吹きこんでくる方向をこの麦わらでさえぎるためだそうだ。

　それから、どの火床にも細長いみぞがほってあるが、金尾（かなお）（大文字の中心の火床）の所だけは、コンクリートで十字形にじょうぶに作ってあった。

　このみぞは、風通しのためにほってあるが、みぞのほり方はその日の風向によって違うそうだ。たとえば、南風が強すぎると東西にあなをほる。それは、もしみぞが南北にほってあると、火の勢いが強くなってすぐ燃えきってしまうからだ。だから、麦わらとみぞは、燃え方の調節をする役目になっている。

　ぼくらは、あっちこっちの火床を見物しながら、大の字を一周した。もう大方の火床は積み終えていた。時々ぼくらが積み上ったごま木に近づいたりさわったりすると、これをつんだおじさんたちが、

「たおれたらまた積まんならんから、近づいたらあかん。」

と言っておこった。

　おじさんたちは積み終わっても、自分の持場をはなれないでじっと番をしていた。こわされたら困るからだろう。

　金尾の所と、字頭（じがしら）（大文字の上の部分）の方は、積み終えていないのでまず字頭の方へ、見物人をおしのけてかけ登った。ここでは、下の方とちがって大の字の一番て

っぺんだから、二十束もつかって四組に分けて積んであった。

時々風が強く吹いてくると、おじさんたちは「今晩あぶないなあ。」と言って、心配そうな顔をしていた。しかし、年よりの人はあまり気にかけていないようすだった。

こんどはいよいよ中心の金尾の所へおりて行った。まだすっかり積み終えていなかった。人々は金尾のまわりをとりまいて積んでいる所を見ていた。ぼくは、ものすごくたくさん積まれたごま木を見て、びっくりしてしまった。

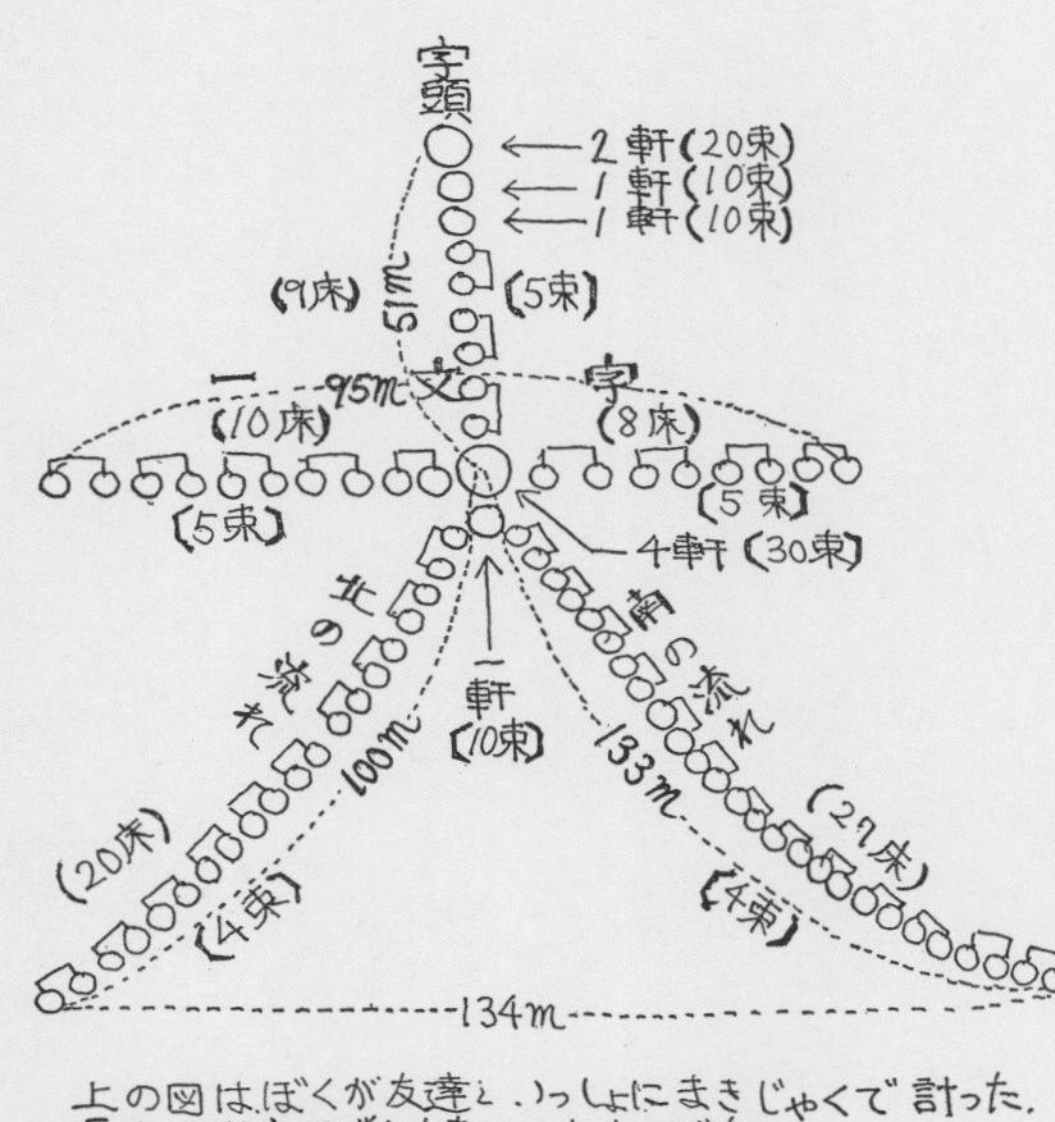

ここは中心だから四軒が受け持っているそうだ。だからごま木も三十束で、それを六組に分けて積んでいた。これが燃え出したらものすごいだろうと思った。ここを中心にした一文字（一画）の火床は五束だ。

大の字を一周しながら火床を数えたのだが、一文字は十九か所、字頭と北の流れが二十九か所、南の流れ（三画）は二十七か所で、みんなで七十五か所の火床があるわけだ。この七十五の火床をそれぞれの家に割り当てるには、こんなきまりがあるそうだ。

それは、火床の場所によってちがうが、一軒で二か所の火床を受け持つことになっていて、毎年その場所が変わっていく。

初めは、三画の下の方から始まって金尾の下の火床まで行き、そのつぎは二画で、また下の方から上へ登っててっぺんの字頭まで行く。そしてこんどは一画を、右の方から左へと行きそこでおしまいだ。

ここまで来ると、四軒がつぎの年の一年間は休むことになっている。浄土寺の戸数は四十八軒だから、毎年四軒が休むとすると四十四軒ですることになる。一年間休んだ四軒は次の年には、また最初にもどることになっている。

この四軒が一度に下の方から火床を二か所ずつ受け持つのだから、八か所目の火床まで登ることになる。そして、大の字の火床を一通りともし終わるまでには、十三―四年かかるということだ。それにこのように送り火に関係する家は、地元の人でないといけないそうだ。

七時過ぎごろ御堂の横の吹流(ふきながし)がおろされた。この吹流は、火床のみぞをほる時に風向きを知るためだろうと思う。

人々はますますふえて山いっぱいになった。警察の人が無線で二千人ぐらいだと、どこかへ報らせていた。もうとっぷり日はくれて、京都の町は電灯やネオンが美しくかがやいていた。

いよいよ送り火のともされる八時が近づいてきた。ぼくは、時間がまちどうしくてたまらなかった。火をつける前、それぞれの火床の責任者が集まって、ごま酢(ず)(お酒)をいただいていた。このごま酢(ず)は大師堂にあげてから飲むのだそうだ。

いよいよ八時だ。ぼくは胸がどきどきしてきた。京都の町のネオンは一つ一つ消えていった。その時、一人のおじいさんが麦わらをたばねた長い竹竿(ざお)のさきに火をつけるが早いか、大きく左右にふって合図をされた。それと同時におじいさんは大声で、

「一文字よいかあー　字頭よいかあー　北の流れよいかあー　南の流れよいかあー。」と大声で方々の火床へ合図をされた。

すると、どの火床にもいっせいに火がつけられた。火がつけられると同時に御堂の方からほらがいの音が「ボーボー」と聞えた。これも合図のためだろう。今年は、送り火の時刻には京都の寺々の鐘がなって、合図をするようになっていたのに、山の上までは聞えなかった。

火は、化物のように、音を立ててものすごい勢いで燃え出したので、あたりが急に明かるくなって人々の顔が赤々と見えた。

どの火床も火の手が上って山一面が火の海のようなにった。やっぱり金尾の火が一番火力があって、大火事を

見ているようだった。

だんだん火の勢いがきつくなると見物人は暑くてたまらなくなり、みんな悲鳴をあげながら後の方へかけ上って逃げるのに一生けんめいだった。でもみんなしんけんな顔で火をながめていた。

風のために、急に勢いが強くなると真赤な火の子と赤い煙がもうもうとまい上った。ぼくは、風の勢いで燃えていくにつれて、積んだごま木がたおれないかとひやひやしたが、なかなかたおれなかった。

町の方を見おろすと家々の電灯が真青に見えた。これでも火がどんなに赤々と燃えていたかがわかる。ぼくは今まで送り火を目の前で見たことがなかったので、こんなにすごいとは思っていなかった。

遠くから見ると静かに美しく燃えているようだが、じっさいはずいぶんすごいなあと思った。

送り火を河原町のあたりで見るとKという字に見えるので、ある外国人が「あれは京都の頭文字か。」と言ったという、笑い話があるそうだ。

送り火をながめている人たちは、のん気なことを言っていても、浄土寺の人たちはしんけんだそうだ。それは、昔から自分の家の受持の火床が、よく燃えなかったりした場合は、その年は不幸なことが起るということので、みんな送り火が終わるまでは心配だということだ。

二十分もすると火は大分よわまってきた。ふと西の方を見ると、他の五山の妙法(みょうほう)・舟・左大文字などが美しく燃えているのに気がついた。鳥居は半分見えただけだった。

火の手がなくなって消えかかると、まわりの人たちはぼうで燃え残りのごま木を競争でかき集めて、なわや針金でその燃え残りのごま木を一本二本とくくって取っていた。

ぼくたちも金尾の所で取ろうと思ったが、見ているうちになくなったのでしかたがないから、そばにあったなわを持って下の方の火床へ行って二本取ってきた。

これは厄(やく)よけのまじないだと信じられているので、それを半紙にまいて玄関へつるすと病気にかからないということだ。だからぼくもそれを玄関へつるすために持って帰ることにした。それにこの燃えかすの炭を粉にして水とまぜて飲むと、中風や、じの病気がなおるということだ。

このことでぼくがびっくりしたことは、この送り火の燃えかすを北海道あたりからも送ってくれるようにたのまれるので、俵につめて送ったりするということだ。また中京あたりに住んでいる人の中には、大文字の送り火を水に映しながらのむと、病気にかからないと言って、ぬりぼんに水か酒を入れて飲む人もいるそうだ。

送り火もこれですんだ。人々は山を下り始めた。京都の町では、何万何十万という人が大文字の送り火をながめていたことだろう。町のネオンがさっきよりいっそう美しく見えた。

昔、浄土寺村の小さな行事だった大文字の送り火が、今では大文字保存会というものもできて、京都の観光行事にまでなっている。それに来年からは、冬の夜の観光行事として二月ごろ、大文字の山焼きを計画しているそうだ。それはちょうど奈良の若草山の山焼きと似たものだろうと思う。

このように、大文字の行事がだんだんと盛んになると日本中ばかりでなく世界の国々まで有名になっていくことだろう。今年は宣伝のため、ポスターを日本の主な駅々やハワイなどへも送ったということだ。

帰りの山道は、足元を照らすための電灯が街灯のようにつけられていたのであぶなくなかった。

銀閣寺道には送り火のため、ちょうちんが並木のようにならんでいるのでお祭のような感じがした。これは今年初めてされたらしい。大文字山をふり返って見ると、まだ残り火がちらついて火の子のように見えていた。

中村九右衛門さんの話

大文字の送り火がすんで数日たったある晩、浄土寺銀閣寺町に住んでおられる、中村九右衛門という人の家へ、大文字の送り火について昔からの言い伝えを聞きにいった。この人は、この間大文字の送り火の時に火つけの合図をされたおじいさんだ。九右衛門さんは、もう八十才にもなるおじいさんだが、とても元気そうだった。

玄関には、昔、浄土寺村の庄屋さんをしていたというしるしの古いがくがかけてあった。

ざしきへ上がると九右衛門さんは、おくから古ぼけた昔の書物らしいものを三—四冊持ってきてひろげながら、

「なあぼん、これは今から百年も前のもんで大文字の

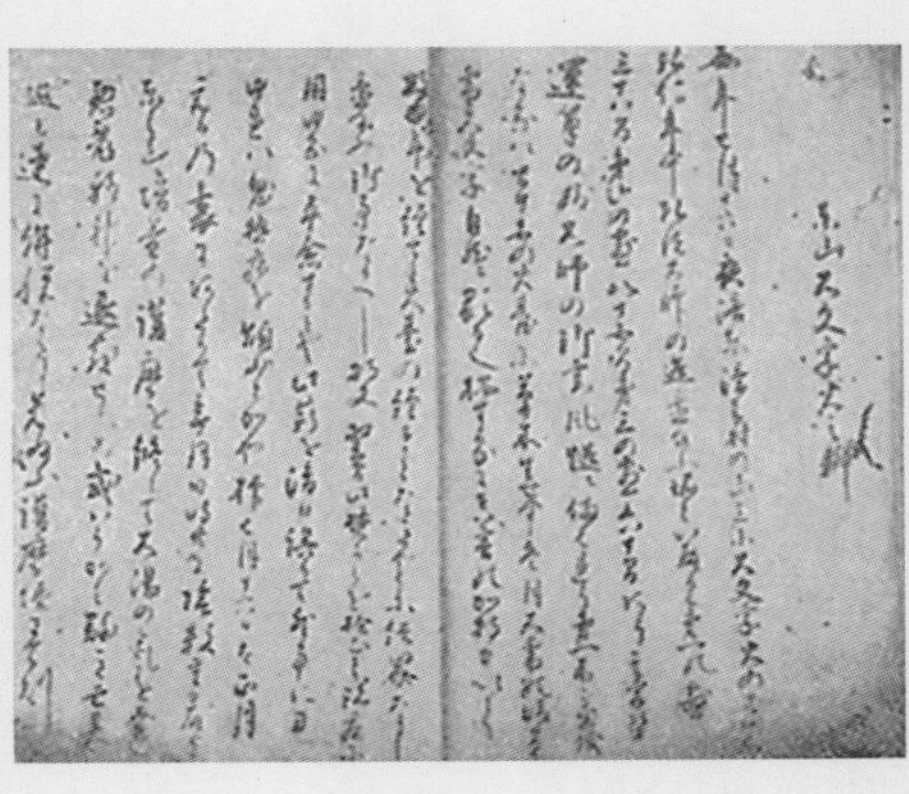

送り火のことがいちいち書きとめられているんや。よそにはこんな記録はないさかい大事なもんや。」

と言われた。

表紙にはすみで「嘉永六年」と、筆太に書かれてあった。それからぼくは九右衛門さんにいろいろ質問することにした。

「おじいさん大文字の送り火はいつごろからだれが始めはったんですか。」

「いろいろ伝説があるけんど、今ではどれがたしかということはわからへんにゃ。しかしなあ地元の人たちは弘法大師が平安時代ごろからはじめはったという伝説を信んじているんや。」

と言われた。

その伝説というのは、こういう伝説である。ずっと昔大文字山のふもとにある浄土寺という寺が焼けてしまった。ところがそれからというもの毎晩のこと大文字山に光明（仏様の光）がさすといううわさがたち始めた。

初めはだれも信じなかったが、それがほんとうだとわかると村人たちは、ふしぎなこともあるものだと思って大文字山に登ってみることにした。

登ってみると、なるほどふしぎなことに、焼けたはずのあみださんが立っておられた。そこで村人たちはあみださんを持って帰って、またていねいに祭ることになった。

ちょうどそのころ京都では、伝染病がはやったり、ききんがあったりして、都の人たちは大変苦しい目にあった。ところがそのころ偉いおぼうさんと言われた弘法大師に、たびたび仏様のお告げがあった。それは「如意が岳に、大という字をかたどり火をともせ。そうすれば人々を苦しみから救える。」ということだった。弘法大師はそのお告げの通り如意が岳に大の字をかたどって火をともした。

それからは、毎年こういうならわしが続いていたが、いつの間にかおぼんの送り火としての行事になり、江戸時代ごろから盛んになったということだ。

それからなぜ大という字にしたかということについて、九右衛門さんはこう言われた。

「人間がねると大という字になるやろう。つまり人間の形をかたどって火をともしたのが大文字の送り火や。その送り火の火床の数が七十五か所あるんやけども、それも人間の体には七十五のぼんのう（いろいろな欲）がひそんでいるさかいな。そこでそのぼんのうをやきつくしてしまうという意味があるわけや。たとえて言うたらおきゅうの代りやなあ。ハッハッハッ。」

おじいさんは、さっきの記録された書物をめくりながら笑われた。そして、

「浄土寺村が昔焼けてしもうたんで、大文字についてはこの記録より古いものがのこってへんのや、そういうわけでずっと昔のことがわからんということは、ざんねんなことやがしかたがないなあ。」

と少しさびしげなようすで言われた。

送り火のならわし

昔から、十六日になると村人たちは山へ登る時の着物が、少しでもけがれてないようにと、朝早くからきれいにあらって夕方までにかわかして着て行くことになっている。

それにごま木をかついで山に登る少し前には、かならずぎょうずいをして体を清めてから登らなければならない。そしてごま木をかつぐてんびんぼうも塩で清め、それから送り火のごま木は、ぜったいに女の人にはかつがさないことになっている。力がないのではなくて、昔から女は禁じられているそうだ。

それでも、毎年八月の初めになると浄土寺のおばさんたちは、何十人も山へ登つて火床の周囲の草かりをしているが、これだけは送り火のための奉仕として許されている。これは草がぼうぼう生えていると、火が移って山火事になるおそれがあるからだと思う。それからぼくがおもしろいと思ったならわしにこんなことがある。

それは、今から百年ほど前の嘉永六年一月二十五日のこと、浄土寺村が大火事を出して全部焼けてしまったこ

とだ。

浄土寺村では、送り火の費用が出せなくて、その年の送り火は中止しなければならないといううわさが方々に広まった。このうわさをお聞きになったその時の天皇陛下は、

「今年は大文字の送り火はないのか……。」

と言ってなげかれた。

そのことを伝え聞いた、鳩居堂の熊谷直孝という人は

「こんなことで、大文字の送り火がともされないということはきのどくだ。よし自分がなんとかしてやろう。」

ということで、さっそく浄土寺村にごま木代としてのお金をあげて、送り火をたかせたということだ。

浄土寺村ではそのことを大変よろこんで、お礼にということで、ヒョウタンににた形の「大文字カボチャ」をたくさん鳩居堂にもっていってあげた。それがもとで、それからは、ずっと鳩居堂が寄付金を出し、浄土寺村ではカボチャをおくり物としてあげるならわしがつづけられたそうだ。だから大文字の送り火と鳩居堂とは、今でも深いつながりがある。

ところが今では、農家もほとんどなくなり、カボチャの種もきれたので浄土寺村の方では、昔からのならわしもとうとうつづけられなくなってしまっている。

しかし鳩居堂の方は、今でも大文字の送り火のために寄付金を出してくれているから、ぼくは感心だと思う。

その大文字カボチャがあった頃は、鳩居堂におくるばかりでなく、十五日には、夜通し大文字山の登り口でカボチャをたいて、大師堂へおまいりに登る人々に、おいしい大文字カボチャを食べてもらったそうだ。

送り火以外にもともされた大文字

大文字が送り火以外のことでともされたのは、明治二十四年ロシアの皇太子様が京都へ来られた時に、かんげいの意味で、送り火の五つの山々に全部火をともした。

それから、明治二十八年五月十五日、日清戦争に勝った時、鳩居堂の熊谷直之さんが特別に「祝平和」という字をかたどって大文字に火をともし京都の人たちがお祝いをした。その時には明治天皇もおいでになってごらんになられた。

「そのころはわしらの若いころやったが、『祝平和』という三つの字をかたどるのは、むずかしゅうてなあ。

熊谷さんは、銀閣寺道から山に向って大きな旗をふって字のかっこうをいちいちしきしたり、また若いもんは伝令になって、登ったりおりたり、そらあえらいこっちゃった。それに送り火の火床は、字がちがうさかいつかえんからして、大きなたいまつを作ってもやしたもんや。」

と、おじいさんは言われた。

そして、明治三十六年六月十日には、日本海海戦で勝ったので、三高の生徒たちが、勝利を祝うために、大文字山に登って人文字をつくったこともある。二回も戦争に勝って、そのころの人たちは大変うれしかったにちがいない。

その次は、東郷元帥が日本海海戦から帰って来た時にも、かんげいの火をともして祝った。

それから、太平洋戦争中の昭和十八年から三年間ほどは、送り火もとだえてしまった。しかし送り火がともされない時はどうしたかというと、地元の人たちや、小学校の生徒たちが全身真白の服をきて、真昼に大文字山に人文字をつくったそうだ。

もう戦争でもないかぎり大文字の送り火は休まず続けられていくことだろう。

（近藤勝重）

五山の送り火

一、大文字のいわれはほかにもあります。例えば、室町時代、（約四百七十年前）足利義政将軍がその子義尚の霊をまつる為、相国寺の横川和尚に命じて、つくらせたものだとも伝えられています。

二、妙法　京都の北、左京区松ケ崎の水源地に「妙」、となりの大黒山に「法」の字がつきます。今から三百年前、日蓮宗の日像上人がはじめたと伝えられています。

三、船　西賀茂西方寺の慈覚大師が、中国から帰る時、嵐で船が沈みそうになったので、南無阿弥陀仏の六字をかいて海に投げ入れたところ、風雨がおさまり無事に帰国出来ました。そこで、送り火も船の形にしたといわれています。又死んだ人を迎えるお精霊船をまねたともいわれています。

四、左大文字　金閣寺東北の岩山・大北山の送り火で、大の字がつくので、やはり大文字山と呼ばれています。しかし如意が岳に比べて小さいのです。これも弘法大師が始められたと言われています。なお左大文字と呼ばれるのは、如意が岳の「大」が御所の池にうつり、それが金閣寺の山にはねかえってうつるのだと見たのでしょう。ふつう如意が岳の大が右、大北山の大が左手にうつるところから左大文字と言われています。

五、鳥居　北嵯峨鳥居本にあって五山のうち最後に火がつきます。如意が岳の大文字が点火されるのを合図にともします。たいまつの数は、除夜の鐘と同じ数で、人のぼん悩（いろいろな欲）をあらわしています。

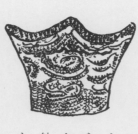

石器時代の北白川

―小倉町の遺跡―

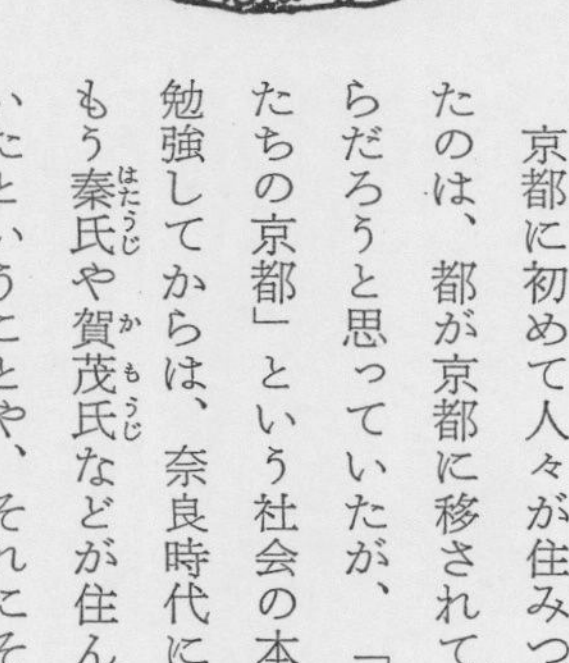

一　小倉町遺跡

　京都に初めて人々が住みついたのは、都が京都に移されてからだろうと思っていたが、「私たちの京都」という社会の本を勉強してからは、奈良時代にはもう秦氏や賀茂氏などが住んでいたということや、それにその時代よりも、もっともっと大昔の石器時代にも、人々が住みついていたということがわかった。

　その石器時代の人々が住みついていた場所が、今ぼくたちの住んでいる小倉町のあたりだったということは、夢にも思わなかった。それが有名な「小倉町石器時代遺跡」なのだ。ぼくはそういうことを知って、小倉町の石器時代遺跡についてしらべてみたいと思った。

　初めに、先生の本棚においてあった、「考古学図鑑」を貸してもらって読んでみた。それには、「登呂遺跡」の住居跡の写真や、土器などの写真がのっていた。

　ぼくは、そんな写真を見て、まるで本物を見ているような気がした。中でも、土器のもようがとくにきれいだった。だが、その本には、小倉町遺跡のことはのっていなかった。それから、「歴史の京都」という日本放送協会から出ている本を貸してもらって読んでみた。ぼくたちにもわかるやさしい書きかただったのでよくわかった。

　その本の初めに、京都大学の小林先生の書かれた、「小倉町遺跡」のことがのっていたので、ぼくはとびついて読んでみた。それにはこんなことが書いてあった。

　「左京区北白川小倉町の、京都大学人文科学研究所という建物の東あたりが、おそらく当時の村の中心であったと思われますが、京都で一番古い村の跡であります。

　私たちは、この村の跡を、『小倉町石器時代遺跡』と呼んでおります。」

ここを読んだ時、ぼくはやっぱりたいしたものだと思って、すこし得意になった。この本を読んで、小倉町遺跡から、どんなものが出たかということがだいたいわかった。

たとえば・石のおの・石のやじり・石のおもりなどのような石器や、たくさんの縄文式土器の破片だった。そしてその本の最後の方に、

「実は、小倉町遺跡が発見されたのも、ここに羽館さんという熱心な方がおられて、お仕事のあいまにとうとう大きな石器時代遺跡のあることを発見されたのです。」

と書いてあるのに気がついたので、ぼくはぜひこの小倉町遺跡を発見された羽館先生にあって、いろいろとお話をお聞きしたかったので、そのことを先生にお話しすると、先生は日をきめて羽館先生の家へつれて行ってくださることになった。

二　羽館先生の話

ある日、羽館先生の家へうかがった。先生は、

「子供さんにお話をするのはにがてですが……」

とおっしゃっておられたが、羽館先生のお話はよくわかった。

まず小倉町遺跡は近畿地方で二番目に古く、京都では一番古い村だということだった。

小倉町に人が住んだのは、石器時代を五つの時期に分けると、その第二期と第四期の二つの時期で、村の出来たのは第二期だ。第三期にはどこかよその土地へ行ってしまい、また第四期に帰ってきたことになるそうだ。

第三期にはどこへ行ったのかわからないが、食物の関係で上賀茂の方か琵琶湖のほとりか、あるいは瀬戸内海の方まで出て行ったのかもしれないと言われた。

また小林先生のお考えでは、次の第五期には、琵琶湖のほとりへ帰って行ったらしいということだ。そのことは、大津市滋賀の里町の、石器時代遺跡などからわかるそうだ。

この滋賀の里には第四期頃から人が住んでいて、第五期には大きな村になったということだ。羽館先生は、

「小倉町へくる前には、やはり大津附近からきたかもわかりませんね。」

とおっしゃった。石山寺の瀬田川のそばには、小倉町より古い遺跡があるということも教えてもらった。

そして、小倉町遺跡も非常に古いものだそうで、小林先生の本には、「三千年前どころか、五千年といってもまだすくなすぎるほど古い。」と、書いてあるそうだ。

それから、羽館先生は奥の方から採集した石器を持ってきて見せてくださった。その中で、ぼくがとくにきょうみをもったのは、石の矢じりだった。

矢じりの長さは、ふつう一センチぐらいから五―六センチぐらいで、北白川では二―三センチぐらいの長さが多かったそうだ。見せてくださった矢じりは、三センチほどの長さがあってこげ茶色をしていた。

それに、形は先のとがった三角形をしていて、とがっているところがでこぼこになっている。それをお聞きすると、

「サヌカイト(安山岩)という石で、石器を作る時、その石を木の皮をはぐようにほかのかたい石でたたくと、石の上皮がめくれて、そのかけたあとがでこぼこになるのです。」

とおっしゃった。

矢じりの先をさわったら、すごくさきがとがっていた

のでびっくりした。ぼくは、「昔の人は、手がきようだったんだなあ。」と思った。

それから、石の矢じりを作るのには、サヌカイト石以外の、黒よう石というビールびんのかけらみたいなかたい石もよく使われたそうだ。この石の産地は、長野県の和田峠・箱根の湯本・あそ山・十勝峠だがこの石のかけらは、産地からだいたい直径二百キロのはんいにちらばっているということだ。それはこの石狩には必要なものであるから、物々こうかんのため遠くまで運ばれていったのだろうと思う。

それでも産地からずい分はなれた地方では近畿地方のように、ふつうサヌカイト石を使っていたそうだ。

それから、先生は小倉町遺跡が発見されるまでのいろいろなことを、話してくださった。

京都市内で石器や縄文式土器が見つかったのは、今から約百八十年前に、今の左京区岡崎で藤井貞幹という人の見つけた土器のかけらが、記録にのこっている一番最初で、その後は、石おのが右京区太秦広隆寺付近・平安神宮前や関田町・吉田山の頂上の辺・それに千本丸太町のあたりからも出たし、鷹が峰からは、石の矢じりなど出たそうだ。また白川口から吉田山へのぼるとりいのあたりでは、土器のかけらがあちらこちらで出たということなどくわしく話して下さった。

ぼくは、「石器時代の人たちって、そんなにばらばらに住んでいたのかなあ。」と、ふしぎに思ってお聞きすると、先生は、

「かりをする時など、矢の先についている矢じりがはずれておちたり、石おのを忘れたり、川の水におし流されて、人の住んでいる所から、遠くはなれた土の中にうずまったりして残るのです。だから、ばらばらに出るところは、ふつうは人の住んでいたあとではありません。京都に人の住んでいたと思われるのは、この北白川と上賀茂の地方で、石器や土器がまとまって出た農学部縄文土器遺跡・小倉町石器時代遺跡・上終町の住居跡・別当町遺跡それに、上賀茂神社縄文式遺跡などから、そのことがわかるのです。」

と、教えてくださった。ぼくは、大昔の人たちもばらばらに住んでいたのとちがうことがわかった。

それから、京都付近で初めて縄文式時代の遺跡が見つかったのは、農学部の遺跡だということだ。それは、大

正十二年考古学者で有名な浜田先生が、京都大学農学部本館を建てているところの北のあたりを散歩しておられた時、石おのを一つひろわれたので、その後あたりをしらべられると、石おの・石ぞく・石のおもり・土器の破片が少し見つかったのだそうだ。

そのつぎは昭和九年の春、土地会社が小倉町あたりの地ならしをしている時に、羽館先生が散歩しておられると、道路のよこから古墳時代の祝部式土器が一つ出てきたそうだ。先生は、

「それで、そのあたりを三か月ほどしらべて見たところ、小倉町に石器時代の遺跡のあることがわかったのです。」

とおっしゃった。

その時、小倉町から、少ししかこわれていない土器が出たということもおしえてもらったので、その土器の写真を見せをてもらったら、前に学校で先生に見せてもらった土器の写真と同じだった。

その土器の形は、今のなべのような形で思ったより小さく、ちょうどこの写真の大きさぐらいで、赤みがかった色がついていた。ぼくが、ぜひそのほかの土器も見せてくださいとお願いすると、奥の方から、「京都府史跡名勝天然記念物調査報告」という、分厚いりっぱな本を持ってこられて、その本の中にある写真を見せながら、いろいろと説明してくださった。その写真の中には、ずいぶんたくさんな土器の破片があった。

小倉町から出たもの全部かと思ったら、本に出ているのはその一部分で、小倉町の遺跡からは、何万という土器の破片が出たそうだ。

その話を聞いて、ぼくはものすごいと思った。土器の破片を見ると、どれももようが美しく種類もいろいろとあった。

つづいて同じ昭和九年から十年頃にかけて上終町の住居跡や、別当町の十二間道路を作ったあたりから、同じ縄文式時代の石器や、土器の一部分が出てきたそうだ。

また太平洋戦争の時にも、蔦町のある家で、ぼうくうごうをほった時、弥生式の土器が出たということだが、羽館先生はそのことについてあまりくわしく知らないとおっしゃった。

それから、大山先生のお話によれば、昭和三十年にも北白川小学校の新校舎を建築する時に、五―六年生の人たちが、きそ工事のための穴をほった土から、二―三百

この土器の破片をさがしだして、りっぱな標本を作ったのに、今はどこへいったのかなくなってしまったそうだ。ぼくは、せっかく標本まで作ったのに、なくなったなんてまことに残念だと思った。

そして昭和三十一年三月には、まえに浜田先生が石おのを見つけられた農学部のあたりの道路工事をしているところだったので、羽館先生とむすこさんは、そこに石器や、土器がないかとさがして見たところ、千こ以上の土器のかけらや石器などが出てきたということをお聞きして、ぼくは、そんなにたくさん出たのかと思ってびっくりした。

ぼくは、「これらの土器や石器が、どうして土の中にうずまっているのだろう。」と、思ったのでそのわけをお聞きすると、

「白川の水の流れによって大昔から、少しずつおし流された砂が、古い昔の村の上にだんだんつもって、うずめてしまったのです。」

とおっしゃった。

それから土器をさがすのには、地面をほった時などに黒い土の部分をさがすのがいちばんいい方法だというこ

とも教えてくださった。

ぼくはいろいろな土器の写真を見せてもらったが、写真だけではつまらないので、羽館先生に、その本物がどこにおいてあるのか教えていただいた。それは、京都大学文学部考古学教室の陳列館においてあるということだった。

ぼくは、近いうちその陳列館に、ぜひ見学に行ってみたいと思った。

羽館先生とのお話は、そのくらいにして帰ることにした。羽館先生は、玄関の方から土器をたくさんもってこられて、ぼくたちにくださった。

ぼくも五つほどもらった。その中には、つめ形のもようもあった。もようのついていない土器もあった。ぼくは、こんなに土器をもらって大変うれしかったので、「この土器をもとにして、採集してみよう。」という気になった。

三　考古学教室の見学

羽館先生のところへ行っていく日かしてから、ぼくたちは文学部の陳列館へ、大山先生につれて行ってもらった。ぼくたちは、考古学教室の樋口先生に案内してもらった。玄関に、キリシタンのおはかがあった。ろう下を通って行くと、ガラスの陳列棚に土器のつぼがあった。

赤色のもようのついたきれいなのや、黒いのがあった。それから、弥生式時代のつぼや、それに木器という、いろいろの木の道具もあった。縄文式土器もならんでいた。それは、そこがとがっているものだった。

そこから、いよいよ小倉町から出た石器や、土器の陳列してあるところへきた。そこにあった三つの棚に、羽館先生が集められた石器や土器があった。石のきりもあった。およそ大小二十五点ぐらいもあって、それがいちいちたんねんに糸でくくりつけてあった。

やはり矢じりは、でこぼこしていてはばの広いのや、せまくて細いのや、それぞれ種類の変わったものがたくさんあった。その下のだんに石のおもりがあった。

これもみんな、羽館先生がさがされたものと思うと、たいへんうれしかったり、びっくりした。

そのよこには、農学部から出たのや、そのほかのところから出た石器や、土器がならんでいた。石のおもりは大小七点ぐらいあった。それは、ふつうひらたい石の両はしをけずってすじをつけ、そこへ糸をひっかけるようにしたものだ。

石のおもりのみぞみたいなのは、金属でけずってあるように見えるので、ある人はその時代にも金属があったかもしれないと思っていたそうだ。

それで、羽館先生は、それを実験するために、かたい石でこすって見たが、やっぱりけずれなかったので、こんどは石に水をつけて、と石みたいにこすったら、みぞを作ることが出きたそうだ。

石のおの

石のさじと矢じり

ぼくは、このあいだ羽館先生が、自分で作られた石のおもりを見せて説明してくださったことを思い出した。
それから、石器時代のさじは先がするどく、はがついていて小刀のようなやくめにも使ったのだそうだ。ぼくは、石器時代のさじを見て感心した。
その下には、いろんな種類の石おのがあった。その中には先のまるいのもあった。それに、まるい石のぼうのようなもので、まん中がすこしへっこんだのがあった。ぼくが、変わったおのだなあと、思っていると、樋口先生が、

「これで、わらをたたいたり、こくもつの実をすりつぶしたりしたのです。」

とおっしゃったので、それは今のうすや、木づちなどのようなことにつかわれたんだということがわかった。

とだなの中には、土器の破片が五十点ぐらいおいてあった。そこにはつめ形のや、縄のもようや、それのまざったものやら、色のついているのもあった。その中でも、つめ形や縄目がふかくほれているのや、小ゆびでほったように思えるのもあった。だが、それはゆびのつめでほったのでなく、切り口のまるい竹べらなどでつけたり、または貝を使ってもようをつけるのだそうだ。そのよこに、赤茶けた大きな土器があったが、たりない分は石こうを使ってうまくもとの形に作ってあった。

その土器の直径は四十センチ以上はあったと思う。上のところどころが、とがっていて縄のもようや、つめ形のもようなどが、ごてごてとついていた。土器の色は、赤茶けているのや、ねずみ色をしているのが大部分で、少ししかこわれていない土器もあった。

縄文式土器と、弥生式土器のちがいは、縄文式土器は、土の質があまりよくなく、小石や砂がまざっていたりしていて部厚いし、それに手でねん土をつみ上げながら作っていくので、ごてごてとしたかざりつけが多いそうだ。

弥生式土器は、ねんどの質もよいし、石のまじりかたも、少なくなっているということや、ろくろを使って、たくさんのものを正かくに作るようになったということを、樋口先生から教えていただいた。

小倉町遺跡のことはそのぐらいにして、陳列室に入れてもらった。陳列室には、ふつうの人はめったに入れないのに、ぼくたちは特別に入れてもらったのだ。

入ったところのよこに、昔の死んだ人を入れる「かめかん」があった。ぼくは、「昔の人も、かんおけみたいなものをつかったんだなあ。」とふしぎに思った。

その上のたなに銅たくがあった。ぼくたちが学校でならったように、大昔の生活のようすをほったもようがついていた。ぼくは、「大昔に、よくこんなものが出来たもんやなあ。」と、つくづく感心した。それから銅の刀とか、かがみとか、いろんなものを見てから陳列室を出た。出たところに、はにわがかざってあった。それは、家の形をしたものだった。ぼくが想像していたよりもたいへん大きかった。ひと通り見てから、ぼくたちは、樋ロ先生にお礼を言って陳列館を出た。

四　あとがき

ぼくたちの住んでいる小倉町に、石器時代の大きな遺跡があったとは夢にも思わなかった。この遺跡を発見するのに、羽館先生たちの苦労は、たいへんだったろう。ぼくは、これから少しだけでも土器をさがして、考古学につくしたいと思っている。

今までに、ぼくの家の庭先をほって見たが何も出てこなかった。そのうちどこかで、建築のある時など、羽館先生の言われた通り気をつけてみたいと思っている。

（本　岡　俊　郎）

石器時代

石器時代を二つの時代にわけますと、石をうちかいて道具にしていた時代を、旧石器時代といい、次のみがいた石器を道具にしていた時代を、新石器時代といっています。日本の石器時代は、何万年も昔から始まった外国の石器時代とくらべると、ずい分おくれていて、何千年か昔に始まったようです。ですから今のところでは、日本に人間が住むようになったのは、新石器時代に入ってからだろうといわれていますが、群馬県の桐生市の近くから旧石器時代の石器らしいものや、そのほか、人間が住んでいたのではないかというしょうこが、いくつか発見されましたので、ひょっとしたら、日本にも、旧石器時代に人間が住みついていたかも知れません。

大昔には、石器ばかりでなく、土器も使いました。それが、縄文式土器（農業を知らなかったころの土器）とか、弥生式土器（農業をするようになったころの土器）とか言われています。

さて、大昔の村は、たいてい北白川のような山のふもとの台地に作られていました。その理由は、みんなで考えてみましょう。縄文式土器の発見されている大昔の村あとは、北は北海道から、南は琉球のはてまで、日本全土にわたっています。

白川街道を歩いて

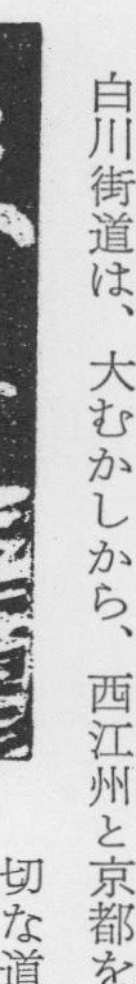

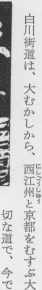

白川街道は、大むかしから、西江州(にしごうしゅう)と京都をむすぶ大切な道で、今でも、ハイキング・コースに使われているので有名だ。

ある日の社会の時間に先生が、

「織田信長(おだのぶなが)は、よく京都と、滋賀県の間を、多くのけらいをつれて、白川街道を通ったんだよ。」

とおっしゃった。するとみんなは、どっと笑ったので、てれくさかった。

なぜだろう。ただぼくと織田信長とは、姓が同じだけなのに。ぼくは山歩きがすきだから、白川街道もなんべんか通っているが、その歴史(れきし)はなにも知らなかった。

ところがこんど、京都の交通を勉強するので、白川街道をしらべてみようという興味がわいてきた。

ある日先生が、京都叢書(そう)という厚い本を、なんさつか持ってきて見せて下さった。その本の中には白川街道のことが少しだけのっていた。

さし絵は、旅人が馬に荷物をはこばせて、白川街道をのぼって行く図だった。先生は、

「京都叢書(そう)には、くわしくのっていないので、白川街道をあるきながら、しらべなさい。先生もいっしょにしらべてあげるから。」

と言われた。白川街道は、むかしから、山中街道とか、または、琵琶(びわ)街道とも言われていたそうだ。先生は、

「奈良時代より前、滋賀に都があったころも、滋賀の人や京都の人が、この白川街道をよく利用したんだろう

ね。」
と言われた。それよりも大むかし、京都に賀茂氏などがすんでいたんだから、この白川街道を通ったかもしれない。もし通ったとすると、白川街道は、そのころからあった道だと言えると思う。

白川街道は、荒神口から山中ごえして、滋賀県の坂本までだ。むかし京都には、京師七道と言って、交通上だいじな道が発達していたそうだ。その道には、京都への入口の地名がつけられていて、長坂口・七条丹波口・鞍馬口・鳥羽口・大原口・三条粟田口などとよばれていた。白川街道は、京師七道に入っていないが、京都と西江州をむすぶたいせつな道だから、京師七道の一つにしてもよいと思った。

今日は、べんとう持ちで白川街道を歩きながら西村さんに白川街道の歴史などをおしえてもらう日だ。西村さんの家へ行く前、ぼくと、おとうちゃんは、荒神口から北白川まで、むかしの白川街道をしらべながら歩いた。

荒神橋をわたると、白川街道は、川端通りから北東に向っていた。吉田のへんを通りすぎて白川街道をすすんで行くと、京都大学のところに出てきた。

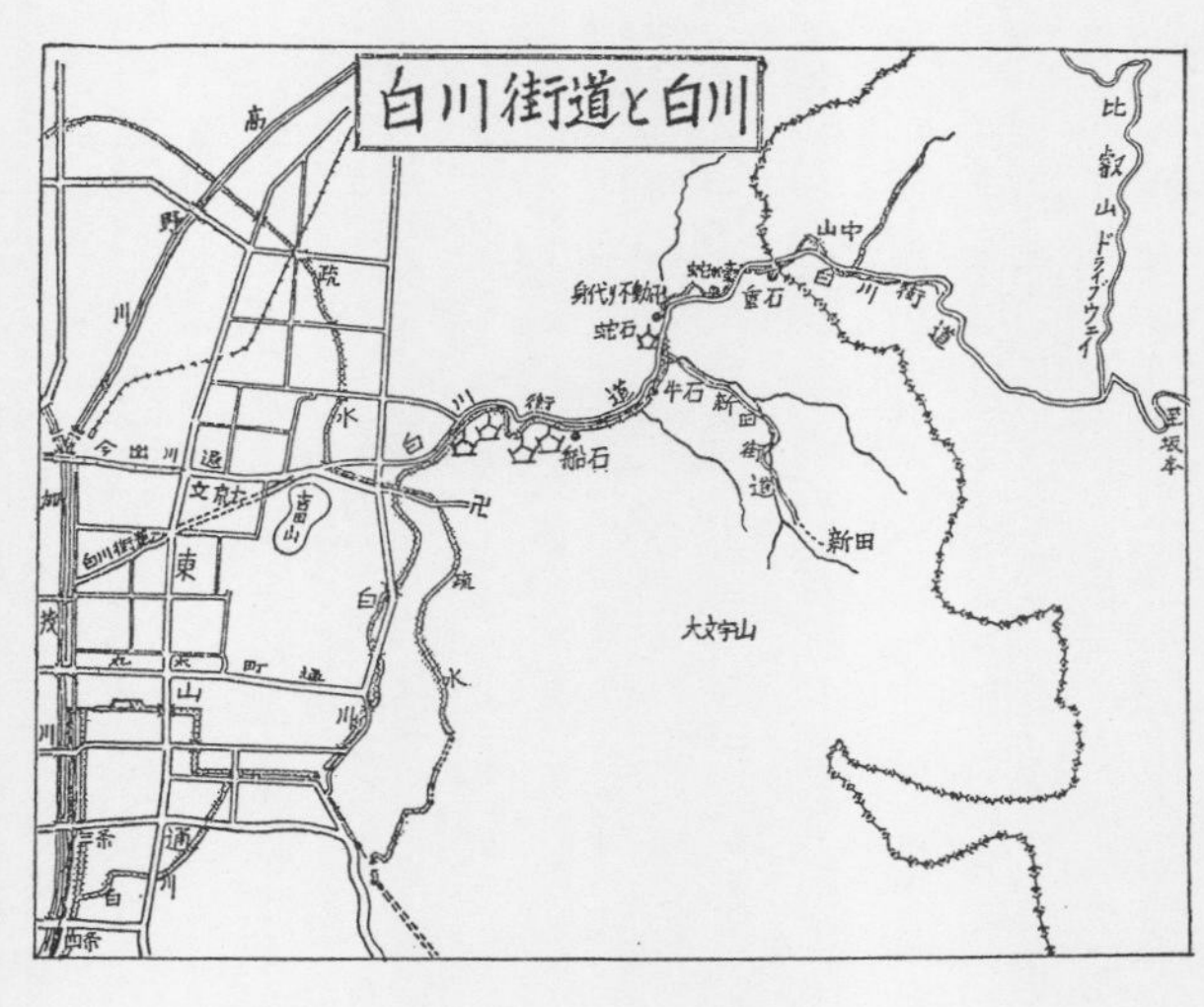

東一条の電車通をわたると、大学の角の所につぎ合わせた道しるべが立っていた。その道しるべにほってある字は、むずかしくて読めないので、おとうちゃんに読んでもらうと、

「右坂本・唐崎・白川の道・左百万遍とほってあるのだよ。」

とおしえてくれた。

むかしは白川街道も、はすかいに京都大学のまん中を通って、白川口までつづいていたそうだが、明治三十年ごろ京都大学を建てるために、まん中を通っている白川街道はつぶされてしまったそうだ。

ぼくとおとうちゃんは、京都大学の正門前を通って、農学部の前あたりまできた。そこには、大きな石の大日さんが二つまつってあって、その横に大きな道しるべが立っていた。

その道しるべには、「東　吉田社三丁　真如堂五丁　銀閣寺。南　左　三条大橋二十五丁　祇園　清水　知恩院。すぐ比ゑいさん　唐崎坂本。北　右　北野天満宮二十五丁　金閣寺」とほってあった。ぼくは坂本のような遠い所でも、すぐと書いてあるので、昔の人はたいへん足が強いのだなあと思ったが、それは近いというわけでなく、まっすぐの方向だということである。

白川街道は、ここからななめに、電車通りを横ぎって白川口につながっていたが、昭和四年に電車が通るようになってからは、そこがきれてしまったそうだ。この間先生から、この白川口のところには、むかし、「乙女茶屋」という茶店があって、旅人や花売りの白川女たちが行き帰りに一ぷくしたということを、おしえてもらった。むかしの街道すじには、このほか二—三軒の茶店があったそうだが、今のこっているのは、仕伏町の所でおかし屋をしている「よろず屋」だけだそうだ。

ぼくは、白川口でおとうちゃんと別れると、琵琶町の西村さんの家へ走って行った。途中先生たちともいっしょになった。白糸の滝を過ぎて、琵琶町の西村さんの家に着いた。西村さんの家を出て、しばらくすると、西村さんが、谷底の白川を指さしながら、

「このへんに、むかし船石と言うて、船の形ににた石があったけど、今は石材に使って、なくなってしもうたが、わしは、そのうちセメントなどつかって、むかしの船石の形に作ろうと思ってるんや。」

と言われて、にこにこ笑われてから、こんどは山すその出っぱっている道路の上の方を指さして、

「あの平になっている所がな、むかしの白川街道のあとやで。」

と言われた。ぼくは、なんべんも、この街道を通っているが、今まで気がつかなかった。新道路は、わざわざそ

の山ずそのふちをまがっているが、むかしの道は、ところどころ山ずその上の方に、道が作られていたということがわかった。そうすると、むかしの道は、すごい坂道になっていたんだなあと思った。

しかし、今は、草が生えているのでさっぱりわからない。むかしの人たちは、荷物を運ぶのに、今のように車など使わず、ほとんど馬や牛など使ったり、人夫さんのようにかたにかついで、ぼつぼつと山道をのぼったので、道がどんなに坂になっていてもこたえなかったのだろう。

琵琶町を過ぎてしばらく行くと、やっと「牛石」のあったという所へさしかかった。そこは、中塚（なかつか）工場のちょっと上の方だ。

牛石

川の向う岸の、ちょっと高くなっいる所に、お宮さんの屋根のようになっている小さな小屋があった。行って見ると、中には長細いような、まるいような形をした石があった。その石は、ぼくの顔よりちょっと大きいくらいだった。先生にうかがってみると、

「その石は、牛石と言うのだよ。」

とおっしゃった。その石は、べつに牛にもにていないのになぜ牛石という名がついたんだろうか。

この牛石は、もともと本物の牛石の小さな模型（もけい）で、昔は大きな牛石が、今の金粉工場のすぐ下の川の中にあったそうだ。ところが、この石は明治十年ごろ東海道本線の桂川の鉄橋を作る時、その土台にするため切り出されてしまったということだ。桂川の鉄橋の土台がここらで取れたとは思ったこともなかった。鉄橋の土台になるくらいだからずいぶん大きい石だったろうと思う。運ぶのにもそうとうな苦労だったろうなと思った。この模型の牛石は、その時切り出した牛石のかけらを、記念のためにもとの形ににせて作り、その後ずっと祭るようにったそうだ。

小屋の中は、うす暗いのと、ほこりでまっ黒のように見えた。ほこりをかぶって、何の石かさっぱり見当がつかなかった。天じょうには、木で作った看板のような物がかけてあった。それに書いてある字は、ぼくらにはわからなかった。

それで、西村さんに聞いてみると、むかしある石屋さんが、この牛石をわろうとしておのをふり下ろしたとたん、石の中から血が出てきた。ところがその石屋さんは、ばちがあたったのかまもなく死んでしまった。それ以来近所の人たちは、この石をおそれて近寄らなくなったということだ。それなら、なぜ桂川の鉄橋の土台に使うために切り出した時、血が出ずに、又人も死なかったのだろうか。たぶん石から血が出たのではなくて、石をわろうとした人が、おので打ちそんじてけがをしたところから血が出たのではないかとぼくは思った。そんなことからそのころの人たちは、迷信深い人たちだったと考えられる。

× × × ×

しばらく、祭ってある小さな牛石を見たぼくたちは、また西村さんに質問しながら、白川ぞいに白川街道を上って行った。

ぼくは、織田信長のことなどを聞いた。西村さんは、

石は神様

大むかしの人々の間では、日本だけに限らず石には神様がやどっているという信仰をもっていました。ということは、石は地中にあって自分で動き、自然に成長するという考えから生まれてきたものです。だからふしぎな形や、その色のとくべつに変った石は、人々から尊ばれ、その石には神様がやどっているというわけで信仰されたのです。

そのようなことは、日本では、「播磨風土記」とか「出雲風土記」というような昔の本にも出てきます。ですからある地方では、石が成長するものだという考えから「子生み石」の伝説があって石神としてまつったり、または石神をまつって国境の神様としたり、それにいぼをとるとか、耳だれをなおすとかいって信仰した風習もあったのです。

北白川の牛石とか他の石が、今の世の中ではなんでもない石になっていますが、むかしは人々の信仰とむすびついてまつられたりしたことは、なにもふしぎではなかったのです。

「織田信長らは、むかし、ぎょうさんの家来をつれて、この白川街道を通り、坂本から船で安土城へ行ったんや。」

とおしえて下さった。ぼくは、

「それやったら知ってるわ。先生が社会の時間に言わはってみんなに笑われたもん。もっとほかにないの。」

と言うと、西村さんはにこにこしながら、

「ああそうか……もっとむかしやったら、平安時代や鎌倉時代のことやな。この時代の貴族やえらい人たちが、よくこの白川街道を通ったりしたんで、その人たちの作った歌もたくさんありますよ。」

と言われて、二つの歌をおしえて下さった。

春風の花のにしきにうずもれて
　行きもやられぬ志賀の山越　（西　行）
袖の雪そら吹く風もひとつにて
　花に匂える志賀の山越　（定　家）

というのだ。この歌を聞くと、そのころの白川街道が美しい草花でかざられていたように感じられる。金粉工場の前を過ぎると、すぐ、「蛇石」のある所へさしかかった。

蛇石

川の中に、大きくて細長い石があった。先生にお聞きすると、

「この石が蛇石だよ。」

とおっしゃった。この石はむかしから有名で、たび人が通る時などよく見物して行ったということだ。

むかしは、細長い蛇のせなかによくにた石が、ぜんぶ見えていたそうだが、今では金粉工場の水車の水を引く工事のために、大部分は砂の中にうめられてしまい、その五分の一ぐらいの頭の部分しか見えていない。でもほかの石とちがって、蛇石はよく目立つ。その頭は本当の大蛇の頭のようだ。もしせなかが全部見られたら、川の中に大きなばけ物の蛇がいるようで、夜なんか見たらこわいかも知れない。

それでは、うずまっていなかったころは、川のまん中につっ立っていたのだろうか。もしまん中につっ立っていたとすると、大きいのだから、川の水がせき止められて流れなくなってしまうから、まん中にはつっ立っていないで、よこの方にまがっていたかも知れない。ぼくには、よこの石がないところを見なければ、はっきりしたことがわからない。

この蛇石はもとは太くて大きかったのだろうが、水の力で長い間かかって、しぜんにけずりとられ、へびの形になって残ってしまったのだと思う。

この蛇石のまわりにある石は、みな御影(みかげ)石で、水のためかんたんにけずり取られていくのに、蛇石だけは、かたくて石のしゅるいがちがうため、いつまでもへびの形にのこっているだろう。

× × × ×

しばらく蛇石を見たぼくたちは、また上の方へと歩いて行った。

むかし（江戸時代ごろ）この白川街道にもところどころ松並木(まつなみき)があったそうだが、今では道をひろげるときに切ってしまったのだろうか、松並木はのこっていない。それでも、明治の初めごろまでは、荒神口あたりまでの道すじに、松並木がつづいていたそうだ。

山ずそをまがると、まもなく身代り不動だ。そこでしばらく休んだぼくたちは、また元気を出してのぼって行った。

そこからは、道を二まがりほどまがって行くと、「蛇(じゃ)が壺(つぼ)」だ。

蛇(じゃ)が壺(つぼ)

蛇が壺は、道からすぐ見下された。まわりは石にかこまれていて、向う岸の上の方は土手だ。上から見ていると何もないように見えても中の方は深いのだ。

むかしは、これよりももっと深かったそうだが、このごろは砂がたまってこのように浅くなってしまったということだ。けれども全部うずまってはいない。蛇が壺の直径は、だいたい二メートルぐらいだった。

蛇が壺というのは、下の方のへび石のような大蛇が、大むかしから住んでいたという伝説があるからそう言うのだろう。その大蛇が、その中にとぐろをまいて、したをペロペロ出しているのを想像しただけでもぞっとする。川岸のささが風にふかれてざあざあと気持のわるい音を出していた。

川の中には、大きくてとがった石が、重なり合って蛇が壺の場所は、見つけにくかった。よく見ると蛇が壺の中は、流れてきた水がたまってから、こんどは下の方へたきのように流れ落ちて行くのでその場所がわかった。

織田君が、下へおりてつるつるしている大きな石の上にのったので、ぼくらはひやひやしながら上で見ていた。たきになっている下までは、上から四―五メートルくらいはあった。青い水がざあっと下へながれ落ちている。大山先生が、

「あぶないから上って来なさい。」

とおっしゃったので、織田君はしぶしぶあがって来た。たきの下をのぞいて見ると波にのまれそうな気がした。みんながしゃべっていても、たきの大きな音であまりよく聞えなかった。ぼくも蛇が壺におりたかったが、石がつるつるしていてあぶなそうなのでやめた。それに、たきのようになって流れ落ちる水のスピードと、下にながれおちてあわがたくさんできているのを見ただけで、心の中がおちつかなかった。

このようなめずらしいものは、たいていこういう山の中の谷川の中で、しぜんに出来た物が多いと思う。けれども、蛇が壺のように、水がほってつくったような物は少ないだろう。蛇石や蛇が壺のようなところは立札でも立てて、みんなにわかるようにしておけばよいと思った。

× × × ×

蛇が壺を見たぼくたちは、こんどは次の目的である「重石（かさねいし）」の方へ急いだ。

ぼくたちは、少しの間もおかずに西村さんに質問した。ぼくは、この白川街道にも一里づかというものがあったのだろうかと思って、聞いてみると、

「さあ、むかしは、あったかもしれんが、今ではどこが一里づかだったということはわからんね……」

と言われて、首をふられただけだった。

ぼくたちは、上へ上へと登って行った。とちゅう人家が、二―三げんあって道の左がわに田んぼがあった。そこをもう少し行くと道が二つに分かれていた。下の方の

道がむかしの白川街道で、上へ行く道が新道路だ。

ぼくたちは、そのむかしの道を下りて行った。道はつきあたりになっていて、そこは上砂（かみさご）さんという人の家の前だった。左手の方には、でっかい二つ重ねの石がある。これが「重石」だそうだ。

重石（かさねいし）

わたしは、目の前にある大きな石を見上げて、びっくりしました。その石は二つ重ねてありました。だから、「重石」とよんでいるのでしょう。それは、まるで大きな石の赤ちゃんが、おかあさんにおんぶをしてもらっているように見えます。わたしたちは、この大きな石が、めずらしくて、さっそくとりまきながら用意してきた巻尺（まきじゃく）をつかって、どれくらいの大きさの石なのか、計つて見ることにしました。

初めに高さを計って見ますと、下の方の石が五メートル余りで、上の方の石が五メートル以上もありました。次に、はちまきをさせるようにして、前に出ているところを計って見ますと、そのまわりは十六メートルもありました。

この石の重さは、何千貫、何万貫もあると思います。わたしは、こんな大きな石が、大むかしからこんな形でしぜんにあったのか、またはひょっとしたら、天ぐの神わざで、積んでしまったのかもしれないと思いました。

だれかが、

「べんけいが、かついできたんやろう。」

と、じょうだんはんぶんで言っていましたが、いくらべんけいでも、こんな重たい石はかつげないと思います。

この石は、滋賀（しが）県（けん）と、京都のさかいにある石で、上の方の石で滋賀県にむかっている面には、お

じぞう様が三つほってあって、京都にむかっている方には、一つしかほってありません。ですから、横から見ると、この石が金魚の体ににているので、おじぞう様は金魚の目玉のようです。

なぜ京都の方にも、三つほらなかったのかな。もし京都にも、三つほってあったら、上の石は、ふつうの金魚の形にならず、へんな形の三つ目の金魚になっているかもしれません。

そこへ上砂さんのおばさんが出て来られて、このおじぞう様について話して下さいました。

このおじぞう様は「せりあいじぞう」と名前がつけられているそうです。なぜこんなおじぞう様をほったのか、聞いて見ますと、むかし滋賀県の人と京都の人が、この石を何かにつかうため、石のとり合いをしてけんかをするので、おじぞう様をほっておまつりし、とり合いをしないようにしたということです。京都にむかっているおじぞう様は、もう風化して形などはあまりはっきり見えていませんでした。滋賀県にむかっている方は、はっきりと形が見えています。それは、石の上がすこしでっぱっていて、屋根のかわりになっているため、雨などふってもかからないからだろうと思います。

このおじぞう様は、大学の先生たちも見に来られて、ほられた時代は七―八百年も昔の鎌倉(かまくら)時代だろうと言っておられたそうです。

「この石も、むかしは三つ石が重なってたんですが、何百年もたつにつれて上の石が重いために、だんだん下の方へしずんでいって、土でうずまってしまったんですよ。」

と、おばさんは言っておられました。まだこのおばさんのおじいさんがおられたころは、石は三つ重なっていたそうです。

この重石のおじぞう様も、前はちゃんと人々がおまつりをしていました。夏のじぞうぼんなどの時には、いろいろの物をそなえてまつりをしたころは、子供もたくさんにぎやかにして来たのに、このごろは、おばさんの家だけで、おぼんなどの時におそなえものをして、かんたんにおまつりをしているということです。

× × × ×

重石の前には、「従是(これより)　西南　山城国(やましろのくに)　従是(これより)　東北

近江国（おおみのくに）」とほった道しるべが立っていた。西村さんは、

「重石から一歩西南へ行くと京都や。一歩東北へ行くと滋賀県や。」

とおしえて下さった。

そうすると、上砂さんの家の前には白川が流れているが、白川の手前が京都で、川向うが滋賀県というわけだ。

重石の所でべんとうを食べたぼくたちは、こんどは、山中町の方へ行くために、石のかいだんをのぼって上の新道路へ出た。

そこには、高さ二メートル余りの石の塔（とう）が道ばたにあったので、引き返して、おばさんにその塔のことを聞くと、それは江戸時代の終わり頃、北白川におそろしいコレラがはやったので、その病気が山中村へ入らないようにと、まじないやおいのりのため建てられたということだ。その塔の名前は、「宝剣塔（ほうけんとう）」と言われているそうだ。

ぼくたちは、その話を聞くとすぐ山中町へ急いだ。重石のあたりから、少し行くと山中町だ。山中町には、小学校の分教場がある。分教場より上へ行くと、道がまた二つに分かれていた。左の方へまがっている道がむかしの白川街道で、右の方へまがっている道が新道路だ。ぼくたちは、左の方の古い道をまがって行った。山ずそを東にまがると、一面田んぼだ。

ぼくは、古い道を通った時、身代り不動の所で火にあたりながら、そこにいたおじいさんたちから聞いたことを思い出した。

それは膳所藩（ぜぜはん）が守っていたという関所が、この近くにあったということだ。朝のぼって来る時も西村さんから、乗願院（じょうがんいん）のあたりにも関所があったということをおしえてもらった。

ぼくたちは、注意ぶかく関所あとをさがしたが、あるのは畑ばかりだった。ぼくたちは、もときた道を、重石の方へもどった。帰りは下りなので早かった。

この白川街道は、ハイキング・コースと言われているだけあって、ハイヤーがたくさん通る。歩いているぼくたちは、ほこりをかぶるから、もっと白川街道をいい道

にしてほしいと思った。それでも、むかしの道とくらべると、これでもりっぱな道になっているのだ。

今でも、白川街道をのぼってくる途中には、むかしのままの道はばのせまい所が二―三か所あって、バスなどもようやく通れるくらいだ。ほかのところは、道はばを広くしたり、道すじを変えたりして、よくなっているが、その工事は京都市の方で、大正の中ごろと、昭和になってからは、戦争前に二―三べんはなおして今のようになっているということだ。それに、こんどは京阪電鉄の会社によって、この白川街道から比叡山へ行ける、観光道路を作る計画が進められている。

そうなると、白川街道もむかしのわるい道とちがってすばらしい道になるし、京都でも有名なドライブウエイになると思う。それに今、北白川の西町に住んでおられる西川さんというおじさんが、白川街道を何年か後にはさくら並木にすると言って、さくらのなえ木を植えているということだ。

白川街道が、美しい花のトンネルになって、ハイキングやドライブができたらどんなにすばらしいだろうと思う。

もうあたりはうすぐらく、一ばん星がかがやいていた。ぼくは、長い刀をさしたむかしの武士が、この白川街道を、かごにゆられて旅をしていた様子を思いうかべながら、白川街道を下りて行った。

本文（織田侠一）
牛石（村田裕）
蛇石
蛇が壺
重石（高橋和子）

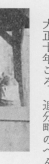

小さなおじぞうさんたち

大正十年ごろ、追分町のへんに、大学の地質学教室を建てる時、地ならしをしていると、一メートルほどの地面の中から、高さ三十センチぐらいの石のおじぞうさんが、五十こ以上もほり出されてきたそうです。

それで、工事をしていた人夫さんたちは、そのおじぞうさんたちを工事場のかたすみに、雨などにうたせて、らんぼうにつんだままにしておきました。

そんなことをしてばちがあたるとは、人夫さんたちも思わなかったのでしょう。ところが、それからというものは、人夫さんの中には、毎日のようにけがをしたり、ひどい人になると屋上からおちて死んだりする人もでてきました。

そこではじめて、人夫さんたちは、「これはなにかのばちがあたったんだ。」と言い出すようになりました。

また大学の方でも、それはおじぞうさんをほったらかしにしていたから、ばちがあたったのだと思って、それからは、農学部の電車のていりゅう所に近い、本屋さんの横のあき地に、おじぞうさんのお堂をこしらえて、ていねいにまつるようになったということです。

またその時、名高い湯川博士のおとうさんは、自分の研究所にそのじぞうさんをわざわざもってきて、ばちがあたらないようにとまつったという話です。

またそれからのち昭和四年にも、百万辺から銀閣寺までの線路の工事をした時、工事場から同じような、たくさんの小さな石じぞうさんが、ほり出されてきたそうです。

その時のじぞうさんは、みんな白川の大きな石仏さんのうしろの方にまつってあります。これらのじぞうさんは、だれがつくったのかわからないが、たぶん観音さんと同じように、むかしの白川の石屋さんたちがつくったものだと思います。

しかし、なぜそんな所からほり出されたのでしよう。それはむかし、白川が、大水であふれ、川上から砂やじやりなどをおし流してきたため、その時、どこかにまつってあったこの石のじぞさんがおし流されてきて、うずめられてしまったかもしれないし、また、うずめなければならないわけがあつて、うずめたかもしれないということです。

ぼくは、先生と夕ぐれ近くなってから、その小さな石のおじぞうさんをまつってある所へ行って見ましたが、ほんとに、どれもこれも小さな石のおじぞうさんでした。

ぼくは、こんな小さなおじぞうさんでも、むかしは、北白川の人たちがどこかでていねいにおがんでいたんだろうと思いました。今では近くの人たちがお花などあげてまつっています。

（岩本哲哉）

地蔵菩薩

がまん強く、大地のようにおちついていて、思ったことを実行するから地蔵といいます。地獄・餓鬼（よくが深くていやしい心）・畜生・修羅（けんかや戦争する心）人間・天上等六つの世界（六道）をまわって救うほとけさまです。そのため六地蔵ともよばれているのです。

まるい頭で、新月のようなまゆ毛のやさしい姿をしています。子育地蔵・子安地蔵など、こどもとの関係が深く、死んだこどもが道にまよっていると、親切につれて行くので、昔からわかれ道や、村はずれにまつられています。また、人が死んで七日目までに渡らなければならないという三途の川で、こまっているこどもをも助けてくれると言われています。

毎年七月二十四日は、地蔵まつりで地蔵盆とよばれ、月の四の日が地蔵のえん日になっています。

天神さんのお祭

子供みこし

「ワッショイ、ワッショイ。」と、ぼくたちは、二十人ほどで、たるみこしをかついで、白川湯前を出発してから御旅所の前を通り、そして乗願院の方へ向かった。乗願院の前をまがってから、バス道路を下って別当町へ向かった。別当町の手前が西村さんという家で、当屋だが静かに通りこした。本当はみんなにぎやかにするのだが、ぼくたちは、でんちもきずにいたから、せなかがいたむし、あばれなかったのだ。

バス道路から十二間道路に入った。みんなしんどかったので、谷口文房具屋の前でいっぷくしてから、津田牛乳屋の前まで行った。そこで、子供のみこし三台がそろった。

三台のみこしのうち、一台はたるみこしだ。それは、たるが中に入っていて、上からこもがかぶせてあるみこしだ。ぼくらのみこしは、木でかんたんに作ってある。しばらくしてから、ぼくらのみこしは、白川湯の前においた。もう二台は、鳥屋の前と、仕伏町の小林果物店の前におかれた。

子供のみこしかつぎがすんだあとは、大人のみこしが、白川街道いっぱいに広がってくるので、一度おいた子供のみこしは、じゃまになるから、すぐかたずけてしまう。

二―三年前までは、子供のみこしがなかったので、ぼくらはおおぜいで、大人のみこしの前を、「ちゃとこい、ちゃとこい。」と、言ってはやしながら走ったのである。なぜちゃとこいと言うのか、お父さんに聞くと、道ぐさをせずに「さっとこい、さっとこい。」といういみらしい。

みこしをかつぐ時の着物は、小学校の一年以下は、羽二重のジュバンを二枚合せて着ることになっていて、小学校以上は一のほこの松のもよう、二のほこのアオイの

もよう、三ほこのモミジのもようを、うまく利用して作ったジュバンだ。ぼくぐらいでは、中に羽二重のジュバンを着て、上には、このもようのジュバンを着ることになっている。

ぼくは、子供のみこしをかつぎ終わると、すぐ御旅所へ行って見た。みこしは、ちょうど出発するところだったのでよかった。若い者は、長いまわしをむねまでまいていて、中にはジュバンもきずにでんちだけ着ている者もあった。

みこしには、神様が入っておられるので、それをかつぐ時には、新しい黒のたびとか、新しいジュバンを着ることになっている。その上、家を出る時には、からだを塩できよめなければならないのだ。

お祭の行事

むかしは、神うつし（神幸祭）をするのに、二十日にもみこしを出して本殿まで上げたそうだが、今ではやらない。そのかわり、子供のみこしのような、羽車というものを、御旅所から本殿まで上げて、それに神うつしをしてから、また御旅所のみこしにおむかえして、二十三日まで祭ることになっている。この羽車に神うつしをする時刻は午後一時ごろで、その式は、神主さんと四十八人の老分の人たちによってなされている。

また羽車をかつぐ人は四人で、白い着物を着たおじさんたちだ。御旅所のみこしに神うつしをしたその日からは、いろいろなおそなえものがいっぱいかざられる。

おそなえ物は、ふた重ねにした赤と白のかがみもちを中心にして、両わきに並べられる。そのかがみもちはとても大きくて、下になっている白もちは、ぼくらの一かかえもあるようなものだ。その白もちは、毎年、若中会が出すようになっている。

おみきの方は天神宮ときまっており、そのほかの物は、天神様におそなえしようと思う家がすることになっている。例えば、おコメ、くだ物、サケ、タイ、スルメなどだ。こんなにおそなえ物をもらうと、神様もたいへんうれしいことであろうな。

ばんになると、御旅所の前には、両側に大きなちょうちんと、その横には、若中会と書いた少し小さなちょうちんがつけられる。

二十二日は、昼ごろから宮さんの広場一ぱいに店が出るし、それに御旅所では、かがり火をもうもうともやし、横では、大きなたいこをならしたりするので、祭気分が出てたいへんにぎやかになってくる。

この祭のたいこは、十九日の朝から二十三日まで、各当屋の前においてあって、だれでもならせることになっている。ぼくもならしたことはあるが、ならし方は、ドコデンドンドン・ドコデンドン・ドンドンドン・ドンドコデンドコドコデンドンドン・カカカッカカカ（たいこのふちをたたく）とならす。このたいこの音を聞くと、だれの心も祭気分一ぱいになると思う。

みこしが御旅所へ入ると、そのばんから当番をすることになっていて、それで、二十日のばんは「待兼講」のおじさんたち（十七名）が夜通し御旅所にこもって、みこしの番をすることになっている。

待兼講というのは、前にも書いた通り、むかしの神幸祭は、みこしが出て神うつしをしてから、白川街道を関医院の所まで下って、また上の方へ乗願院の前まで行って、入るまではなかなか時間がかかるので、夕方近くになると、人々は御旅所の前にずらりと並び、みこしの入るのを待ったから、二十日の夜の当番を、待兼講と言うようになったらしい。待兼講(まちかねこう)は、大人のきぼう者がなるということだ。

そして、二十一日のばんは、天神講のおじさんたちが二十人当番をすることになっていて、これもきぼう者がなっている。

さいごの二十二日のばんは、若中会(わかちゅう)のおじさんたちが当番をして、あくる日のみこしかつぎのことについていろいろ話し合うことになっている。

今年のお祭

今日のお祭のみこしかつぎは、本当は一乗寺からも二十人ほどやとって、みこしを本殿のところまで上げて、いいお祭をするようになっていたのに、雨あがりでかいだんがすべるので中止となり、それでしかたがなく、白川の者ばかりでかついで、御旅所を出発することになった。

しばらくしてみこしは、天神湯の前でみこし車に移された。

みこしのかざりをよく見ると、大いへんりっぱな物で作られていて、金色にかがやいていた。みこしの上にとりつけられたうの鳥は、りっぱで美しかった。そのうの鳥がくわえているイネのたばは、むかし白川で農業をやっていたので、そのほう年のよろこびという意味になるそうだ。また、その屋根にかぶせてあるキクのごもんのきれは、お祭の時だけしかかぶせないそうだ。

かける順は、まず一番下に白、中に赤、一番上にむらさきと、三枚かぶせるそうだ。そうして、四すみには赤と白でまいた、すずなわがつけてあって、一本のすずなわには、大きなすずが三つずつついているから、合計十二のすずがついていることになる。このすずがみこしのあばれる時、いい音を出すのだ。それに、みこしの四方には小さな鳥居が四つあって、その鳥居のがくには天神宮とかいてある。

鳥居から鳥居までの間には、こうらんという、てすりみたいものがあるが、これにもりっぱな金具がつけてある。そのほか、いろいろな名前のついたかざりつけがしてあるが、どれもこれもよく見ると、こまかい細工(さいく)がしてあって、感心するような物ばかりだ。

みこしを天神湯の前で車に移してから、しばらくすると、どうしたのかよっぱらいの若者たちが、みこしを中心に、前、横、後と、けんかを始めた。若中会のおじさんは、止めに行ってはかわいそうにしばかれていたが、それでもこりず熱心に止めていた。それと反対に、おまわりさんはよう止めにいかなかった。そのうち、しぜんにおさまったが、ぼくはなんだか気持が悪かった。

みこしは、なんべんも「ワッショイ、ワッショイ。」と持ち上げられながら白川街道を上って行った。

むかしの人は力が強く、一トン（三百貫）あまりのみこしを、八人でかついだという話が今だにのこっている。今だったら、四十人でもふうふうなのに、むかしは八人でかついだということは、ぼくにはどうしても信じられない。

みこしの前を歩いているほこ持ちのおじさんは、皮のついたじょうぶなおびに、ほこを立てて、持って歩いていた。

この役もなれたおじさんなら持つが、ふつうの人には持てないようなむずかしいものだそうだ。だから、ほこ持はしんどいので各組とも、ときどきほこを横にして持って歩く。

祭には、組ごとに当屋が三軒ずつ当るので、ほこを横にして持つ時には、三軒の当屋の子供が組んで、一本のほこを持つのだが、ほこを持って歩く時は、年の一番大きい者が代表としてほこの先を持ち、まん中と一番後は、老分のおじさんが持つことになっているので、あとの二人はほこのそばを歩くだけだ。

みこしは、乗願院を通りこして、まもなく白糸の滝へついた。そこでみこしを方向てんかんさせてひきかえした。なぜ同じ白川だのに、もっとかみの琵琶町まで行かないのだろうと思った。

みこしは、乗願院のところからバス道路を下った。今日は、けいさつがバスを止めているので安全だ。

みこしは、別当町の二のほこの当屋になった西村さんの前で行ったりもどったり、「ワッショイ、ワッショイ。」と大声をはりあげて、大へんにぎやかなことだった。

次は、十二間道路を北へまがって、伊織通りにコースを向けた。若い者は、たいこのわくにぼうをさして、そのぼうをかつぎながら、きょうそうでたいこをならしていた。少しでもバチをもつと気がすむらしい。

十二間道路は道が広く、交通も自由になっているので、よっぱらっている若い者は、えらそうに道のまん中で、手をひろげて自動車を止めたりしていた。

今日は雨あがりで地面がじめじめしていたので、見物人がすくなく、おおかたは自分自分の家でみこしをむかえて、みこしが前にきてもなにも言わず、首をかしげてじって見ているだけだった。

みこしの行列に参加している人は、みこしをかつぐ若い者が四十人ほど、若中会のおじさんが二十人ほど、かみしもを着た老分のおじさんが四十八人いて、みんなで百人以上の人だ。

と中しばらくきゅうけいをして、白川口へと向かった。

バス道路をおうだんすると、道は坂となった。

たいこ持は、みこしより先に行っては、電信ぼうにそのたいこをもたれさせておいて、おいつかれそうになるとまた走っていった。

石野病院の前に、人夫のおっさんが五―六人いたが、その中の一人が、けんかをふっかけてきたので、また大さわぎになりそうだったが、おじさんたちが止めるとすぐおさまった。それでも、人夫の人は、「まけたからにげたわい。」と言っていた。

関医院の前の道を通って、白川街道へ出た。そうして白川口のところから、電車道をずっと下って、百万辺の手前まで行き、そこで方向てんかんをさせた。その時、神主さんは、のりとを言っておられた。それがすむと、また白川口へ向かった。

白川口からは坂道だが、その坂を上って行けば、もうすぐ御旅所だ。

その時、みこしをかつぐか、みこし車で行くかの問題が起り、けんかが起こりそうになった。若い者は、つかれていてもかつげるといいじをはっていたが、若中会のおじさんは、車で行こうと思っていたらしく反対した。ところがしまいには、若中会のおじさんらも考えなおして、白川街道だけはかつぐことになった。

みんなは、みこしのはたへよって、「わあー。」とかけ声をだして、みこしをかたにかけた。みこしをかつぐと、みんなはもたれるようにして足をふんばるから、ぴんとはり合っていていせいよく見えた。そうして、気持よさそうに、シャン、シャンとなりかんをならして、御旅所へ向った。

みこしはいつ見ていても、左が下って、右が上ってい る。これはきっと、左をかつぐ人が少ないのか、また力がよわいのかもしれない。

もう暗くなってきたので、長谷川の自転車屋の前で、みこしに一回目のちょうちんをつけることになった。

うちより

むかしは祭が近づいてくると、「うちより」とか、「かたわり」とかいう会があって、氏子の若い者たちは、そのたびにたくさん集まって、いろいろのことを相談したり、お酒をのんだりして楽しんだそうだ。

「うちより」という会は、手ぬぐいとか、ジバンのがらをきめるためだ。このうちよりには、上の組、中の組、下の組というように、三つの組がとく別にあって、それぞれ一年こうたいにうちよりをすることになっている。そうして、その組ごとに、たとえば上の組が去年作ったがらは、あれはいけないから、中の組は、今年はこんながらにやりなおそうと言って、そういうことをつづけてきたそうだ。

かたわり

「かたわり」というのは、みこしをかつぐ順番などをきめるための会で、それの責任者は、「若頭(わかがしら)」という役目のおじさんだ。

若頭のおじさんは、各組から二名ずつ出ることになっていて、みんなで六人だ。若頭を三年間つとめてけいけんがふかくなると、かじとりという役になる。それからとりしまりの役をすませると中老になり、後の方をかつぐそうだ。みこしをかつぐのは、ほんとうは四十八人だが、今ではものすごい人数だ。大棒の一番先をかつぐ者を鼻棒(はなぼう)と言い、その内がわをかつぐ者を、鼻づつと言う。鼻棒をかついだ者は、あくる年にははなづつをかつぐことになっている。

鼻棒は、およめさんをもらっていない若い者がかつぐようになっていて、そこを一まい目と言っている。

鼻棒の後は、二枚、三枚、四枚と、合計十六枚まであって、六枚目から十二枚ぐらいにかけては、みこしの下をかつがされるが、それは初めてみこしをかつぐ若い者になっていて、ふつう「鈴下」と言っている。そうして十枚目ぐらいからは、およめさんをもらった人がかつぎ、一番後は、「打留」と言って、その内がわにも同じく、つつをかつぐ人がいる。

それから、みこしをかつぐ時、右がわは「得手方」と言われている。これは、そのへんの道を歩いている時はいいのだが、宮さんに上がるとき、山手の方に見物人がたくさんいるので、みんなは得手の方をかつぎたがる。左がわは「手くそ方」と言っているが、そのわけは、左がわは土手になっており、見物人がすくないのでそんやという意味らしい。

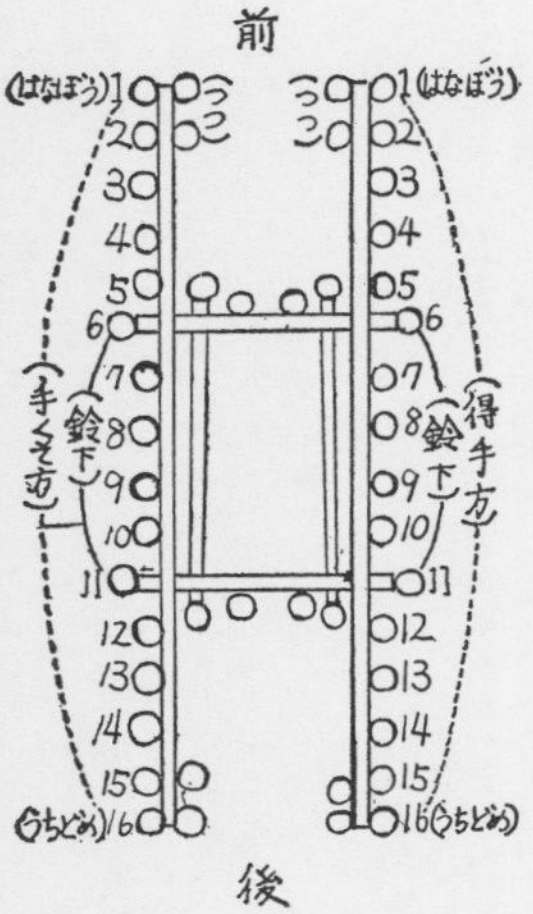

それから、みこしは、今だったら白川の者みんなでかついだり、よそからもたのんだりしてかつぐが、昔は、その年の当番の組だけでかついだそうだから力持がたくさんいたと思う。

しばらくして、ちょうちんつけがすむと、みこしは、十二間道路をおうだんした。見物人は、道いっぱいに広がっていて、とてもにぎやかなことだった。

二回目のちょうちんつけは、薬師堂の前だった。みこしは、見物人におしまくられるようにして、御旅所へ向かった。

ぼくところの上どなりの内田さんが、三のほこの当屋なので、みこしは、「ワッショイ、ワッショイ。」と、行ったりもどったり、若い者は、おもいきり元気を出してにぎやかにあばれまくった。ちょうちんが、もえるかと思ったが、風のためしぜんにきえていった。

見物人は、みこしが前へ進むと足を止めず、あとをつけて行くが、みこしがきゅうにあともどりすると、「きゃあ。」とさけび声をはりあげて後へさがった。これが、しょうぎだおしになったらどうなることだろうと、ぼくはしんぱいした。

街道すじには、あちらこちら、かがり火がもやしてあった。このかがり火は、むかしからやってきたことで、暗くなるとどうしても足もとがあぶないから、どの家でもかがり火をしておくのである。

江戸時代の頃は、そのかがり火ももっと大きなもので、とくに天神さんの広場から、本殿までの石段のわきには、大きなたいまつのかがり火がたかれ、まるで昼のような明かるさだったそうだ。だから、そのころは、鞍馬(くらま)神社の火祭や、岩倉(いわくら)神社の火祭(ひまつり)といっしょに、北白川天神のかがり火は、京都の三大火祭として有名になっていたそうだ。今では石段には、そんな大きなたいまつもたかず小さなたいまつが二―三か所あるだけで、ほかは電とうをかわりにつけている。

みこしは、人ごみの中でいせいよく動きまわりながら御旅所の方へまがって、すがたをかくした。ぼくは、家の前でじっとみこしを見送っていて、はじめは行く気にはならなかったが、見えなくなったので、又行く気になっておいかけた。

神社の広場に夜店をだしておられるおばさんたちは、みこしがまわってくるたびに、「きゃあ。」といって青くなっていた。雨あがりのため石段がすべるから、みこしを本殿へ上げるのは中止になった。白川の祭は、毎年天気がよいということになっているそうだのに、今年は運がわるかった。去年は雨もふらなかったので、みこしは本殿まで上ったが、今年は上がらず、ざんねんだった。

ぼくは、去年の祭のことをふっと思いだした。それはみこしを本殿までかついで上がるのに、長さ二十メートルほどもある太いつなを、大人や子供で引っぱりながら、ものすごいいきおいで、みこしが上がって行った時は、何とも言えんスリルがあったのに、今年はなんだかものたらん気がした。

みこしは、御旅所の前で、さいごの元気を出してあばれまくってから、御旅所におさめられた。

御旅所の入口には、大きなちょうちんが、いくつかぶらさげてあった。

これで祭もおしまいになったかと思うと、少しさびしい気がした。

（田中安雄）

湖から盆地へ

—北白川の地形—

ぼくはある日、おとうさんからこんな話をしてもらった。

今から何千万年も大昔は、京都盆地から丹波高原にかけては海が入りこんでいて、大きな入江になっていたそうだ。ところが、それも長い間かかって、だんだんと水がひいていったあとには、へっこんだ京都盆地の付近に海水がたまって、それが湖になっていったと言われているそうだ。

そのしょうこには、今でも、あちらこちらから海の生物や、そのほかの物の化石などが、地中から発見されるそうだ。例えば東山トンネルを作る工事の時、貝の化石や海草の化石が出たり、同じように乙訓郡の方からも貝の化石が出たり、また、塩気をふくんでいる土地があるので、やはり大昔は、京都盆地が海であったということが想像されるそうだ。そうすると、北白川のこの付近も大昔は、海岸か湖のふちであったのかと思うとふしぎでたまらなかった。

ぼくのおとうさんは、地形の移り変わりや、土地の発達などについての研究をしているので、北白川の地形の移り変わりについても話してもらった。おとうさんは、

「北白川の土地は、『谷口扇状地帯』とよばれる地形をしているんだよ。」

と、言われたが、扇状地帯という意味が、ぼくにはわからなかったので説明してもらった。

それは、谷川の水の流れが、川上から土や砂や石などを川下の方へおし流して来て、三角州のように積らせる働きとにていて、それが、ちょうど扇子の形のように広がってできた土地のことを、扇状地帯とよんでいるそうだ。それで、北白川の扇状地はどうして出来たのか聞いてみた。

それは、ずっと大昔からひえい山の山すそや、山中村あたりから流れてくる白川の水が、風化した花崗岩の砂を流して来て、それが長い年月の間に積ってできたもの

だそうだ。

だから、ぼくらの住んでいる北白川の土地は、表面の方は、赤土や黒土になっているが、その下の方はみんな砂地になっているのだ。この間、学校の建築をする時、人夫さんたちが地下をほっていたが、みんな砂がうずまっていたので、ぼくはなるほどと思った。

それから、白川の扇状地帯はどれくらいの広さがあるのか聞いてみた。だいたいの見当では、東の方は仕伏町のあたりまで、西の方は、田中高原通りぐらいまでの四―五百メートルぐらいの間だ。南の方は吉田山のふもとの電車通りのあたりから、北は伊織通りあたりまで広がって出来ているそうだ。

ぼくはその話を聞いて、「ずいぶん広く砂が積ったんだなあ。」と、思った。でも、いくら扇状地と言っても「川を中心にして出来るのとちがうかな。」と、思ったので、そのわけを聞くと、大昔の白川の流れは、今の方向とちがっていて、仕伏町の上のあたりから今のバス道路を中心にして、賀茂川の方へ流れていたとも考えられるそうだ。それからは洪水などもあったりして、長い年月の間にだんだんと、川の流れも南よりになっていき、やがて銀閣寺道あたりから西に曲って流れていたと考えられるそうだ。

そのしょうこには、扇状地になっている中心ぐらいの小倉町あたりの土の中には、大昔、川上から流されてきた小石や、ちょっと大きい石などが、たくさんふくまれ

扇状地

山地に谷をきざんで流れた川が、広い平野に出ると、そこで急に谷巾が広くなります。と同時に、流れがゆるくなるので、山からおし流されてきた小石や砂の一部が、運びきれずにたまるようになります。

小石や砂がたまって川底が高くなると、こう水のたびに川の流れが急な坂のところへと移ります。そこでも小石や砂がたまって、同じようなことをくり返します。その結果、谷の出口をまん中にして、ゆるい扇子形の土地ができるわけです。

松本平（長野県）、横手盆地（秋田県）、甲府盆地（山梨県）に見られるように、盆地の大部分が扇形の土地になっています。

扇状地の土地は、砂質で水はけがよく、ふだんは水の流れが少なかったりします。日本のように米を作る国では、ふさわしくないので、花畑、果樹園、茶園、桑畑などに利用されています。甲府盆地のぶどう園や、北白川の花畑は、扇状地をうまく利用したわけです。

ているところがあるので、それは、そのころの流れの中心ぐらいのところだと思ってよいそうだ。

また白川の川すじが、今の方向に変ってしまったことについて、こんな言い伝えもあるそうだ。

ずっと大昔は、今の浄土寺町あたりは、大きなたまり池になっていた。そのころは、白川も百万遍の方を通って、賀茂川に流れこんでいたが、こんどはその大きなたまり池に、白川の流れをひき入れた。ところが、それも長い年月がたってしまうと池はなくなり、今のように白川が流れるようになったという話だ。

そうすると、今の川の流れになるまでは、何辺か川すじが変わったのだろう。

それは、バス道路や、銀閣寺道から百万遍あたりまでの道は、まわりの土地よりも低いから、ぼくなんかが考えても、「そうだなあ。」と思う。

それからおとうさんは、白川の扇状地の出来方を、だいたい二つに分けて出来ているということを話して下さった。それは、今、小倉町の下の方を流れている疏水をちょうどさかいにして、西側は低く、東側は高くて、大分段ちがいの地形になっているので、ちょうどせんすの

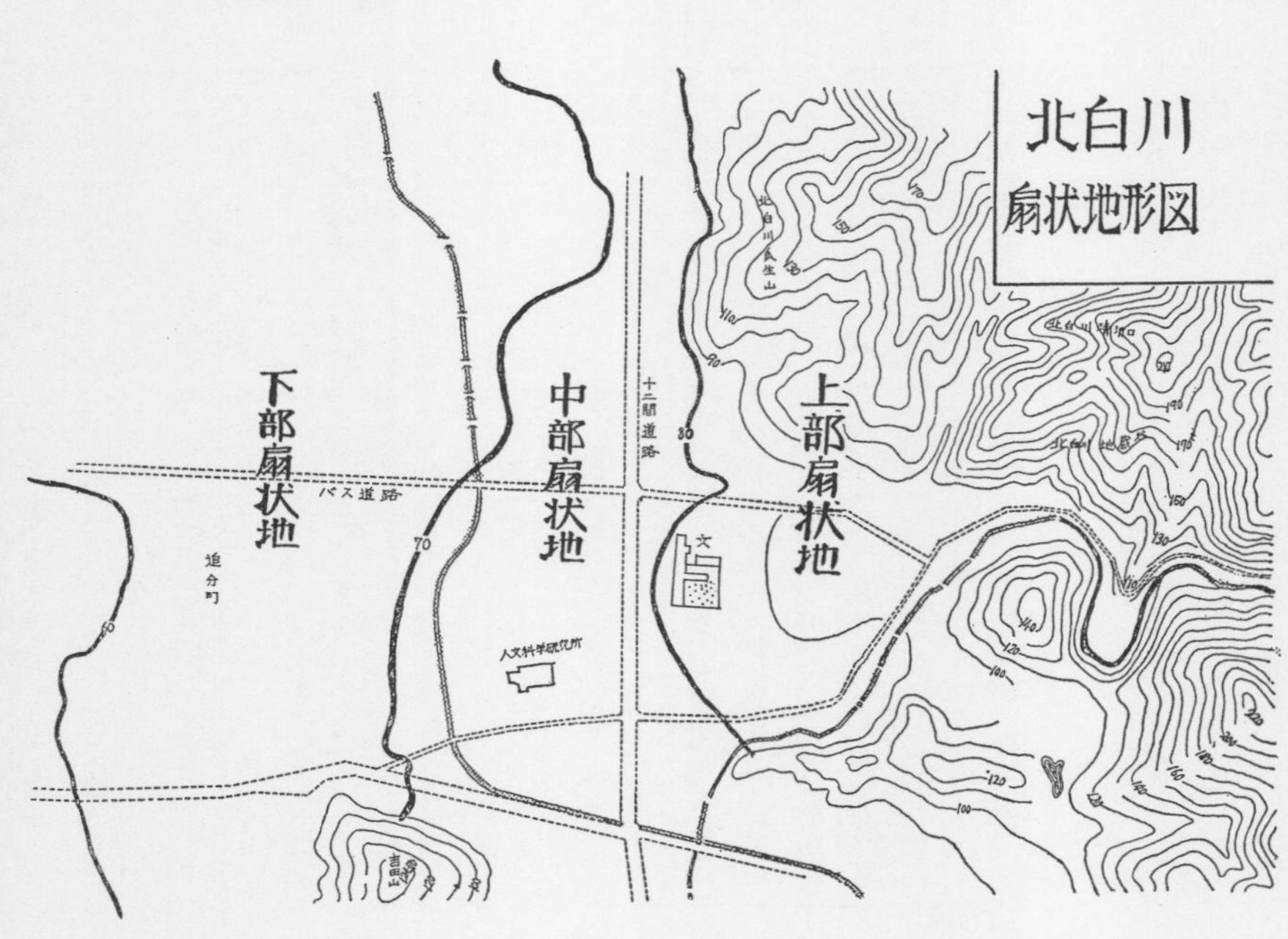

根本のせまい半分が東の方に近い扇状で、積った砂も大分深く、三十メートルぐらいもあるそうだ。その反対に、それより西の方の百万遍の上あたりまでは、扇状地もゆるやかで、十メートルぐらいになっているそうだ。北白川の等高線を見ると、扇状地の根本の方が百メートル、百万遍が五十八メートルばかりで、その差は、四十二メートルだから、扇状地の広さと積った深さがよくわかる。

それからおとうさんは、ついでに、こんなことも話して下さった。

今から千二百―三百年ほど前、滋賀県に都があったころ、「山城の国」は、都が移されるまで、田んぼなどの土地をきちんと人々に分け与えていたそうだ。その分け方を「条里制」といって、田んぼに道をつけて大きく区切ってあったそうだ。その区切り方をだいたいもとにして、平安京の都の道路をつくったということだ。父の話によると、その区切った名ごりは、一乗寺あたりではは っきり見えるので、だから北白川の近くにも、その名ごりがあったにちがいないと言っておられた。

それで父は、ある日学校に来て、明治十九年の北白川の大地図を見せてもらってしらべたが、「条里制」のあとかたは発見出来なかったと言っておられた。

ぼくは父の話をいろいろ聞いて、「長い間のうちに土地の形や性質は、いろいろと変わっていくのだなあ。」と、つくづく思った。〔資料参照三三六頁〕

（藤岡換太郎）

条里制

今から千三百年あまり前に、「大化の改新」ということがおこなわれて、国の治め方が、はっきりきまりました。それまでは、貴族や勢力をもった豪族たちは、たくさんの土地と私有民（人々をどれいのように使った）をもっていましたが、そういうしくみを改めて、土地と人民は「公地公民」といって天皇のもの、すなわち国のものになりました。

そして男には二反、女には男の三分の二の田をわりあてて、税をとりたてるしくみにしました。このときの一つの坪の広さは六十間（百八メートル）四方で、これを一町としました。そしてたてよこ六町、つまり三十六の坪を一里といっていました。この里を、東西または南北につらねて条といいましたので、このような地割のしかたを条里制とよんだのです。

白川石と石屋さん

石屋さんのはんじょう

　白川の産業として、「白川石」の名は、白川の花と一しょに、むかしから大変よく知られています。

　白川石というのはみかげ石のことで、学校では花崗岩といって習いました。私の家もむかしは石屋をしていたということを、お父さんやお母さんから、よく聞いたことがあります。

　むかしばかりでなく、今でもお父さんのお兄さんが二人石屋仕事をしています。一人は亀岡でやっています。もう一人は、下池田に住んでいて、いろいろな石屋仕事をしています。

　私たちは、三年生の時も社会の勉強で、白川石のことを習いましたが、その時は、あまりおもしろくなくわかりませんでした。ところが四年生になって、今度私たちは、郷土のことを調べることになったので、私は白川石について調べてみようと思いました。

　私は、お父さんやお母さん、それに近所のおじいさんやおばあさんたちからも、むかしの白川石のことを聞くことにして、まとめてみることにしました。

　私のおじいさんは若い時から、白川や亀岡などで、石屋さんをして働いていたそうです。そして、八十才近くまで生きていて、今から七年前、私の五才くらいの時に死んだのです。

私の小さい頃までは、私の家で、おじいさんと亀岡のおじさん、おばさん、それに、今下池田町に住んでいる親類のおじさんと四人で、とうろうなどを柱にもたらして、よくみがいていたことを思い出します。

おじいさんの若い頃作ったものは、とうろう・石ひ・はか石・ちょうずばちなどが主で、そのほか今、私の家にある、カメの形にほったカメ石や、形のかわったいろいろなとうろうなど、それに小さな石の橋とか、水車のうすとか、こなひきうすなどもたくさんこしらえたのです。また私の家のはしりや、戸の下にしくしき石、井戸のまわりに使う井戸のぶち石や、門柱などもおじいさんがこしらえたということです。

こんなにいろいろな種類のものをこしらえるのには、白川石もだいぶんいったんやろうなあと思いました。こうして作り出されたいろいろなものの中で、特にとうろうなどは、名古屋・東京・北陸地方など、各地へ送り出されていました。それに、日本の国内ばかりでなく、アメリカあたりにもたくさん送り出されていました。私はそれを聞いて、外国にまで知られていたのかと思うとうれしく思いました。

白川では、私のおじいさんだけでなく、ほかの石屋さんたちも同じように、いろいろなものを作っていたのです。

「おじいさんは、技術(ぎじゅつ)が大変じょうずだったんえ。」と、お母さんから聞いた時、私はたいへんうれしくてたまりませんでした。

白川の石屋さんが一ばんよくはんじょうした頃は、今から五―六十年前の明治三十年から四十年ぐらいの間でした。そうすると、私のおじいさんたちが石屋をしていた頃が、白川の石屋さんが一ばんはんじょうしていたということになります。

その頃の白川では、二百人もの人たちが、石屋仕事をしてくらしていたということを、おじいさんたちから聞いた時、私はなるほどむかしは石屋さんが多かったんやなあと思いました。

というのは、そのころから京都の町では、れんがなどをつかった石づくりの建築がはやってきたため、白川の石屋さんは、とうろうやそのほかのものをつくるかたわら、石づくりの建築にも行って、その石材に、美しいもようの彫刻をしたりしてはたらいたために、白川の石屋さんたちは、ひじょうにいそがしくなってきたのです。中でも、京都の府庁や市役所、それに日本銀行などは、白川の石屋さんたちがたくさん参加して作ったものだそうです。今府庁のげんかんにある石のかいだんは、特別に知事さんの希望によって、白川石で作ったということです。

しかし、その頃になると、建築のために使う石は、白川石を使わず、瀬戸内海の島々から買い入れて、それでつくるようになっていました。それでも、建築のための石はよそから買い入れ、とうろうや、そのほか細工のいるようなものは、あいかわらず白川石を使っていたのです。またそのころは、白川には、石屋の組合というものができていて、この組合には二百人ぐらい入っていました。

組合の名前を「共和組」といって、それを記念するための石碑が瓜生山の方に建られています。そのころ組合に入っていた人たちは、一日働いて一円か一円五十銭ぐらいのお金をもらっていたといわれています。今では少ないように思いますが、むかしはこれでもいいお金もうけだったのでしょう。

そのほか石を多く使ったのは、石づくりの建築だけでなくて、お金持の家でも、おやしきに庭園などをこしらえて、とうろうや庭石などで美しくかざっていたので、ますます白川の石屋さんは目のまわるようないそがしさだったのです。けれども、今では、白川にいて石屋さんをしている家は、四―五げんぐらいしかありません。でも、まだ白川の石屋さんの中には、町の中に石屋の店をもって仕事を続けている人が多いのです。そのほか、町の石屋さんにやとわれて働きに行っている人も五―六十人はいます。

さびれていく白川石

今のように石屋さんが少なくなったのもいくつかのわけがあったからです。一つにはお金持が大きな庭をもっていて、庭石やとうろうなどがあると、ぜい金がとてもたくさんかかるということで、しぜんにとうろうなどのちゅうもんも少なくなって作らなくなりました。二つには、石づくりの建築が地しんには弱いということになったので、それからは鉄筋コンクリートの建物の方が多くなってきて、しまいには、石づくりの建築がはやらなくなったからです。

三つには、今のように学問が進んでくると、石屋仕事をいやがって、会社につとめる人がだんだん多くなってきたためでした。

それから、白川石があまり出なくなったのも大きな原因だということですが、それは、石づくりの建物がはやり出した頃から、だんだん白川石が使われなくなったからです。

そのわけは、長い間切り出されてきた白川石も、表面が雨風のためぼろぼろに風化したりして、よい石をとり出すにはそうとう深くまで岩を切りくずさなければならないし、ものすごくひまがかかったりしんどい目をしなければならないので、かえってたくさんのお金がかかったりするからです。

また、切り出したとしても、石屋さんまで運ぶのには、けわしい山道から、切り出した石を運び出さなければならないし、そのため、まただいぶお金がいるのです。だから瀬戸内海の島々から買い入れた方が、運ちんを入れてもよっぽど安かったからです。それで今でも、石屋さんたちの使っている石はほとんど瀬戸内海の石です。私は、りっぱな白川石があるのに、今ではほとんど利用されていませんのでおしいと思います。

白川石が、ほかの地方のみかげ石なんかよりもよいとされているのは、色が白くて美しく、つやがあることです。それに、鉄分もあまりふくんでいないし、いつまでたっても色が変わらないというのは、白川石ぐらいのもんだそうです。その上、きめがこまかくねばりけもあって細工がしやすいので、とうろうなんか作るのには一ばん白川石がよいのです。そして、できあがりも、ほかの地方の石とくらべて美しいと言われています。

名所図会（江戸時代）に出ている白川石

私はおじいさんたちのお話を聞いて、白川石がずいぶんむかしから使われていたということを知りました。それは、だいたい豊臣秀吉のいた頃からだんだんと使い出して、江戸時代の頃になると「白川石」として有名になり、石屋さんの仕事も、とうろうや、ちょうずばちをたくさん作るようになって、とてもさかんになりました。そのほか、むかしは、五条の大橋を作るのにも、白川石を使っていたのだということがわかりました。それに桂離宮の庭園をつくる時にも、多くの白川石を使ったということです。たとえば、とうろうの石や石橋などです。その時には、きっと白川の石屋さんも行ってお仕事をしたと思います。それから、熊野神社を建てた時の石材も、白川石を使ったのです。そのことは、熊野神社へ行って見ると、白川石を使ったということがちゃんとそのいわれに書いてあります。

それに、今から千年いじょうむかし「北白川廃寺」を建てる時に、柱の下にしく「そ石」にも、白川石が使ってあるということを先生からお聞きして、白川石はずいぶんむかしから使われていたのだなあと思いました。そのほか、白川石は、京都の中ばかりでなく、ほうぼうでもいろいろなことに使われていたと思います。

若狭へ行った石屋さん

それから白川の石屋さんのことについてこんなお話が伝えられています。そのお話というのは、私が「新しい日本風土記」という本の中でよんで知ったことです。そのところを写してみます。

「国定公園の若狭湾にそうたところに三方という小さな町があります。この町の中に、美しい五つの湖がむらがっています。この五つの美しい湖は、いまはそれぞれにつながっていて、海にいちばん近い久々子湖から、若狭湾へ水がつながっています。ところが、今から三百年ほど前までは、水月湖と久々子湖はつながっていませんでした。それで、大雨が降ると、はけ口がないので、水月湖と、となりの三方湖の水があふれ、湖のほとりの村やたんぼがめちゃくちゃになりました。それでそのころの殿さまや村の人たちは、なんども水月湖と久々子湖との間に川をつくり、あふれた水を若狭湾に流そうと考えたかわかりません。けれども、二つの湖の間は、かたい岩山なので、そのころの土木の力ではどうすることも

できないのでした。みんながしあんにあまっているとき、

「できぬわけはない。やってみよう。」

といいだしたのは、行方久兵衛という役人でした。

行方という役人は、工事をはじめる前に、『福井県や京の都の白川』あたりから千人ばかりの石工（石屋さん）を集め、準備をととのえてからはじめました。それは寛文二年（一六六二年）五月二十七日のことでした。

こうして、多ぜいの白川の石屋さんたちは遠いところまで行き、そこの人のためを思って、大きな岩山を三年がかりで切り開いたのです。こういう仕事には、やっぱりなれている白川の石屋さんたちがいちばん役立つことは、そこのお殿さまもよく知っていたと思います。

白川では、同じ石屋さんでも仕事がわかれていて、山で石を切り出したり見つけだしたりして仕事をする人を「山方」といってふつう家で仕事をする人を「石工」とよんでいました。

白川の石切場

それからよく「白川石」というけれども、いったいどこでその白川石がとれるのだろうと思って、ある日多ぜいの友だちと城あとの勝軍山へ行ったついでに、西村さんのおじさんに白川石を切り出したあとも見につれてもらいました。白川石を切り出したところは、将軍山の下の方で、このあたりを「清沢口」といって、白川石のおもな石切り場だったのです。その石切り場は、むかし白幽子がすんでいたというどうくつのところへんから、よく見上げられました。

白川石の切りだされたあとを見て私は、その岩山がものすごく大きくて、ゴツゴツしていましたのでびっくりしました。この石切り場の近くへよって見ますと、入口の両側は、ずっと石垣がしてありました。それは、切りだした石を運びだすのに通りよいように、きちんとした道をつけたのだと思います。

そのほか、白川石のとれたところは、この清沢口の石切り場だけでなくて、白糸の滝のところや、びわ町の近くの「石部谷」というところ、それから、身代り不動さんのところから比叡山にのぼる途中にも、「蓬谷」といって石切り場があったそうです。それで私は、どうして

あんなに大きい石を切りだすんやろうかなあと思って、西村さんにお聞きしてみますと、

「明治の頃にはな、石をわる火薬というものが日本にきていたさかいに、その火薬をつこうて、白川石をわってとりだしたもんや。それより前はやな、のみで岩に十センチおきぐらい長四角形のあなをあけ、その中に「矢」(長い鉄のぼう)というものを入れてから、「げんのう」という大きいかなづちで矢をたたくと、大きな石がわれるのや。」

と、教えてくださいました。

私たちは、この石切り場から帰る時、おじぞうさんの作りかけや、水車用の大きなひきうすやら、そのほかいろいろな形の大きな石が、道ばたの草原の中にあちらこちらほってあるのを見ました。先生がそのへんにころがっている白川石をにぎって見られると、表面がぼろぼろにくだけてしまいました。それで先生は、

「花崗岩(かこうがん)は、長いこと雨風などのあたるところにおいておくと、こういうぐあいに風化してしまって、ぼろぼろにくだけてしまうんだよ。」

と、教えてくださいました。

それから私は、むかし切りだされたままになっている大きな石を見て、こんな石をどんなにして石屋さんまで運ばはったんやろうかと思いましたので、そのことを話してもらいました。

それは、木で作ったがんじょうなそりをつかって、石切り場から牛にひっぱらせて、白川道のあるところまで運んでしまうと、そこからは、また荷車につんで、牛が石屋さんまでひいていくようになっていたそうです。こうして山から石をはこびだすのも、せまい山道ではたいへんやったやろうと思います。それに、雨がよく降ったりしたあとは、道がたいへん悪くなって、山方の人たちは、道をなおしたりせんならんし、困(こま)ったやろうと思います。

それから、ちょっとかわった話では、むかし白川の石屋さんがはんじょうしていた頃、石工さんたちのお休みは、いつも毎月の一日だったのですが、それがいつのまにか、白川の村人たちも、みんなこの日を休日のようにして休むようになりました。

ところが、この休みにはきまってどこの家でも、にわとりをつぶして食べるというならわしがありました。そ

れで、その日になると村人たちは、白川道にでて、道のわきをながれているきれいな小川でにわとりをつぶすので、まるでお祭でもあるように、にぎやかだったそうです。

石屋仕事は、今の私の家のように、先祖代々うけついでいる家もありますが、時代が変わってくるとだんだん自分たちのすきな仕事をするようになってきて、今では、あんなにさかんであった白川の石屋さんも、さびれてしまったのです。

（大槻雅子）

古い地名は生きている

ある晩、ぼくたちは田中君の家へ集まって、内田元平さん、内田福太郎さん、西村祐次郎さんに、昔のいろいろな話をうかがうことになった。

はじめに、本岡君たちがもぞう紙にかいてくれた今の北白川の地図に、昔よびならわされていた町の区割と町名とを、マジックインキで書き入れていただいた。それは、今の町名とはぜんぜんちがう町名だ。

その町名を、白川街道の上の方から順に言っていくと、上の町・川原町・宮の本町・中の町・薬師町・分木町・下の町の七つの町名がついていたのである。

今では、北白川全体に三十あまりの町名があるが、昔はそうではなく、白川街道にそってしか人家がなかったので、町名も少なかったのだろう。

昔の町名の中に分木町というのがあるが、内田福太郎さんは、

「昔は、今の白川湯のあたりで、田んぼの用水が三方に分かれて流れていたので、ほんとうは分水町とよぶのがあたりまえやろうけど、木と水は字がにているさかいに、うっかり字をまちがえてしもうて、いつのまにか分木町となったと思うがな。」

と言っておられた。

宮の本町とか川原町とかいうのは、それぞれ天神さんのそばの町とか、白川の流れにそった町という意味のことを言ったのである。また薬師町というのは、薬師堂がその町にあったからだろう。

白川では、今でも昔のままの町名で呼んでいる人も多く、またその町内の人どうしがより集まって、行事をしたり相談会をしたりしているそうだ。

それに、ぼくたちの学校のある所は、「榎元」という地名であったこともわかった。

ぼくたちが、おじさんたちに昔の町名を教えてもらっている時に、天神さんからとても大さな地図がはこばれてきた。ぼくはその地図があまり大さいのでびっくりした。この地図を広げるには、十じょう敷の部屋でやっと

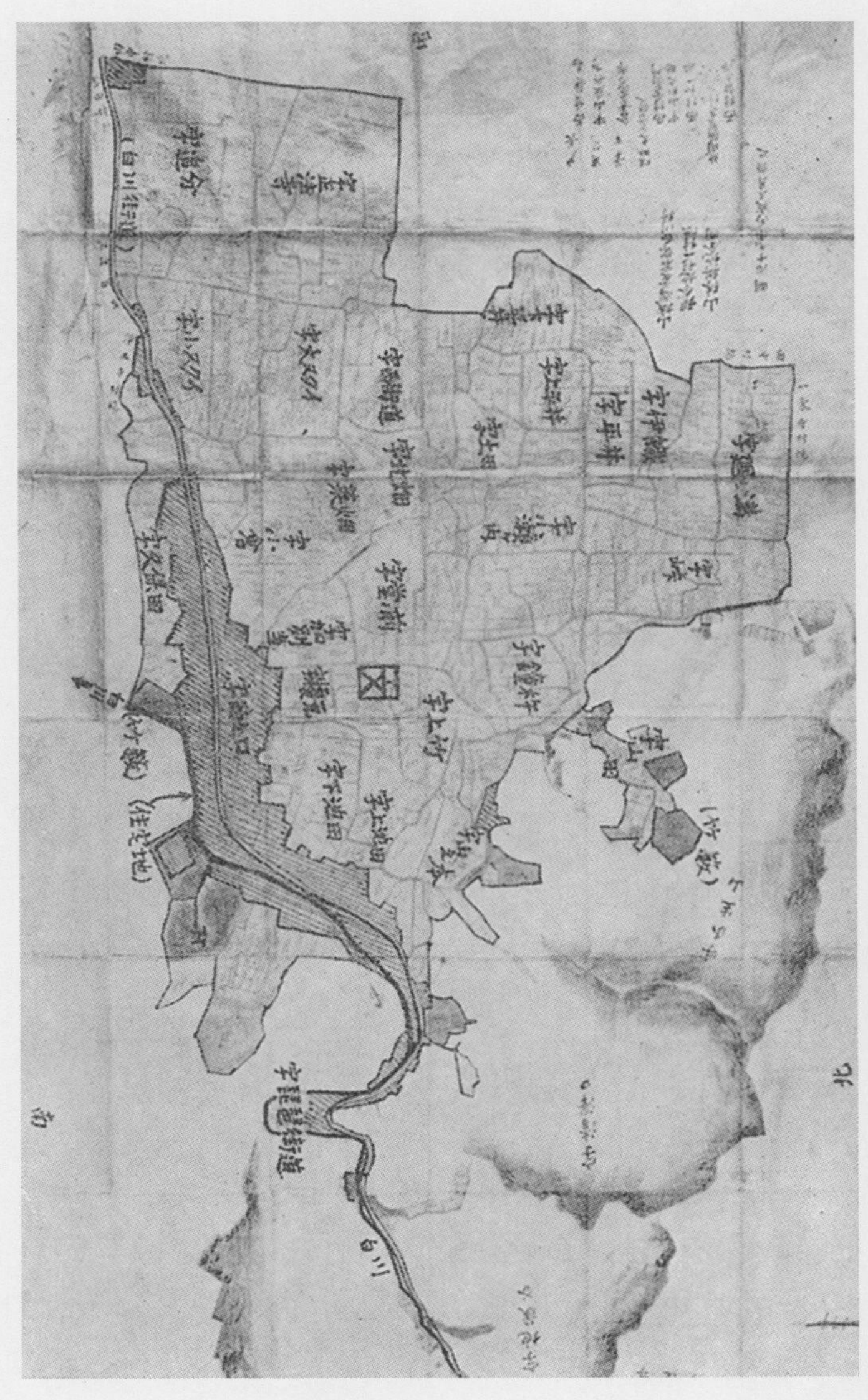

広げられるくらいの大きなものだった。

この地図は、明治十九年に西村右左衛門（うざえもん）という人の計画でできたものだ。地図の大きさをあとで計って見るとたてが約三メートル、横が約六メートルもあった。この地図を見ていると、そのころの北白川のようすがはっきりわかる。人家は赤色でぬられ、白川街道にそって建ちならんでいる。田畑は黄色で、山々は青味がかった緑色でそれぞれ区別されている。ぼくたちは、この地図をかこみながら、おじいさんたちに、古い地名やそのいわれについて説明していただいた。

いわれのある地名

福塚（ふくづか）

農学部付近にある後二条天皇のごりょうの辺を、昔は「福塚」と呼んでいたので、その辺の地名も同じように福塚というようになって、今でも、土地の年寄りの人々の中には、福塚とよんでいる人もいるそうだ。

この福塚も、初めは泓塚（ふけづか）といっていたが、後に福塚に変わった。泓塚の「泓」ということばの意味は、ぬまやくぼ地のようなところをさしている。

それに、この福塚についてふしぎな伝説を話してもらった。

× × × ×

昔から福塚には、神様がいると言われて、村人たちからおそれられていました。

この福塚の上には、毎年ヒル（ニンニク）がたくさん生えました。村人たちは、このヒルがほしいのですが、「福塚には、神様がいるのだ。」と思って、だれひとりとりに行くものはいませんでした。

ところが、そのころ、吉田に一人のさむらいがいました。このさむらいは、今までに人をころしたりして悪い事ばかりしていました。このおさむらいは、自分にはこわいものなんか何もないと思っていたので、「よし、おれがとりに行ってやる。」と言って、福塚の中へひとりで入って行きました。

ところが、おさむらいが手をのばしてヒルをとろうとしたところ、草むらの中からものすごく大さなへびが出てきて、そして白眼（しろめ）をむいてとびかかろうとしました。いくら強いさむらいでも、こしをぬかしてしまいそうなへびでした。そのへびを見たさむらいは、びっくりのあまり、家へとんで帰りましたが、そのまま高い熱を出してとうとう死んでしまいました。

× × × ×

ぼくにはとても信じられない伝説だけど、昔の人はそういって信じていたのだろう。

またおじさんたちの小さかったころは、ごりょうの後が畑になっていて、その畑の中には、大さな松の木が生えていたので、田畑仕事の時、よい休み場所にしていたそうだ。

そのころには、まだだれも後二条天皇のごりょうだということは知らないで、ただ福塚といって神様がいるのだと思っていたのだが、明治二十二年に、国でくわしく調べた結果、今まで福塚とよばれていた所が、九十四代目の後二条天皇のお墓だということがわかったわけだ。

ぼくはこのごりょうを見たことがあるが、塚の上には、いろいろな木が植えてあって、そのまわりは、水の入っていないほりでかこんである。それに、ごりょうの中は、白川砂をいっぱいしいて美しくしてあった。

字(あざ)正法寺(しょうほうじ)

大地図を見ていると、後二条天皇のごりょうの北の辺は「字正法寺」と書いてあった。先生がおじさん達におたずねになると、

「はっきりわかりませんが、やっぱり何かのお寺が建っていたんでしょうなあ。」

と言っておられた。

がらん堂

正方寺の西どなりを「がらん堂」といった。「がらん」というと、寺のことであるし、堂という名がついているので、お堂がこの辺に建っていたのだろうと言われている。

塚田(つかだ)

小倉町の西の方を「塚田」とよんでいたそうだ。田のよび名では、ちょっと変わっている。内田元平さんは、

「このあたりには、塚があったんやろな。そいでからに塚のあとを田んぼにしたから、塚田という名になったんやろう。」

と言っておられた。

字追分

「追分」というのは、道などが分かれているところを言うのだから、追分町の農学部前の辺は、白川街道と西街道、または、白川口から浄土寺の方へ行く道や百万遍に行く道など、いくつもの道の分かれ目だったから、昔から追分と呼んでいたのだろう。

土州

農学部の西の方（追分町）つまりぼくの家の辺だ。

江戸時代のころから、坂本竜馬の出た土佐はん（高知）の殿様が、大きな屋敷をかまえて住んでいたそうだ。だから、明治になって屋しきが取りのぞかれて、この土地でまた農業をやるようになってからも、ずっと白川の人達は、この辺のことを「土州、土州」と呼ぶようになった。

北白川の近くには土佐の殿様だけでなく、会津（福島）の殿様が、百万遍に住んでいたり、また、京都大学の所には、尾州（愛知）の殿様の屋敷があったそうだ。

めくじり

この地名は、大地図にはのっていないが、今の上終町の北の辺を、昔は「めくじり」とよんでいた。それは、大昔そこに「めっく寺」というお寺が建っていたということから、そうよぶようになったのだろうということだ。内田元平さんは、

「めくじりの『じり』は、もののおしまいとか、うしろとかいう意味やからして、お寺のうしろが、その辺だったということやろとわしは思うがな。」

と言われたが、ひょっとしたら北白川廃寺のことかも知れないと言っている人もいるそうだ。

字堂の前・字堂の後

北白川廃寺のあとが発見されるまでは、字名の意味もなんのことかはっきりしなかったが、それでも、昔から「堂」ということばが残っているので、白川の人たちは、「その辺に古寺があったのやろう。」と言っていたそうだ。それで寺の前の方を「堂の前」、堂の後の方を「堂の後」と言っていたのだろう。

堂の前は、今の堂の前町の東の辺（上別当町の北西の部分）を言い、「堂の後」の方は、上終公園の辺から山田町の辺にかけて言っていたそうだ。ところが、おじさんたちは、今の堂の前町が、十二間道路をへだてた西側になっているので、

「あれは、市が白川の事情も知らずに町内の区画をしてしもうてからに、みょうな場所に町の名をつけてしもうたんや。」

と、ぶつぶつ言っておられた。

それから、おじさんたちのもんくはまだあった。それは、今の町名の中に、もっと昔の字名が残されていたら、親しみもあったし、それに今のように別当町や小倉町を北部・南部とか、中部・東部・西部などと呼ぶよりは、小倉町菜畑（なはたけ）とか、別当町榎元（えのきもて）と呼んだ方が、よっぽど気がきいていて便利がよいということだった。

例えば、別当町や上別当町はつる首・加（か）別当・榎元・堂の前・上竹（うえたけ）という字などが一つになって出来た町名だし、小倉町は、北畑・菜畑・狭間（はざま）・小倉という字などが一つになって出来た町名だそうだ。こういう字名の中には、大地図にはのっていないのもあるが、その他にもたくさんの小さな字名があったそうだ。

字鐘（かね）つき

「鐘つき」という地名があったのは、昔、北白川廃寺には、大きな鐘つき堂があったのだろう。場所は、今の大堂町の中心ぐらいのところらしい。ずっと昔は、白川村にも廃寺の鐘が朝夕なっていたのだろう。

ハス池

鐘つき堂の南どなり（上別当町のバス道路の辺）を、「ハス池」とよんでいたそうだ。北白川廃寺には、ハスの植わっている大きな池もあったのだろう。

小瀬（こせ）が内と松原

十二間道路を中心にして、バス道路の少し上の辺までを、「小瀬が内」と言っていたそうだ。それは、昔からバス道路にそって白川の支流が流れていたので、その辺は谷川のように急な流れになっていたから、そういう名前になったのだろうということだ。

また、バス道路の貯水池の上の辺から、田中医院の辺

にかけては、土地が高く、バス道路の所とは四―五メートルも差のあるがけになっていたので、おじさんたちの小さいころは、「松原のぼろぼろ」と言って、よくすべり山みたいにしてあそんだということだ。

そのころ、「松原のぼろぼろ」には、松など生えていなかったそうだが、もっと昔は、松林になっていたのだろうということだ。そして、谷川みたいだった今のバス道路は、この松原のぼろぼろを切りくずして、その土をうめたてて作ったものだそうだ。

それから、この松原の上の辺には古い墓地があって、そこには二十あまりのお墓があったそうだが、そのお墓というのは、みな田中君の家の墓だったということだ。

字仕伏（しぶせ）

江戸時代のころ、今の仕伏町の方に御殿が建てられてからは、身分の高い人が住むようになった。そこで、こういう身分の高い人と、白川の村の人が会った場合には、ていねいにおじぎやらあいさつをしなければならなかった。それに、仕伏町あたりは御殿に近いから、とくにこのへんの人たちは、いつも御殿にお仕えしているようなものだったので、それで「伏して仕える」という意味からこういうようにいったかも知れない。

また御殿に仕える家来の人たちも、多くは、御殿の下の方に住んでいたので、この人たちは、ちょくせつ仕えているという意味から、そのあたりを、仕伏とよびならわされるようになったかも知れないということだ。

字上池田・字下池田

この二つの池田は、一番古くからあった田んぼだろうということだ。それは、

「北白川に村ができたころは、田んぼも村の近くからだんだんと開けていくのがあたりまえやさかいなあ。」

と言っておられた。

上池田は、下池田より土地も高いし、北の方にあるから、上池田とつけたのだろうと思う。また、池田という意味は、ずっと昔には用水池があって、その水を利用したからそう言うのかも知れないと思う。

サイカシ

昔（江戸時代の初めごろ）今の白川湯の前あたりに、「サ

イカシ」という木が二本植わっていたので、自然その辺の地名にもなっていたそうだ。

この木は、もう一つの名を「カワラフジ」とも言われ、とても高い木で幹にはとげがあり、三十センチほどもある長いさやには、大豆ににた茶色の実がなる。それに、この実は、とげといっしょに薬にもなったり、またそのさやは、せんじて使うと石けんの代用にもなるそうだ。

西村祐(すけ)次郎さんは、もう一度この木を昔の場所に植えて、名物にしてみたいと言っておられた。

字榎元(えのきもと)

北白川校の建っている辺を、「榎元」と言ったそうだけど、地図で見るとあまり大きな場所とちがう。この田をつぶしてぼくたちの昔の学校を建てたのだ。

なぜ榎本といっていたのかはっきりわからないけど、どうせもっと昔には、大きな榎の木が何本か生えていたからだろう。この榎は、高い木だから、江戸時代にはよく街道などの一里塚に植えられた木だ。

字山田

昔は田んぼであった山田町も、今は家がたちならんでいる。山田というのは、山の中の田んぼという意味だと思う。昔この山田の辺には大きな竹やぶがあって、五月ごろになると、たけのこがたくさんとれたので、一乗寺あたりからも、わざわざ山田のたけのこを買うため、人々が集まったということだ。

字峠(とうげ)

大正七年に北白川が市になった時、「字峠」の辺は上終(かみはて)町になった。

そのわけは、今までは少し土地が高いため峠と呼ばれていたが、市に入ってからは京都市にそんな町名がのこるのはおかしいと言って、北の終(はて)の町だから上終町とあらためたそうだ。

字土田

今の蔦(つた)町付近を、昔は「土田」とよんでいた。それは、その辺に土がたくさんあったのかも知れない。また、大水で白川の砂や山の土が流されて、そのあたりの田に土分が多かったので、土田という地名になったかも知れないということだ。でも北白川が市になった時に、字峠の場合と同じように土田ではおかしいということになって、蔦町に変えたそうだ。

琵琶町

白川街道は、昔から琵琶街道とも言われていたので、街道すじに出来た町だから、「琵琶町」とよぶようになったらしい。それに琵琶町は、昔から水車仕事をした人たちが、自然に集まって出来た町だと言われている。もう一つおもしろいことは、「ビワ」ということばは、もともとアイヌ語で、沼とか池とかいう意味らしい。だから琵琶湖のほとりには、昔アイヌ人が住んでいたかも知れないと言われているそうだ。

地蔵堂

今の琵琶町の辺を、昔は「地蔵堂」ともよんでいた。そのわけは、近くに「美目善地蔵」という大きなお地蔵様がまつってあったからだと言われているが、今では地蔵谷と言っている。

その「美目善地蔵」は今、瓜生山の勝軍地蔵とならんでまつられている。

古くからあった道

あじゃり道

白川街道のほかにも、北白川には古い道があった。それは、ひえい山のえんりゃく寺のおぼうさんが、ぎょうをするために、ずっと昔から通ったというあじゃり道だ。

その道は、一乗寺の方から上終町を通り、北白川校の前をぬけて、真如堂の方へ行く道であったそうだが、北白川がひらけてからは、この道もほとんどなくなってしまっている。残っている所と言えば、白川街道にある「いづち屋」の酒屋の前あたりから、十二間道路へまがりながら出る細いろじだ。

そのほか、上終町の十二間道路の上の方にも、田のあぜ道のようにちょっと残っている所がある。

ぎょうをするためにこの道を通るおぼうさんは、毎朝暗いうちにひえい山をおりて来て、京都のいくつかの寺々を歩きつづけ、そして、夜おそくにひえい山に帰ってくると休みもせず、そのままひえい山の峰々をまわってぎょうをつづけ、また京都へおりてくるそうだ。

そのため、飲まず食わずねずの日もつづいたりするので、山伏のようなかっこうをしたこのおぼうさんたちが、あじゃり道を通る時は、病人みたいになっているので、後からつっかえぼうのようなもので、体をささえてもらって歩いている。それで、あんまりむりをして死ぬぼうさんもいるそうだ。

でも、長い間のぎょうを終えることができると、りっぱなあじゃり（えらいおぼうさん）になれるということだ。

西街道

農学部前から京大のグランドを通り、バス道路から上終町の辺へぬけてあじゃり道といっしょになる道で、田んぼのあぜ道ぐらいの細い道だったそうだ。

新田（しんでん）街道

ある日曜日に、ぼくたちは新田をたずねることになった。白川街道の中山橋の所から、右の山手の方へまがっているこの新田街道は、白川街道より大分細く、またそのそばを小さな谷川が流れていて、景色のよいところがたくさんあった。四十分位歩いた時、向こうに家が三軒見えて来た。

その辺は一面田んぼで、黄色いいねが頭を下げていた。ぼくたちは、一番手前の上坂という家をたずねてみた。中からおじいさんが出て来られたので、新田や新田街道についていろいろ話をしてもらった。

「まあ、だいたい百年位前と思うけんどなあ、白川に『西村四郎左衛門（ざえもん）』ちゅう人がいたんや。」

と言って、おじいさんはゆっくりと話を始められた。

新田をきりひらいた四郎左衛門

四郎左衛門は、どうにかして滋賀の江州米（ごうしゅうまい）を京都の町へ運んで、北白川で米のあきないをやってみようと思っていました。そして一生けん命考えたあげく、「白川街道より早く滋賀へ行ける街道を作ったら――」ということを思い立ったのです。

それで、今の白川街道の中山橋の所から右へ行き、新田を通って滋賀の大津へ行く道を長いことかかって作り上げました。この道が出き上ると、四郎左衛門は、農業の仕事がひまになった農家から牛をかりて江州米を運びました。

しかし、大津の方へ行く時には、近道の新田街道を通りましたが、帰りは、けわしい坂道を重い米俵を何俵もつんでのぼらなければならなかったので、たいへんでした。それで帰りは、新田街道を通らずに、道のよい三条街道（東海道のこと）を通ることにしました。

こうして四郎左衛門は、米のあきないに成功したのですが、そればかりでなく、新田街道を作ると同時に、今の新田の土地をかいこんして、新しい田んぼを二町あまりも作りました。

こういうようにして新しい田んぼを作ることは、江戸時代の中ごろから盛んになりましたが、それは大名たちがなんとかして年貢（ねんぐ）をふやさせようと思って、まだ手をつけていない荒地などをかいこんさせて、そこに新しい村を作らせたりしたからです。そういう所を「新田」とよんでいました。

ところが、四郎左衛門のかいこんした新田は、大名の領地ではなくて、北白川御殿の領地になっていましたので、かいこんしても、ほとんどは自分の利益にしてもよいように許しを受けていました。

そのほか、四郎左衛門は、土木の工事もひき受けてやりました。例えば、御所の土べいを修理したこともありました。それから高槻（たかつき）城の修理などして、かえってそんしたこともありました。

それからもう一つは、岡山の方に塩田を作る計画をして、岡山の大名などとも親しくなりましたが、とうとう塩田の土地だけは買ったのに、成功することはできませんでした。

四郎左衛門は、時には仕事をしっぱいしたこともありましたが、それでも、ものすごいがんばり屋でしたので、やっぱり北白川一のお金持ちでした。だから、四郎左衛門は、北白川に家も何軒かありましたし、水車も何か所か持っていました。

四郎左衛門はみんなから

「四郎左衛門はお金をたんまりもうけて、土用ぼしするほど金庫につまっているそうな。」

と言われていましたので、強盗にも何辺か入られて、たくさんのお金を取られたこともありました。こうして四郎左衛門は、いろんなことで名物男になったのですが、明治の二十年頃七十ぐらいで死にました。

× × × ×

おじいさんから聞いた四郎左衛門の話は、たいへんおもしろく思った。

それから四郎左衛門のこととは別だけど、おじいさんの話によると、

「このあたりには、石器時代の人が住んでいたかも知れないが、昔から古い土器がほり出されたといううわさもあるそうや。」

と言っておられた。それで、京大の考古(こうこ)学の先生たちが新田を調べに来たこともあるそうだ。

ぼくたちは、新田のすすきの多い所を通った時、じょうだんで、そこを「すすきが原」と名づけた。

ぼくたちは、新田を過ぎてから、道をまちがえたため夕方おそくに、やっとことさで近江(おおみ)神宮の辺へおりることができた。

◎現在残っている昔の地名

字小倉　字久保田
字上池田　字下池田
字山ノ元　字重石
字追分　字瓜生山
字伊織　字堂の前
字平井　字地蔵谷
字清沢口　字岩坂
字山田　琵琶街道

◎なくなった主な昔の地名

字鐘杵(かねつき)　字加別当
字廻溝(まわしみぞ)　字峠
字土田　字堂の後
字西街道　字西之口
字正法寺　字上竹
字大秡井(おおぬくい)　字榎元
字小秡井

◎新しく出来た町名

蔦町　大堂町

上終町　西　町
別当町

瓜生山と勝軍山について

昔の瓜生山は、今ぼく達が瓜生山と言っている山のずっと奥で、昔、城のあった勝軍山のことである。初めは瓜生山であったのが、その山に城をきずいたり、勝軍地蔵をまつったりしたので、しぜん勝軍山となったそうだ。

ところが、そのうちその勝軍地蔵が今の瓜生山にひっこしたので、そこを勝軍山と言ったり、瓜生山ともよばれるようになったわけだ。

瓜生山のいわれ

これは、神話みたいな話だ。昔々、播磨（兵庫）の広峰という所に、午頭天王という木瓜の神様がおられた。ある時、この神様が北白川の瓜生山の方へこられたということから、この山をしぜん瓜生山と言うようになった。それで瓜生山に将軍地蔵をまつるまでは、この木瓜の神様をまつっていたわけだ。

ところが、その木瓜の神様も、今から千年位前に、吉田山の方へひっこしをさせられた。それが今の木瓜大明神（今宮社）だということだ。それで昔から吉田の人の中には、なぜだか木瓜をこわがって、食べない人もいるということだ。

茶山（情延山）

この山が「茶山」と名づけられるようになったのは、江戸時代のころからだ。

それは、茶屋四郎次郎という人が、この山を徳川家康からもらいうけ、ここに別そうを建てて住むようになってから、茶山とよぶようになったということだ。

あとがき

ぼくは、こういういろいろな地名を調べてみて、ぼくたちは何気なく追分町とか仕伏町とかよんでいるが、今の地名も、もとはその大部分が、昔の田んぼの字名からきていたり、何かのいわれからきているということを知ってよい勉強になった。

それに、その土地土地の地名などは、おおかた昔から言いならわされてきたもので、ずい分古い歴史があるのだということもわかった。

（河野春樹）

『北白川こども風土記』目次一覧

※…本書『北白川こども風土記』抄に再録

農村だった白川村
※白川石と石屋さん
水車の時代はもうこない
昔から伝わっている産業
—ぼくらの見学記—
家と屋号について
鉄仙おどりと白川女おんど
おばあさんたちの話
—北白川の風俗習慣—

七、郷土の発展
※古い地名は生きている
もえもんやけ—文政の大火—
ぼくらの学校
—おじいさんたちの思い出—
北白川校のうつりかわり
小倉町のうつりかわり
北白川の発展—区画整理—
愛郷会

八、その他
北白川の昔と今
資料篇
白川を詠んだ古歌
吉田寺について
皇州緒余撰部中古京師内外地図
往古の館
霊元天皇北白川照高院御幸
白河滝
北白川城(勝軍山城)について
勝軍地蔵縁起
御本膳献立(二之鉾の部)
白幽子伝(和訳)
和歌をたてなおした芦庵
北白川の地形地質
白川村の産業
茶屋四郎次郎
本村の長所と欠点並に之が教育上注意すべき要件
文政の大火
北白川土地区画整理照合

北白川区内の人口と世帯数
京白川の発展
郷土の生活ごよみ
郷土の歴史年表
区画整理区分地(巻末・折り込み)
遺跡史跡の分布図(巻末・折り込み)
地図の変遷(巻末・折り込み)
跋(京都市立北白川小学校長　松本二男)
あゆみ　(北白川こども風土記　編集委員一同)
三年間を通して、北白川郷土の研究に協力してくれた六年生のお友だち

北白川こども風土記の出来るまで

山岡　亮平

〈編集部注〉ここでは、『北白川こども風土記』の執筆者山岡亮平氏が、二〇一六年に京都市立北白川小学校の授業で『北白川こども風土記』の話をするために準備していた原稿を掲載する。この原稿の出典は、『北白川こども風土記』の出版後29年目にあたる、一九八八年に山岡氏が北白川小学校の講堂で創立記念日に行った講演であり、その一部を手直しする形で作成されている。当時の様子を生々しく伝える、当事者による振り返りであり、本人の了解を得て掲載する。

四年生の子供に帰ったつもりで話をしてもらえれば良いということなので、大人の方々には申し訳ありませんが、四年生に帰って小学校の子供さんを対象に話をさせていただきます。

今から三二年前（五八年前）〈原稿作成時―編集部注、以下（　）内は同様〉一九五七年、確か小学校四年生の一学期半ば、私のいた四年五組（当時四年生は六クラスあった）の授業の始めに突然担任の永尾先生（女性）が「三組の大山徳夫先生のクラスで、みなさんの住んでいるこの北白川の町について、もっと良く知ろうと言う事で郷土史学習が始まっています。それは大変良い事だと思うので三組だけでなく四年全クラスで協力してやってみようと言うことになりました。町のことをいろいろ調べて作文にしてみようと言うわけです。だれかやってみようという人はいませんか。」と聞かれました。ところがみんな放課後は作文を書く事よりも、みんなで遊んでいる方が好きな子供たちだったので、進んで手を上げる人はだれもいませんでした。そこでみんなで話し合いをして、家でおじいさんやおばあさんから北白川の昔の事が直接聞ける人が良いのじゃないかとか、作文の上手な人が良いのではとかさまざまな意見が出ましたが、結局学級委員を中心にクラスで五、六人の人がみんなから推薦されてその日の放課後に四年三組の教室に行く事になりました。

私もその中の一人だったわけですが、本当はあまり行きたくありませんでした。その理由がわかりますか。一つには個人的には作文を書くのがあまり好きではなかった事もありますが、一番大きな理由は三組の大山先生がすごく怖い先生で、悪さをした生徒がビンタをくらっているところを毎日のように窓越しに廊下から見て来たからです。ビクビクしながら同じクラスから選ばれた男子仲良し三人組平井君、松島君と私が三組の教室に入りました。そこには私たちと同じような各クラスからの選抜メンバーも三〇人ほど来ていました。しかしおどろいたことには二〇人ほどの三組の連中が、すでに机に座って何やら熱心に書いているわけです。中には書いたものを持って、黒板の前の教卓に座っておられる大山先生のところに出かけ見てもらっている子供さえいました。三組ではすでに調査が始まっており、いちはやく作文を書き始めた子さえもいるわけです。そのはじまった当時は風土記と呼ばず郷土史と呼んでいたと記憶しています。三組の郷土史グループの男の子のリーダー的存在は本岡〈俊郎〉君といって行動力のある面白い子で五、六年は彼と同じクラスになりましたが、小倉町（おぐらちょう）遺跡についての長い作文を書いています【本書23頁『北白川こども風土記』抄」（以下《風土記抄》に収録】。一九八三年当時は味の素インドネシアの社長として国際人になりきってバリバリ仕事をしていました。女の子のリーダーは北白川の風俗習慣を書いた栗林〈純子〉さんで、六年生になる前に東京方面に転校して行きますが風土記の原稿だけは、それまでに見事にまとめあげて行きました。

このエピソードは毎日映画コンクール第一五回教育文化映画賞受賞作品『北白川こども風土記』【本書コラム8「映画『北白川こども風土記』と脚本家・依田義賢」参照】の中でも大きくとりあげられています。

そうこうして数日のうちに新入者それぞれが、大山先生から前もって先生方の用意されていたテーマをもらったわけです。三〇人程の新入メンバーを加えて郷土史チームは総勢五〇人以上になりました。最終段階でのこども風土記の著者数が四八名ですから、ほんの二、三人だけが途中でドロップアウトしたことになります。

三組の子供達はたぶん自分自身でテーマを選んだのだと思います。昔からの北白川の家庭の子供達は「白川石と石屋さん」【本書60頁《風土記抄》収録】に取り組んだ大槻雅子さんのように石屋の子は石屋関連の、白川女の祖母がいる子は白川女について、水車を持っている家庭の子は水車についてなどと比較的容易に決められます。本岡君は小倉町に住んでおり、その庭から土器を掘り出して学校に持って来たので小倉町遺跡について。当然それだけではテーマ決めはすぐにうまくいかなくなります。そうすると今度は御牧〔房江〕さんのように家が天神様に近いから高盛りについて、これまた天神さんに近い田中〔安雄〕君は勇壮なお祭りについて【本書47頁《風土記抄》収録】などときまったこともあったと聞きます。白川口の観音さんを書いた岩本〔哲哉〕君【本書45頁《風土記抄》に「小さなおじぞうさんたち」を収録】に聞くとそれは自宅のすぐそばにあったからだそうです。茶山園を書いた杉本友子さんは祖父が以前にそこに住んでおられたとのことでした。森健君はグループ入りが大分後になってからのようで、お父様が市役所で彼の担当した区画整理に関係しておられ、その課題に関して新たな書き手が必要になったからオファーがあったようです。北白川の地形を書いた藤岡〔換太郎〕君【本書56頁《風土記抄》に収録、本書第8章「新編　湖から盆地へ」参照】の父君は京大の人文地理の名物教授〔藤岡謙二郎〕、北白川廃寺担当の小林さんの父上は京大の考古学の大先生〔小林行雄〕【本書コラム4「小林行雄と北白川」参照】、特に河野〔春樹〕君【本書68頁《風土記抄》に「古い地名は生きている」を収録】、近藤〔勝重〕君【本書11頁《風土記抄》に「大文字の送り火」を収録】、伊藤〔寛〕君、平井〔陽〕君、小川〔万里子〕さん、西田〔啓子〕さん、栗林さんなどの各クラスよりの成績トップクラスのメンバーには重要課題をまかせるなど、先生方は巧く適材適所に生徒たちを割り振られたようです。

みんなテーマをもらっても最初どうしたらよいのかわかりませんから、一つのテーマを貰った子が先生方に連れられて調査に行く時にぞろぞろ付いて行くわけです。放課後行く事もありましたし、昼の給食時間に行く事もありました。また夜に大学の先生のお宅や、地域の古老のお宅に話を伺いに行きました。この夜の調査は子供の帰りが遅くなり父母が心配して迎えに来る事などもあり、父兄の間で物議をかもしたことがあったようです。日曜日に弁当を母に作ってもらって遠足気分で出かける事もありました。行く人数は調査する場所や時間によっていろいろ変わりました。最も多かったのは京都大学考古学研究室のあった吉田本町の文学部陳列館を小倉町遺跡の調査のために同行したときで、二〇人以上いたと思います。今考えてみると塩崎洋先生たちが作られ京都市教育委員会に収められた、我々が実際に出演している自主制作版8ミリ映画『北白川こども風土記』〔『郷土学習のしかた』〕にも出て来ますが、いろいろなところに結構行っているのですよね。最初のうちは同じクラスの友達たちが校庭で楽しそうに遊んでいるのを恨めしそうに横目で見ながら出かけたわけですが、しだいに他のメンバーの調査についていくのが楽しくなってきました。いろいろ今まで知らなかった北白川のことがわかってくるのですから。また何といっても後で作文を書く必要がないのですから。私は東方文化研究所、白川の水車の調査、白幽子の墓、琵琶町のエボナイト工場、白川御殿跡などの調査に参加しました。毎日が遠足みたいで楽しかったのを覚えています。私自身は上終町の禅法寺付近にあった窯跡の調査を先生たちに連れられて給食の時間を使ってでかけて行いました。また京大の考古学者、『古墳の話』で有名な小林先生のお宅にも夜に伺い、小倉町の京大植物園内の住居跡の話を聞きました。小学生を相手に話をされるのですから先生も困られたと思いますが、そこは娘の節子さんも郷土史のメンバーに入っているので、喜んで分かりやすく説明していただきました。また彼女がお父さんから北白川の廃寺あとの話を自宅の二階で聞く時には、私も顔を連ねました。

自分の調査が終われば次にそれを作文にするわけで、放課後三組の教室を自由に使って書いて行きます。大山先生は前の教卓に構えておられ、我々が書き上げたものを持って行くと即座に読んで、ここは必要なしとバッサリ赤鉛筆でペケをつけられます。そこで書き直す、持って行く、またバッサリ。ここにそのバッサリやられた原稿が残っています。大山先生の良い点はけっして自分で生徒の原稿を直さなかったこと、加筆等一切されなかったことだったと思います。なぜバッサリなのかは自分でとことん考えなさいと言う姿勢を最後まで貫かれました。そして出来上がったのがこの『北白川こども風土記』です。出来上がった原稿を全部積み上げてみると一メートル半くらいの高さになりました【本書コラム4『北白川こども風土記』にかかる学校所在資料」図1参照】。

今この風土記を読み返してみると、近藤君（大文字の送り火）、本岡君（小倉町遺跡）、河野君（古い地名は生きている）、伊藤君（白幽子）、小川さん（北白川の御殿あと）、御牧さん（めずらしい高盛の式）、栗林さん（北白川の風俗習慣）など一〇歳くらいの小学校四、五年の子供達が本の印刷ページにして一〇ページ以上、原稿用紙三〇枚以上の調査報告書を二年に渡り書き上げているのがわかり、今さらながら本当によくやったものだと感心させられます。

当時北白川在住の著名な動物生態学者・民族学者、梅棹忠夫先生がその著書『京都案内』の最後に『北白川こども風土記』の書評をしておられます。曰く「子どもというものが、よい指導をえた場合にはどれほどりっぱな仕事をすることができるか、ということをしめすみごとな見本である。」「信頼できる内容をもった地誌であり、みごとな郷土史である。そして、興味しんしんの民俗誌でさえある。」「この協同作業に参加した子どもたちは一生このことをわすれないだろう。」と。

それもこれも、どれだけその仕事に情熱を傾けているか、完璧でなくてもある一つの事柄に対して常に燃えている。そんな指導者の、郷土史作りに取り組む厳しいが一途な姿勢が子供達には伝わって来て、やがては自分たちだけでも自主的に納得いくまで調査し書き出せるようになったのだと思います。

北白川こども風土記を書かせてどれだけの教育効果があったのかと言う意見も耳にしますが、これをきっかけに何かに興味を持って、自分で身体を動かし、自分の耳で聞き、眼で確かめ、自分の頭で考え行動出来、そして自分たちの育った地域に愛着を持つ、そんな子供が育つきっかけになっていればこの風土記プロジェクトは大成功だったと言えると思いますが、皆様いかがでしょうか。

当時の直筆原稿

序章　学校で地域を紡ぐ
――北白川から、さらにいくつもの〈子ども風土記〉へ

菊地　暁

はじめに　あらためて「これはおどろくべき本である」

「これはおどろくべき本である。子どもというものが、よい指導をえた場合にはどれほどりっぱな仕事をすることができるか、ということをしめすみごとな見本である」[1]。後の国立民族学博物館初代館長・梅棹忠夫（一九二〇～二〇一〇）はそう絶賛した。その本とは『北白川こども風土記』（山口書店、一九五九年）。京都市立北白川小学校の児童たち四八人が、課外学習で郷土・北白川を調べ、書き記したものである。児童が自ら書いた第一級の「地誌」であり「郷土史」であり「民俗誌」、それが『北白川こども風土記』というテクストだ[2]。

本書をひもとくと、ていねいな観察と記述に目を見張る【本書「『北白川こども風土記』抄」、以下《風土記抄》参照】。あらためて「これはおどろくべき本である」と言わねばなるまい。この不思議な魅力をたたえたテクスト、それを生み出した地域のコンテクスト、そして、それらめぐる時代状況とその変容を考察することが本書の課題である。まずはこの序章の前半で、『北白川こども風土記』をめぐる論点を

概観してみたい。

それと同時に、北白川と同様に、〈こども風土記〉と題した作品が各地に存在すること、そして、そのような書名を用いずとも、子どもたちが地域を学んで書き記すという実践が無数に存在していることにも、あらためて光を当てたい。[3] 序章の後半では、昭和初期から現在にいたる〈こども風土記〉の系譜を検討する。

〈こども風土記〉と称されるテクストは、次の四種に大別することができる。

①子どもたち**によって**書かれた風土記

②子どもたち**について**書かれた風土記

③子どもたち**のために**書かれた風土記

④子ども時代を回想した風土記

本書の主たる関心は『北白川こども風土記』のような①にあるが、じつのところ、これらの特徴はかならずしも排他的ではなく、また、しばしば影響関係も認められる。そのため、ここでは、〈こども風土記〉の多様な展開をできるだけ紹介してみたい。

さて、「子どもの作文」という先入観を一旦は括弧にくくって、〈こども風土記〉という実践と作品を眺めてみると、そこにはどのような光景が広がるだろうか。おそらく、「おどろくべき本」が、そこかしこで見つかるはずだ。近代日本の学校制度は、すでに一五〇年あまりの歴史を有する。そこに集められた情報と社会関係資本の蓄積は膨大なものであり、〈こども風土記〉もその一端にほかならない。それらは、学校で学ぶ子どもたちにとって、あるいは、地域で暮らす人々にとって、貴重な財産なのではないだろうか。

いま、あらためて〈こども風土記〉を見つめ直すこと――それは、学校と地域が紡いできた蓄積を再発見することであり、そしてその蓄積を、これからの学校と地域を紡ぎ出すために、未来に向けて投げ返すことにほかならないのだ。

1　『北白川こども風土記』の解剖学

1－1　「花うり族」と「大学族」：北白川という地域

まず、北白川という地域の確認から始めよう。

比叡山南西麓を流れる白川の作り出した北白川扇状地は、京都盆地でも最初期に人が住み始めた土地であり、「小倉町遺跡（おぐらちょう）」もその一つである。白川に沿う「志賀越道」は京の都と近江坂本の港を結ぶ重要な交通ルートであり【本書313頁「白川道中膝栗毛」参照】、それゆえ、室町末期には「北白川城」が築かれ、足利将軍の拠点としても利用された【本書コラム6「上山春平と北白川城」参照】。近世には純農村となったが、市中の寺院に仏花を供給する「白川女」など、都市的ニーズに即した一種の近郊農業が成立する。幕末から明治大正期にかけては、土地の名産である「白川石」を用いた石材業が発達、また、白川に水車が林立し、それを利用した伸銅、製粉などの製造業も発展する。その結果、農業への依存は低下し、農地は高級住宅地として整備されることとなった。この開発が始まったばかりの住宅地に建てられたのが東方文化学院京都研究所（後の京都大学人文科学研究所）である。そして、一九五〇年代、北白川の地は土着の「花うり族（≒近郊農家）」と新来の「大学族（≒学者・サラリーマン）」が二分する様相を呈するに至った。[4] このような地域が『北白川こども風土記』の舞台であるわけだ。

『北白川こども風土記』には、この地の興味深いエピソードが無数に記されている【本書第5章「評言からみえるもの」参照】。たとえば、天皇陵の説明。

[図1] 地元では「福塚」と呼ばれていた後二条天皇陵

> 農学部付近にある後二条天皇のごりょうの辺を、昔は「福塚」と呼んでいたので、その辺の地名も同じように福塚というようになって、今でも、土地の年寄りの人々の中には、福塚とよんでいる人もいるそうだ。[…] そのころには、まだだれも後二条天皇のごりょうだということは知らないで、ただ福塚といって神様がいるのだと思っていたのだが、明治二十二年に、国でくわしく調べた結果、今まで福塚と呼ばれていた所が、九十四代目の後二条天皇のお墓だということがわかったわけだ。
>
> （河野春樹「古い地名は生きている」二八三〜二八四頁【本書68頁《風土記抄》収録】）

京都大学北部キャンパスに隣接する後二条天皇（一三〇一〜一三〇八在位）の陵墓が、明治以前はそれとして知られていなかったという指摘である［図1］。近代国家としての体面を整えるべく、明治政府が「万世一系」を強力に構築していく過程において、こうした天皇陵は各地で「発見」されたが、これもその一例といえる。[5]

さらに興味深いのは、こうした「発見」の一方、村人に「秘匿」された陵墓があったことだ。

（北白川村内にある―引用者注）賀茂社が昔から桓武天皇のごりょうだという伝説があったのを、村人たちが信用していたらしい。今ではもう桓武天皇のごりょうは、伏見桃山の方にあることが定まっているのにちょっとおもしろいと思う。それで、そういうことが政府に知れると、もちろん調べられることになり、もしそこが天皇のごりょうだと定められるようなことになると、ごりょうを広めるため四方の田畑や家などがとりのぞかれ、生活にこまることになるから、そこで村人たちが相談したけっか、とうとう賀茂社を天神さんにうつしてしまったそうだ。そして鳥居などはつぶして、御殿橋のあたりの石がきや小さな石橋につかったり、五輪のとうを地中にうめてしまって、そこが、ごりょうのあとでないことをしめすためにいろいろくろうしたそうだ。

（山根祥司「知られていない遺跡や史跡」五三頁）

北白川に「桓武天皇のごりょう」があるという歴史意識を共有する村民たちが、生活空間を保持すべく、相諮ってその遺跡を処置し、公式認定を免れようとしたというのだ。「迷惑施設としての陵墓」というべきか。とりたてて認識されなかったためにそのまま御陵となった「福塚」、認識されていたために秘密裏に処分された「桓武天皇のごりょう」。陵墓が密集するこの地域ならではのイレギュラーかもしれないが、天皇陵に対する歴史意識を考える上で、興味深い事例であることは間違いない。

『北白川こども風土記』に収められたさまざまな出来事は、北白川固有の出来事でありながら、同時に、日本の歴史わけても近現代史を照らし出している。本書の類いまれな魅力の一つだろう。

1―2　「おじさん」と「おとうさん」：子どもたちのサポーター

子どもたちは、どのようにして地域を調べ、書き記していったのだろう【本書83頁「北白川こども風土記の出来るまで」参照】。そこには、「おじさん」たち、すなわち地域の古老をはじめとする地域住民の多大な協力があったことは当然である【本書第3章「〈先生たち〉〈おじさんたち〉と地域の歴史」参照】。加えて特徴的なのは、「大学族」の存在、この地にキャンパスをもつ京都大学の関係者が所々に見られることだ。歴史地理学者・森鹿三（一九〇六～八〇）が『北白川こども風土記』に「序」を寄せるなど、北白川にある京都大学人文科学研究所（人文研）との関わりも少なくない。▼6

そのなかでもっとも活躍するのが、第二章「郷土の遺跡」に登場する羽館易（一八九八～一九八六）である［図2］。仏教美術写真の老舗である奈良・飛鳥園を経て人文研の前身である東方文化研究所スタッフとなった羽館は、中国雲岡調査の際、過酷な現場で撮影スタッフとし

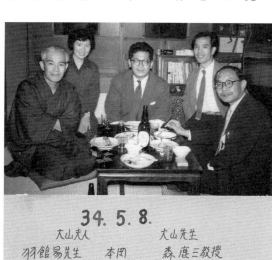

［図2］左から羽館易、大山徳夫夫人、本岡武（京大農学部教授）、大山徳夫、森鹿三（本岡俊郎さん所蔵）

て奮闘した写真家だが、彼はここでは考古学者ないし郷土史家として登場する。

『京都の歴史　古代』（一九五四年）に）「実は、小倉町遺跡が発見されたのも、ここに羽館さんという熱心な方がおられて、お仕事のあいまにとうとう大きな石器時代遺跡のあることを発見せられたのです。」と書いてあるのに気がついたので、ぼくはぜひこの小倉町遺跡を発見された羽館先生にあって、いろいろとお話をお聞きしたかったので、そのことを先生にお話しすると、先生は日をきめて羽館先生の家へつれて行ってくださることになった。

（本岡俊郎「石器時代の北白川――小倉町の遺跡――」三〇頁【本書23頁《風土記抄》収録】）

小倉町遺跡は、宅地開発のために地ならしをしているところを散歩中の羽館が発見したものだった。本岡さんは、その発見者から直に遺跡のあれこれを学び、この文章を書いている。さらに、羽館の発掘した資料が京大文学部陳列館に寄贈されていることを知り、後日、同陳列館を訪問して見聞を深めている。ちなみに、この時児童たちを案内したのは、後に京大名誉教授となる考古学者・樋口隆康（一九一九～二〇一五）だった。

学区に住む郷土史家ばかりではない。児童たちの父兄も本書のクオリティを支える強力なサポーターだ。たとえば、次の「おとうさん」。

去年の九月ごろでした。滝本先生のお家の工事場から、「花のもようのまるいかわらが出たから、たいせつなものかどうか見てください。」と言って持ってこられました。おとうさんはそれを見て、そのかわらが北白川廃寺の物であるということが、すぐわかりました。

（小林節子「北白川の廃寺あと」四五頁）

宅地から出土した瓦の破片が、広隆寺に匹敵する京都最古の寺院「北白川廃寺」のものであることを即座に見抜くこの「おとうさん」がただ者であろうはずがない。「小林」という苗字でピンと来る方もいるかと思うが、後に京大名誉教授となる考古学者・小林行雄（一九一一～八九）である。京大人文研教授の水野清一（一九〇五～七一）ともたびたび調査・発掘を共にした当代屈指の考古学者が父兄として控えていたわけだ。[7]後日、小林の娘と数人の友達と先生は、「廃寺のかわらと基壇」の見学に「おとうさんの研究室」を訪ねている【本書第4章「戦後社会科教育と考古学」、コラム7「小林行雄と北白川」参照】。

もう一人、紹介しよう。

ぼくはある日、おとうさんからこんな話をしてもらった。今から何千万年も大昔は、京都盆地から丹波高原にかけては海が入りこんでいて、大きな入江になっていたそうだ。ところが、それも長い間かかって、だんだんと水がひいていったあとには、へっこんだ京都盆地の付近に海水がたまって、それが湖になっていったと言われているそうだ。［…］ぼくのおとうさんは、地形の移り変わりや、土地の発達などについて研究しているので、北白川の地形の移り変わりについても話してもらった。

（藤岡換太郎「湖から盆地へ――北白川の地形――」二〇四頁【本書56頁《風土記抄》収録】）

この「地形の移り変わりや、土地の発達などについて研究している」「おとうさん」も当然ながらただ者ではない。京大名誉教授となる地理学者・藤岡謙二郎（一九一四～八五）である。藤岡は育友会（PTA）関係の刊行物にもたびたび寄稿しており、後に『北白川と嵯峨野――大都市周辺地域の人文地理的モノグラフ――』（地人書房、一九六五年）という共著も刊行している。ちなみに、換太郎さんは後に海洋地質学者となり、「日本で最も多く深海を訪れた地質学者」と称されることになる。[8]「おとうさん」

の薫陶の賜物というべきか【本書第8章「新編　湖から盆地へ」参照】。

『北白川こども風土記』は、地域の古老たちのみならず、児童の父兄である第一線の研究者たち、そして彼らによって集められた発掘品等の学術資料を参照して書かれている。児童たち自身は、京大関係者に世話になったとはそれほど感じなかったと回想しており、事実そうなのだろうが、周囲から見れば、その関係はやはり特別だ。きわめて優れたクオリティを誇る作品にもかかわらず、地元以外ではさほど取り沙汰されなかったように見受けられるのも、おそらく、このあまりに特異な京都大学との関係が、他地域にこれを範とすることを躊躇させたからだろう。

「あんたとこやからできたのや」[9]。そんな言葉が、しばしば北白川小関係者に向けられたという。

1−3　映画版と『郷土学習のしかた』：二つの映像化

特筆しなければならないのは、児童たちの「郷土しらべ」が映画化されていることだ。小坂哲人監督『北白川こども風土記』（松本プロほか、一九六〇年）である【本書コラム8「映画『北白川こども風土記』と脚本家・依田義賢」、第7章「関係性を紡ぐ」参照】。ここでは、教育映画としての製作と配給の経緯に若干触れておきたい。

この映画の脚本を担当したのが依田義賢（よだよしかた）（一九〇九〜九一）、溝口健二作品の脚本を数多く担当し、日本映画ブームを支えた当代きっての脚本家である。その依田が、脚本執筆にあたって次のコメントを残している。

出版された「北白川こども風土記」の児童の作文を読み、懇切に指導された、北白川小学校の大山

［図３］映画版『北白川こども風土記』より
主人公の父である電気屋がテレビ修理に訪れた乗願院で「郷土しらべ」する児童たちに出会う場面

先生の経験などをきいているうちに、郷土研究の学習指導の仕方や、それに応じた児童たちの言動を記録映画風に追いながら、そうして自らあるタイプの児童劇をつくることはできないものか――と考えてみたのです。なんといいますか、個性的な感情や、生活事情を構成するのではなく、児童を、学習する人間の型という風に見て、ノオ・フィクション・ドラマとでも、いいたいようなものをつくろうとしたのです。テレビに現れるホーム・ドラマが多量に制作され、児童がそれに接している今日の状況からして、教材として利用する児童劇は、独特のスタイルをもつようにしないと、児童の関心や興味を強くひくことは、日に日に困難になっていくのではないかと案じられます。[10]

「テレビの時代」を見据えた新たな教育映画が探求されていたわけだ。現在、この作品についてはヴァージョンの異なる二つの脚本が残されているが、実際の映画はさらに変更が加えられており、時間枠などの制約のなか、ドラマトゥルギーの工夫を重ねていったことがうかがえる。主人公の父親である「電気屋のおじさん」の設定はおそらく依田の創意であり、この「狂言まわし」の挿入によって、子どもと大人、学校と地域をスムーズにつなぐことが可能となり、物語の展開に一役買っている［図3］。

シナリオ作成にあたっては、児童からの聞き取りも行われた。田中安雄さんは、北白川小学校前の「大山先生」の下宿で依田に話をしたという。依田が住んでいた下鴨は、当時は松竹の撮影所があり、周囲に住む映画関係者も少なくなかった。下鴨からさほど遠くない北白川が、依田の土地勘が働く場所であったことも、プラスに作用しただろう。ちなみに、主人公には聞き取りの内容が反映されているものの特定のモデルはおらず、後日映画を見た田中さんは、自分が話した内容と映画とのギャップに少々驚いたそうだ。

完成した映画は、一九六〇年の毎日映画コンクールで教育文化映画賞（短編劇映画）を受賞するなど高く評価され、劇場公開のほか、テレビ放映[11]、学校へのフィルム貸出などの形で鑑賞されている[12]。「郷土しらべ」メンバーの栗林純子さんは、転校した東京の学校で映画を集団鑑賞した。作中のヒロインが東京に転校したことを受けて、同級生から、「これはあなたのことですか」と聞かれたが、恥ずかしくて「違います」と答えたという。主人公とヒロインの淡い関係も、劇作上のフィクションだ。

このようなフィクションを所々に含みつつも、本作は、『北白川こども風土記』の完成から時を置かずして北白川の地で撮影された映像であり、「郷土しらべ」のプロセスをリアリティをもって描き出し、かつ、単純な記録にとどまらず、劇映画として一定の水準をクリアすることに成功している。「教育映画」というジャンルにおいて、稀有な作品といって良いだろう。

ところで、映像はもう一つある。それは、8ミリ映画『郷土学習のしかた』（一九五九年製作、二五分）である。冒頭のテロップが製作経緯を述べている。

この映画は北白川こども風土記 過去三年間のあゆみを紹介しようという意向のもとに製作したものので、風土記の全貌を忠実に迫った記録ではない。したがって、児童たちの郷土研究に対する取りくみが、このような形でなされたという概観的なものにとどまっているが、映画を通して児童たちの真の労苦の一端をくみとっていただければ幸いである〔句読点は引用者〕。

郷土学習が始まったのは児童たちが四年生の時だが、しばらく経った後に映画製作が決まったため、一部に再現映像を用いているということだろう。[13] 製作スタッフは当時の北白川小教員たちであり、数名の児童も撮影補助として名を連ねている。

映画は、郊外住宅地としての発展著しい北白川の近況から始まり、模型を使った史跡の紹介、郷土教育の授業風景、児童たちが史跡や古老を訪ねる「郷土しらべ」の様子、作文や版画の作成、教員たちによる編集作業、出版社による組版、印刷所での製本そして刊行に至るまでを収めている。一部に再現映像も含まれるが、北白川小の児童たちや教員が実際に登場し、舞台も小学校をはじめ北白川の各所で撮影されているため、『北白川こども風土記』を作り上げる過程を彷彿とさせる映像に仕上がっている。おそらく、依田も脚本執筆にあたって参照したことだろう。

このように、『北白川こども風土記』は、山口書店版とともに二種類の映像テクストが存在することになる。マルチメディアでインターテクスチュアルな読解が可能であることは、きわめて貴重なレア・ケースだ。

1―4　郷土史と郷土資料：その後の北白川

ここで出版前後まで時間を巻き戻そう。

『北白川こども風土記』は、課外学習に勤しんだ児童たちの卒業を祝福するように、一九五九年三月、山口書店より出版される。作文と図画を用意するのは児童だが、それを刊行するのは大人の仕事である【本書第2章「地域のちから」参照】。作業は学校、育友会、その他の地域団体の協力のもとに進められ、刊行後の頒布にあたっても大人たちは活躍した。北白川に住む京大経済学部教授・島恭彦（やすひこ）（一九一〇〜九五）は、その様子を次のように記している。

最初相談をうけたわたくしは、なにぶん特殊な本なので、その出版をあやぶんだ。これはふつうの商業ルートを通じて販売される書物の常識にとらわれていたからである。とくにわたし達の書くどこにあてはまるともわからない抽象的な文句の羅列してある本は、いくら新聞広告をしても、千部売るためには、かなりの期間、書店にさらしておかねばならない。ところがこの「風土記」は、目の前にみえる「大文字」（洛北如意ケ嶽の中腹で毎夏「大文字焼き」が行われる）の調査である。自分達のあゆんでいる古い街道、その街道のところどころにある地蔵や水車についての記録である。どこそこの旧家の歴史であり、地域の産業や風俗の発達史である。なによりも母親にとっては自分たちの子供の書いた本であり、その母親達が現物をこわきにかかえて売りにまわる書物である。わたし達は、こういう自然とむすびついた郷土の感性的な文化の力をわすれていたのではなかろうか。[14]

こうして世に送り出された同書が、梅棹忠夫に「おどろくべき本」と称されたことは最初に述べたとおりである。島恭彦[15]のほかにも、後に文部大臣も務める教育学者・永井道雄（一九二三〜二〇〇〇）なども書評を寄せ[16]、戦後教育の成果として児童と関係者たちの達成に賛辞を送った。[17]映画の公開も、そうし

［図４］北白川小４年生が北白川を巡見する。案内人は『北白川こども風土記』著者である藤岡換太郎さん。2016年10月撮影。

た好評に拍車をかけたことだろう。

ところで、この絶賛の嵐に包まれた『北白川こども風土記』は、その後にいかなる影響を残したのだろうか。

まず、教育実践についてみてみると、「郷土しらべ」は持続しなかったようだ。一九五〇年代よりいっそう都市化の進んだ北白川は、フィールドワークの困難も増したのだろう。社会科や総合学習の一環として、児童の郷土の遺跡や史跡を訪れ、あるいは、石工や白川女に話を聞くといったことはあったようだが、それが地誌、民俗誌として書き残されることはほとんどなかった。二〇一六年には、横尾正亮教諭が『北白川こども風土記』を教材化し、かつての著者たちを北白川小に招いて授業や巡見を行ったが、年度末の児童たちによる報告会で一区切りつけられたようである［図4］。課外活動としては、保護者会行事での映画版を用いた取り組みが興味深い【本書コラム5「北白川小学校と「おやじの会」」参照】。

一方、児童ではなく大人たちの「郷土調べ」には、一定の影響を与えたのかもしれない。北白川では一九五五年に「愛郷会」が設立され、地域の歴史や文化を調べるとともに、その保全と活用をはかる活動がなされていたが、[18]『北白川こども風土記』による関心の高まりを受けてか、一九六一年、雑誌『愛郷』が創刊されている。初期には、貝塚茂樹、篠田統（おさむ）など、北白川在住の大学人が寄稿し、また、総会の会場に京大人文研を利用するなど、大学と地域の交流がしばしば見られる。『愛郷』は現在も刊行中だ。

こうした土壌もあってか、郷土史関係の出版物でも優れたものが多い。北白川小学校創立百周年記念委員会編・発行『北白川百年の変遷』（一九七四年、題字・吉川幸次郎）は、「北白川おとな風土記」といった趣の充実した地誌となっている。北白川戦没者慰霊の会編・発行『平和の礎』（一九八〇年、題字・貝塚茂樹）も、自治体史等にしばしばみられるような戦没者名簿の類とは趣を異にし、戦没者一人一人の経歴を紹介したライフヒストリー集のようなユニークな体裁をとっている。戦時中に小学校で行われた合同慰霊祭や、愛国婦人会のタスキをかけた白川女などの収録写真も興味深く、単なる追悼集にとどまらない一冊だ。若中会結成五十周年記念委員会編『若中会結成五十周年記念誌　若中』（北白川天神宮若中会、二〇〇二年）も力がこもっている。これは、北白川の産土社である北白川天神宮の例祭で神輿を担ぐ若中会の五〇周年（戦前の青年団が、戦中戦後の中断の後、一九五二年に「若中会」として再スタートした）を記念したもので、古写真を収集し、関係者のインタビューや関連文献を所収、一級の民俗誌となっている。本書《風土記抄》にも再録した田中安雄さんの「天神さんのお祭り」が収められていることも興味深い。このように水準の高い地誌、郷土史が刊行されて続けていることは特筆に値するだろう。

とはいえ、ふたたび小学校に戻ると、安穏としてもいられない。「学校資料」の危険な状況があるからだ。「学校資料」とは、学校に集められた古文書、地図、絵画、写真、民具、考古遺物その他、「学校に関わるあらゆるモノやコト」のことである。▼19 北白川小では「郷土しらべ」を契機にさまざまな資料を集めた「郷土資料室」が設置され、そのことが『北白川こども風土記』出版を後押しした【本書第1章「京都市立北白川小学校の郷土室」参照】。ところが、それらの考古資料や絵画資料、児童たちの苦労を如実に伝える作文原稿などの貴重な資料が、その後の校舎の改築などで行き場を失い、おまけに経年劣化による保存の危機にさらされている。これは、北白川小固有というより、程度の差はあれ全国各地の学校が抱える、多様な事情がありながらも共通した困難だ。

学校で紡がれた地域の遺産としての学校資料、それらを、どのように伝え、活かしていくのか。その問いは、未来に向かって開かれている。

2 〈こども風土記〉の系譜学

2―1 柳田國男と宝塚歌劇：『こども風土記』とその舞台化

あらためて、〈こども風土記〉というジャンルの誕生から現在に至るまでを概観してみよう【本書301頁「こども風土記33選」参照】。

その初発に位置するのは、民俗学者・柳田國男（一八七五～一九六二）の著作である。柳田版「こども風土記」は、一九四一年四月一日より一月半にわたり『朝日新聞』紙上に連載され、後に『こども風土記』（朝日新聞社、一九四二年）として上梓された。わらべ歌、鬼ごっこ、ままごと等々、子どもにまつわる伝承の数々を自在に論じたこの連載は、「子どもと其お母さんたちとに、共々に読めるもの」という連載趣旨には添いきれなかったきらいがあるが（柳田の文章は子どもが読むには難解だ）[20]、伝承の継承者であると

幼き日を想うて

歌劇　こども風土記　全十六場

（朝日新聞所載　柳田國男氏作に依る）

高木四郎　作並振
田村孝之介　舞臺意匠
大澤壽人　作曲
岡　政雄　作曲並編曲

東京、大阪兩朝日新聞に、過般連載された、柳田國男氏の「こども風土記」を寶塚の手で上演したものである。
お手鞠唄、貝獨樂、だるま、あねさま人形等、舞臺に描かれる古き、新しき子供の遊びの世界は、少年少女には共感を、大人には限りなき幼き日への郷愁をそゝつてやまぬ。
盛夏の東寶に贈る、寶塚の、懐しい子供の風土記――。

いつの日も　いつの日も
幼き頃の想ひ出は
でんでん太鼓に
笙の笛
おひざで遊んだ
あの日頃

主なる配役

花嫁人形の歌手・三浦時子
牽牛星、支那の子供・嘉美代
うらぼんの歌手・銀　鈴音
昔噺の子供・春江ふかみ
男の子、日本の子供・楠　かほる
イタリーの子供・萩　露子
花嫁・人形・萬代峯子
滿洲の子供・玉野ひかり
女の子・菅井とのみ
女の子・山鳩くるみ
ドイツの子供・美澗みづほ
七夕のツロ・二條宮子
蝶・明野まち子
織女星・秩父晴世
蝶・打吹美砂
踊る姉様人形・竹美喜久子

［図５］宝塚だより
昭和16年８月号

同時に創造者でもある「子ども」という存在に正面から向き合った、柳田ならではの試みである。〈こども風土記〉というジャンルを切り拓いたその慧眼は、しっかりと銘記されるべきだろう。[21]

柳田『こども風土記』に続く作品は、柳田の影響下に、にもかかわらず、柳田のほとんど与り知らぬところから生み出された。宝塚歌劇団によるレビュー作品「こども風土記」である[22]［図５］。「朝日新聞連載柳田國男作による『こども風土記』に取材し、その精神を土台として構成」された同作品は[23]、連載が終了した五月半ばから二カ月と経たない七月に宝塚大劇場で、八月に東京の東宝劇場で公演されている[24]。宣伝文は以下の通り。

過般来東京、大阪両朝日新聞紙上に連載されて、凡そ子供に感心を持つ総ての人々を魅了した、朝日文化賞受賞者柳田國男氏の「こども風土記」がいよく宝塚の手でレビユウ化される。演出者は「美と力の讃歌」に依つて好評益々綽々たる高木四郎氏――子供達には共感を、大人達には懐かしい子供時代の郷愁を呼び覚まさずには居ない、旧いそして新らしい日本の子供の遊びの世界である。[25]

いうまでもないことだが、柳田の新聞連載は舞台化を想定して書かれたものではない。また、素直にいって、舞台化できるような代物でもない。「こども風土記」というタイトル、そして、連載で描かれた子どもたちの豊穣な伝承の世界を、レビューの素材として活用したというところだろう。[26] この舞台化を柳田がどう受けとめたのか、そもそも許諾を得ていたのかどうかさえ未詳である。

実際の演出は、残された脚本とわずかな写真および劇評から推測するしかないが、なかなか趣向に富んだ斬新なステージだったことがうかがえる。第一場「お手鞠唄」は次のように始まる。

> 幕があくと背景は一面にはられた千代紙模様のカーテン、狐の面の張子の犬等々の古風な玩具が一ぱいに描かれてゐる。その前に緋毛氈をしいて台、二十四人の稚児輪髷にゆった女の子が並んで居り、その下に三人宛子供が足を投げだして坐ってゐる。音楽がはじまると、ワッと客席から哄笑が起る。あの逞しい楠かほるが、紫色の紋付に縞袴、トンボのようなちょん髷をおったてゝ可愛い男の子になりすましていゐるからだ。その両側に山鳩くるみと青井このみ、上手寄りの方には二条宮子の女の子を挟んで、日高澄子と乙羽信子の男の子いづれも十に見たぬあどけなさ。[27]

観客を郷愁に誘いつつも、宝塚的な仕掛けも忘れない、心憎い演出といえよう。以下、雛祭り、七夕、夏祭り、お月見と折々の歳時に沿って場面は進み、笑いあり、涙ありの起伏に富んだ展開の末、第一六場「玩具箱」でフィナーレを迎える。「立派に特色ある柳田氏の叙述を、これだけ具体化した高木氏の腕まへを認めたい」という劇評も妥当といえよう。[28]

こうしたノスタルジックな内容に、時代のイデオロギーは着々と浸潤する。宝塚公演の第一二場「昧爽（よあけ）の子供達」は、日・中・満の三国の子どもが手を組んで以下のように歌う。

僕等は楽しい
昧爽の子供
みんなおいでよ
寄っといで
僕等の仲間は
仲よし子供
心一つにアジアの庭に
楽しい花園
みんなで　つくろ
仲良く　つくろ[29]

これに続く第一三場「世界の子供達」では、「世界の枢軸国の子供達メーポールを中心に、手をつないで踊り回る。枢軸国の子供達はメーポールの様に、お互いの心を網の目の如くしつかり結びつける[30]」。大東亜そして日独伊の連帯が、子どもたちの歌と踊りによって祝福されるわけだ。

しかも、この舞台は現実にそのような文脈で鑑賞された。汪兆銘政権の要人・周仏海（一八九七〜一九四八）の観劇は次のように伝えられている。

周佛海氏　初夏の宝塚へ

七月六日来朝中の国民政府行政院副院長兼財政部長周佛海氏は日本留学中の令嬢を伴ひ、駐日国民政府大使褚民誼氏と同道して午後一時宝塚を訪れ、二階特別休憩室にてしばし歓談の後歌劇「こども風土記」を観劇、絢爛たる舞台に友邦日本の美しさを満喫しつゝ午後四時帰阪した。[31]

なお、一九四二年五月一七日には、脚本家・水木洋子（一九一〇〜二〇〇三）によるラジオドラマ「子供風土記」が放送されている。脚本解説には「これは柳田氏の「こども風土記」があつたからこそ出来たのであつて、「子供風土記」からヒントを得てこのような楽しい放送劇を生み出した水木洋子氏のすぐれた創意に敬服する」とあり、[32]宝塚版同様、タイトルと児童文化を素材とするというスタイルのみ、柳田から拝借したといえよう。[33]

〈こども風土記〉は、さまざまな媒体に展開し、拡散する。それは、「子ども」という根源的な主題が、折々の表情を帯びて出現する、一種の「時代の鑑」でもあるのだ。

2-2　銃後そして大東亜：戦下の〈こども風土記〉

一九四一年一二月八日、真珠湾攻撃を皮切りに日本が米英に開戦すると、戦時体制はますます加速される。そうした風潮は当然のように〈こども風土記〉にも反映される。

ここで〈こども風土記〉と密接に関わる「綴方（つづりかた）」について確認しておこう。旧制小学校の一教科であった「綴方」は、大正自由教育運動のなか、子どもたちの創造性を育む教育手法として注目され、昭和に入ると、東北地方で展開された北方性教育運動など、子どもたちが生活環境を主体的に認識し改善するための手法として各地で展開される。しかし、日中戦争以降、自由主義的な綴方教育は時局に抗するものとして治安維持法による取り締まりの対象となり、運動は中断を余儀なくされる[34]【本書コラム1「北へ渡った『北白川こども風土記』」参照】。その一方、綴方は翼賛のメディアとしても動員され、戦地の兵隊さんへの慰問作文をはじめ、「聖戦」を寿ぐ綴方は無数に書かれることとなった。[35]

児童文学作家・坪田譲治（一八九〇〜一九八二）は、『父は戦に：銃後綴方集』（一九四〇年、新潮社）を編集した後、「今度は吾国の、日本の、現代の子供の生活を記録しておきたい」と考え、「地方の特色を出して下さい」という編纂趣意書を起草、これに総数二四〇一編の作品が集まった。[36]そのなかから四九篇を収録したのが坪田編『綴方子供風土記』（実業之日本社、一九四二年）である。作品の収録は北は北海道から南は九州へ、さらには朝鮮に及ぶ。北海道からの四篇が総て瀬棚郡のものであるなど、投稿者が特定の学校や地域に偏る傾向が見られるのは、優秀作品には指導・投稿に熱心な特定の教員が関与したためだろう。内容は、日々の生業や歳時に関わるものが多く、なかには、「モルヒネとり」（和歌山県有田郡湯浅校高等科一年生の作品）など、「銃後」を想起させるものも含まれる。なお、書名について以下の注記がある。

　この書の名、「子供風土記」といふのは、柳田國男先生が昨年東京朝日にお書きになつたものがある。それでこの名を遠慮しようかと考へたが、一昨年秋、「子供風土記」編纂趣意書といふのを出して、綴方の投稿を求めてゐたので、綴方の名を冠せ、柳田先生におことわりして、同じ書名とした。[37]

これによると、「子供風土記」の作品化は柳田に遅れたものの、構想の公表は坪田が先行していたことになる。

田中文治編『燃える童心：銃後の子供風土記』（大雅堂、一九四二年）はさらに直裁に「戦下の子ども」

を描き出す。その趣意は「大東亜戦争一周年記念日」に記された「序」に高らかに述べられている。

私達は次の様な二点に主眼を置きました。
一、皇国の将来をその双肩に担つて立たうとする子供達が、大東亜戦下、如何なる心構を持つて、強く逞しく生きつつあるかといふ真の相を知つて戴く。
二、町・村・海・山・都市といつた夫々の異つた地域にあつて、どんな相の銃後生活が、子供達の手によつて営まれつつあるかといふことを知つて戴く。
かうした意味で、本書は「銃後子供風土記」とも云ふべきものであり、戦時下、子供の教育の第一線にあるものの偽らない現地報告書でもあります。▼38

編者・田中は奈良県高市郡今井国民学校の教員。他に兵庫県揖保郡神岡、岩手県下閉伊郡大浦、山梨県南巨摩郡五箇、東京市淀橋区大久保、京城市南大門、あわせて六名の国民学校教師により執筆されている。内容は「序」にあるとおり、町、村、海、山、都会の子供たちの生活実態であり、軍国教育に学び、勤労奉仕に勤しむ児童の姿と、それぞれの風土にまつわる記述が併置され、児童たちの綴方も所々に引用されている。そのアマルガムで無造作な記述それ自体が、当時の子供をめぐる混乱を伝えているともいえるだろう。

こうした〈こども風土記〉の戦時化のなか、対象地域が「大東亜」に拡張されていくことも、ある意味、当然といえよう。成徳書院「大東亜こども風土記」シリーズである。現在刊行の確認されたものは石森延男『マーチョ』（一九四四年）および里村欣三『ボルネオ物語』（一九四四年）の二冊のみだが、巻末の近刊予告によれば、上田広『生きてゐる土（北支）』、火野葦平『南支那』、中山省三郎『中支那』、柴田

リーさんのお正月

リーさんは、かまどの神さまの前に、水をお供へしながら、こんなことを考へました。

「今年こそは、ほんたうに、いいことばかりをして、それを天の神さまにお告げしていただかうと思つてゐました。

でも、ふりかへつてみると、やはりわるいことも、ずゐぶんしてゐます。となりのチョンさんをだまして、さんざしの實をとつたり、うちの猫をいぢめたり、おとうさんの手傳ひがいやで、逃げまはつたり。」

そこで、かまどの神さまに、かういつて、お祈りをいたしました。

「かまどの神さま、どうぞ、天の神さまのところにおいでになりましたら、この私のわるかつたことを、お告げしないでおいてください。


［図6］石森延男『マーチョ』（1944）より

賢次郎『比島』が予定されていた。版元・成徳書院の詳細は不明だが、ほかに「少国民大東亜戦記」シリーズを刊行している。

『マーチョ』の著者・石森延男（一八九七〜一九八七）は、北海道札幌市生まれ、東京高等師範学校卒で中学教師となった後、満洲・大連で教科書編集に従事、さらに文部省に転じて国民学校用教科書を編纂する。[39] 公務の傍らで作家として活動、満洲に取材した作品を多数発表し、『咲きだす少年群：モンクーフォン』（一九三九年、新潮社）によって第三回新潮文芸賞（一九四〇年）を受賞。その石森の手になる児童向け満洲案内が『マーチョ』であり、その趣旨は「はじめに」に端的に示されている［図6］。

> この「マーチョ」といふ本は、満洲のことについて、あなたがたに、ぜひ知つてほしいとことばかり選んで書いたものです。あの広い広い大きな満洲を、この十七（十七篇の文章でできてゐます――）の小さな窓から、のぞいて見ることが

できるやうに仕組んだものです。この窓を静かに、ていねいにのぞいてください。さうして、満洲の生き生きとした姿、風景、世界――を感じ、満洲をすこしでも知つてください。大東亜共栄圏が強くなるのも、栄えるのも、まづ日本と満洲とが、仲よしになることが、その第一歩であります。[40]

本文は「もんくーふぉん〔蒙古風〕」「解氷」といった風土の紹介に始まり、「マーチョ〔馬車〕」「クーリー〔苦力〕」といった満洲ならではの風物、「土地の名」「乳名」といった言葉の違い、「ニャンニャン祭」「リーさんのお正月」といった歳時が解説され、そして最後に、「満洲の恩人」「開拓村の父」「みんなといっしょ」において「満洲国」の建国と発展が言祝がれる、という構成となっている。趣旨どおりの展開である。さすがは教科書編纂者というべきか。

なお、石森は戦後も国語教育、生活綴方運動に携わるとともに創作を続け、『コタンの口笛』（東都書房、一九五七年）などの作品を残している。

もう一冊の大東亜こども風土記『ボルネオ物語』の著者・里村欣三（一九〇二～四五）の経歴は複雑だ。[41]本名・前川二享。岡山県に生まれ、中学で左翼思想に触れ中退。職工、人夫などを転々として一九二一年に入営するも、軍隊に嫌気がさし、水死を装って脱走。「里村欣三」と名を変えて満洲を放浪した後、一九二四年、『文芸戦線』にルポルタージュを発表、プロレタリア文学運動に参加する。やがて、運動への弾圧や家族の事情などにより警察に出頭し転向、太平洋戦争中は陸軍報道班員として東南アジア各地をめぐる。その体験に取材したのが『ボルネオ物語』である。[42]

「まへがき」には次のように記されている。

ボルネオは宝の島で、世界の三大島の一つと言はれて、その面積は日本の約二倍もあります。英国人が誰にも手をつけさせないで、こつそり世界の人の眼からかくしてゐた宝庫であります。［…］忠勇無双のわが皇軍が、またたくまに英軍と和蘭軍を降伏させせて、ボルネオを占領した輝かしい戦果のことは、皆さんもよくご存じのことと思ひます。

そしてわが皇軍がボルネオを占領すると、まつさきに手をつけた仕事は、何でせうか？　英国人や和蘭人から苦しめられてゐた原住民を解放して、御稜威の有難さを仰がしめ、それと同時に、原住民と手を握り合つてボルネオの建設をはじめたことであります。

私は皇軍に協力して働くダイヤ族の少年の物語を中心にして、出来るだけ詳しくボルネオの気候、風土、歴史のことを書きました。この物語は作り話ではなく、実際にあつたことで、若しこの本を読まれたら、決してボルネオは怖ろしいところでもなく、また首狩人種といはれる原住民が、どんなに素直な心をもつて皇軍を慕つてゐるかといふことが、わかつていただけると思ひます。どうか、皆さんもダイヤ族のベナ少年に、温かい友情を感じて下さい。▼43

トピックを羅列した『マーチョ』とは異なり、『ボルネオ物語』は一連のストーリーとなっている。皇軍による植民地支配からの「解放」に始まり、ボルネオの風土と生活が解説され、風習の誤解にもとづくトラブルを挟みつつ、「杉浦上等兵」をはじめとする真摯な日本軍人が食糧増産に尽力し、「ベナ少年」をはじめとする原住民がそれを助けるという展開となっている。これまた、「まへがき」に記されたとおりだ。

徴用の直前、里村は「僕は作品の上で人間を追求することをやってはいかん、そんなことしたら承知せんぞ、と強くいわれてるんだ。だから理想的な軍人を書いて反省をうながすほかないんだ」とやりきれない調子で語ったという。[44]「杉浦上等兵」は、まさにその「理想的な軍人」だ。そして里村は、そのやりきれなさを抱いたまま、フィリピンの戦地にわずか四二歳の短い生涯を終えている。

2―3 〈こども風土記〉の時代：一九五〇年代まで

戦後、新制教育にともなう社会科の新設は、学習課題として身近な郷土を焦点化し、民俗学や歴史学とも呼応した意欲的な学習実践が展開された。[45]その中から、数多くの〈こども風土記〉が産み出されることとなる。敗戦から一九六〇年までの単行本を挙げると、毎年のように〈こども風土記〉が作成されていることがわかる。

平野直『蜜蜂の土産：こども風土記・春』(国文館、一九四六年)
新潟日報社文化編集部編『越佐子供風土記』全三冊(新潟日報社、一九四七〜四九年)
波頭タ子『日本子供風土記全集1うち海物語』(新風土社、一九五〇年)
京都市観光教育研究会編『京都子供絵風土記』(都出版社、一九五三年)
日登中学校編・発行『ひのぼりの子：こども風土記』(一九五三年)
泉大津国語研究会編・発行『泉大津子供風土記』(一九五四年)
大屋町立西谷小学校編・発行『西谷子供風土記』全三冊(一九五四〜五八年)
北海タイムス文化部編『北海道こども風土記』(楡書房、一九五五年)
中谷健次監修、大森忠行編『東京こども絵風土記』(共同出版社、一九五五年)
鎌倉市教育研究所編・発行『かまくら子ども風土記』(一九五七年〜現在)

門前町社会科研究部編・発行『こども門前風土記』（一九五九〜七二年）
京都市立北白川小学校編『北白川こども風土記』（山口書店、一九五九年）
濱谷浩『写真集こども風土記』（中央公論社、一九五九年）
最上教員組合最上地区支部文教部編・発行『最上こども風土記』（一九六〇年）
佐藤治『馬関こども風土記』（洞南舎、一九六〇年）

このほか、『教育新潮』（一九五七〜五八年）[46]、『教育技術』（一九五八〜五九年）[47]、『日本児童文学』（一九五九〜六〇年）[48]といった教育・児童文学雑誌も一九五〇年代後半に集中して「こども風土記」と題した連載をしており、まさに〈こども風土記〉の時代といった様相を呈することとなった。

こうした潮流を支えたのが、戦時の中断を経て再興した生活綴方運動である。なかでも、山形県の一寒村における中学校生徒たちの作品をまとめた無着成恭（むちゃくせいきょう）（一九二七〜）編『山びこ学校：山形県山元村中学校生徒の生活記録』（青銅社、一九五一年）はセンセーションを引き起こし、各地の教師たちに多大な影響を与えた[49]。一九五〇年七月に設立された「日本綴方の会」は、翌年「日本作文の会」に改称され、さらに翌年の一九五二年八月、岐阜県中津川市にて第一回作文教育全国大会を開催[50]。中津川を含む恵那一帯は、恵那綴方の会編『恵那の子ども』（百合出版、一九五二年）、石田和男編『夜明けの子ら――生活版画と綴方集』（春秋社、一九五二年）など、生活綴方、生活版画【本書第6章「綴ることと彫ること」参照】の盛んな地域であり、この地に無着をはじめとする全国の青年教師たちが集ったことが、生活綴方を全国的に加速させた。

また、この会に講師として参加した社会学者・鶴見和子（一九一八〜二〇〇六）は、綴方が子どもの主体形成に役立つものなら、大人にも役立つに違いないと「生活記録運動」に着手、工員女性に自身や母親の生活史を執筆させ、『母の歴史：日本の女の一生』（河出新書、一九五四年）などを刊行した。[51] 和子の弟・鶴見俊輔（一九二二〜二〇一五）が生活綴方を「日本のプラグマティズム」と評価したのは、『現代日本の思想』（岩波新書、一九五六年）においてである。[52]

　こうした中から生まれた作品が『綴方風土記』全九巻（平凡社、一九五二〜五四年）である。日本全国の児童生徒による作文、詩、版画等の作品を、日本作文の会が収集したもので、[53] 編者は同会理事も務める生活綴方運動の主導者・国分一太郎（一九一一〜八五）が担当、監修は地理学者・辻村太郎（一八九〇〜一九八三）。北海道（第一巻）から九州・沖縄（第八巻）まで、[54] 全国各地の風土と生活が、子どもたちの作品のほか、図表、写真、解説文などを併せてまとめられており、社会科副読本としての活用も想定されている。[55] 当時、朝日新聞社に勤めるかたわら、社会科教育にも関心を抱いていた民俗学者・牧田茂（一九一六〜二〇〇二）[56] は、次のように評した。

> 　この叢刊の一番の功績として挙げるべきものは、一九五二年の日本の生活を、こどもたちの眼を通して後の代に伝えることができたということと、いま一つ、遠くはなれた土地の事情を、読者が知ることができるということとの二つであろう。そして、恐らく自分たちのところだけだと思つていたことが、遠く離れた土地にもあることがわかつたり、思いもよらなかつた生活を送つている人々が、同じ国の中にいるということをこどもたちも知るであろう。このことは、社会科の大きな眼目の一つを果たすことであるが、また日本をよりよくするためにもぜひ必要なことである。[57]

　もとより、多くの人間が関わった大部の著作であり、細部の不統一など難点も多岐にわたるが、ともあれ、わずか三年でシリーズを完結させた快挙は、戦後における生活綴方の高まりを示すものといえよう。

この勢いに乗じて刊行されたのが「綴方風土記の世界版」を謳った『世界の子ども』全一五巻（一九五五〜五七年）である[58]［図7］。引き続き国分一太郎らが編者となり、詩人・秋田雨雀（一八八三〜一九六二）が監修にあたる。作文収集には戦前からの伝統をもつエスペランティストの人脈などが活用される。各国の学制の違いにより執筆する子供の幅も広く、また、大人による解説部分も増えているが、そうした諸々の不統一を差し引いても、世界規模の〈こども風土記〉が刊行されたという事実そのものが驚異的である。中華民国と中華人民共和国、大韓民国と朝鮮民主主義人民共和国といった「鉄のカーテン」を挟む双方からの作品が掲載されていることも興味深い。各巻末は戦争の現代史と平和への祈りによって結ばれており、きわめて戦後的な平和主義、コスモポリタニズムを具現するシリーズといえよう。

北の子ども

北の子ども

朝鮮半島のほぼまんなかをとおっている北緯38度の線で，朝鮮は二つにわけられています。鴨緑江と豆満江とをへだてて，中国とソヴェトにつづくこの地方は，いま共和国となっています。このあたりは，むかしから，山には材木が，台地には畑が，平野には米がとれたところです。工業は水力発電所がいたるところの大きな川にでき，石炭や鉄もとれるので，共和国になってからも，ますますさかんになりました。

わたしたちの村

村には，さまざまな作物ができます。米をつくるためには水をひきましたし，あれ地をひらいてじゃがいもをつくります。戦争のいたでからたちなおって，国営農場もできているし，村には協同組合があって，みんなで力をあわせて，はたらいています。むかしきかれたかなしい歌が，いまでははりきった労働の歌にかわってきています。

木材の村

呉東順（初級中学・1年）

ぼくは，おとうさんが働いているいかだの木場にやってきた。狼林山脈の本すじからのびてきて，小さな山地になっているのがぼくらの牙得浦だ。ひるまでも太陽の光がみえないくらい，

［図7］『世界のこども３中国・朝鮮編』（1955）より

鳥羽耕史『一九五〇年代：「記録」の時代』（河出書房新社、二〇一〇年）は、「記録」という観点からの時代の概観を試みている[59]。この時代の文化・社会運動において、①さまざまな現場のさまざまな主体が「記録」に参加したこと、②全国各地のサークル運動を連携させる「サークル村」に象徴される多様な運動の交流が推進されたこと、③「記録」が政治的な課題であると

同時に芸術的な課題ともなったこと、④記録文学の映画化などマルチメディア展開がなされたこと、等々の特徴を指摘している。じっさい、子どもたちのための生活綴方運動は、工場労働者や主婦たちによる生活記録運動、歴史学の民主化を求めた国民的歴史学運動、[60]生活の場からの地歴教育を模索する郷土教育運動などとも交渉し、子どもの綴方と大人の記録が同時進行することもしばしば見られた。〈こども風土記〉の時代は、こうした「記録」の時代の一側面なのである。

2-4　高度成長以降のこども風土記：一九六〇年以降

一九六〇年代以降も〈こども風土記〉は書き継がれていく。日本作文の会編『子ども日本風土記』全四七巻（岩崎書店、一九七〇〜七五年）は、四七都道府県を網羅した〈こども風土記〉史上最大のボリュームを誇るシリーズであり、これに続く『えほん風土記』（岩崎書店、一九七七〜八一年）も、絵本というスタイルで全国をカバーした興味深いシリーズである。「丹後ちりめん」「南山城」「由良川」（以上、京都府）「窪川」（高知県）の四冊を刊行した文理閣『子ども風土記』（一九七七〜八〇年）は、伝統産業の衰退など、高度成長以降の社会変容を正面から見据えた、力のこもったシリーズだ【本書コラム2「敗北の「こども風土記」」参照】。

〈こども風土記〉というタイトルを冠した作品についていえば、数量的なピークは一九七〇年代以降に迎えることとなる【本書コラム3「「こども風土記」の魅力に迫る」参照】。だが、主観的な物言いが許されるなら、そこに込められた「熱量」が一九五〇年代とは異なることも、おそらく確かだ。そこには、高度成長期をターニングポイントとした子どもをめぐる変化、学校をめぐる変化、そして社会をめぐる変化が幾重にも折り重なっている。

まず、学校の変容は、学習指導要領の改訂に端的に現れる。一九五八年の改訂の背景を、文部科学省の資料は以下のように位置付けている。

昭和二六年の学習指導要領については、全教科を通じて、戦後の新教育の潮流となっていた経験主義や単元学習に偏り過ぎる傾向があり、各教科のもつ系統性を重視すべきではないかという問題があった。また、授業時数の定め方に幅があり過ぎるということもあり、地域による学力差が目立ち、国民の基礎教育という観点から基礎学力の充実が叫ばれるようになった。そのほか、基礎学力の充実に関連し科学技術教育の振興が叫ばれ、理科、算数の改善が要請された。[61]

「経験」から「系統」へ、という目標変更がなされたのだ。全国的な平準化への提言とあわせ、「科学技術教育の振興」のために「理科、算数の改善」が要請されていることも注目される。国語、社会と密接に関係する綴方教育、郷土教育にとって、何より児童生徒の「経験」から出発することを至上命題として掲げた戦後教育にとって、これは決定的な転換点といって良い。

じっさい、「経験」と「系統」の関係をどのように扱うか、という問題は、綴方教育や郷土教育の分野でも長く議論されてきたテーマだった。[62]そして、生活綴方運動の中心組織である日本作文の会が、一九六二年の大会で「経験」から「系統」への重点移行を謳った活動方針案を提起するなど、教育運動は大きく「系統」へと舵を切っていった。この頃、教育委員会が公選制から任命制に変わったこと（一九五七年）に端を発する教員管理強化をめぐる攻防、いわゆる「勤務評定闘争（勤評（きんぴょう）闘争）」が激化しており、戦後教育は確実に転換点を迎えていた。[63]指導要領やカリキュラムの改訂が教育現場の変化に至る過程には、

こんなに仕事があるものだ

労仂の種別	賃金	日数	備考
タドン製造	1日 100円	夏休20日間	雇われて 2000円
桑皮はぎ	1メ 80円	秋	自分の家で
ダチ（炭俵）	1枚 17円	冬季	〃
石運搬	1ケ 10円	〃	雇われて
砂利石〃	1坪 800円	時々延4日	〃 半日で四台 大人と二人で
売店手伝	1日 70円	5日間	350円（モンペ）
子守	1日 70円	冬休7日間	雇われて 500円
鶏卵の集荷	百匁 5円	7年間	部落で

-43-

[図8]『ひのぼりの子：こども風土記』（1953）より 中学生でもできる仕事とその収入額の一覧

ある程度のズレやゆらぎが想定されるが、ともあれ、教師に戦後直後ほどのフリーハンドが与えられなくなったことは、〈こども風土記〉的実践に大きく作用したと考えて間違いないだろう。

一方、子どもをめぐる環境も急変していた。高度成長期、産業構造の重心が第一次から第二次、第三次に移行、通勤するブルーカラー、ホワイトカラーが激増し、子どもの生活圏から「労働」や「社会」が不可視化されていった。敗戦直後、日本国民の過半数が農家であり、子ども自身が好むと好まざるとに関わらず生業に組み込まれていた状況と比べると、「子どもに見える世界」の違いは明白だろう。急速なモータリゼーションの展開は、都市を中心に子どもの活動領域を徐々に限定し、そして、「受験戦争」と称される進学競争の激化も作用し、子どもは着実に「家庭」と「学校」（そして「塾」）に囲い込まれていった。「家庭」と「学校」を超えて広がる「地域」を描き出す〈こども風土記〉は、いやがおうにもを困難を増していたのだ。

一九六〇年を転換点とする〈こども風土記〉の変容は、全国的な作品と資料の精査をもって考えるべき課題だが、ここでは示唆的な作品例を一つ取り上げたい。それは島根県大原郡日登村（現雲南市木次町日登）の日登中学校で書き上げられた『ひのぼりの子：こども風土記』（一九五三年）である。これは、新制中学の開始にともなう開校（一九四七年）から閉校（一九七五年）に至るまで毎年刊行された雑誌『ひのぼりの子』の一冊で、実際のところ、「こども風土記」と題されていない他の号も含めて全てが、生徒の作文や版画作品等を掲載した〈こども風土記〉的実践となっている。いってみれば、一連のシリーズから〈こども風土記〉という取り組みの変遷をたどり得るわけだ。

『ひのぼりの子』は、新設された同中学に校長として着任した加藤歓一郎（一九〇五～七七）が、学校を挙げて取り組んだ教育実践の一端である。[64] 加藤は、『山びこ学校』（一九五一年）の無着成恭や『新しい地歴教育』（一九五四年）の相川日出雄（一九一七～九一）など全国の教育者とも交流しつつ、戦後教育の理想像を模索、その実践は「ひのぼり教育」として注目を集めた。

『ひのぼりの子』の特徴は、誤解を恐れずにいえば、最も「生活改善運動」的な〈こども風土記〉であるということだ。まず誌面で目を見張るのは、一年間を通じた詳細な気象データの科学的記録であり、このほか、肥料の配合、養鶏、炭焼きなど、さまざまな生業の詳細が、単に労働の辛苦を語る「貧乏綴方」である以上に、工夫の余地のある経営学的課題として描き出されている（他に比して表やグラフが多いのも『ひのぼりの子』の特徴だ）［図8］。ほかにも、明るく清潔になった台所や、婚礼が過重な祝儀で重荷となる様子など、さまざまな「生活改善」的トピックが収められている。中国山地の寒村を、自らの手で少しでも豊かにしていこうという気概が、『ひのぼりの子』に貫かれているといえよう。

だが、そうした実践も一九六〇年前後を境に転調する。「進路特集号」と銘打った第一八号（一九六四年）が一つの分水嶺になるだろうか。中卒が「金の卵」ともてはやされて大都市圏の工場労働力として吸収されていった時代、この日登の地にあっても、卒業後の進路は村外、県外への就職が主流を占めていく。こうして、家の生業、村の産業と生徒自身のライフコースとが分離していくことになった時期に刊行されたのが「進路特集号」であり、地域の産業や社会を見据えた作文が、『ひのぼりの子』誌面からフェイドアウトしていったのだ。

もちろんこれは一例に過ぎず、他校・他地域の実践との比較が必要だろう。とはいえ、学校教育への管理強化、子どもと地域／社会との接点の希薄化という課題は、その後の「総合学習」の導入（二〇〇〇年）、教育基本法改正による「わが国と郷土を愛する」ことの導入（二〇〇六年）など、いくたびか制度変更を経てなお、今日まで持続しているものである。学校にとっても、地域にとっても、そして何より子どもたちにとっても決して好ましいとはいえないこの状況を、どのように解きほぐしていくべきか。〈こども風土記〉という実践／作品に現れる課題は、いまもなお切実だ。▼65

おわりに：「あんたとこやからできたのや」を超えて

最後に、『北白川こども風土記』の後日譚を紹介して序章を終えたい。

といいつつ、その前に前日譚から始めなければならないのだが、そもそも、北白川小学校の児童を指導したのは誰かというと、『北白川こども風土記』には「大山先生」とのみ登場する教師・大山徳夫である。この大山の経歴については不明な部分が多く、著作等もあまり残されていない。▼66 遺族や教え子の話その他の断片的情報をまとめると、昭和初年、鹿児島県・奄美に生まれ、幼少時に家族とともに上京、苦学を続けながら立命館大学夜間部を卒業した後、北白川小学校の臨時教員となったという。大山がなぜ〈こども風土記〉に取り組んだのかもはっきりしない。一時期、近畿民俗学会に入会していたことが判明したが、[▼67]綴方運動その他の教育運動との関係も不明である。『北白川こども風土記』完成後の座談会では、「動機については、やはり郷土学習をするのに資料がない。資料の蒐集をすることによって、郷土学習を集めて行こうと考えたので、郷土教育をやるということは考えていませんでした」と語っている。[▼68]「郷土学習」のために始めた材料集めが、いつの間にか、思いもかけず「郷土教育」として注目されるに至った、ということだろう。

さて、児童たちの「郷土しらべ」を出版するのは大人たちの仕事であり、その難事を担ったのは、北白川町内にあった出版社「山口書店」だった。社長の山口繁太郎（一九〇九～六六）は、青森県出身、同郷の版画家・棟方志功（一九〇三～七五）の支援者としても知られ、棟方の最初の著作『板散華』（一九四二年）はこの山口書店から出版されている。この学問芸術に一家言も二家言もある山口が『北白川こども風土記』の出版を引き受けたわけだが、結果、高い世評とは裏腹に経営的には相当な赤字となったという。

そのような経緯からか、大山と山口による「対談「北白川こども風土記」始末記」（一九六三年一二月二六日実施）は、きわめてクールだ。

［山口］そう、ところで風土記が出た当時はずい分と世間もさわいだね。

［大山］ええ、あの頃は新聞・雑誌・テレビなどとうるさいほどのさわぎようだったですからね。それにしてもマスコミの評価というものは甘いもんですね。どれもこれもすばらしい郷土学習の成果だと言ってほめちぎったんですから……。私もそういう評価を見て、一時は気を良くしたもので

すよ。しかし時間がたつにつれて、新しい社会科教育の本質とは縁の遠い仕事ではなかったかとふと懐疑的な気持ちになるんですね……。[69]

大山は、郷土の学びを通じて、その問題点を客観化し、その改善に行動する近代的主体を育むことが社会科の目的であるはずが、単なる郷土自慢に留まる児童が少なくなかったことに「さびしい気持ち」になったという。また、好評価の一方で、「あんたとこやからできたのや」と「北白川」を特別視されたことも、大山の不満を倍加させた。

［大山］風土記に取りあげられた北白川の問題も発展的にとらえれば、そこには必ず普遍的な共通の問題が他の郷土にも発見できるはずですよ。［…］例えば、近代化の波に押され、従来の伝統産業が没落していったり、村落が都市化していったりで、地域社会そのものが変貌していくという歴史的事実は無視できませんよ。ただ歴史の傍観者であってはならないんで、郷土の生活史を掘り下げて、そこに広く現代史的意義を掴もうとする郷土教育の姿勢が必要だということを忘れてはならんと思うんです。[70]

この想いは、山口にも共通したものだった。

［山口］〝人民の、人民による、人民のための……〟という民衆主義運動の本質を、ある意味では実践したものとして打ち出されたのがこの本ではなかったかと。小学校の子供から町内の世話役、店屋のおじさんまで、学区民あげて作った本じゃないか。［…］新しい時代の学問、あしたの文化を約束するもの、それはもうこれまでに見られるような、大学の研究室とか特定の人間の間だけで行われているようなものでなく、もちろん、それはそれで意味もあるのだけれども、しかし、より多

くの人間の力、民衆の力と言おうか、そういうものを土台にした学問の確立なくして、社会科教育の民主化、あるいは日本の民主化というものは考えられるか、どうか、ということだ。[71]進歩、民衆、民主主義といった概念を素朴に信じられた時代の言葉、というふうにもいえよう。とはいえ、身の回り問題を認識し、その改善を図ることから、地道に社会を住み良くしていかなければならないという課題は、彼らだけのものというわけではないだろう。

とりわけ、郷土を知ることと郷土を愛することとが一直線に結びつけられがちな二一世紀の日本にあって、『北白川こども風土記』をめぐる焦燥は、決して他人事ではない。「愛国心」は二〇〇六年教育基本法改正の焦点となったが、それは、新自由主義の台頭のなか、「経済格差のある国民間の統合原理が改めて要請されている」からだとの指摘が教育学者・小国喜弘によってなされていた。[72]それから十数年を経た現在、時の文科大臣による「身の丈」発言に象徴されるように、市民の格差と分断は覆うべくもない現実となった。それ以上に、そのような事態がもはや政権によって是正すべき政治課題とはみなされなくなったことが、グローバリズムが猛威を振るう今日の状況だろう。地域が紡ぐ関係性は、かつてないほど複雑化し弱体化している。だが、それでも、いや、それだからこそ、未来を担う子どもたちのために、「いま・ここ」とそれを産み出した「かつて」をきちんと語るという責務が、私たち自身に課せられているのではないだろうか。

〈こども風土記〉は、今も未完のプロジェクトであり続けている。「あんたとこやから」で済ませてよいはずはない。

付記：本章は、拙論「北白川と人文研：『北白川こども風土記』を読む」（慶応義塾大学出版会ＨＰ連載「人文研探検：新京都学派のプロフィール」第一五回、二〇一五年）を大幅に増補した「いくつかの〈こども風土記〉：宝塚・大東亜・北白川」（大塚英志編『動員のメディアミックス：〈創作する大衆〉の戦時下・戦後』思文閣出版、二〇一七年）をさらに大幅に増補したものである。

1　梅棹忠夫「書評：北白川小学校編『北白川こども風土記』」（『日本読書新聞』一〇〇〇、一九五九年）。引用は梅棹忠夫『梅棹忠夫の京都案内』（角川選書、一九八七年）二七六頁より。

2　註１二七七頁。

3　本稿では「こども／子ども／子供風土記」と称される作品群を〈こども風土記〉と呼ぶこととする。

4　梅棹忠夫「大学と花売り」（一九五一年七月二九日付『毎日新聞』）。同『梅棹忠夫の京都案内』（角川選書、一九八七年）所収。

5　高木博志『近代天皇制と古都』（岩波書店、二〇〇六年）など参照。

6　ＰＴＡの役員には、森のほか、吉川幸次郎、能田忠亮などの京大関係者も名を連ねている。

7　この時代の大学人が、学校教育に一方ならぬ関心を抱いていた点も留意すべきだろう。たとえば、京大人文研の人類学者・今西錦司、考古学者・水野清一が監修にあたり、東洋史家・藤枝晃、民族学者・梅棹忠夫らが執筆を担当した自然史学会編『原始時代の生活：太古の人類と文化』（群芳園、一九五〇年）は、小学校の社会科教科書『大むかしの人々』（日本書籍、一九四八年）の参考書をめざしたもので、巻末「先生と父兄のために」で教科書各章との対応が示されている。なお、水野清一に関しては、拙論「民俗学者・水野清一：あるいは、「新しい歴史学」としての民俗学と考古学」（坂野徹編『帝国を調べる：

植民地フィールドワークの科学史』勁草書房、二〇一六年）参照。

8　竹内章「書評：藤崎慎吾・田代省三・藤岡換太郎著『深海のパイロット』」（『火山』四八-六、二〇〇三年）五二一頁。

9　京都歴史地理教育研究会「「北白川こども風土記」をめぐって」（『歴史地理教育』六六、一九六一年）六二頁。

10　依田義賢「シナリオを書いて」パンフレット『北白川こども風土記』所収、一九六〇年。

11　一九五九年一月一二日に放送を開始した「NHK教育」で、一九六二年一月三日に『北白川こども風土記』を放送されていることがNHK番組表検索で確認できる。

12　学校指導課「児童劇映画「北白川こども風土記」完成」（『京都の教育』四六、一九六一年）にフィルム貸出の案内がある。また、北川鉄夫編『日本の独立プロ』（映画「若者たち」全国上映委員会、一九七〇年）は、「よい映画を見る会」という上映運動のなかで、本作が各地で上映されたことを記している（一五三頁）。

13　なお、京都市立北白川小学校編『創立九十周年記念誌』（山口書店、一九六四年）によれば、一九五八年に『北白川こども風土記』という8ミリ作品が完成している。この一九五八年版の映像にそれ以降に撮影された映像（印刷出版の様子など）を付加したものが『郷土学習のしかた』ではないかと推測される。

14　島恭彦「地方選挙と地域社会」（『世界』一六一、一九五九年）一六～一七頁。なお、この当時の北白川小PTA会長は島恭彦夫人の富子であり、前掲註13『創立九十周年記念誌』に寄せた一文「女性会長として」には、戦後に新設されたPTAで母親たちが活躍する様子を次のように記している。

　上の子供が北白川校に入学したのは、戦争の終わった翌年でしたから、あたかもPTAの創業時代とも云うべき頃でした。親も子も一年生の物珍しさと、何でもしてみようという好奇心も手伝い、総会に出席して質問をしたり、クラス委員に選ばれてわけも分からぬままに活躍したものです。以来次々と子供がおせわになって、十五年間も北白川のＰＴＡにつらねさせて頂いたことになります。はじめの内は役員さんと云えば男性の方ばかりでしたが、少しづつ女性の進出がめだち、ＰＴＡは母親にとって唯一の勉強の場になりはじめました。［…］そんな時、思いもかけずＰＴＡの会長に選ばれました。講堂の片隅で自分の名が呼ばれた時のあの当惑した気持は一生忘れることが出来ません。［…］また三年間の郷土勉強が実って子供の手になる「北白川風土記」の刊行されたのもこの年です。何か一つの仕事をしようとする時、先づつき当るのが資金の問題です。教育予算の乏しさと、子どものためによくしてやりたい親心の間に立って苦しみましたが、皆さんにおはかりして、不用品や手芸品を持ちよった大バザーを開いたこともありました。思いがけない収入を得て、風土記の出版のための一部に当てたり、当時普及されなかったテレビの購入、運動器具の整備等に当てたりいたしました（三一～三二頁）。

15 島恭彦「地域社会がつくる新教育『北白川風土記』にみる 社会科教育の成果 だが欲しい前向きの姿勢」（一九五九年六月八日付『京都大学学園新聞』）。

16 永井道雄「書評：京都市立北白川小学校編『北白川こども風土記』新教育の成果を示す」『サンデー毎日』一九五九年五月一〇日号。

17 今田保「子ども風土記を全国津津浦浦に なぜ、いま子供風土記か 5 北白川子ども風土記から四二年」（『月刊部落問題』二八四、二〇〇〇年）も、都市近郊における「こども風土記」の代表例として『北白川こども風土記』を高く評価している。

18 愛郷会は『北白川こども風土記』にも記されている（三二五～三二九頁）。

19　村野景正・和崎光太郎編『みんなで活かせる！学校資料』（学校資料研究会、二〇一九年）六頁。拙論「文化資源：デジタルになること／オープンであること」（『日本民俗学』三〇〇、二〇一九年）も参照。
20　柳田國男『こども風土記』（朝日新聞社、一九四二年）一頁。
21　ちなみに、単行本『こども風土記』は、戦場への慰問品として故郷を懐かしむ兵士たちの元に送られることもあったという（小田富英「［解説］こども風土記」『柳田國男全集』一二巻、ちくま書房、一九九八年）。
22　同作品の存在については黒岩康博氏より御教示いただいた。
23　宝塚歌劇団編・発行『宝塚歌劇脚本集　昭和十六年七月　宝塚大劇場花組公演』（一九四一年）五四頁。スタッフは高木四郎（脚本・振付）、大澤壽人（作曲）、岡政雄（作曲・編曲・音楽指揮）、田村孝之助（舞台意匠）、渡辺正男（舞台装置）、小西松茂（衣装考案）。
24　なお、宝塚公演と東京公演では全一六場のうち、場の入れ替え、分割、統合があり、初演の反響を元に修正がなされたことがうかがえる。
25　『宝塚だより』昭和一六年七月号
26　たとえば、第五場「懐しき童詞」で歌われる「中の中の小佛さん…」という童謡は柳田『こども風土記』でも取り上げられているものだが、他に柳田のテクストに直接取材する童謡は見当たらない。
27　登村仲美「楽しい「こども風土記」―宝塚花組公演―」（『東宝』九一、一九四一年）一五〇～一五一頁。
28　橋本英吉「「こども風土記」を見て」（『東宝』九二、一九四一年）一九頁。
29　前掲註23六〇頁。
30　同右。
31　宝塚歌劇団編・発行『宝塚年鑑　付宝塚歌劇団写真集　昭和十七年版』（一九四二年）三二頁。

32 日本放送協会編『ＮＨＫ放送劇選集』第二巻（日本放送出版協会、一九五一年）三〇九頁。

33 ちなみに、戦後、水木は映画脚本家に転身し、成瀬巳喜男『浮雲』（一九五五年）など、錚々たる作品を数多く手がけている。

34 生活綴方運動については、北方性教育運動のメンバーでもあった滑川道夫（一九〇六～九二）による『日本作文綴方教育史』全三巻（国土社、一九七七～八三年）に詳しい。

35 川村湊『作文のなかの大日本帝国』（岩波書店、二〇〇〇年）は、生活綴方運動史において「断絶」と捉えられている戦時期を、そのイデオロギー的な反転にも関わらず、綴方を通じて子どもの主体性を形成する教育実践として連続しているのではないかと指摘している。重信幸彦『みんなで戦争：銃後美談と動員のフォークロア』（青弓社、二〇一九年）も、綴方から「銃後」に貢献しようとする子どもたちの「自発性」を論じている。

36 坪田譲治「あとがき」（坪田編『綴方子供風土記』新潮社、一九四二年）一～二頁。

37 同右、四頁。

38 田中文治編『燃える童心：銃後の子供風土記』（大雅堂、一九四二年）三頁。

39 石森については現代国語教育論集成編集委員会編『現代国語教育論集成　石森延男』（明治図書出版、一九九二年）所収の解説および年譜を参照した。

40 石森延男『マーチョ』（成徳書院、一九四四年）四頁。

41 里村については堺誠一郎「解説」（里村欣三『河の民（オラン・スンガイ）北ボルネオ紀行』中公文庫、一九七八年）を参照した。

42 児童向け作品とは別に紀行文学作品『河の民（オラン・スンガイ）　北ボルネオ紀行』（有光社、一九四三年、のち中公文庫に収録）もある。

43　里村欣三『ボルネオ物語』（成徳書院、一九四四年）一〜二頁。
44　前掲註41堺誠一郎「解説」、一九二頁。
45　小国喜弘『民俗学運動と学校教育―民俗の発見とその国民化―』（東京大学出版会、二〇〇一年）、同『戦後教育のなかの〈国民〉―乱反射するナショナリズム―』（吉川弘文館、二〇〇七年）など参照。拙著『柳田国男と民俗学の近代―奥能登のアエノコトの二十世紀―』（吉川弘文館、二〇〇一年）でも、地方教員が民俗学の担い手となっていく重要な契機の一つが社会科だったことを指摘している。
46　『教育新潮』八‐五〜九‐四。
47　『教育技術』一三‐一〜一二。
48　『日本児童文学』五‐九〜六‐六。
49　佐野真一『遠い「山びこ」：無着成恭と教え子たちの四十年』（文春文庫、一九九六年）、奥平康照『「山びこ学校」のゆくえ：戦後日本の教育思想を見直す』（学術出版会、二〇一六年）参照。
50　日本作文の会については、同会編『生活綴方事典』（明治図書、一九五八年）、同会編『生活綴方：その考えかた、すすめかた』（百合出版、一九八四年）、同会編『日本の子どもと生活綴方の五〇年』（ノエル、二〇〇一年）など参照。
51　『母の歴史』は劇作家・木下順二（一九一四〜二〇〇六）と鶴見和子の共編。生活綴方運動、生活記録運動と鶴見和子の関係については、鶴見和子『生活綴方運動のなかで』（未来社、一九六三年）、同『コレクション鶴見和子曼荼羅２人の巻 日本人のライフ・ヒストリー』（藤原書店、一九九八年）、西川祐子・杉本星子編『共同研究 戦後の生活記録にまなぶ：鶴見和子文庫との対話・未来への通信』（日本図書センター、二〇〇九年）など参照。
52　鶴見俊輔「日本のプラグマティズム―生活綴り方運動」（久野収・鶴見俊輔『現代日本の思想：その

五つの渦』岩波新書、一九五六年)。川村湊は、「鶴見俊輔は、やや牽強付会にプラグマティズムと生活綴り方運動をむすびつけようとしている」が、「もともと輸入された講壇哲学や講壇教育学とは無縁なところから生み出された生活綴り方運動を、あえて思想流派としてのアメリカのプラグマティズムと結びつける必要がどれぐらいあるだろうか」と疑義を呈している(前掲註35川村前掲書、八一～八二頁)。

53 たとえば、第九巻では「大江町風土記」として京都府加佐郡大江町の大江町教育研究会編・発行『大江町風土記』(一九五六年)所収の綴方が抜粋されているなど、既刊文集からの抜粋が随所にみられる。

54 第九巻『日本の国土』は、それまでの八巻を農村、山村、漁村、都市とタイプ別にダイジェストしたまとめの巻となっている。

55 社会科教材としての『綴方風土記』活用については、須永哲思「一九五〇年代における社会科と生活綴方:生活綴方から社会認識への「飛躍」はいかになされたのか」(『教育史フォーラム』八、二〇一三年)が詳しい。

56 牧田は社会科叢書の一冊として『村落社会』(三省堂出版、一九四八年)を書いている。

57 牧田茂「書評:綴方風土記」(『民間伝承』一七-五、一九五三年)五五頁。

58 須永哲思「社会科用副教材『世界の子ども』(平凡社、一九五五～一九五七年)国際的スケールにおける「体験の分布図」の可能性」(『教育史フォーラム』一〇、二〇一五年)。

59 「総特集:戦後民衆精神史」(『現代思想』三五-一七、二〇〇七年)、水溜真由美『『サークル村』と森崎和江:交流と連帯のヴィジョン』(ナカニシヤ出版、二〇一三年)、宇野田尚哉他編『「サークルの時代」を読む:戦後文化運動研究への招待』(影書房、二〇一六年)なども参照。

60 石母田正『歴史と民族の発見』(東京大学出版会、一九五二年)、網野善彦『歴史としての戦後史学』(日本エディタースクール出版部、二〇〇〇年）、小熊英二『〈民主〉と〈愛国〉：戦後日本のナショナリズムと公共性』（新曜社、二〇〇二年）、田中聡編『京都戦後史学史研究会研究成果報告書』（京都戦後史学史研究会、二〇一五年）など参照。

61　二〇一一年三月三〇日文部科学省資料「学習指導要領等の改訂の経過」（https://www.mext.go.jp/a_menu/shotou/new-cs/idea/_icsFiles/afieldfile/2011/03/30/1304372_001.pdf）

62　須永哲思「一九五〇年代社会科における「郷土教育論争」再考―資本を軸とした生活の構造連関把握の可能性―」（『教育学研究』八二-三、二〇一五年）、永田和寛「一九七〇年代における生活綴方論争（野名・田宮論争）再考」（『教育史フォーラム』九、二〇一四年）参照。

63　こうした動きは北白川とも無縁ではなかった。島恭彦は次のように述べている。

> それにしてもこういう郷土の教育と文化とを、内側からゆりさましたのは、さきにこの「風土記」のなりたちについてのべたように、戦後の民主教育である。とくに最近いろいろ圧迫をうけている社会科教育であり、それを実践した教師達の努力である。そしてこの教師たちを擁護したＰＴＡの組織力である。そういうものであるからには、昨年来戦後の民主教育をまもる闘いとして全国的にくりひろげられている勤評闘争と、どこかでむすびついているはずである。逆にいえば、「風土記」をつくる教師や子供や母親たちの運動は、民主教育をおさえ、教育や地方自治体を中央集権化し、地域社会の創造力を官僚主義的に再編成しようという力とどこかで対決しているはずである。もちろん、「むすびつき」とか「対決」とかいっても、けっして自覚されたものではない。「風土記」の出版計画は、勤評闘争のさなかにすすめられていたので、教師と地域の人達との間にいくらかの誤解とトラブルをひきおこしたという一面もあれば、勤評闘争をめぐる百回をこえる地域懇談会によって、教師と父母、父母と父母との間の意思の疎通ができ、「風土記」をつくるバッ

ク・ボーンができたという反面もある。しかしいずれにしても地域社会の民主主義や民主的な文化の創造は、まだ明確な方向づけをとらないで進んでいる（前掲註14一七頁）。

64 角秋義「ひのぼりの子—戦後の人間像—」（『人物島根県史』島根郷土研究会編・発行、一九五九年）、福原宣明『魂の点火者：日登教育と加藤歓一郎先生』（加藤歓一郎遺徳顕彰会、一九九八年）参照。

65 筆者自身、大学生を対象に「聞き書き」を指導しており、〈こども風土記〉的な実践に取り組む指導者の苦悩を他人事ではなく感じている。筆者の取り組みについては、拙論「ライフヒストリー・レポートの無謀と野望：柳田民俗学を「追体験」する」（森本淳生編『〈生表象〉の近代：自伝・フィクション・学知』水声社、二〇一五年）、聞き書き作品については、拙編『ライフヒストリーレポート選』（京都大学民俗学研究会、二〇一二年〜現在）参照。

66 大山には、「ぼくたちの作った北白川こども風土記」（『四年の学習』一九五九年八月号、松本二男と共著）、「社会 自分のきょう土をこうして調べる」（『四年の学習』一九六〇年五月号）、「北白川こども風土記」（『北白川』二七、一九六一年）といった著作がある。これと『歴史地理教育』所収の座談会（前掲註9）、山口繁太郎との対談「対談「北白川こども風土記」始末記」（京都市立北白川小学校編『創立九〇周年記念誌』山口書店、一九六四年）が、大山自身が『北白川こども風土記』を語った主なものである。

67 「編集室より」（『近畿民俗』二二、一九五七年）。

68 前掲註9六〇頁。

69 前掲註66大山徳夫・山口繁太郎対談三五〜三六頁。

70 同右、三九頁。

71 同右。

72 前掲註45小国『戦後教育のなかの〈国民〉』五一頁。

column 1

北へ渡った『北白川こども風土記』――北海道綴方教育連盟事件と坂本亮

菊地　暁

「こども風土記」の難点の一つは、小部数の簡易製本が多く、現物を確認する機会が非常に限られることだ。岩波文庫になって版を重ねる柳田國男『こども風土記』などは例外中の例外、出版社から刊行されたタイトルも大部分は絶版であり、ましてや各学校で製本された文集の類は、地方公共図書館に収められているのは良いほう、大多数が外部からのアクセスが困難な学校図書館にのみ残っているか、それすらも怪しい状況である。山口書店から刊行され二刷までいった『北白川こども風土記』にしても、所蔵されているのは大学図書館と公立図書館を合わせて三〇弱といったところだ（近年、国立国会図書館デジタルデータの図書館送信閲覧が可能になった）。

そんなレア本である『北白川こども風土記』の一冊が、札幌市の北海道文学館に所蔵されている。興味深いのは、個人蔵書の一冊であったことだ。旧蔵者は坂本亮（りょう）（一九〇七～二〇〇七）。知る人ぞ知る、「北海道綴方教育連盟事件」の中心人物である。

「北海道綴方教育連盟」とは、綴方（つづりかた）を通して子供たちの生活認識を深化させる「生活綴方」に共鳴した道内各地の青年教師たちが結成した団体で、メンバーはそれぞれの学校で意欲的な綴方教育を実践した。ところが一九四〇年一一月、そんな教員たちの前に、突然に公安警察が現れる。綴方教育は児童に社会矛盾を認識させるプロレタリア運動の一環だと治安維持法違反の嫌疑をかけられたのだ。以後、主要メンバー一二名は二年あまりにわたって収監され、暴行や恫喝にさらされるなかで「運動の一環」として生活綴方を実践していたことを偽証させられることとなる。近年、坂本の旧蔵資料から発見された獄中メモは、検察による暴力的な調書ねつ造のプロセスを生々しく伝えている（詳細は、佐竹直子『獄中メモは問う：作文教育が罪にされた時代』（道新選書、二〇一四年）に詳しい。同書は二〇一五年日本ジャーナリスト会議賞を受賞している）。

坂本は、執行猶予つきの懲役刑という有罪判決となる。裁判長は教師たちの立場に理解と同情を示したものの、無罪判決とすると検察の上訴は避けられず、治安維持法の規定により最高裁での裁判となるため、執行猶予つき有罪判決は当時にあって教員たちへの最大限の配慮だったのだという。結果、釈放はされたものの、「赤い教師」の烙印を押された坂本が教壇に復帰できるわけもなく、以後、出版社や軍需企業の社員を転々とすることを余儀なくされる。坂本は、このような事態に陥るきっかけとなった生活綴方の資料を、出所後に全て燃やしてしまい、教育には二度と関わらないと誓ったという。

だが戦後、裁判支援者からの誘いで北海教育評論社に入社すると、自身は教壇に立たなかったものの、教育運動の支援者として道内各地を駆け回って活躍することとなる。その詳細は『北海教育評論』誌上の連載コラム「季節点描」にレポートされ、紀行、書評、その他の多岐にわたる話題から、彼が一流の観察者であり、読書家であり、そして何より、子供たちへの情熱を燃やし続けた教育者であることがうかがえる（谷口一弘編『坂本亮著作目録（未定稿）』（北の文庫、二〇〇〇年）参照）。

そんな坂本が起ち上げた仕掛けの一つに「北海道教師本を読む会」がある（以下、坂本亮「季節点描・㉓」『北海教育評論』一四巻一九号、一九六一年一二月に依る）。共同購入によって良書を手頃な価格で配本し、教師をサポートしようという試みだ。一九五八年末からスタートし、一九六一年末には会員三一九名を数えたという。興味深いのは選書で、一九五九年には次の一一タイトルが配本されている。

斎藤喜博『学校づくりの記』（国土社、一九五八年）
奈良本辰也『二宮尊徳』（岩波新書、一九五九年）
国枝益二・吉崎千秋編『海外農業実習記』（文教書院、一九五八年）
加藤秀俊『テレビ時代』（中公文庫、一九五八年）
美濃部亮吉『苦悶するデモクラシー』（文芸春秋新社、一九五九年）
北白川小学校編『北白川こども風土記』（山口書店、一九五九年）
高見順『敗戦日記』（文芸春秋新社、一九五九年）
久野収・鶴見俊輔・藤田省三『戦後日本の思想』（中央公論社、一九五九年）
戸田唯巳『子どもについて行く』（のじぎく文庫、一九五八年）
宮崎典男『読み方教育入門』（麦書房、一九五九年）
古川原『教師のモラル』（日本評論新社　一九五九年）

教育関係が中心となるのは当然だが、それ以外にも、政治、経済、歴史、思想、メディアと同時代状況を積極的に摂取していこうという意図がうかがえる。その中に、『北白川こども風土記』も含まれていたのだ。

一九五九年時点の会員数は不明だが、相当な部数の『北白川こども風土記』が津軽海峡を渡って北海道に届けられたことになる。北海道の教師たちにいかなる感想をもって迎えられたのか。彼らの教育実践に影響を与えたのか。そして、『北白川こども風土記』が、今も教員ＯＢたちの自宅に眠っているのだろうか。いろいろと気にかかるところだ。

大著『生活綴方成立史研究』（明治図書出版、一九七〇年）を書いた教育史家・中内敏夫（一九三〇～二〇一六）は、資料発掘の重要性を次のように訴えている。

みなさん、ヒアリングや、復刻資料にまず目を向けますが、まず「足下をみよ」と申し上げたい。例えば、小砂丘［忠義］が大正八年赴任した高知県鏡村小でだした文集「蒼空」――村の役場にはない。学校にもない。教員たちは皆すでに死亡か転任。もっていてもやがて捨てられる。ところが、「文集」はイエにもちかえられ、家の子孫たちが、後生大事に代々うけついでもっていることがよくある（須永哲思、永田和寛、本宮裕示郎「戦後教育研究の歩みをたどる（その２）中内敏夫氏へのインタビュー記録」『教育史フォーラム』一〇、二〇一五年、一二二頁）。

個人宅の書架や学校の倉庫で発見を待つ「こども風土記」は、きっと少なくないのだろう。散逸した「こども風土記」を再びパブリックドメインに引き出すことは、今後の全国的な課題である。

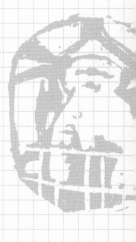

column 2

敗北の「こども風土記」

福島幸宏

一九五〇年代の教育再建や社会運動を巡る熱狂の時代が経過した後、日本社会は高度成長期を迎え、そこで噴出した諸課題を抱えながら一九七〇年代に突入する。ここでは、この時代背景のなかで一九七〇年代に展開した「こども風土記」のうち、特徴的な、そして決して成功したとは言えない事例を切り取って述べる。「こども風土記」の系譜をより多様に紡ぐための補助線となればと考える。

まず、一九七〇年代前半に日本作文の会編の『子ども日本風土記』全都道府県版、四七巻が岩崎書店から刊行される。編集した日本作文の会は、一九五〇年に「日本綴方(つづりかた)の会」として創立され、翌年に「日本作文の会」と改称した団体で、現在も活動を続けている。その創立当初の名称や以下のような綱領を掲げていることに象徴されるように、小中学校の国語教師を主力に、戦前の生活綴り方教育の正当な後継者として位置づけられる存在であった。

1 私たちは、日本のつづり方教育の遺産を受け継いで、子どもの生活とはなれない、新しい作文教育の建設とその普及に努力します。

2 私たちは、真実と人間らしさを求める作文教育の実践によって、日本の教育の民主化とその発展に力を尽くします。

このシリーズは大きなインパクトがあったようで、別冊という位置づけで『県別カラー絵地図』（中村良彦編、一九七六年）が刊行され、さらに同年には四七巻を二四巻にまとめたほるぷ版『子ども日本風土記』も出版、翌年の一九七七年から一九八一年にかけて『えほん風土記』全四七巻が刊行されている。もっとも『えほん風土記』は、編集が「えほん風土記京都府刊行会」というように、各都道府県の刊行会形式をとっている点に留意が必要である。『北白川こども風土記』と対比したとき、綴り方教育の色合いが非常に濃いが、一九七〇年代の「こども風土記」を代表する著作群と位置づけられよう。

この後、社会運動の梃子として「こども風土記」を位置づける作品群が登場する。これが今田保（いまだたもつ）によって企図された、文理閣版『子ども風土記』である。以下、四巻のリストを掲げる。

『丹後ちりめん子ども風土記』（丹後ちりめん子ども風土記編集委員会編、文理閣、一九七七年一一月）

『南山城子ども風土記』（南山城子ども風土記編集委員会編、文理閣、一九七九年一月）

『由良川子ども風土記』（由良川子ども風土記編集委員会編、文理閣、一九八〇年一月）

『窪川子ども風土記』（窪川子ども風土記編集委員会編、文理閣、一九八〇年三月）

一九七七年末に『丹後ちりめん子ども風土記』が刊行されたあと、年一冊程度のペースで刊行されている。各巻とも地域の教員を主体とする編集委員会がそれぞれ編纂する形をとっているが、これを仕掛けたのが今田保という人物であった。今田は二〇〇〇年から二〇〇一年にかけて「子ども風土記を全国津津浦浦に」という文章を『月刊部落問題』（二七九～三〇〇号）に七回掲載している。以下、この今田の文章を手掛かりに、さらにその背景を補足しながら、文理閣版の展開を述べる。

今田は京都で児童書や「解放新書」を刊行し、一九七五年には『はだしのゲン』の単行本の刊行で名を上げた、汐文社（ちょうぶんしゃ）の経営陣の一員であった。一九七六年に汐文社は今田の表現では「破たん」し、京都本社は文理閣が継承し、東京支社が汐文社の社名を引き継ぐことになった。この再建の一助という意味もあり、前述の岩崎書店版の全国展開も念頭に置きながら、文理閣版『子ども風土記』は構想されたようである。二〇〇〇年の記述にはなるが、今田は全国規模の「子ども風土記」刊行会を構想し、「沖縄軍事基地」「神戸大震災」「アイヌ」などをテーマとして検討している、としている。

刊行までこぎつけた各巻は、低成長期の地域変容と社会運動にある意味直接に結びついた内容であった。京都府内での刊行が、丹後・南山城・由良川、という運動の強い地域であることがそもそもの特徴であることも指摘できるし、今田の二〇〇〇年段階の構想に、これも地域の社会運動が強い「桂川」、被差別の課題と強く結びつく「竹」が挙げられていることも、その印象を強くする。また、例えば『南山城子ども風土記』には「働くおとうさん」という章があり、その中には「田山の朝」「印刷屋の父」「おとうさんのしごと」「清そうセンターのおじさんへ」「ユニチカで働く父」という節が並ぶ。その視点が労働者や農民に定まっていることがよく理解できる。

また、四巻目にして京都府域や近県を離れ

『窪川子ども風土記』

て刊行された『窪川子ども風土記』の対象となった窪川町（現：高知県四万十町）は、当時、原発設置の是非を巡って毎年のように議会や町長の選挙が行われていた地域であった。この一種唐突なラインナップは、反原発運動が全国的にも注目を集めていたことと同時に、今田の出身地が高知であったことも関係するようである。なお『窪川子ども風土記』には吉岡浩による興味深い実践報告があることも付言しておく。

しかし、文理閣版の刊行は一九八〇年をもって終了し、今田がかかわったものも、その構想こそ興味深いものの、このあとは確認できない。即断は避けるが、この背景には、今田の「こども風土記」が地域の多様な動向を十分に捉えきれていなかったことがあるのかもしれない。例えば、南山城を対象とした高田雅士の一連の研究からは、「こども風土記」の牽引層と重なる教員や地域の有力層が、特定の社会運動に編成されることはあっても、自己変革を遂げて、次々と状況に対応して行く様子が読み取れる。

一九五〇年代が、戦前からの自由教育運動の系譜を引き継ぎつつ、地域での文化運動に、出版と映画という組み合わせで「こども風土記」が準備された時期だとすれば、一九六〇年代の結実を経て、一九七〇年代はその方向を見定めていた時期ともいえるかもしれない。『北白川こども風土記』は社会運動における戦後状況が終焉する一九五九年に刊行された。その直後、一九六〇年代にまず最初の「こども風土記」ブームがあり、各地で様々な取組が行われた。それに続く、本稿で取り挙げた一九七〇年代は一種の苦闘の時期であったと言えよう。これを潜り抜けて、おそらく質的な変容を伴いながら、一九八〇年代の「こども風土記」の量的な爆発期がやってくるのである。

さらに述べれば、北白川という、旧村単位の結合・活動が盛んでありながら開発されつつある豊かな都市近郊農村、それに加えて大学教員・知識人の集住地という、文化資源の優れた集積地という背景を持つ地域においてこそ、戦前から様々に試みられていた〈地域の記述〉の手法の結節点として『北白川こども風土記』は『北白川こども風土記』として成立しえたのである。ここで述べた事例は、そのような背景を持たない地域での展開例として捉えられるかもしれない。また、その挫折は地域の状況を十分にとらえず、「こども風土記」を社会運動の梃子として位置づける方法自体に求められるのかもしれない。しかし、このことは、すぐには「こども風土記」が十分な形で展開しなかった地域が社会的・文化的に貧困であることを意味しない（もしくはそのような地域は本質的に存在しない）。これらの地域の力量は、文化運動や書籍を跡付けるという、わかりやすく馴染みがある手法ではない、新しい方法で把握されなければならないのであろう。

〈参考文献〉

高田雅士「一九五〇年代前半における地域青年層の戦後意識と国民的歴史学運動―城南郷土史研究会を対象として―」（『日本史研究』六六一、二〇一七年）
高田雅士「災害を記録する人びと―一九五三年の南山城水害・台風一三号災害をめぐって―」（『アジア民衆史研究』二三、二〇一八年）
吉岡浩「地域の現実を授業に」（『歴史地理教育』四五六、一九九〇年）

column 3

「こども風土記」の魅力に迫る──「発見者」から「発信者」へ

一色範子

[図1]『くずは子ども風土記』(枚方市立樟葉小学校発行、編著者不明、1987年) ※筆者所蔵
同校創立114周年を機に、教員が4年生を対象として「子どもたちに読み物として残しておきたい」という強い気持ちのもと作成した1冊。2部構成となっており、第1部は学校史、第2部は楠葉の歴史や史跡、民話などを収録。表紙は児童作品。

「こども風土記」との出会い

二〇一六年二月、筆者は『北白川こども風土記』と出会った。きっかけは、HAPSスタジオ(京都市東山区)でのイベント告知を目にしたこと。そこには、「北白川小学校に通う四年生の児童たちが卒業までの三年間かけて調べた郷土・北白川の考古、歴史、風俗を、こどもたち自身による挿画とともに一冊の本にまとめたもの」とあった。「子どもが書いた風土記があるなんて」。これがその告知を見た時の率直な感想である。そして、『北白川こども風土記』という書名を見た筆者はすぐさま、机の引き出しを開け、一冊の記念誌──『くずは子ども風土記』──を手にした。これは筆者の母校である枚方市立樟葉小学校で、三〇年以上前に編纂されたものである[図1]。『北白川こども風土記』と比べると、郷土について書かれている点は同じものの、執筆者は教員である点が異なっていた。このとき筆者は、「こども風土記」には他校にも編纂事例があること、そして執筆者は教員だけではないことに気づいたのである。

「もっと他の小学校の事例についても調べてみたい」。こうして、「こども風土記」の魅力に迫るべく、全国各地で編纂された「こども風土記」について調べることになった。

全国各地の「こども風土記」の概要

それからというもの、全国にどれほど「こども風土記」が存在するのか関心をもった筆者は、主にCiNiiや国立国会図書館、全国の公立図書館、古書店などの蔵書検索で、「こども／子ども／子供」および「風土記」の組み合わせのみられる書籍を検索した。また、蔵書検索では検出できない、個人や博物館などが所蔵している「こども風土記」も探索した。現物確認できるものについては、収録内容、編纂目的、参考文献などを調べた。

以上の作業から、一九八〇年代をピークに、主に国内を題材とする一七五件もの「こども風土記」が編纂されたことが分かった【本書157頁「こども風土記一覧」参照】。編著者に着目すると、学校（教員、児童・生徒）とその関係者（元教員、ＰＴＡ（育友会）、自治連合会）だけでなく、個人（研究者、作家など）、自治体、新聞社など、多岐に渡っていた。このうち最も多かったのは、学校とその関係者が編纂したものであり、全体の四割を占めていた。とりわけ、小学校とその関係者が編纂したもの（以下、小学校が編纂した「こども風土記」）が多数であった（後述）。

先の一七五件の「こども風土記」のうち、現物確認した一〇六件について、内容に着目すると、次のように分類できる。

Ａ：主に大人が子ども向けに書いた身近な地域に関するもの（学校の変遷や地域の歴史・文化など）（二五件）

Ｂ：主に子どもが書いた地域学習の成果や生活記録（作文など）（四二件）

Ｃ：ＡとＢの混合（五件）

Ｄ：大人が書いた昔からの遊びや民話などの伝承に特化したもの（三二件）

Ｅ：その他（二件）

書名は、「〇〇こども風土記」のように、地域名が付されているものがほとんどであった。書き手の地域への愛着やアイデンティティーを示し、読み手が、自らの体験と地域をつなげる手がかりとなるものだろう。

編纂目的をみると、各々の地域の歴史や文化について、次世代を担う子どもたちに伝え、残そうとする息遣いを感じられた。また、学校や家庭などで活用されることを願って編纂されたものが多いことが分かった。

参考文献には、自治体史、記念誌、広報紙など、地域にまつわる様々な資料が挙げられている。なかには、他の「こども風土記」を参考にして編纂された「こども風土記」があることも確認された。「こども風土記」には、他の「こども風土記」を誘発する一種の伝播性があるともいえよう。

以上より、全国各地の「こども風土記」は、地域にまつわる郷土史、地誌、民俗誌であるとともに、学校にまつわる記念誌、副読本といった様々な性格をもつ。このことから「こども風土記」は、「こども／子ども／子供」と「風土」を共通のキーワードをもとに全国各地に展開した資料群といえる。

小学校が編纂した「こども風土記」

小学校が編纂した「こども風土記」は、管見では六三件あった。北海道から大分県に至る一七の都道府県で編纂されているが、愛知県以西のものがほとんどであり、なかでも京都府は二二件と群を抜いて多く、そのうち京都市域のものは一六件を確認できた。

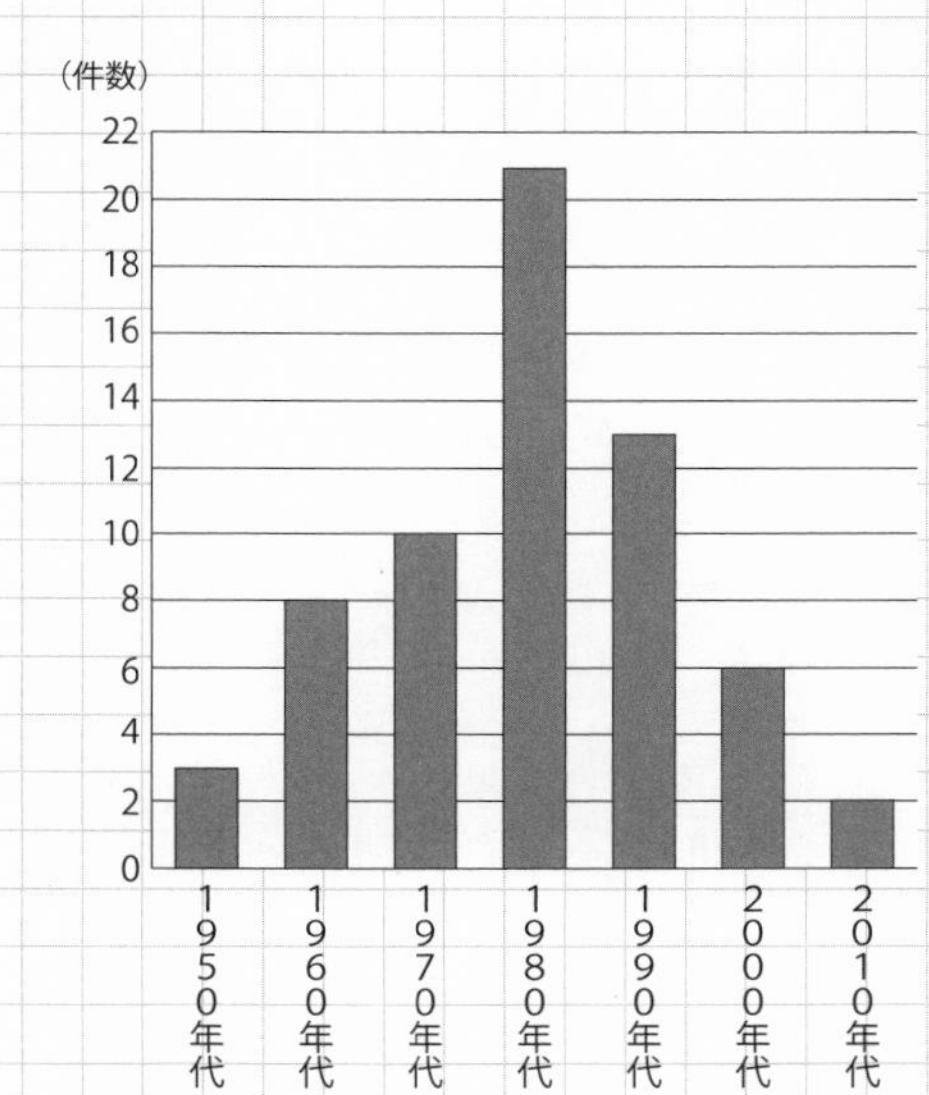

［図2］小学校が編纂した「こども風土記」の発行年代別件数
注1）シリーズものや改訂版のあるものは原則1件として扱った。
注2）最初に編纂された「こども風土記」の発行年または初版の発行年とした。

発行年は、最も古いもので一九五四年、最新のものは二〇一九年となるが、八〇年代をピークに九〇年代にかけて、多数の「こども風土記」が編纂されていることが分かった［図2］。学習指導要領の改訂がその背景として考えられる。一九七七年の改訂で、授業時間が削減されることになり、「ゆとりの時間」が設けられる。一九八九年の改訂で、低学年の社会科と理科に代わり「生活科」が、一九九八年の改訂で、「総合的な学習の時間」（以下、総合学習）が創設される。こうしたなか、従来の社会科のみならず、生活科や総合学習の一環として風土記づくりに取り組む小学校が増加したと推察される。

【表1】小学校が編纂した「こども風土記」一覧表

番号	書名	都道府県	市区町村[1*]	編著者とその分類[2*]		発行元	発行年	内容[5*]
①	高島子ども風土記	北海道	小樽市	小樽市立高島小学校「高島子ども風土記」編集委員会編	児	小樽市立高島小学校	1974	Ⓑ
②	銭函子ども風土記	北海道	小樽市	小樽市立銭函小学校6年2組編	児	小樽市立銭函小学校6年2組	1982	Ⓑ
③	民俗行事子ども風土記	山形県		松田国男著	教	六兵衛館	1984	D
④	小石川・子ども風土記	東京都	文京区	中村光夫編著	教	中村教材資料文庫	1992	D
⑤	こども風土記とよおか：創立70周年記念	神奈川県	横浜市	—	教	横浜市立豊岡小学校	1993	A
⑥	こども風土記みやまえ	神奈川県	川崎市	—	教	川崎市立宮前小学校	1990	A
⑦	柿生子ども風土記：創立120周年記念号	神奈川県	川崎市	—	教	川崎市立柿生小学校	1993	Ⓑ
⑧	お話　片瀬・江の島子ども風土記	神奈川県	藤沢市	清田義英・相原圀彦・有泉季雄監修、有泉季雄・柳田佳年・相田裕二編	教	藤沢市立片瀬小学校	1997	A
⑨	とみず子ども風土記	神奈川県	小田原市	小田原市立富水小学校内郷土史研究会編著	教	小田原市立富水小学校	1964	A
⑩	伏木こども風土記	富山県	高岡市	高岡市立伏木小学校編	児	高岡市立伏木小学校	1961	Ⓑ
⑪	八町子ども風土記	愛知県	豊橋市	—	教	豊橋市立八町小学校	1984	A
⑫	もとじゅく子ども風土記	愛知県	岡崎市	岡崎市立本宿小学校編	児	岡崎市立本宿小学校	1977	Ⓑ
⑬	作野子ども風土記	愛知県	安城市	安城市立作野小学校編	児	安城市立作野小学校	1982	Ⓑ
⑭	北小子ども風土記	愛知県	安城市	安城北部小学校編集委員会編	教・児	安城市立安城北部小学校	2008	C

⑮	川向、大名倉こども風土記言語伝承篇	愛知県	北設楽郡設楽町	―	教	北設楽郡設楽町立川向小学校	1960	D
⑯	北白川こども風土記	京都府	京都市	京都市立北白川小学校編	児	山口書店	1959	Ⓑ
⑰	こども風土記ながまつ	京都府	京都市	京都市立永松小学校編	児	京都市立永松小学校	1969	Ⓑ
⑱	修徳子ども風土記　創立百周年記念誌	京都府	京都市	―	児	京都市立修徳小学校	1969	Ⓑ
⑲	子ども風土記せいせん	京都府	京都市	―	児	京都市立醒泉小学校	1970	Ⓑ
⑳	衣笠子ども風土記	京都府	京都市	京都市立衣笠小学校編	児	創立百周年記念事業委員会	1973	B
㉑	子ども風土記　創立１０周年記念誌	京都府	京都市	―	教・児	京都市立横大路小学校	1973	C
㉒	子どものための松ヶ崎風土記	京都府	京都市	松ヶ崎小学校育友会風土記特別委員会編	P自	松ヶ崎小学校育友会	1983	A
㉓	こどものための修学院風土記	京都府	京都市	修学院小学校育友会風土記特別委員会編	P自 3*	修学院小学校育友会・修学院小学校同窓会・修学院小学校	1987	A
㉔	羽束師子ども風土記	京都府	京都市	風土記編集委員会編	教 4*	羽束師小学校・羽束師小学校育友会	1988	A
㉕	待賢子ども風土記	京都府	京都市	―	教	京都市立待賢小学校	1991	A
㉖	七条子ども風土記	京都府	京都市	吉田日出夫編	教	京都市立七条小学校育友会	1993	A
㉗	修学院子ども風土記	京都府	京都市	―	児	京都市立修学院小学校	2003	Ⓑ
㉘	上高野子ども風土記	京都府	京都市	京都市立上高野小学校創立30周年記念事業実行委員会編	教	京都市立上高野小学校創立30周年記念事業実行委員会	2006	A
㉙	大原野子ども風土記	京都府	京都市	―	児	京都市立大原野小学校	2006	B

番号	書名	都道府県	市区町村[1*]	編著者とその分類[2*]		発行元	発行年	内容[5*]
㉚	竹間：竹間こども風土記	京都府	京都市	—	P自	竹間自治連合会	2013	A
㉛	翔鸞子ども風土記	京都府	京都市	早川幸生・中川善彦（編集責任者）	教	翔鸞小学校創立150周年記念実行委員会	2019	A
㉜	有仁子ども風土記	京都府	福知山市	京都府加佐郡大江町立有仁小学校編	児	京都府加佐郡大江町立有仁小学校	1981	Ⓑ
㉝	子ども風土記	京都府	舞鶴市	—	児	舞鶴市立丸山小学校	1977	Ⓑ
㉞	大久保子ども風土記	京都府	宇治市	大久保子ども風土記編集委員会編	教・児	宇治市立大久保小学校百周年記念事業推進実行委員会	1982	C
㉟	知井子ども風土記：私たちの知井 付録（その1）	京都府	南丹市	—	児	美山町立知井小学校	1980	Ⓑ
㊱	いちば子ども風土記	京都府	与謝郡与謝野町	—	児	市場小学校こやま学級	1988	Ⓑ
㊲	大江子ども風土記	大阪府	大阪市	—	児	大阪市立大江小学校	1997	B
㊳	西六・堀江の街　子ども風土記	大阪府	大阪市	—	教	大阪市立堀江幼稚園、大阪市立堀江小学校	2003	A
㊴	くずは子ども風土記	大阪府	枚方市	—	教	枚方市立樟葉小学校	1987	A
㊵	西谷子供風土記	兵庫県	養父市	大屋町立西谷小学校編	教	大屋町立西谷小学校	1954	A
㊶	子ども牧石風土記	岡山県	岡山市	岡山市立牧石小学校編	教・児	岡山市立牧石小学校百周年記念事業委員会	1975	C
㊷	笠岡小子ども風土記	岡山県	笠岡市	笠岡市立笠岡小学校卒業生一同編	児	笠岡市立笠岡小学校	1992	Ⓑ
㊸	川崎子ども風土記	高知県	四万十市	川崎小学校児童・教職員編	児	川崎小学校	1999	Ⓑ
㊹	いんにゃくの里：南大分こども風土記	大分県	大分市	南大分こども風土記刊行会編	児	南大分こども風土記刊行会	1974	Ⓑ

注　この表は２０２０年5月現在のものである。
注１　市町村合併されたものは便宜上、現行の自治体名を反映した。
注２　教：教員（元教員含む）、児：児童、教・児：教員（元教員含む）と児童、P自：ＰＴＡ（育友会）、自治連合会
現物確認したもののうち、編著者が不明なものは、収録内容と発行元から判断し分類した。
注３　育友会、同窓会、学校の協働による。
注４　育友会との協働による。発行は「育友会の援助」とあるため分類をＡとした。
注５　Ａ：主に大人が子ども向けに書いた身近な地域に関するもの（学校の変遷や地域の歴史・文化など）、Ｂ：主に子どもが書いた地域学習の成果や生活記録（作文など）、Ｃ：ＡとＢの混合、Ｄ：大人が書いた昔からの遊びや民話などの伝承に特化したもの。
児童の作文が主体であるものは〇で囲んだ。

備考
②元教員が編纂した『ぜにばこ物語』（１９９８）に再録　③中学校教諭が執筆　④中村教材資料文庫シリーズ９　⑤改訂版として２００３年に創立80周年記念、２０１３年に創立90周年記念発行　⑧参考文献に『かまくら子ども風土記』など　⑨参考文献に『新編相模国風土記稿』など　⑫編集担当の一人である教員は『岡崎子ども風土記』の編集にも携わっている　⑭参考文献に『作野子ども風土記』など　⑮『川向・大名倉　むかしむかし』の姉妹編、翌年『こども風土記生活篇』発行。１９６５年閉校　⑯同年2刷発行、翌年に同書を題材にした短編劇映画『北白川こども風土記』（共同映画社）完成　⑰１９８３年閉校　⑱１９９２年閉校　⑲２０１７年閉校　㉓参考文献に『北白川こども風土記』など　㉔改訂版として１９９８年に創立20周年記念誌発行　㉕１９９８年閉校　㉖元教員が執筆　㉘参考文献に『こどものための修学院風土記』　㉚１９９３年閉校（竹間小学校）　㉜第1号～第4号（１９８１～８４）あり。２０２０年度末に閉校予定　㉝１９９８年閉校　㉟２０１６年閉校　㊲創立１２０周年記念誌『大江歳時記』（１９９３）の姉妹編　㊳大阪市立堀江幼稚園は２０１９年に閉園　㊵上巻（１９５４）、伝説編（１９５６）、伝承編（１９５８）あり。伝承編は『叢書　日本の児童遊戯第5巻』（２００４）再録。２００６年閉校　㊸２０１２年閉校　㊹大分市立南大分小学校が校区分離を機に編纂

小学校が編纂した「こども風土記」のうち、四四件について現物確認を行った結果が「小学校が編纂した「こども風土記」一覧表」である［表1］。そのうえで、編著者に着目すると次のようになる。

教員（元教員含む）（一七件）

児童（二〇件）

教員（元教員含む）と児童（四件）

PTA（育友会）、自治連合会（三件）

ちなみに、PTA（育友会）や自治連合会が手がけたものは京都市域のみであり、極めて珍しい。明治五（一八七二）年の学制発布に先立ち、町衆（ちょうしゅう）により日本で最初に学区制小学校が創設された京都市域では、いまだ「学区」が自治単位として健在であり、学校統合により通学区（校区）は統合されても、「学区」は統合されない。自治連合会は学区組織であるゆえ、小学校との密接な関係が如実に表れている。

このうち、児童の作文を主体としたものでは、保護者や地域の人々にグループ単位での聞き取り調査を行ったものが多い。フィールドワーク（巡検）は、身近な地域の中に自分を置くことで、地域を捉え、地域と向き合う方法である。地理学的手法を用いた児童の地域学習の成果であるといえよう。このほか、児童自身の生活記録をまとめたものもある。いずれにせよ、「こども風土記」の編纂にあたって保護者や地域の人々の協力は大きく、聞き取り調査以外でも、写真などの資料を提供していることが随所に確認できる。

参考文献に着目すると、他校の「こども風土記」をたたき台として「こども風土記」が編纂されたと推測される事例がみられる。次のような参照関係を見つけることができた。

⑬『作野子ども風土記』→⑭『北小子ども風土記』（愛知県安城市）
⑯『北白川こども風土記』→㉓『こどものための修学院風土記』（京都市）
㉓『こどものための修学院風土記』→㉘『上高野子ども風土記』（京都市）

なお、いまや閉校となった小学校にまつわるものもある（二〇二〇年五月現在で一〇件）。在りし日の小学校をうかがう資料として貴重だろう。また、『有仁子ども風土記』（㉜・［図3］）のように、近々閉校する小学校にまつわるものもある。同書は、児童の「生きた学習のあしあと」であり、「文化財」である。

［図3］『有仁子ども風土記』第１号（京都府加佐郡大江町立有仁小学校編・発行、1981年）※書影は京都府立京都学・歴彩館所蔵のもの
昭和55（1980）年度から始まった「ゆとりと充実の時間」を活用し、全学年で取り組んだ地域学習の成果。管見の限り、第１号～第４号（1981～84年）がある。

全国で年間約四〇〇校が閉校を余儀なくされている現状をふまえると、こうした学校資料（学校に関するあらゆる資料）／地域資料の保存のあり方について考えさせられる。

社会科副読本との相違点

「こども風土記」とよく似たものに、『わたしたちの〇〇』あるいは『わたしたちの町（まち）〇〇』といった社会科副読本がある［図4］。これらは主に、学習指導要領に基づき、中学年児童の地域学習のため、市区町村単位で作成されるものである。その多くは、教育委員会や社会科教育研究会により編集・発行され、教員や児童に配布される。

社会科副読本と小学校が編纂した「こども風土記」の相違点

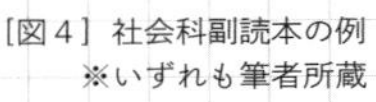
［図４］社会科副読本の例
※いずれも筆者所蔵

は三つある。一つめは、前者が地域をマクロ（市区町村単位）に捉えているのに対し、後者は地域をよりミクロ（校区や学区単位）に捉えている点。二つめは、前者が児童を対象としているのに対し、後者は児童のみならず、その保護者や周囲の大人をも対象としている点。三つめは、前者は大人が執筆しているのに対し、後者は執筆者や内容に定型がないという点。小学校が編纂した「こども風土記」は、学校や地域の人々の裁量によるところが大きく、その編纂形態は様々である。

とはいえ、現時点で社会科副読本を網羅的に確認できたわけではない。実際、社会科副読本の中には、「こども風土記」に近似したものも見られる。書名が「こども風土記」ではない書籍も含め、「こども風土記」的なるものの広がりを、さらに探索せねばなるまい。

「こども風土記」の魅力

筆者は、これまで数々の「こども風土記」を目にしてきた。そのたびにどのような思いで風土記が編まれたのかを、真っ先に知りたいと思う。そして実際に手に取ると、一つとして同じ「こども風土記」はないことが分かる。それが「こども風土記」のもつ、何よりの魅力である。そして筆者は、その魅力の虜になったと言っても過言ではない。

子どもが丹念に調べ上げて綴った作文には素直な感性が表れており、読むたびに胸が熱くなる。たどたどしい文字ながらも、あれこれと考えを巡らせながら、時間をかけて地域と向き合った様子が伝わってくるからだ。そして、そのような取り組みに携わった教員や保護者、地域の人々の「子どもたちが身近な地域に向き合うことで、地域に関心をもち、その良さを後世に伝えていって欲しい」という思いにふれ、また胸が熱くなる。さらに閉校した小学校にまつわる「こども風土記」は、編纂当時は誰も予想していなかったかもしれない事態に、思わず胸が締めつけられる。このように感動したり、ときには悔しくなったりして、色んな涙を流さずして「こども風土記」を読むことはできなかった。だからこそ、このような「こども風土記」の魅力を、少しでも多くの人々に知って欲しいと思うようになった。とりわけ、小学校が編纂した「こども風土記」の多くは発行部数が限られるため、現物を見る機会が少ないばかりか、存在そのものが忘却されてしまうことも少なくないからだ。

では、せめて現存する「こども風土記」だけでも後世に残すにはどうすれば良いか。まずは「こども風土記」を収集し、価値を見出し、その価値を発信すること。そして、「こども風土記」を教育現場や地域で活用する方法を模索することである。

今もなお、「こども風土記」は各地の学校や家庭、地域などに数多く眠っていると思われる。もし見つけたら、ぜひ手に取っていただきたい。そして、周りの人を誘って、その面白さを共有することをおすすめしたい。「こども風土記」には、世に生み出された数だけ魅力がある。その魅力の「発見者」、また「発信者」が増えることを願ってやまない。

〈主要参考文献〉

一色範子「小学校における『子ども風土記』の展開―その編纂過程と地域性に着目して―」（『関西教育学会年報』第四一号、二〇一七年）三六～四〇頁。

一色範子「京都市立小学校が編纂した「子ども風土記」の活用の意義―「伝統と文化」を軸とした授業開発をとおして―」（『佛教大学大学院紀要教育学研究科篇』第四七号、二〇一九年）一～一八頁。

一色範子「コラム２　調べ学習と学校資料」（村野正景・和崎光太郎編『みんなで活かせる！　学校資料―学校資料活用ハンドブック―』京都市学校歴史博物館、二〇一九年）七六～七九頁。

小田村勉「はじめに」（『くずは子ども風土記』、編著者不明、枚方市立樟葉小学校、一九八七年）。

公開研究会「こどもと郷土―『北白川こども風土記』を読む」。https://www.facebook.com/events/1507335566240684/（二〇二〇年二月七日閲覧）。

佐古田益司郎「はじめのことば」（京都府加佐郡大江町立有仁小学校編『有仁子ども風土記』第一号、同発行、一九八一年）。

林田敏郎「はじめのことば」（京都府加佐郡大江町立有仁小学校編『有仁子ども風土記』第二号、同発行、一九八二年）。

原清治・春日井敏之・篠原正典・森田真樹監修、細尾萌子・田中耕治編『新しい教職教育講座　教職教育編⑥教育課程・教育評価』（ミネルヴァ書房、二〇一八年）。

文部科学省「平成三〇年度　廃校施設等活用状況実態調査の結果について」二〇一九年三月一五日付報道発表資料。http://warp.ndl.go.jp/info:ndljp/pid/11373293/www.mext.go.jp/b_menu/houdou/31/03/__icsFiles/afieldfile/2019/03/15/1414296_1_1.pdf（二〇二〇年二月七日閲覧）。

和崎光太郎「第一章　学校と地域」（和崎光太郎・森光彦著、京都市学校歴史博物館編『学びやタイムスリップ―近代京都の学校史・美術史―』京都新聞出版センター、二〇一六年）一〇～二七頁。

和崎光太郎「学校資料の収集・保存・活用」（『広文協通信』第三二号、二〇一七年）四～一三頁。

こども風土記一覧

作成：一色範子　※二〇二〇年五月現在

【凡例】
・これはタイトル（シリーズ名を含む）に「こども（子ども、子供）」「風土記」の語を含む図書の一覧である。
・配列は、各都道府県の作品を市区町村コード順に配し、「全国・海外」を扱う作品および「その他」の作品は後ろに並べた。
・各項目は、タイトル、編著者名、発行元、（タイトル等に表記のない場合は市区町村名）、発行年、備考（＊）の順とした。

北海道

『北海道こども風土記』、北海タイムス文化部編、楡書房、一九五五年

『高島子ども風土記』、小樽市立高島小学校「高島子ども風土記」編集委員会編、小樽市立高島小学校、一九七四年

『桃内子ども風土記』、小樽市立桃内小学校創立百周年記念協賛会編・発行、一九八四年

『銭函子ども風土記』、小樽市立銭函小学校六年二組編・発行、一九八二年　＊奥野実『ぜにばこ物語』（私家版、一九九八年）再録

『忍路子ども風土記：忍路中央小学校　開校百二十周年記念』、奥野実著・発行、小樽市、一九九五年

『サイロ　子どもの詩　No.五〇〇　サイロっ子の十勝風土記』、サイロの会編・発行、二〇〇一年

『いぶり綴方風土記　子ども詩集』、佐藤武著、北海道教職員組合胆振支部教文部、苫小牧市、一九六六年

『風土記えびしまの子ども』、沼田町立恵比島小学校編、沼田町教育委員会恵比島小学校閉校記念協賛会、一九七七年

『月浦子ども風土記：開拓農園・獅子舞・淡水魚を育てた子どもたち』、虻田町立月浦小中学校編・発行、洞爺湖町、一九八三年

『虻田町子ども綴り方風土記　家庭生活編』、北海道虻田町国語サークル／虻田町教育委員会編・発行、洞爺湖町、一九八五年

＊一九八六年に『虻田町子ども綴り方風土記　環境編』発行

『ひだか子ども風土記』、ひだか子ども風土記編集委員会編、管内教育研究協議会国語研究会、日高町、一九七八年

『文集さるがわ　九号　昭和五二年度　もんべつ子ども風土記』、門別町教育研究協議会国語部会編、門別町教育委員会、日高町、一九七八年

青森県

『青森子ども風土記：市制七〇周年記念文集』、青森市教育委員会指導室編、青森市教育委員会、一九六八年

＊一九七八年に市制八〇周年記念文集発行

『板柳町子どものための風土記』、板柳町教育と生活を考える会編・発行、一九八二年

岩手県

『**蜜蜂の土産：こども風土記・春**』、平野直著、国文館、遠野市など、一九四六年

『**子供風土記　新舘山**』、大里部落子供会編、室根・大里部落子供会、一関市、一九七八年

『**ふるさとの遊び：水沢こども風土記**』、水沢市教育委員会社会教育課編・発行、一九八〇年

宮城県

『**作文風土記　みやぎの子ども：「作文宮城」第二〇巻学制百年記念**』、宮城県小学校国語教育研究所編、東北教育図書、一九七四年

『**作文風土記　みやぎの子ども　一・二・三年**』、宮城県連合小学校国語教育研究所編、東北教育図書、一九八三年

『**作文風土記　みやぎの子ども　四・五・六年**』、宮城県連合小学校国語教育研究所編、東北教育図書、一九八三年

『**仙台昭和の子供風土記**』、益田勝児著、宮城教育文化研究会、一九九八年　＊二〇〇三年に丸善仙台出版サービスセンターより改訂版発行

『**金成子ども風土記**』、みんなで作る「金成子ども風土記」の会編、金成町公民館、栗原市、一九八三年

秋田県

『**みちのく子供風土記**』、渡辺喜恵子著、文化服装学院出版局、北秋田市、一九六九年

＊一九七七年旺文社文庫、一九八三年毎日新聞社より新装版発行

山形県

『**民俗行事子ども風土記**』、松田国男著、六兵衛館、一九八四年

『**最上こども風土記**』**第一集**、最上教員組合最上地区支部文教部編・発行、新庄市・最上郡、一九六〇年

『**置賜こども風土記**』**(よねざわ豆本第二六輯)**、三須良助著、よねざわ豆本の会、南陽市、一九七六年

茨城県

『**子ども総和風土記**』、編著者不明、総和中学校三年三・四・五・六組国語教室、古河市、一九七二年

栃木県

『**しもつけこども風土記**』、磯野親男編著、関東書籍、下野市、一九五五年

群馬県

『**子どもの遊び：上州風土記**』、酒井正保著、あさを社、一九八一年

埼玉県

『**浦山中子ども風土記**』、秩父市立浦山中学校郷土を知る会、発行元不明、一九八四年

『かげもり村こども風土記』第一集、影森村立影森中学校編、発行元不明、秩父市、一九五六年

『北泉こども風土記』、本庄市立北泉小学校国語研究部著、本庄市立北泉小学校、一九五八年　＊第一集・第二集あり

千葉県

『佐原子ども風土記』、昭和五九年度佐原小学校三年一組二組のみんな著、佐原市立佐原小学校、香取市、一九八五年

『東葛飾の子ども風土記』、藤原次孫ほか編、千葉県東葛地方教育研究所、一九九七年

東京都

『東京こども絵風土記』、中谷健次監修、大森忠行編、共同出版社、一九五五年

『汐見子ども風土記：開校五〇周年記念文集』、東京都文京区立汐見小学校編・発行、一九七七年

『小石川・子ども風土記』（シリーズ「中村教材資料文庫」⑨）、中村光夫編著、中村教材資料文庫、文京区、一九九二年

『子ども風土記　わが町南千住』、荒川区立瑞光小学校昭和五七年度六年一組著、荒川区立第三瑞光小学校、一九八三年

『こども風土記：国立むかしむかし』、国立市教育委員会編、くにたち中央図書館、一九八一年

神奈川県

『こども風土記とよおか：創立七〇周年記念』、編著者不明、横浜市立豊岡小学校、一九九三年

＊改訂版として二〇〇三年に創立八〇周年記念、二〇一三年に創立九〇周年記念発行

『いなだ子ども風土記』全五冊、いなだ子ども風土記編集委員会編、川崎市立稲田図書館、一九六九～七三年

『こども風土記みやまえ』、編著者不明、川崎市立宮前小学校、一九九〇年

『柿生子ども風土記：創立一二〇周年記念号』、編著者不明、川崎市立柿生小学校、一九九三年

『横須賀こども風土記』全三巻、井上豊美編、上杉孝良著（上）、田辺悟著（中）、辻井善弥著（下）、横須賀市民文化財団、一九八八年
＊一九八九年に補訂再版発行

『かまくら子ども風土記』、鎌倉市教育研究所編・発行、一九五七年～　＊二〇一九年に一四版発行

『お話 片瀬・江の島子ども風土記』、清田義英・相原圀彦・有泉季雄監修、有泉季雄・柳田佳年・相田裕二編、藤沢市立片瀬小学校、一九九七年

『とみず子ども風土記』、小田原市立富水小学校内郷土史研究会編著、小田原市立富水小学校、一九六四年

『逗子子ども風土記』、逗子教育研究会調査部編、逗子教育研究会、一九八九年　＊一九九四年に二刷発行

『三浦子ども風土記』、三浦市教育委員会編、田辺悟著、三浦市教育委員会、二〇〇七年

『**秦野子ども風土記**』、秦野市教育研究所編・発行、一九九一年
『**あつぎ子ども風土記**』、編著者不明、厚木市教育研究所、一九八八年　＊一九九二年・二〇〇三年に改訂版発行

新潟県

『**越佐子供風土記**』**全三冊**、新潟日報社文化局出版部編、新潟日報社、一九四七〜四九年
『**子ども風土記：越後の加茂**』、横山勇典著・発行、一九六八年
『**子ども風土記：社会科副読本　昭和四〇年版**』、糸魚川・西頸城社会科研究会編・発行、一九六五年（改訂版）
『**魚沼子ども風土記通信　第一号**』、魚沼子ども風土記編集実行委員会・準備会編、魚沼子ども風土記編集実行委員会、一九六七年
『**子ども風土記**』、角山勝義編著、大和町公民館、南魚沼市、一九七九年
『**子ども八色風土記**』、大和町の昔を探る会編・発行、南魚沼市、一九九一年
『**七ヶ谷郷・こども風土記**』、岩船郡関川村立安角小学校編、関川村立安角小学校、一九九一年

富山県

『**婦負のこども　一一号：こども風土記特集号**』、婦負郡小学校教育研究会編・発行、富山市、一九六一年
『**富山子供風土記：呉羽山は知っている　かけがえのない郷土に学ぶ子供たち**』、富山大学附属小学校水上学級編、富山大学教育学部附属小学校水上学級、一九八七年
『**伏木こども風土記**』、高岡市立伏木小学校編・発行、一九六一年
『**利賀子ども風土記**』、利賀村立利賀小学校編・発行、南砺市、一九六五年

石川県

『**石川県こども写真風土記**』、石川県児童文化協会・北国写真連盟編、北国出版社、一九七一年
『**社会科石川　こども風土記**』、沢田邦三郎編、ロイ出版、一九七七年
『**こども石川県史：風土記編**』（**シリーズこども石川県史第八集**）、石川県児童文化協会編・発行、一九八四年
『**七尾・子ども風土記**』、七尾市教職員組合編・発行、一九八一年　＊一九九二年に第二集、二〇〇三年に第三集発行
『**こども門前風土記**』（「**社会科シリーズ**」**全六巻**）、門前町社会科研究部編・発行、一九五九〜七二年
『**珠洲綴方風土記：珠洲の子どもたちの作文詩集**』、珠洲作文の会編・発行、一九六七？〜現在
＊二〇二〇年（令和元年度）で第五二集、第四八集より珠洲市学校教育研究会発行（編著者不明）

長野県

『山国の子ども風土記』、南信濃村教育委員会編・発行、飯田市、一九八四年　＊一九八六年に二巻発行

静岡県

『まりこ風土記：こどもがとりくんだ郷土研究』、春田鉄雄編、静岡市立長田西小学校、一九六六年

『わかしだ　一〇〇号記念号：志太の子ども風土記』、志太教育協議会編・発行、二〇〇四年

『こども風土記：伊豆・大久保』、勝呂浩著・発行、伊豆市、一九六八年

『山のてっぺん：子どものつづる小笠の風土記』、「山のてっぺん」編集委員会編、小笠教育研究協会、一九六八年

愛知県

『八町子ども風土記』、編著者不明、豊橋市立八町小学校、一九八四年

『岡崎子ども風土記』、岡崎市現職教育委員会国語部編・発行、一九七五年

『もとじゅく子ども風土記』、岡崎市立本宿小学校編・発行、一九七七年

『緑丘わがふるさと：子ども風土記』、岡崎市立緑丘小学校編・発行、一九八三年

『こども岡崎風土記：市制七〇周年・ふるさと岡崎』、こども岡崎風土記編集委員会編・発行、一九八六年

＊一九九六年に市制八〇周年、二〇〇七年に市制九〇周年・岡崎市額田町合併記念（合本）、二〇一七年に市制一〇〇周年記念（合本）発行、二〇〇七年版・二〇一七年版はいずれも岡崎市現職研修委員会国語部編・発行

『こども掛川風土記』、瀬戸市立掛川小学校編・発行、二〇〇二年

『子どもおとわ風土記』、音羽町現職教育協議会編・発行、豊川市、一九八三年

『こども豊田風土記』、こども豊田風土記編集委員会編、豊田市教育委員会、一九七八年

『作野子ども風土記』、安城市立作野小学校編・発行、一九八二年

『北小子ども風土記』、安城北部小学校編集委員会編、安城市立安城北部小学校、二〇〇八年

『尾北周辺の子供風土記　資料編　その一』、米津為市郎編著、わらべ唄児戯研究会、江南市、一九七二年

『子ども福江風土記：杜国の里』、渥美町立福江小学校編、発行元不明、田原市、一九八六年

『川向、大名倉こども風土記 言語伝承篇』、編著者不明、北設楽郡設楽町立川向小学校、一九六〇年

＊『川向、大名倉　むかしむかし』の姉妹編、一九六一年に『こども風土記生活篇』発行

京都府

『京都子供絵風土記』、京都市観光教育研究会編、都出版社、一九五三年

『現代っ子風土記：子供の眼で見る京都』、「現代っ子風土記」編集委員会編、白川書院、一九六四年

『衣笠子ども風土記』、京都市立衣笠小学校編、創立百周年記念事業委員会、北区、一九七三年

『待賢子ども風土記』、編著者不明、京都市立待賢小学校編、上京区、一九九一年

『翔鸞子ども風土記』、早川幸生・中川善彦（編集責任者）、翔鸞小学校創立一五〇周年記念実行委員会、上京区、二〇一九年

『北白川こども風土記』、京都市立北白川小学校編、山口書店、左京区、一九五九年　＊同年に二刷発行

『子どものための松ヶ崎風土記』、松ヶ崎小学校育友会風土記特別委員会編、松ヶ崎小学校育友会、左京区、一九八三年

『こどものための修学院風土記』、修学院小学校育友会風土記特別委員会編、修学院小学校育友会・修学院小学校同窓会・修学院小学校、左京区、一九八七年

『修学院子ども風土記』、編著者不明、京都市立修学院小学校、左京区、二〇〇三年

『上高野子ども風土記』、京都市立上高野小学校創立三〇周年記念事業実行委員会編・発行、左京区、二〇〇六年

『竹間：竹間こども風土記』、編著者不明、竹間自治連合会編、中京区、二〇一三年

『七条子ども風土記』、吉田日出夫編、京都市立七条小学校育友会、下京区、一九九三年

『修徳子ども風土記 創立百周年記念誌』、編著者不明、京都市立修徳小学校、下京区、一九六九年

『子ども風土記せいせん』、編著者不明、京都市立醒泉小学校、下京区、一九七〇年

『こども風土記ながまつ』、京都市立永松小学校編・発行、下京区、一九六九年

『西院こども風土記』、竹口音三郎著・発行、右京区、一九六九年

『子ども風土記　創立一〇〇周年記念誌』、編著者不明、京都市立横大路小学校、伏見区、一九七三年

『羽束師子ども風土記』、風土記編集委員会編、羽束師小学校・羽束師小学校育友会、伏見区、一九八八年　＊一九九八年に改訂版発行（京都市立羽束師小学校二〇周年記念誌作成委員会編、京都市立羽束師小学校二〇周年記念事業実行委員会発行）

『大原野子ども風土記』、編著者不明、京都市立大原野小学校、西京区、二〇〇六年

『丹後ちりめん子ども風土記』（シリーズ「文理閣子ども風土記」）、丹後ちりめん子ども風土記編集委員会編、文理閣、一九七七年

『由良川子ども風土記』（シリーズ「文理閣子ども風土記」）、由良川子ども風土記編集委員会編、文理閣、一九八〇年

『有仁子ども風土記』、京都府加佐郡大江町立有仁小学校編・発行、福知山市、一九八一～八四年　＊第一号～第四号あり

『子ども風土記』、編著者不明、舞鶴市立丸山小学校、一九七七年
『大久保子ども風土記』、大久保子ども風土記編集委員会編、宇治市立大久保小学校百周年記念事業推進実行委員会、一九八二年
『畑野こども風土記』、亀岡市立畑野小学校編・発行、一九六五年
『丹後町子ども風土記：国際児童年記念』、丹後町教育研究会社会科研究部会編・発行、一九八〇年
『知井子ども風土記：私たちの知井 付録（その一）』、編著者不明、美山町立知井小学校、南丹市、一九八〇年
『南山城子ども風土記』（シリーズ「文理閣子ども風土記」）、南山城子ども風土記編集委員会編、文理閣、一九七九年
『湯船版 和束こども風土記：過去と未来を編み出そう』、平成二五年度和束小学校五年・六年生のみなさん著、和束町地域力推進課、二〇一四年
『いちば子ども風土記』、編著者不明、市場小学校こやま学級、与謝野町、一九八八年

大阪府

『大江子ども風土記』、編著者不明、大阪市立大江小学校、一九九七年 ＊創立一二〇周年記念誌『大江歳時記』（一九九三年）の姉妹編
『西六・堀江の街 子ども風土記』、編著者不明、大阪市立堀江幼稚園・大阪市立堀江小学校、二〇〇三年
『泉大津子供風土記』、泉大津国語研究会編・発行、一九五四年
『くずは子ども風土記』、編著者不明、枚方市立樟葉小学校、一九八七年

兵庫県

『あしや子ども風土記』全九集、芦屋市文化振興財団編・発行、一九九二～二〇〇〇年
＊第一集は芦屋市教育委員会編、芦屋市教育委員会・芦屋市文化振興財団発行
『西谷子供風土記』、大屋町立西谷小学校編・発行、養父市、一九五四～五八年 ＊上（一九五四年）、伝説編（一九五六年）、伝承編（一九五八年）あり。伝承編は『叢書 日本の児童遊戯』第五巻（クレス出版、二〇〇四年）再録
『太田こども風土記』、柳澤忠著・発行、太子町、一九八七年

奈良県

『河合町郷土風土記之内童歌 子供の遊び里歌 其他』、吉川松志著、河合町教育委員会編・発行、一九八八年

和歌山

『紀州子供風土記』全三冊、高橋よつ女著、コンパニー社、一九八七～一九九六年
＊第二部（一九九一年）、第三部（一九九六年）は炎社より発行

『子ども風土記』（「くまの文庫」⑨）、熊野路編さん委員会編、熊野中辺路刊行会、一九七九年

鳥取県

『こどもの暮らし今昔：こども風土記』、稲村謙一編著、今井書店、一九八一年

『瑞穂こども風土記』、瑞穂こども風土記編集委員会編・発行、鳥取市、二〇〇二年

『うわなだ子ども風土記』全三集、上灘子ども風土記編纂委員会編、上灘地区振興協議会、倉吉市、一九九一〜九三年

＊一九九五年に再版

『みささ子ども風土記』、三朝町初等教育研究会編、三朝町初等教育研究会社会科研究部、一九七六年

島根県

『こども出雲国風土記』、川島芙美子著、山陰中央新報社、一九九四年　＊二〇〇九年に改訂版発行

『ひのぼりの子 六 こども風土記』、日登中学校編・発行、雲南市、一九五三年

『馬木子ども風土記』全三集、横田町立馬木中学校編・発行、奥出雲町、一九六七〜六九年

岡山県

『岡山子ども風土記』、岡山県教員組合教育文化部編、山陽図書出版、一九六四年

『子ども牧石風土記』、岡山市立牧石小学校編、岡山市立牧石小学校百周年記念事業委員会、一九七五年

『子供風土記：玉島今昔物語』、甕一平著、備中新聞社、一九六七年　＊一九八七年に評論カレント社より復刻

『子供風土記　続：玉島今昔物語』、亀山茂樹著・発行、一九七七年

『笠岡小子ども風土記』、笠岡市立笠岡小学校卒業生一同編、笠岡市立笠岡小学校、一九九二年

広島県

『子ども楠那風土記：一』、二年A組編・発行、広島市、一九八一年　＊一九八二年に二年B組より二巻発行

『あきのごおり：安芸子ども風土記』、広島県安芸郡小学校社会科研究会編・発行、一九七一年

山口県

『馬関こども風土記』（関門北九州郷土シリーズ第五集）、佐藤治著、洞南舎、一九六〇年

香川県

『坂出の歴史：子ども風土記』、ふるさと発見部会編、坂出市教育研究所、一九九一年

愛媛県

『うち海物語』（日本子供風土記全集一集）、波頭夕子著、新風土社、今治市、一九五〇年　＊一九六六年全国教育女性連盟より再刊
『葱尾こども風土記』、川之江市立葱尾小学校編・発行、四国中央市、一九八二年

高知県

『南国市子ども風土記』、編著者不明、高知県南国市教育委員会、二〇〇六年
『浦ノ内子ども風土記』、浦ノ内子ども風土記編集委員会編、浦ノ内小学校、須崎市、一九九二年
『川崎子ども風土記』、川崎小学校児童・教職員編、川崎小学校編・発行、四万十市、一九九九年
『佐川子ども風土記』、佐川町人権教育研究協議会佐川子ども風土記編集委員会編、佐川町人権教育研究協議会、一九九五年
『窪川子ども風土記』（シリーズ「文理閣子ども風土記」）、窪川子ども風土記編集委員会編、文理閣、四万十町、一九八〇年

福岡県

『筑後こども風土記：涼たちの時代』、堤淳著、朝日新聞社西部事業開発室編集出版センター編、堤淳発行、一九九二年
『神々の里かなたけ：子ども風土記』、伝えよう金武のむかしばなし会作・井上千代子画、伝えよう金武のむかしばなし会、二〇〇九年
『みずま：子ども風土記』全四集、一般社団法人鶴陽会福岡教育大学同窓会城山会三潴支会編・発行、三潴郡、二〇〇九〜一八年
＊第四集（二〇一八年）は第一集〜第三集の再録を含む決定版

熊本県

『墨彩戯画で見る　天草こども風土記：戦前戦中戦後の天草と子供達』、かみなかマンゴロ編、上中満、一九八九年

大分県

『昔の遊びとくらし：子ども風土記』、松本政信編・発行、一九九一年
『いんにゃくの里：南大分こども風土記』、南大分こども風土記刊行会編・発行、大分市、一九七四年
『佐賀関子ども風土記・さがのせき・むかしむかし』、佐賀関子ども風土記編集委員会編、佐賀関町教育委員会社会教育課、大分市、一九九三年
『豊予海峡物語：佐賀関子ども風土記』、松本政信編・発行、一九九九年
『子ども呉崎風土記』、呉崎小学校編・発行、豊後高田市、一九八一年
『国東子ども風土記』、三浦玄樹著、創栄出版、一九八九年
『こども豊後風土記：森と清流の遊びと伝承文化の記録』、帆足孝治著、イカロス出版、玖珠町、一九九九年　＊二〇〇〇年に再版発行

鹿児島県

『**京田子供風土記**』、立山一男著、水告舎、指宿市、一九九〇年

沖縄県

『**沖縄わらべ風土記：子どもの遊びとわらべうた**』、永山絹江著、琉球新報社編、沖縄風土記社、一九六九年　＊一九七二年に再刊

全国・海外

『**こども風土記**』、柳田國男著、朝日新聞社、一九四二年　＊岩波文庫に収録

『**綴方子供風土記**』、坪田譲治編、実業之日本社、一九四二年

『**燃える童心：銃後の子供風土記**』、田中文治編、大雅堂、一九四三年

『**こども支那風土記**』、実藤恵秀著、実業之日本社、一九四三年

『**マーチョ**』（**シリーズ「大東亜こども風土記」**）、石森延男著、成徳書院、中国満洲、一九四四年

『**ボルネオ物語**』（**シリーズ「大東亜こども風土記」**）、里村欣三著、成徳書院、マレーシア・ボルネオ島、一九四四年

『**写真集こども風土記**』、濱谷浩著、中央公論社、一九五九年

『**こども動物風土記**』**全五巻**、藤沢衛彦著、国土社、一九六七～六九年

『**子ども日本風土記**』**全四七巻**、日本作文の会編、岩崎書店、一九七〇～七五年

『**日本列島の子どもたち：保育の風土記**』、近藤薫樹著、新日本出版社、一九七九年

『**昭和こども風土記**』、すずきとし著、遠藤章弘編、朋興社、一九八〇年

『**子ども文学風土記**』**全一六巻**（**青森、宮城、茨城、群馬、埼玉、山梨、長野、三重、大阪、兵庫、島根、岡山、福岡、熊本、大分、鹿児島**）、日本標準、一九八一～八七年　＊編者は〇〇県国語教育研究会、〇〇県小学校教育研究会国語部会など巻によって異なる

その他

『**子どもと創る英語教育**（**英語教育実践風土記一**）**：英語教育実践風土記**』、群馬新英研編、三友社出版、一九八一年

第1章　京都市立北白川小学校の郷土室
――学校博物館の活動とその役割の可能性

村野正景

1　『北白川こども風土記』誕生のきっかけ――北白川小学校郷土室――

『北白川こども風土記』誕生には様々なきっかけがある。風土記の指導者・大山徳夫は子供風土記のはじまりは「北白川校が理科教育の指定校になったときで、(昭和―筆者注) 三二年二月二六日、学校で子供たちによるつづり方風土記が発表されたんです」と新聞に語っている。[1] その記念すべき発表の舞台こそ、学内外の人々により一年近くの準備を経て設立された郷土室だった。「当日、郷土室に出陳された数十篇の新風土記は、参観の先生方の目をひいたようだし、またつづいて2日間、育友会の人々に公開された時も、これを食い入るように読んでいる人の姿が絶えなかった。そしてこの綴方風土記を何とかして出版したいものだというのが、ほとんどの人の希望でもあった」と森鹿三(しかぞう)(一九〇六～八〇) は当時の様子を描写する。[2] 同書を発行した山口書店の山口繁太郎も「郷土室にあった七、八十枚くらいの原稿を見て、ぼくはこれこそ新しい民主主義教育のすばらしい成果だと思ったよ。……ちゃんとしたモノにしてくれ、後のことは引き受ける」と言ったと回顧する。[3] 実は、原稿の出版予定は当初なかった。[4]

しかし、郷土室に展示され、多くの人々に読まれたことで高い評価を得て出版に向かう。このように『北白川こども風土記』誕生に一役買った郷土室とは、具体的にどんな空間だったのだろうか?

2 「学校博物館」の一つとしての郷土室——学校博物館の誕生と展開——

実は、郷土室は北白川小学校のみに設けられた特殊な施設ではない。それは学校資料を保存活用する施設として、郷土室、資料室、記念室、博物館などの名で全国各地の学校内に設置されてきた「学校博物館」の一種である。[5] といっても、いまや学校博物館は多くの人にとって馴染みの薄いものかもしれない。博物館研究者や学芸員にとってすら同様で、最新の日本博物館協会編の『全国博物館総覧』をみても、わずか四校が掲載されるのみだ。[6]

ところが学校博物館は、近代的学校制度の始まった明治時代初期から各地で設置されてきた歴史ある施設である。背景には、当時の学校で求められた直観重視の教授法で実物に触れ実地に臨む効果が評価されていたこと、郷土教育をはじめとする授業の実現に資料や標本の収集が必要とされたことなどが挙げられる。実際、学校博物館は郷土教育とともに出発したとの評価もある。[7] 当時、学校の設備や教授法が発展途上にある中で、そうした教育環境充実策の一つが学校博物館だった。他にも学校博物館の展示観覧設備が校内の装飾効果を生むという主張もみられる。[8] 美的・環境的側面からの意義づけは、現代にも通ずる視点で興味深い。

大正時代には、全国の博物館総数一二八館のうち、なんと五〇館が学校博物館だったという記録すらある。[9] この時代、生徒自ら資料収集・製作し、整理・分類をおこなって説明を加えさせる作業は教育に有効で、作業教育のための施設はすこぶる必要という主張もあらわれた。[10] 子供中心の教育をうたった新教育運動が学校博物館の設立をおしすすめたことがうかがわれる。

さらに学校博物館には学校教育のみならず、地方社会の振興という役割も期待されていた。一般の地方博物館を設立する財力のない各県や市ではその役割を学校博物館に担わせており、地域住民への通俗教育や地方物産の紹介・販売までおこなったところもある。[11] 学校外の人々にも学校博物館の存在意義は認識されていたのである。

昭和時代前半には、博物館界や教育界、文部省などの政策的・経済的後押しによって、全国に学校博物館、とりわけ郷土室の設置が進む。その内容は、現在の博物館と遜色ないとまで言われるものもあり、例えば鳥取県上灘尋常小学校では「郷土室を教師児童の合作とする」という精神のもと、資料収集から展示の利用まで児童に担わせている。[12] 教員のみならず児童・生徒が自ら資料収集から研究、運営にもかかわるという形は、理念にとどまらず、実態として存在したのだった。

ただし、一方で郷土教育や郷土室の理念や方法論の理解が進まず、それらの扱いにとまどう教員も多かったのも事実である。さらには軍国主義につきすすむ戦時体制のもと、郷土教育関連施設は学校教育施設であるとともに、思想統制の施設ともなった。[13] 国策と直接つながった学校博物館は国家政策とともに停廃をむかえ、[14] 戦前の学校博物館はほとんど次の時期に存続できなかった。

3　北白川小学校「郷土室」の特設前夜の学校博物館

戦後の学校現場では、少なくとも昭和二四年以降から学校博物館が新設され、その勢いは戦前を凌駕するほどになる。とりわけ昭和二八年の理科教育振興法制定をはじめ科学教育の振興は学校博物館に影響を与え、この時期には理工系の学校博物館が多数設置された。このほかにも、生物系（植物園、水族館）や美術系、民俗系の学校博物館が設立された。

また戦後、皇国史観的歴史教育が廃止され、小学校では昭和二一年から新しい文部省国定教科書『くにのあゆみ』を用いた授業が始まる。そこでは記紀に代わって日本歴史が考古学の記述から始められた。また全国的な開発で多くの遺跡が発見されて考古学ブームが始まり、学校の教員や生徒が主体となった発掘調査も多数おこなわれた[15]【本書第4章「戦後社会科教育と考古学」参照】。そうした学校は考古関連資料を収蔵・展示する学校博物館を設置していく。

同じ頃、博物館界では今日の博物館学の形ができあがっていく。また『博物館のはなし[16]』や『わたしたちの歴史研究博物館[17]』のような子供向けの啓発書も発行をみた。それらの書籍等は学校博物館の設立を勧めている。その特徴は、実物教育や作業教育などの戦前からの学校博物館論を引き継ぎつつも、戦前の通俗博物館や郷土室のような地域開発・振興に役立つという思想は後景に退いていることである。それは、戦前のイデオロギーを支援した郷土教育への反省[18]、一般の地域博物館数の大幅な増加などが理由と考えられる。このような考え方はしかし、学校博物館を通常の博物館と違うもの、単なる学校の一施設という見方を博物館界に生み出したのではないか。昭和二六年に博物館法が制定され、博物館という存在が法的裏付けを得たことは、日本の博物館にとって時代を画す出来事であった。しかしこの時、国立博物館とともに学校（附属）博物館は「登録博物館」の条件から除外され区分されることとなった。その理由は、学校博物館はそれぞれの学校教育の目的達成のためのものであって、公衆の利用の促進を図った社会的活動を主たる目的としないからだという。[19]

そうしてこのころから、学校博物館に関する博物館研究者らの調査や報告は減少し、一般にも情報が知られなくなっていった。ところが、そのような変化を横目に、先述の通り、戦後すぐの時期から学校博物館は学校や地域社会の手によって多数設立されていった。これが総覧の数値と齟齬を生じる一つの主要な原因だろう、筆者の調べでは学校博物館は今も全国に多数存在する。

こうした学校博物館にかかる取組は、学校教育での教材としての利用のみならず、学校資料の保存や継承、地域社会への貢献などの点で、実は学ぶべきものは多い。[20]戦前の国策に加担したという反省は重要なものの、戦後の事実を看過することとは位相が異なる。このまま記録されねば、本当に情報は失われてしまうかもしれない。筆者らは京都市立北白川小学校で平成二九年から学校所在資料の調査や保存・活用にかかる取組をさせていただいているが、その過程で、郷土室に関する複数の資料を知ることができた。そこで本稿では、それらの貴重な資料をもとに、北白川小学校の郷土室の活動や歴史をできるだけ復元してみたい。そして続けてこれからの資料や情報の継承についても少し考えてみたい。

4　北白川小学校「郷土室」の特設

（1）郷土室設置の契機とその背景

さて北白川小学校で郷土室を設置しようとなった契機は何だったのだろう。実は設置にかかわった教員自身が「期せずして」と述べており[21]、教員側から郷土室設置を提案したわけではないようだ。一方、昭和三二年のＰＴＡ（育友会）新聞『北白川』では「われわれの郷土室」と題して、郷土室の抄録を試みている。どうも主体性は育友会側にありそうだ。

ただしその記事には、昭和三一年度の「本校理科教育研究集会を機に北白川の郷土資料室を特設[22]」とある。また森鹿三は「理科研究校に指定された時、北白川の風土と文物が大観できるような郷土室を作ることが計画の一部に加えられ[23]」たという。いずれも短文だが、理科研究校への指定が、風土記のきっかけとなったと同様に、郷土（資料）室設立の契機ともなったことがうかがわれる。日本の学校では、教育の新しい試みを広めるために、理科や図工、視聴覚教育など様々なテーマに沿って授業の研究をおこなう学校を指定する仕組みがある。つまり、当時、北白川小学校は科学教育振興の研究をおこなう学校となり、成果を年度末の時期の研究集会［図1］で紹介することになった。その成果発表の一環に、郷土室設立が位置づけられたのである。

とは言え、理科ないし科学教育と郷土室がなぜ結びつくのかは、少々イメージしにくいだろう。その点で、理科研究校指定を機に北白川小学校が昭和三一年一二月に創刊した『科学のめばえ』は参考になる。本書は児童による理科学習の成果を記した文集である。一学年につき二〇～三〇名の文章が選ばれ掲載されていて、『北白川こども風土記』の執筆にあたった児童の名も多数みえる。彼らの学習内容は様々だが、自宅や学校周辺の自然や動植物等を対象とする者は多く、中には石集めのため大文字山から近江神宮近くまで歩く児童もいた。つまり理科といっても、身近な地域へ眼差しが向けられていたのである。さらに自らの目と耳を使って調べた風土記の郷土学習[24]と通ずるところも見いだせよう。とは言うものの、ことさら理科教育と郷土室の学習上のつながりのみを郷土室設置の理由として強調する必要はないかもしれない。ほかにも伏線があり、以下のよう

[1-1] 北白川小学校の正門とその脇に設置された理科研究集会の立看板

[1-2] 理科研究集会を機に校内で開始した小鳥の飼育(右側)

[1-3] 整備された校内の学校園（植物・水族）

[1-4] 整備された校内の学校園（植物）

[図 1] 昭和 32 年 2 月の理科研究集会時の様子
(『児童集合写真・校内写真』より転載。京都市学校歴史博物館所蔵)

にむしろ学校施設充実の動きと関係しているようだ。

理科研究集会を少し遡る昭和二九年に学校長は「校下全区民に訴え、総意を集めて北白川小学校創立八十周年記念会を結成していただ」いたと言い、その記念会のおかげで、校地拡張、校舎の増改築、給食調理室の改装、体育器具、放送設備や図書館設備の設置ができたと謝意を表している。[25] ここに挙げられた施設の数々をみてもわかるとおり、記念会による仕事は比較的巨額な経費を要する大事業であって、昭和二九年から昭和三六年までにも及んだ。[26]

教員も学校機能の向上を図る。教員の長谷川勇によれば昭和三一年度に「研究学校になり、話し合いの結果、実験観察を重点とした理科学習を進めることになった。全教員一致して、機械器具の購入整備、学校園づくり、小鳥や蜜蜂の飼育を始めた」[27] と言う〔図1−2・3・4〕。

ただし機械器具の購入などは費用がかかる。それを支えたのが、育友会だった。育友会は北白川小学校が理科研究校に指定されたので、科学振興委員会を特設し体制を整えるとともに、[28] 廃品回収やバザーの収益等で購入費・設備費等を用意した。[29] こうした中、教員には「期せずして」郷土室も設立が決まり、育友会は「学校の郷土室設置に協力した」[30]。

このように経過を踏まえると、郷土室は、理科研究校という観点のみならず、学校施設を全体的に充実させる計画に追加して生まれたと言えるだろう。具体的計画過程について情報は乏しいが、先述のように教員からの発案でないので、計画への追加は育友会ひいては学校施設充実に力を尽くしていた地域の人々の意思だろう。八〇周年を機に学校のために北白川学区民全体で協力しようという意識が高まっていた。[31] その意識は、地域の人々の学区への愛着や関心もさらに高めたようだ。その一つの発露として、八〇周年記念事業の始まった翌年の昭和三〇年四月には「北白川愛郷会」が発足する。愛郷会は「郷土の史実史蹟を探求して、一段と認識を深め、こよなく郷土に対する愛着を覚え、良き地域環境を作らん」という趣旨で結成された。[32]そして当会は校下各種団体の一つとして学校へ協力をおこなっていく。例えば理科研究集会の直前の昭和三二年一月には、愛郷会員七名が北白川小学校に赴き、児童へ会の活動を伝える座談会を開いている。[33]もちろん、この動きの背景には、当時の全国的な科学教育振興や地域の歴史研究の盛り上がりがあり、そうした社会的雰囲気が活動を後押ししただろう。このように状況証拠にすぎないが、学校施設の充実の動きと連動した、学区すなわち郷土を知ろうという地域住民における意識の高まりが、郷土室を設立する主要な契機の一つだったのではなかろうか。

(2) 郷土室を作った教員たち

それでは郷土室を具体的に作ったのは誰であろうか。郷土室は部屋だけを用意すればよいわけではない。そこで収蔵・展示される資料や作品、それらの解説パネル等が必要だ。この準備作業は理科研究校となった昭和三一年度に始められ、その作業を担ったのが、『北白川こども風土記』の実質的指導者たる大山徳夫、そして彼と同じく当時四年生を担当していた教員達だった。[34]昭和三一年度の学校要覧から、それは長谷川勇、竹内利子、大山徳夫、目賀田きく、梅原聖弘、永尾静恵の六名だったことがわかる。[35]彼らは、授業などのあいまを見つけて郷土室づくり、そして区内から資料の借用作業にあたった。[36]

教員全員の具体的な役割分担は不明ながら、少なくとも大山は、理科研究集会の際に郷土室で児童の郷土学習の成果を一部展示した。大山は北白川小学校へ昭和二四年一〇月に着任しているが、[37]児童とともに郷土学習を始めるのは、昭和三一年（二学期頃か）のことだった。したがって、大山には社会科担当として教科に関する問題意識ももちろん強くあっただろうが[38]、この理科研究集会を契機とした郷土室の設置準備が児童との郷土学習開始のきっかけを与えたと推測できよう。事実、『北白川こども風土記』では、郷土室用に借用し展示した資料の多くが題材となっている。

（3）郷土室の展示構成と展示品

では、郷土室で展示されたものは具体的に何だろうか。実は、郷土室についても、理科研究集会当日の貴重な写真が残されており、その写真を細かく見ると展示品を知ることができる［図2・3］。まず郷土室の入口を入ってすぐ、部屋の北壁には、縄文時代から昭和三一年までの歴史が北白川歴史年表として貼り出され[39]、その下には郷土の史跡案内と題して白川城や照高院などについての解説パネルが写真や地図と共に掲示された。来場者は、ここで、北白川の歴史を概観できただろう。

パネル類の脇には、白川女の人形と剣鉾の展示があった。いずれも『北白川こども風土記』で扱われた題材だ。白川女の人形は、ほぼ等身大につくられ、台に乗せて展示したようだ。鉾は「祭事に祭り、又、疫病払い等にも祀って祈りを捧げるのに使用されたもので」北白川には三つある[40]。展示された鉾の飾り金具を仔細に観察すると、紅葉のように見えるので、参之鉾だろう。

この北壁を背にして左手側（東壁）をみると、そこには「山城国愛宕郡白川村　現今地形一村限　山林耕地全図」が展示されていた。明治期における北白川の土地利用の様子がわかる、縦約三メートル、横約六メートルの巨大な地籍図だ。同図が『北白川こども風土記』の「古い地名は生きている」で紹介されている[41]【本書69頁『北白川こども風土記』抄」（以下《風土記抄》）】。なお同名図は明治五年一一月製[42]と明治一九年三月製[43]と二つあり、郷土室に展示されたものは後者とみられる。また東壁には、この地図より新しい時期のものとみられる地図類が他に九枚掲示された。来場者は北壁の展示から北白川の歴史、すなわち時間の流れを知ることができたのに対して、この東壁では北白川の空間を視覚的に理解できただろう。

その向かいの西側にも北白川の土地の様子を描いた絵図が掛けられていた。『北白川本領図』である。これも『北白川こども風土記』に詳しい[44]。絵図は森吐月による大正七年の写しで、図中には山林が描かれ小字名が記されている。「徳川氏が聖護院興意親王のため、照高院を建立、この村に千石の寺領の与えた範囲を示すもの」と考えられているから[45]、原図の描かれた時期は江戸時代に遡るだろう。

さらに郷土室の南側には白幽子（はくゆうし）（?～一七〇九）、小沢蘆庵（ろあん）（一七二三～一八〇一）に関する資料等が展示された。南側の展示品のうち中央で目を引くのが、「白幽子巌居之蹟」と記す掛軸だ。北白川の仙人とも伝わる白幽子に関する石碑[46]の拓本で、その石碑の裏側に彫り込まれた富岡鉄斎の筆になる文章も拓本され、石碑表裏

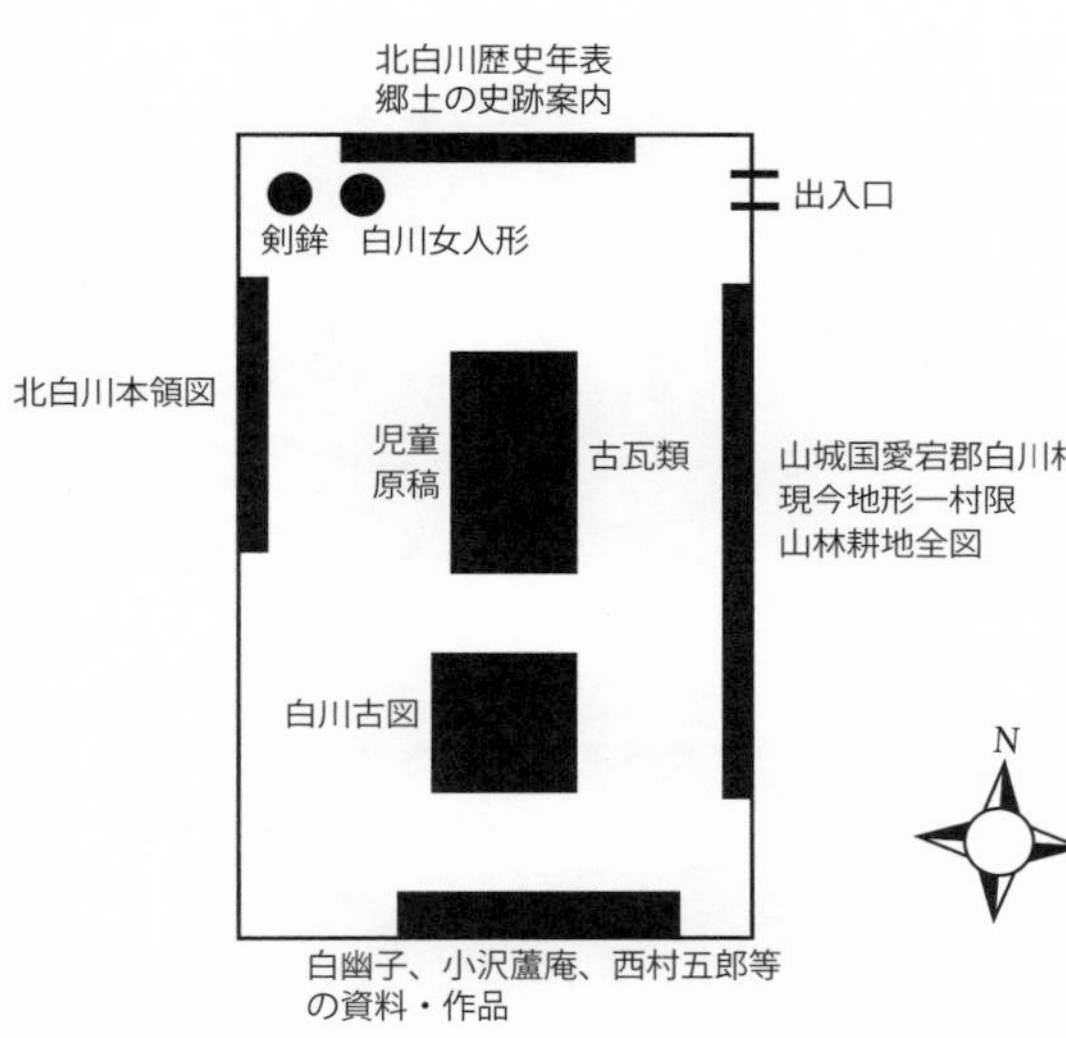

[図 2] 昭和 32 年頃の郷土室復元想定図（筆者作成）

[3-1] 郷土室の展示（北東向き）

[3-2] 郷土室の展示（北西向き）

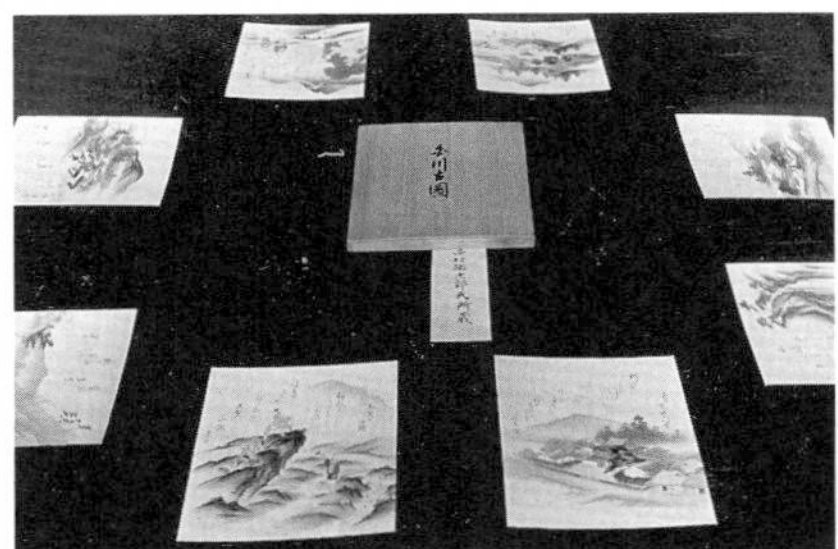

[3-3] 白川古図

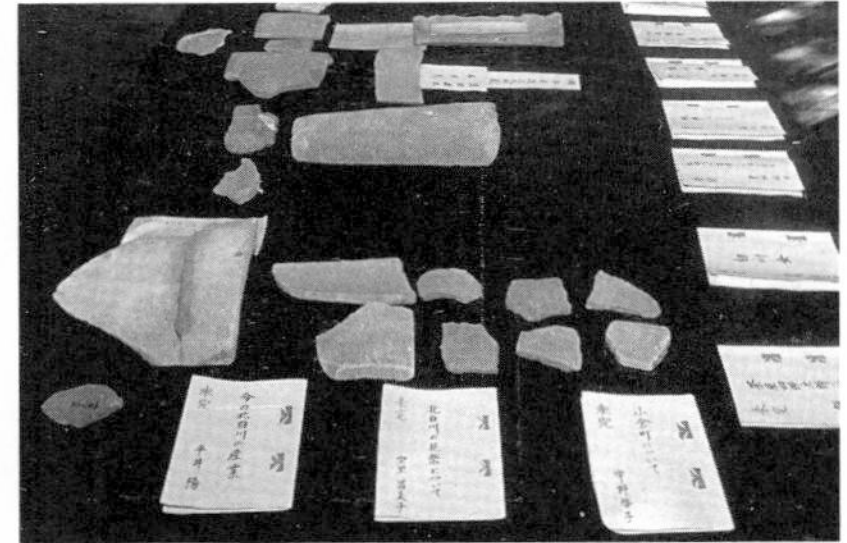

[3-4] 児童の原稿と古瓦

[3-5] 白幽子関連の掛軸類と西村五郎作洋画

[3-6]「蘆庵歌集」と「古歌にあらわれた白川」

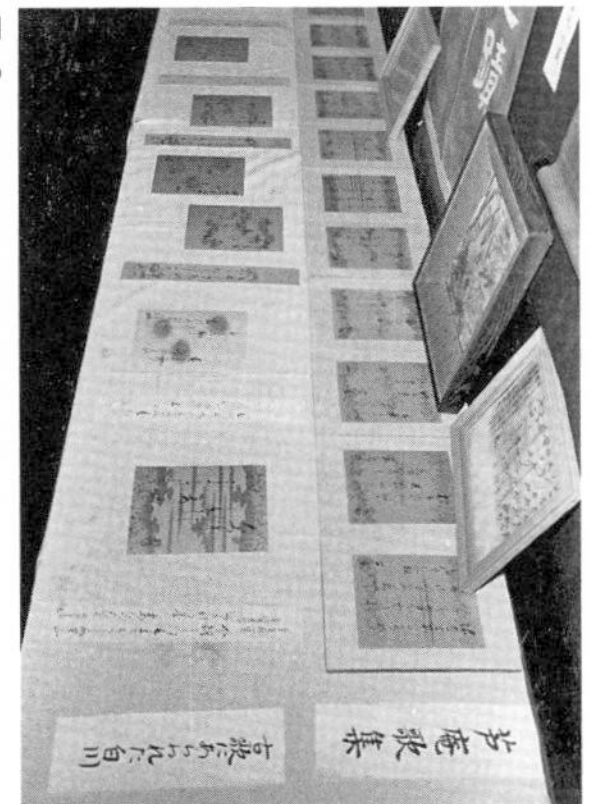

[図 3] 昭和 32 年理科研究集会時の郷土室の展示風景
(『児童集合写真・校内写真』より転載。京都市学校歴史博物館所蔵)

の拓本が一つの軸に仕立てられている。そのすぐ下あたりには、「白幽子真蹟」が額装されてある。[47]ほかにもこれらの資料の近くには、近世以前の文書とみられる掛軸が展示されている。さらに掛軸類の前にはテーブルが置かれ、その上には「蘆庵歌集」と「古歌にあらわれた白川」と記した題箋と複数の資料が並んでいる。このうち「蘆庵歌集」は、北白川ゆかりの江戸時代の国学者、小沢蘆庵の歌を一首ずつ記した色紙をアルバム状に仕立てた色紙帖で、必要な箇所だけ開いて展示していたようだ。「古歌にあらわれた白川」では短冊と色紙を交互に並べてあり、写真から読み取れる範囲でみると、『北白川こども風土記』の「白川を詠んだ古歌」に掲載された歌[48]が確認できる。また掛軸類の隣には、額装された近代の洋画が二点展示された。北白川の洋画家、西村五郎の作である。このように郷土室南側は個別の人物や作品が紹介されていて、北壁や東壁の展示内容と比べると、焦点を少し絞ったトピック展示と言えようか。

郷土室の中央には、二つのテーブルが並ぶ。一つには「白川古図」が展示されている。北白川の風景および名所・旧跡を描いたもので、合計八枚が木箱を取り囲むように配置された。そのうち一枚である白川天神の絵は一七八〇年ごろの天神宮を表しているという。[49]そして、もう一つのテーブルに置かれたのが考古資料と子供達の原稿であった。考古資料の大半は古瓦である。破片が多くて詳細はよくわからないが、北白川廃寺のものと思われる。[50]この寺は七世紀の創建で、この時期の寺院では最大クラスをほこる。場所は北白川小学校のすぐ北にあたり、この遺跡も児童の学習対象として『北白川こども風土記』に載る。そしてこの時が初公開であった子供達の原稿は、考古資料をコの字状に囲むように配置された。全部で一六冊展示され、写真でうかがう限り、「今の北白川の産業」「北白川の花祭について」「小倉町について」「茶屋四郎二郎について」「白川女」などの原稿である。したがって、古瓦に関するテーマを扱っているわけではなく、むしろ『北白川こども風土記』所収の各テーマにつながる文章であったことがわかる。

郷土室の展示内容をこうして概観すると、北白川という地域の時間、空間、個別トピックスにかかる歴史資料や美術品を比較的満遍なく紹介しており、森鹿三が述べたような「北白川の風土と文物が大観できるような郷土室」[51]を目指したものだったことがよくわかる。一方で、児童の原稿を除くと、同時代の北白川の状況や地域的課題を扱うものではない。大山は後年、「郷土の歴史がどうの名所旧跡がどうのと言って自慢してみたり、あるいは、知識として知ることができても、それは郷土教育本来の姿ではなく、いわゆる旧い形の郷土教育」と指摘している。[52]そして本当の郷土教育は「郷土学習を通して民主主義を学ぶ」こと、「つまり郷土にまつわる種々の生活現実をよりどころにして、その中にひそんでいるもろもろの不合理さ、非民主的な問題点を子供みずからの眼でみつめ、それを解決して行こうとするエネルギー――つまり郷土学習を通して明日につながる立派な社会人としての物の見方や考え方を伸ばしてい」くことと考えた。[53]この後年の大山に評価させれば、郷土室の展覧会は同じような評価が下されたかもしれない。

とはいえ、展示品は学校の収蔵品ではないものが大多数を占めているから、これだけ集めてくるのは教員にとって大変な作業だっただろう。このことは同時に、地域の人々の協力意識の高さも伝えてくれる。展示品の出品者は確認できる限り、ほとんどが地元の個人や組織だった。戦前に活動していた北白川の「史談会」会員が収集研究した資料も、児童らの郷土学習のために全て提供したとあるから、[54]この郷土室の展覧会出品物にも相当数含まれているだろう。発表会当日の写真には、創立八十周年記念会委員長で後に愛郷会顧問も努めた内田元平が郷土室内で絵図の説明を来場者におこなっている姿も見える。学校教員だけではなく、地域の人々も表に立って郷土室の展覧会はおこなわれたのである。

このように北白川の地域で大切に伝えられてきた歴史的資料群が展示される中で、児童の原稿のみ少々性格が異なっていた。誤解を恐れず単純化して言うならば、資料群が過去の遺産なのに対して、それはこれから新しく作り出される作品だった。展示の原稿の表紙には、確認できる限りいずれも「未完」と記されていた。おそらく、参観の大人たちに対して、児童たちの学習や執筆は今後も続くのだということを強く印象づけたことだろう。こうした意思表明が、展示室という特別な場における演出効果を伴って、『北白川こども風土記』への道を開くきっかけの一つとなっていったのではなかろうか。

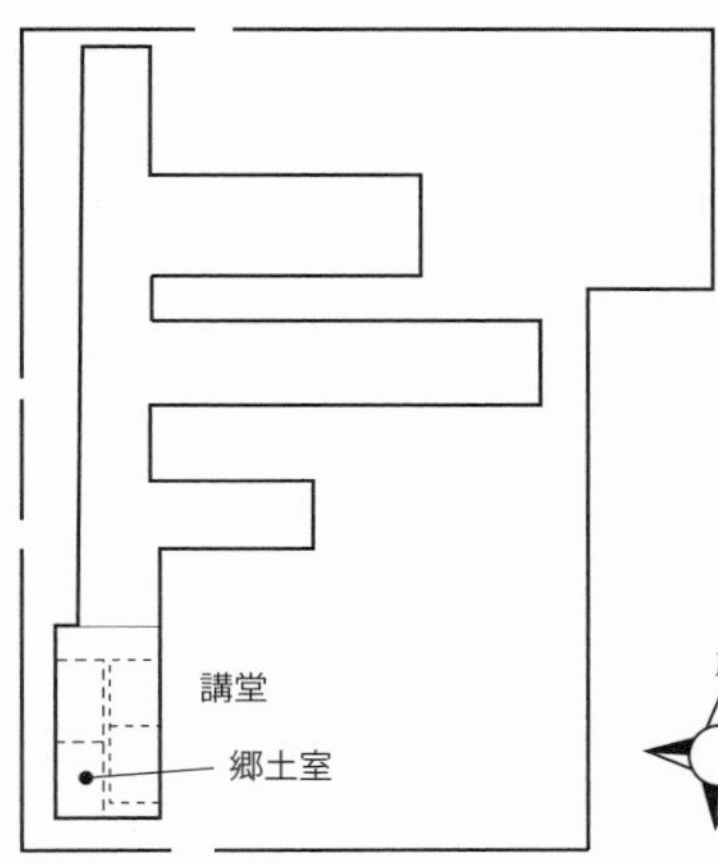

［図４］昭和 32 年頃の北白川小学校模式図
（『創立八十周年記念誌』６頁より作成）

（４）郷土室の位置と空間

その演出の舞台となった郷土室が設置された場所はどこだったのか。当時の教員の長谷川は講堂を利用したことを詳しく述べており、[55] 郷土室は学校の講堂内に設けられたことがわかる［図４］。また『北白川こども風土記』に、「三十一年の二月の末に、学校の講堂で、北白川の郷土展が開かれました。[56]」とある。この三一年は三一年度のことだろうから、郷土室が講堂だったことを示していよう。

ところで講堂は、折からの児童数の増加や校舎の増改築によって、たびたび内部を区分し仮教室として利用されていたようだ。例えば昭和一六年度にも講堂内に四教室が設けられていた。ただし、天井はつつぬけで会合のたびに仕切りが取り除かれるという、簡単な仕切りだったらしい。[57] その後、昭和三一年三月に起工した校舎の増改築工事に伴い、校舎内の教室が使えなくなったため、四月から講堂を間仕切って転用教室とした。[58] 昭和三二年に発行された『創立八十周年記念誌』六頁には「学校平面図（現状）」があり、講堂は点線で四つに区切られている。この区分一つ一つが教室だろう。その後、同年一一月の新校舎竣工によって講堂の教室は空部屋となり、その一つを利用して特設されたのが郷土室だった。[59]

理科研究集会時の写真からは、郷土室の場所は、講堂内の西南側の一角と特定できる。西側と南側は大きな窓が設けられていたから部屋は比較的明るく、また講堂の高い天井とあいまって、郷土室は比較的開放的な雰囲気であっただろう。それは以前の簡単な仕切りの仮教室とは「大分違い」がある空間であった。[60] とはいえ現在の博物館学的視点であえて言えば、貴重な文化財を展示するには少々日光が入りすぎる場所ではあった。ただし、当時その西側と南側には仮設の壁も設けられていたようだ。

（5）理科研究集会後の郷土室

その後、郷土室はどうなったのだろうか。昭和三二年一二月三日の校舎平面図では、郷土室だった場所はすでに「理科備品室」となっている。また昭和三六年度と三七年度の『学校要覧』に郷土室の存在はうかがえない。しかしながら、昭和三六年九月一五日発行の『京都新聞』には、「小倉町遺跡、北白川廃寺あと、などでこどもたちが集めてきた土器、カワラ、石ヤジリなどが学校に集められ、現在では数百点がこれもりっぱな資料として、資料室に保存されている。……土器なども写真とともにケースに整理されており、歴史や郷土の勉強に役立っている」とある。[61] また後述のように北白川小学校の『昭和38年度改訂 社会科学習指導計画 ３年４年用』に「資料室」の利用が記されている。したがって、断言しにくいものの、「理科備品室」が「資料室」を兼ねていた可能性があるだろう。詳細な位置の特定が困難なものの、講堂内とみられる部屋に理科標本などを収納したケースの写っている写真があり、瓦とみられる資料も同じく収納されている。少なくとも理科教材と瓦等は同じ場所に保管されたようだ。

［図５］昭和 39 年の小学校模式図
（『昭和 55 年度学校要覧』（京都市立北白川小学校発行）より作成。）

５　郷土室の新設とその利用

(1) 新たな場所に設置された郷土室

郷土室は、昭和三八年ごろから新設の準備が始まり、[62] 昭和三九年二月に場所を改めて開設された。[63] この開設時点から少々時を経た後であるが、昭和五五年度の『学校要覧』によれば、[64] 郷土室は本館三階北隅にその名がみえる［図５］。今度は郷土室専用の部屋として設けられたのである。とはいえ、写真で見る限り、ここも余裕教室の転用だったようだ。ただし展示品や設備はさらに充実した［図６］。

掛軸類の展示数は増え、地元の人々から提供された昔の道具類などが加わり展示品の種類も増えた。郷土室の壁には、地図のほか、考古遺物や遺跡の写真類が貼り出されており、京都大学の関わった考古学研究の情報が増えている。この写真類は、ほとんどが『京都府史蹟名勝天然紀念物調査報告』から作成されたもので、ここに展示された写真類は現在も実物が残されている。なおこの新郷土室には立体模型も加わった。北白川の土地情報を立体的にあらわした模型で、制作日は昭和三八年一二月一〇日とある。その制作指導は「京大教授　文博　藤岡謙二

[6-1] 掛軸類の展示（南向き）

[6-2] 小倉町遺跡・北白川廃寺の遺跡・遺物写真類

[6-3] 北白川立体模型

[6-4]「山城国愛宕郡白川村現今地形一村限山林耕地全図」（中央）と陳列戸棚（下）

[図 6] 昭和 39 年設立の郷土室展示風景（京都市立北白川小学校所蔵写真類から転載。）

郎」だった。藤岡は、創立九十周年記念委員会発足時に育友会会長を努めており、郷土室新設にも一役買ったことがわかる。ほかにも新たに北白川の年表や人口・戸数のグラフが教員と社会科クラブの児童によって作成されたようだ。[65]

設備面では、木製の陳列戸棚が加わった。これは九〇周年記念で育友会が購入したものである。[66] この戸棚の上面には、ガラスで囲われた空間が設けられており、物を収納するだけではなく、展示ケースとしても使えるものだった［図7］。比較的重厚感のある造りであるが、小学生の身長にあわせたのか、少々低めの背丈であった。この機能的な陳列戸棚は後々まで利用され、近年では考古資料や旧教科書が展示されていたから、九〇周年当時も同様の使い方をされていた可能性がある。

（2）郷土室の利用

郷土室（または資料室）は、社会科授業で利用されたらしい。実は、北白川小学校の『昭和38年度改訂 社会科学習指導計画 3年4年用』にその部屋の利用計画を確認できる。この学習指導計画では、三年生六単元、四年生六単元が計画され、その学習指導に使う資料として「教科書、京都のくらし、風土記、地図、映画」が挙げられている。このうちの風土記は『北白川こども風土記』を指す。したがって、昭和三四年の本書刊行の後も、そして郷土学習を導いた教員である大山徳夫の転任（昭和三五年）後も、本書は学校の社会科授業で利用されていたことがわかる。しかもこの学習指導計画によれば、ほとんどの単元で風土記の出番があった。そして風土記とあわせて教材として利用されたのが「北白川資料室」であった。具体的には四年生の一月に計画された単元「大むかしの京都」の資料としてその部屋が明記されている。それに指導内容として「資料室を見学する（土器など）」とあるから、児童らはこの授業のとき教室を出て資料室に行ったこと、そこには土器などがあって、それを見たことがわかる。そのほかにも同じ単元で「かまあと、大昔の住居あとの見学」とあり、校外学習の計画もわかる。資料室見学も校外学習も、それらの授業後の「遠い昔の人々の生活を調べる」という学習のための資料集めとして、位置付けられていた。この改訂版の学習指導計画が実施されていたならば、昭和三九年以降は新しい郷土室でこのような授業が展開されていただろう。

さらにこの後の郷土室にかかわる動きも少々追ってみよう。先述のとおり昭和五五年度の『学校要覧』に郷土室の存在が確認でき、さらに郷土クラブが活動していたことがわかる。[67] 郷土クラブは、昭和四九年に発行された『北白川小学校創立百周年記念誌』にも見え、史跡見学などをおこなっていた。[68] また昭和五〇年二月一三日の日付をもつ児童の原稿が学校に残されていて、風土記を読み、そこに載る地を歩いて調べ、地図や絵を用いて学習成果の展示会をおこなっていたことがわかる。原稿執筆者の学年が五年生と六年生であるから、授業ではなく、クラブ活動の成果物であろう。その後、昭和六三年度には、郷土資料展が北白川小学校でおこなわれ、[69] 映画『北白川こども風土記』【本書コラム8「映画『北白川こども風土記』と脚本家・依田義賢」参照】の上映と講演会も開催されたと記録にある。昭和六三年度は風土記刊行の三〇年後にあたるから、記念という意味があったかもしれない。

6　その後の郷土室

こうした展示や催事が契機となったのだろう。あるいは前年にすでに計画されていたということか、翌年の平成元年度に、また郷土室は新しくなる。[70] 校舎改修事業の一環で、玄関、保健室、家庭科室、会議室、更衣室などとともに郷土（資料）室も改修されたのである。この時、郷土室の場所も移され、本館（西校舎）二階になった。

さらに平成一一年には学校入口に御所花車や白川女の展示室ができた。[71] そして、その展示室と入れ替わるように、翌平成一二年に郷土室として使われていた部屋が隣接の会議室とあわせて「ふれあいサロン」に変わる。ふれあいサロンとは、「学校の１教室を、学区内の子どもたちからお年寄りまで、あらゆる世代の市民の皆様が集い、学びあえる身近な生涯学習の場として広く開放」する取組だ。[72] この部屋の機能変更に伴って、それまで郷土室内にあった陳列戸棚（九〇周年記念で導入されたもの）を廊下に移動させて、考古資料や古い教科書類をそこで展示するように変更したようだ。

筆者らが調査を開始した平成二九年時もこの状態であった。なおそれまでの郷土室の展示は室内であったから、観覧には教員による扉の開錠や施錠を要した。つまり、児童らの自由な観覧はで

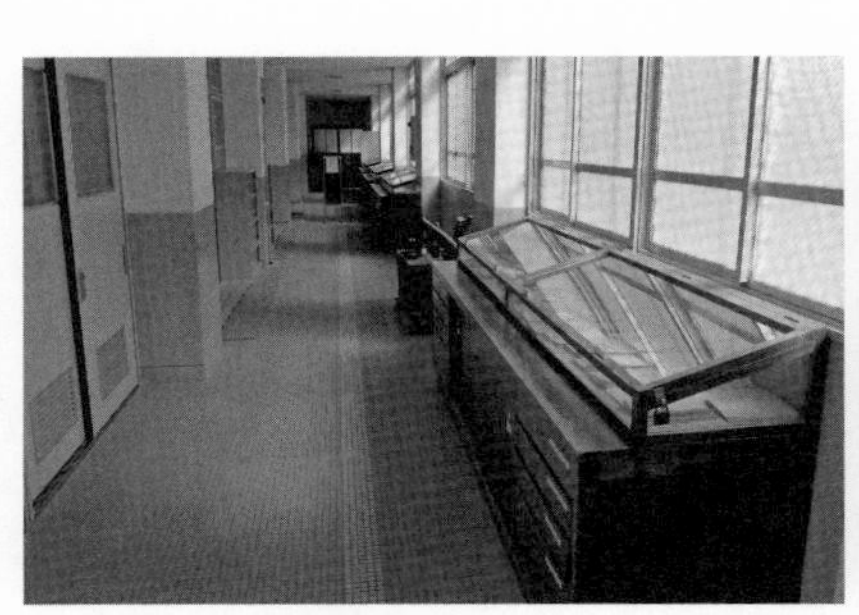
[7-1] 廊下に並ぶ陳列戸棚

[7-2] 陳列戸棚の考古資料の展示

[図７] 廊下の「郷土室」の様子（筆者撮影）

きなかった。それに対し、筆者らの調査中、児童らが頻繁に廊下を行き来していたから、毎日のように資料が児童らの目に触れていたことは間違いない。ある意味、かつての日本の学校博物館でみられたように、廊下がいわば「郷土室」となったのである。

そして平成三〇年からの校舎耐震工事等に伴う措置で、廊下の資料の一部は京都市学校歴史博物館に収蔵されたほか、京都文化博物館で一時的に預かり整理作業をすることとなった。非常に興味深い資料も多いのだが、紙幅の都合から、詳細は別途の報告を期待していただきたい。また同時に先述の展示室はふれあいサロンとともに場所を移動し、校舎一階に隣接して設置された。そして今後どのように資料を管理し、活用していくのかが、現在の新たな検討課題となっている。

7　今後の「学校博物館」と継承されてきた資料の価値の多層化

さてここまで北白川小学校の郷土室の歴史を振り返ってきた。その歴史を郷土室の場所に注目して区分するならば、第一期：講堂内特設の「郷土室」および「資料室」（昭和三二～三八年）、第二期：校舎内に専用の空間を持った「郷土室」（昭和三九～平成一〇年）、第三期：玄関の「展示室」と廊下の「郷土室」（平成一一～三〇年）、第四期：ふれあいサロンと隣接した「展示室」（平成三一年から現在）に大きく分けられるだろう。とりわけ第一期について、本稿では、郷土室の準備作業や展覧会が郷土学習と連動し、『北白川こども風土記』を生み出す一つのきっかけとなったことを提示した。そして郷土室の展示は、戦後の民主教育という観点からすれば、物足りないという評価が下される可能性はあるものの、教員、児童、地域住民がまさに一体となって実現したという意味では、単なる学校の一施設の整備という範疇を超えた地域に開いた学校博物館活動だったと言えるだろう。博物館界では、一九八〇年代以降、伊藤寿朗らによって、博物館の世代論が盛んに展開され、博物館が文化財の保管庫のみでなく（第一世代）、展示のみの施設でもなく（第二世代）、市民参加の場（第三世代）として、博物館を開くこと、地域志向型たるべきことが主張される。この意味で北白川小学校の学校博物館は、戦前の郷土室の焼き直しとして看過するのではなく、むしろ新しい第三世代の博物館のその先取りと捉えれば、私たちが学ぶべきことは増えるのではないか。ただ北白川小学校の郷土室については、第一期に比べて第二期・第三期の情報は乏しく、今後も調査を継続していきたい。それは「学校博物館」の歴史研究にとっても重要だろう。ただし、それ以上に重要なのが、今後のことを検討することだ。

筆者は第四期が始まったことで、新たな形の学校博物館の活動が可能となるのではないかと期待している。平成三一年から、ふれあいサロンと展示室が隣接した。そこには地域倉庫も併設された。この意味は大きい。なぜなら展示室や資料について、それまでの学校教員主体の管理体制から、学校運営協議会や各種団体も主体的に管理・運営にかかわれるようになったからだ。むしろふれあいサロンの運営理念である「地元の自治連合会等の各種団体の皆様と学校とで管理運営委員会を組織し、連携・協力して自主的に管理運営▼73」するということからすれば、地域の人々の学校への主体的参画が公的に認められ、推奨されてすらいる。

ある意味、第一期の状態に近くなったと言えようか。この第一期には『北白川こども風土記』が生まれた。そして本書やそのための学習活動は、次世代の子供達に新たな行動をおこす刺激を与えるだけなく[74]、さらに学校に豊かな地域の文化財や教育資源を蓄積させ、現在まで学校の多様な文化資源[75]が継承されるきっかけとなった。その背景には、学校内外の人々の連携や協力があった。これと似た環境を第四期に見出せるのではないかと考えるのである。

今も『北白川こども風土記』は学校資料として多様な価値をもつ。なぜなら、現在でも学校教員が授業で教材として活用し《教育的価値》、民俗学や歴史学者などが研究対象とする《学術的価値》。たびたび学校の記念催事等でとりあげられ[76]、かつ北白川郷土史研究会作の「北白川郷土史かるた」に「日本一の子供風土記」と表現されるように[77]、（複数の意見や評価があることに慎重な注意は必要なものの）学校および地域の誇りの一つともなっている《象徴的価値》。さらに興味深いことに、アーティストがこれに刺激を受けて作品を創作した《芸術的価値[78]》。こうした諸価値に導かれるように、学校内外の多様な人々が『北白川こども風土記』を介して出会い、さらなる社会関係を構築している《社会的価値》。学芸員としての筆者もその一人だ。

この「さらなる社会関係」は第四期の強みとなるだろう。しかしながら、その『北白川こども風土記』を媒介とする学外の関係者が、本書そのもの以外の資料に十分な価値づけをおこなっているとは言い難い。研究者らの既存の論文に端的に現れている様に、学校に継承されてきた資料は扱われてこなかった。その中には、『北白川こども風土記』の児童直筆原稿や風土記に出てくる考古遺跡の出土品ほか、様々な資料も含んでいたにもかかわらず。あえて批判的に言えば、『北白川こども風土記』という資源のみ消費し、現在の学校所在資料に還元していなかった。もちろんそれも当然で、そもそも現在の学校は、教育機能に特化した機関であって、自由に学外者が出入りするような場ではないし、それを受け入れる体制が、例えば図書館や博物館のような他の教育関連機関のように求められているわけでもない。だから『北白川こども風土記』のことをもっと調べたくとも、学校にアクセスすることが憚られたというのが実情だろう。

　そのような状況が、先述の通り第四期は少し変わる可能性がある。すでに学校や各種団体は、『北白川こども風土記』の児童直筆原稿等の学校所在資料の保存のために動き出した【本書第2章「地域のちから」参照】。『北白川こども風土記』を媒介とする学外の関係者も、学校や各種団体との慎重な対話の上で、こうした取組に関与し貢献する道を拓くことは可能だろう。学校所在資料の価値はとても高く、例えば児童直筆原稿は、児童らの思い[79]や活動の記録を証言する、いわば記憶遺産として評価できるものだ。無論、それ以外にも私たちの想像力次第でもっと価値を見出すことはできるだろう。学校所在資料の価値は『北白川こども風土記』そのものと同様、それに多様な人々が関わることでこそ、さらに多くの価値を積み上げうるはずだ。それは学校のことのみならず、地域を知るための資源としての学校所在資料の価値も新たにすることになろう。したがって、ふれあいサロン、展示室、地域倉庫、そして学校内外の人々の関係性という新たな形の「学校博物館」は、第一期の郷土室のごとく、今後、新たな『風土記』創作のきっかけともなれるのではないか。筆者もその関係者の一人として、できることを始めたい。[80]

付記：本稿作成にあたっては、以下の方々に大変お世話になりました。記して感謝の意を表します。（敬称略）
京都市立北白川小学校、京都市立北白川小学校学校運営協議会、北白川愛郷会、京都市教育委員会、京都市学校歴史博物館、株式会社山口書店、共同映画株式会社、伊藤淳史、若林正博、和崎光太郎、山本琢、本書執筆者の皆様
本稿はJSPS科研費JP17K17753の助成を受けた。

1 粟津征二郎「まちの鼓動第9部 風土記から十六年」(『京都新聞』昭和四八年六月二九日)。
2 森鹿三「序」(京都市立北白川小学校編『北白川こども風土記』山口書店、一九五九年)四頁。
3 大山徳夫・山口繁太郎「対談「北白川こども風土記」始末記」(北白川小学校編『創立九十周年記念誌』山口書店、一九六四年、以下『九十周年記念誌』)三六頁。
4 同右書三七頁。
5 村野正景「あなたの学校に、博物館はありますか?」(村野正景・和崎光太郎編『みんなで活かせる!学校資料 学校資料活用ハンドブック』京都市学校歴史博物館、二〇一九年)一〇～二九頁。
6 日本博物館協会編『全国博物館総覧』(ぎょうせい、一九八六年、加除式、平成二九年三月に加除整理)。
7 伊藤寿朗「日本博物館発達史」(伊藤寿朗・森田恒之編『博物館概論』学苑社、一九七八年)一〇九頁。
8 相原熊太郎「学校博物館」(『余をして小学校長たらしめば』明治教育社、一九一二年)一二二～一二七頁。
9 文部省『常置教育的観覧施設状況』大正五年一二月(『博物館基本文献集 第一〇巻』大空社、一九九一年所収)。ただし従来から指摘のあるとおり、野間教育研究所発行の『日本博物館沿革要覧』のデータと食い違いがあり、データ収集手法の詳細も示されていないなど、検討を要する。
10 棚橋源太郎「生徒図書室及学校博物館」(『学校設備用品』教育新潮研究会、一九一五年)二三一～二四一頁。
11 例えば、松見半十郎『小浜通俗博物館誌』(小浜通俗博物館、一九三七年)二三頁。
12 峯地光重・大西伍一「郷土室の建設」(『新郷土教育の原理と実際』人文書房、一九三〇年)二五二～二九五頁。
13 内山大介「昭和戦前期の師範学校郷土室と博物館活動—地域博物館前史としての基礎的考察—」(『博物館学雑誌』第三七巻第二号、二〇一二年)一～二一頁。

14　前掲註７伊藤論文。

15　市元塁「高等学校と考古学」（『全国高等学校考古名品展』九州国立博物館、二〇一四年）六～二七頁、村野正景『学校と考古学』（京都文化博物館地域共働事業実行委員会、二〇一七年）。

16　青木国夫『博物館のはなし』（保育社、一九五七年）。

17　関忠夫『わたしたちの歴史研究博物館』（日本児童文庫刊行会、一九五七年）。

18　後藤和民「郷土博物館」（広瀬鎮編『博物館学講座４　博物館と地域社会』雄山閣、一九七九年）一七三～一八九頁。

19　文部省専門員及び文部省「答辨資料」（日本社会教育学会社会教育法制研究会編『社会教育法制研究資料』XIV、一九七二年）、六八～六九頁。

20　村野正景「学校所蔵資料の継承と活用への取り組み―京都における調査を題材として―」（『遺跡学研究』一二、二〇一五年）九〇～九六頁、前掲註15村野書、前掲註５村野論文、羽毛田智幸「学校資料をどう伝えるか―横浜市内の活用事例から―」（地方史研究協議会編『学校資料の未来』岩田書院、二〇一九年）六七～八八頁など。

21　長谷川勇「思い出の記」『九十周年記念誌』一二三頁。

22　北白川小学校育友会会員委員会編「われわれの郷土室」（『北白川』九、一九五七年）二頁。

23　前掲註２三頁。

24　大山徳夫「生きた〝社会科〟北白川こども風土記」（『京都日出新聞』一九五九年三月一五日）二頁。

25　中島庄次郎「創立八十周年に際会して」（北白川小学校創立八十周年記念会編『創立八十周年記念誌』北白川小学校創立八十周年記念会、一九五七年、以下『八十周年記念誌』）三頁。

26　有岡正明「最近十年のうつりかわり」『九十周年記念誌』四頁。

27　前掲註21二三頁。
28　北白川小学校育友会会員委員会編「育友会一年の歩み」(『北白川』九、一九五七年)一頁。
29　前掲註21二三頁、池永正治「九十周年を迎えて」『九十周年記念誌』二七頁。
30　前掲註28一頁。
31　堀内寛昭「西村藤平氏インタビュー」(『愛郷』四五、二〇〇五年)一二～一三頁。
32　妹尾連「愛郷会の趣旨」(『愛郷』創刊号、一九六一年)九頁。
33　筆者不詳「過去六ヶ年間の本会の歩み」(『愛郷』創刊号、一九六一年)一八～一九頁。
34　前掲註21二四頁。
35　京都市立北白川小学校『昭和31年度学校要覧』(京都市立北白川小学校、一九五六年)。
36　前掲註21二四頁。
37　北白川小学校創立百周年記念委員会編『北白川百年の変遷』(地人書房、一九七四年、以下『百年の変遷』)。
38　北白川こども風土記編集委員一同「あゆみ」『北白川こども風土記』三六八～三七〇頁。
39　年表は北白川小学校育友会会員委員会編『北白川』(第九号、一九五七年)にも掲載あり。
40　吉村新一郎「白川鉾と十六人老分について」(『愛郷』二四、一九七三年)九～一四頁。
41　河野春樹「古い地名は生きている」『北白川こども風土記』二八一～二八二頁。
42　藤岡謙二郎「北白川の風土・歴史的環境と現状」『百年の変遷』四三～四四頁。
43　京都府立京都学・歴彩館の山本琢氏のご教示による。
44　森房枝「おじいさんの絵地図」『北白川こども風土記』一八九～一九〇頁、西村藤平「「北白川本領之図」掲載について」(『愛郷』三一、一九九一年)二頁、松田元「「本領図」について」(『愛郷』三一、一九九一年）二〜三頁。
45　前掲註42四四頁。
46　藤川熊太郎「北白川の道しるべ」『百年の変遷』九九頁。
47　編集委員「その他」『北白川こども風土記』三四四頁。
48　前掲註47三三六〜三三七頁。
49　大崎允克「北白川天神宮」『百年の変遷』六七頁。
50　村野正景「小学校と考古学の関わりについての事例研究―京都市立北白川小学校所在資料を題材に―」（『朱雀』三二、二〇二〇年）
51　前掲註２三頁。
52　大山徳夫「北白川こども風土記」（『北白川』第二七号、一九六一年）三頁。
53　同右書。
54　小山直次郎「史談会追憶」（『愛郷』九、一九六八年）五〜六頁。
55　前掲註21二四頁。
56　前掲註44森論文、一八九頁。
57　中西すみ・溝尾多津子・長谷川勇「〝座談会〟北白川校を語る」『八十周年記念誌』一六頁。
58　前掲註21二四頁。前掲註25三頁。
59　前掲註21二四頁。
60　前掲註57一六頁。
61　『京都新聞』昭和三六年九月一五日。
62　Yokota Nozomi「Syakaika-kurabu」『九十周年記念誌』八三頁。

63　前掲註26五頁。

64　京都市立北白川小学校『昭和55年度学校要覧』（京都市立北白川小学校、一九八〇年）。

65　前掲注62八三頁。

66　前掲註26五頁。

67　前掲註64。

68　沢田雄一「郷土クラブ」（記念誌編集委員会編『北白川小学校創立百周年記念誌』北白川小学校創立百周年記念委員会、北白川小学校育友会、一九七四年）五九頁。

69　記念誌編集委員会編『北白川小学校創立１２０周年記念誌』（北白川小学校創立１２０周年記念委員会、一九九四年）二三頁。

70　同右書。

71　京都市立北白川小学校『創立１３０周年記念』（京都市立北白川小学校、二〇〇四年）六頁。

72　京都市教育委員会生涯学習推進課『「学校ふれあいサロン事業」の手引き』（京都市教育委員会生涯学習推進課、一九九九年）。

73　同右書。

74　京都市立北白川校児童「社会科　ぼくたちの作った北白川こども風土記」（『四年の学習』八月号、一九五九年）七一～七七頁、清水末太郎・松本二男・有岡正明・大山徳夫・長谷川勇・島富子「北白川こども風土記　郷土史研究の指針　民主教育の在り方示す」（『京都日出新聞』一九五四年四月二〇日）二頁。

75　和崎光太郎「「学校の文化資源」研究序説―学校史料論の総括と展望―」（『洛北史学』二〇、二〇一八年）二七～四五頁。

76　本稿で記した以外にも、例えば、平成一六年の創立一三〇周年記念式で、『北白川こども風土記』の作成時の記録である『郷土学習のしかた』のビデオ上映、それに同書の執筆者の一人である栗林純子氏のお話がおこなわれた（前掲註71二頁）。

77　北白川郷土史研究会 内田祥三『北白川 郷土史かるた』（大石天狗堂、二〇一七年）。

78　谷本研・中村裕太「白川道中膝栗毛」（『愛郷』五七、二〇一七年）七～二四頁。【本書313頁に収録】

79　本岡俊郎「風土記の思い出」（『京都日出新聞』一九五九年三月一五日）二頁、京都市立北白川小学校編『昭和三四年三月卒業文集』（京都市立北白川小学校、一九五九年）、前掲註１ほか。

80　学校所在資料にかかる筆者らの取組については次のものを参照。

・村野正景・和崎光太郎編『みんなで活かせる！　学校資料　学校資料活用ハンドブック』（京都市学校歴史博物館、二〇一九年）

・和崎光太郎・村野正景編『シンポジウム　学校資料の活用を考える―学校資料の価値と可能性―Ⅰ・Ⅱ　講演録』（京都歴史文化施設クラスター実行委員会、二〇二〇年）

・村野正景編『学校の文化資源の「創造」―京都府立鴨沂高等学校所在資料の発見と活用Ⅰ―』（学校資料研究会・京都府立鴨沂高等学校京都文化科、二〇二〇年）

第2章　地域のちから——『北白川こども風土記』の出版

堀内寛昭

1　『北白川こども風土記』との出会い

昭和六〇年（一九八五）当時、遺跡発掘の作業に従事していたことから、調査前の家屋解体現場に立ち会っていたことがあり、運び出された書棚の中から『北白川こども風土記』という題名の本を発見した。ページを開いた時の感激は今も覚えている。以来『北白川こども風土記』の虜（とりこ）になり、北白川における郷土史研究のバイブルとして座右の書としてきた。

「本」は一冊持っていれば事足りるのだが、『北白川こども風土記』は古書店で見つけるたびになぜか購入していた。まず三冊を入手、そのうちの一冊は駒井家住宅（京都市指定有形文化財・北白川伊織町）のスタッフから依頼されたもの、もう一冊は同僚からのもとめで、残りの一冊は手元にある。

昨年はさらに二冊を入手することができた。一冊は傷みが進み表紙カバーもなくなっているが、標紙の裏に長方形のスタンプで「寄贈山口繁太郎氏　北白川子ども風土記　昭和三十四年四月六日」と押され［図1］、貸出カードが残る逸品である。最後の返却日が「39．1．22」とあり、北白川小学校九〇周年が近いことが判る。残りの一冊は、平成三一年（二〇一九）三月九日に京都府京都文化博物館で

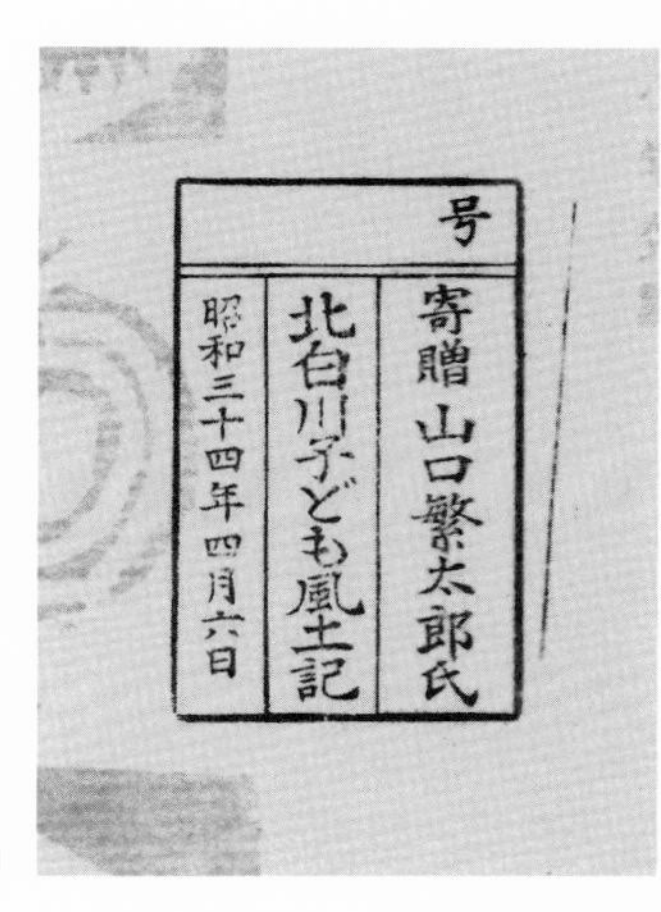

［図１］

開催された『北白川こども風土記』映画上映とトークイベント「学校・地域・物語——『北白川こども風土記』から探る——」の折に聴講者から寄贈された初版本である。無地グレーの薄表紙には題名の印刷がない。扉に角印で「上田蔵書」と押され、奥付の下にはブルーブラックのインクで「１９７１．３　仮製本す」と添え書きがある。ページが開かれた形跡の少ない美品である（本書「『北白川こども風土記』抄」の底本）。

２　京都大学の存在

近年、民俗学や考古学、視覚文化論、映像デザイン、アーカイブズといった分野の若い学者が挙って『北白川こども風土記』を研究していることを知ったのは、平成二八年三月六日、ＨＡＰＳスタジオ（京都市東山区）で開催された「『北白川こども風土記』を読む」という公開講演会のときであった。どこの誰が『北白川こども風土記』の何を読むのだ？　と懐疑心を抱きつつ出向いたものだが、五人の研究者（本書の執筆者）による発表は実に興味深いものであった。

○

ＨＡＰＳスタジオでのスピーカーの一人、菊地暁（本書編者）は後の京都新聞の取材に、「戦後教育の中で身近な郷土を対象にした実践学習が全国の学校で展開され、一九六〇年までに各地でさまざまな〝こども風土記〟が刊行された。その流れの中で『北白川こども風土記』はピークと言える作品である」「『北白川こども風土記』の成立には京大という知的機関の存在も大きく影響した。京大人文科学研究所長だった森鹿三氏が序文を寄せ、執筆した児童の父親が京大の研究者という場合もある」と語っている。[▼1]

つまり、『北白川こども風土記』が各地で刊行された風土記のなかでも一頭地を抜く出来栄えであったのは、執筆した児童の保護者が京都大学の研究者であったこと、とりわけ京都大学の存在が大きかった、というのである。この菊地説は当を得ているが、京都大学を前面に出すと「地元の古老を無視している」といったお叱りを頂戴することにもなりかねない。

そこで筆者は、『北白川こども風土記』が出版できた背景を探るべく、「北白川」という限定した地域に視点を向けて考察してみたいとおもう。

3　出版のきっかけとなった郷土室での原稿展示

さてここで注意しておきたいのは、後述する『北白川こども風土記』の序文でも判るように、子どもたちの郷土調べはあくまでも社会科学習の一環であって出版は予定されていなかった、という点である。

ではなぜ出版するに至ったのだろうか？　それは、昭和三二年（一九五七）二月二六日に開催された理科研究集会の当日、郷土室に展示された郷土調べの原稿の出来栄えに多くの参加者が感嘆したこと、それに加えて京都大学教授の森鹿三（しかぞう）（一九〇六〜八〇、昭和三四年当時の育友会会長）の目にとまったことが大きなきっかけになったものとおもわれる【本書第1章「京都市立北白川小学校の郷土室」も参照】。

［図２］映画『北白川こども風土記』より

郷土室の原稿展示を参観しているその場面が、映画『北白川こども風土記』の一コマとして採り上げられ、次の台詞で演じられている［図2］。[▼2]

執筆した子の父親「先生、うちの子のん読んでくれはりましたか？なかなかええこと書いとりますやろ？」

先生（和服姿の森鹿三役か）「面白い仕事だな、ここまでやるのは珍しいんじゃないかな」

執筆した子の父親「そうどっしゃろ、大学の先生に認められたら一人前や！」

そのあと父親が嬉々として参観に来ている他の保護者（母親）に、子どもには郷土研究させるのがよろしい、と勧めているシーンも面白い【映画については本書コラム８「映画『北白川こども風土記』と脚本家・依田義賢」を参照】。

○

件の森鹿三は郷土室での展示について『北白川こども風土記』の序文に次のように記している（一部抜粋）。

さて理科研究発表の当日、郷土室に出陳された数十篇の新風土記は、参観の先生方の目をひいたようだし、またつづいて二日間、育友会の人々に公開された時も、これを食い入るように読んでいる人の姿が絶えなかった。そしてこの綴方風土記を何とかして出版したいものだというのが、ほとんどの人の希望でもあった。勿論、私もその一人である。それで昨年育友会の新聞に寄稿を求められた時も、何はさておき、まずこの綴方風土記の出版をと訴えたわけである。それから一年、ようやく機が熟して、この綴方風土記の出版が本ぎまりになった。

ここで注目しておきたいのは、「それから一年、ようやく機が熟して、この綴方風土記の出版が本ぎまりになった」という条である。つまり、出版を決定するためには、（資料は確認できていないが）学校・育友会（PTAの前身）・各種団体・出版社が「一年がかり」で前向きな協議を行っていたことが容易に想像できる。

このように、森鹿三による訴えは学校と地域の協働によって出版への運びとなった。しかし、そこには同時期に推進していた北白川小学校創立八〇周年という画期が大きく影響していたことが考えられる。

4　北白川小学校創立八〇周年記念事業

日本が敗戦後の混乱から復興を成し遂げ、高度成長期に入ろうとしていた昭和二九年（一九五四）、北白川小学校は創立八〇周年を迎えていた。すでに前年の正月に記念事業の提案がなされ、創立八十周年記念会発足の準備が進められていた。そして翌二九年二月に記念会が結成されている。そのことは記念会の副委員長の一人、朝生（あさお）安之氏が『創立八十周年記念誌』〔図3〕への寄稿で次のように書いている。[3]

昭和二十八年の正月元旦の拝賀式終了後、中山馬太郎氏より来年は当小学校開校八十周年に当るが何か記念事業を計画してはとの発言があり列席者一同が同意を表し具体的な計画を立てる事に一決

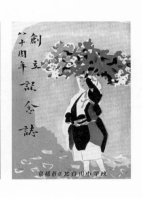

［図３］右
［図４］左

したので、其中（そのなか）の何人かが世話人となり其の当る事となり爾来（じらい）数回の会合で愈（いよいよ）八十周年会を作り発足することとなった。（中略）幸いにも各位の理解ある同意を得たので翌二十九年二月に記念会を結成して発足した。誠に区民各位の愛校心の強いのには感謝の外はありません。

（ルビは筆者）

○

また、同記念委員長であった内田元平も同記念誌の巻頭文「創立八十周年に際して」（一頁）に格調高くその念いをしたためているので、これも紹介しておきたい。

今や敗戦後の我国は空前の難局に遭遇（そうぐう）し国運打開の原動力となるべき国民教育振興の要（かなめ）を痛感せらるるのとき、恰（あたか）も本校創立八十周年を迎（むか）う。よってこれが記念のため学区民相諮（あいはか）り教育設備の完成を志し、協議を重ね方策を練り労を厭（いと）わず資（し）を惜しまず区内一致の協力が結集して巨資（きょし）を齎（もたら）した。かくて此浄財（このじょうざい）により忽（たちま）ち校地を拡張すると共に校舎の増改築を促進し斬新（ざんしん）にして堅牢（けんろう）なる校舎と新時代に即応せる諸設備とを完成し、優越せる児童修学の学園と成し以（も）って先輩草創の素志（そし）にも副（そ）い又後進子弟の善誘（ぜんゆう）にも裨（ひ）益（えき）する処（ところ）あれかしと希（ねが）う次第である。

（ルビは筆者）

5　寄付金から見える教育向上への期待

創立八十周年記念会が最初に行った事業は校地拡張のための畑地購入であった。事業報告〔図4〕に「29．6．2　校地拡張　小学校東隣の畑地を購入し小学校用地として寄附す」とある。[4]これが基幹事業になるのだが、畑地五畝二九歩（五九一・五六八㎡）の買収費が九〇万円であった。因みに北白川別当町周辺は現在約三五万円／一㎡である。[5]

区内から集まった寄付金の合計は五、四一一、三六九円に上る。[6]昭和二九・三〇年の国家公務員初任給（大学卒業程度）が八七〇〇円[7]であったことから、現在の貨幣価値に換算すれば一億二千九百万円ほどにもなろうか（参考金額）。

寄付の多寡（たか）はその事業に対する関心度を計るバロメーターの一つであるが、日本全体が戦後の再建を目指し活気に溢れていた時期とはいえ、これほど多額の寄付が集まるということがあるものだろうか。しかし、それこそが北白川住民の熱い思いの表れだったといえよう。

○

さて、記念事業のなかで昭和三四年のみ学校内で実施された具体的な事業の記載がない。奇しくもそれは『北白川こども風土記』が出版された年にあたる。出版のために記念事業（新設工事等）を一時休止していたとは考え難いが、いずれにせよ昭和三二年から取り組んだ子どもたちによる郷土調べは創立八〇周年記念事業が推進している渦中にあった。

すなわち、新時代に即応する設備と校舎の建設、優秀な児童の育成という趣旨のもと、地域と学校が連携して推進していた画期的ともいえる記念事業に同期していたからこそ、『北白川こども風土記』の出版が成し得たのだと考えている。逆に言えば八〇周年記念の時期から外れ、たんに郷土調査の発表だけであったとすれば出版されることはおそらくなかったであろう。

○

初版が刷り上がり北白川小学校に納品された後、松本二男（つぎお）校長が各学校に寄贈するための挨拶原稿が遺されているので全文をここに紹介しておこう［図5］。

謹啓　梅雨とは言え好天の暑さが続きます
校長先生はじめ諸先生方には　学期末を控え何かと
御多忙の事と存じます
扨て本年三月、本校において発行致しました「北白川こども
風土記」につきましては　諸先生方の深い御理解と御援助
のお蔭をもちまして、売行良好で予定以上の成果をおさ
めました。誠に有難く厚く御礼申上げます
今後本校と致しましては、この本を手がかりとして郷土学
習の充実を期しますると共に、この本の不十分な点を反省
し、郷土に対する子供の眼を一段と深め郷土愛とよりよい
郷土建設への意欲を高める為、精進していく覚悟でござ
います。何とぞ御指導御鞭撻の程願上げます。
御挨拶がおくれ恐縮に存じますが、初版分一段落つきました
ので　茲に重ねて御礼申上げ御挨拶と致します　敬具
昭和三十四年　六月二十八日
京都市立北白川小学校長　松本二男
殿

[図5]

謹啓　梅雨とは言え好天の暑さが続きます

校長先生はじめ諸先生方には学期末を控え何かと御多忙の事と存じます

扨て本年三月、本校において発行致しました〝北白川こども風土記〟につきましては、諸先生方の深い御理解と御援助のお蔭をもちまして、売行良好で予定以上の成果をおさめました。誠に有難く厚く御礼申し上げます

今後本校と致しましては、この本を手がかりとして郷土学習の充実を期しまするると共に、この本の不充分な点を反省し、郷土に対する子供の眼を一段と深め郷土愛とよりよい郷土建設への意欲を高める為、精進していく覚悟でございます。何とぞ御指導御鞭撻の程願上げます。

御挨拶がおくれ恐縮に存じますが、初版分一段落つきましたので、茲に重ねて御礼申上げ御挨拶と致します　敬具

昭和三十四年六月二十八日

京都市立北白川小学校長　松本二男

殿

（原文のママ）

6　保存と活用に向けて

昭和二九年に始まった創立八〇周年記念事業は二月一〇日に発会式が挙行され、四か月後には早くも校地の拡張工事が始まった。以降、七年間に亘る大規模なリニューアル工事が推し進められ、解散式が

［図6］『北白川こども風土記』直筆原稿

行われたのは昭和三六年（一九六一）四月八日のことであった。三年後には創立九〇周年、一〇年後の創立百周年へと続く。この二〇年という期間は、旧白川村の重鎮（内田元平・朝生安之助・内田福太郎）が核となって新来の住民と京都大学関係者を巻き込みながら、互いの立場と見識を活かし北白川小学校の発展のために地域全体が興隆を迎えた時代であった、と筆者は捉えている。

この地域のちからが『北白川こども風土記』の出版へとつながったことはすでに述べたが、以後六〇年間、子どもたちの自筆原稿は展示ケースの戸棚に収納され顧みられることはなかった。平成三〇年（二〇一八）の夏、北白川小学校の長寿化事業（リニューアル工事）に伴い、校内の物品・図書・資料類が廃棄されようとした直前、村野正景氏（京都文化博物館学芸員、本書第1章執筆）によって資料点検が行われ、京都文化博物館での展示[▼8]のために『北白川こども風土記』の自筆原稿が考古遺物と一緒に同博物館に預けられ展示されることになった［図6］

【本書コラム4「『北白川こども風土記』にかかる学校所在資料」

図1も参照】。まさに時宜を得たといえる。しかし、自筆原稿が洋紙であったため経年による酸性劣化（洋紙に含まれる酸が紙を劣化させる現象）が進み朽ち果てようとしていることが判明した。

近年、学校の統廃合などによって学校資料の散逸と廃棄が全国的な問題として提起されているが、『北白川こども風土記』の自筆原稿は保存の前に劣化の修復処理を施さなければならない。それには当然処理費用が必要となる。よしんば寄付を募って修復処理ができたとしても、展示スペースと保管場所の確保といった問題もある。さらに、学校教員が資料担当に就任したとしても異動という問題、つまり異動によって資料の情報はいとも簡単に失われ、新たに資料担当になった教員にとってその資料がどういった性格のものなのか、その扱い方も判らない、といった課題を抱えてしまうことが示唆されている。[9]

おわりに

『北白川こども風土記』ができたのは、〝あんたとこやからできたのや〟と言われたように、[10]恵まれた幾つもの条件が融合した所産によるものであった。現在、北白川小学校に関係する団体は「ＰＴＡ」のほかに「おやじの会」【本書コラム５「北白川小学校と「おやじの会」」参照】、「小学校施設開放自主管理運営委員会」、「ふれあいサロン管理運営委員会」、京都市教育委員会から委嘱を受けた理事及び企画推進委員で構成された「学校運営協議会」が学校教育と施設管理のために組織されている。

保存に関する問題は山積しているが、解決策の一つとして「地域に委ねる」――すなわち、これらの団体のメンバーによる「学校の教育的歴史遺産の保存・活用プロジェクトチーム」の立ち上げを提案したい。

『北白川こども風土記』から〝六〇年を経た今の北白川やからできるんや〟、と確信している。

1　「地域の生きた証言、今も輝き『北白川こども風土記』来年刊行六〇年」（『京都新聞』夕刊フォーラム、二〇一八年九月一九日付）。
2　一九六〇年制作／共同映画社・松本プロダクション。
3　「親子三代の学校」（『創立八十周年記念誌』北白川小学校創立八十周年記念会、一九五七年）三五頁下段。
4　『記念事業並びに会計報告書』（北白川小学校創立八十周年記念会、一九六一年）事業報告三頁。
5　平成三一年の京都府地価公示によるが、購入当時は畑地であり現在の宅地とは地目も異なるのであくまでも参考とした評価額。
6　『記念事業並びに会計報告書』（北白川小学校創立八十周年記念会、一九六一年）会計報告四頁。
7　『国家公務員初任給の変遷（行政職俸給表（一））』（人事院公開資料、https://www.jinji.go.jp/kyuuyo/index_pdf/starting_salary.pdf）。
8　京都文化博物館開館三〇周年記念「京都府内の学校所蔵　考古・歴史資料展２」（二〇一九年三月九日〜四月二一日開催）。
9　『学校と考古学―学校の「たからもの」を一緒に発掘し、活用しましょう』（京都文化博物館地域共働事業実行委員会、二〇一七年）。
10　京都歴史地理教育研究会「『北白川こども風土記』をめぐって」（『歴史地理教育』六六号、一九六一年）六二頁。

column4

『北白川こども風土記』にかかる学校所在資料

村野正景

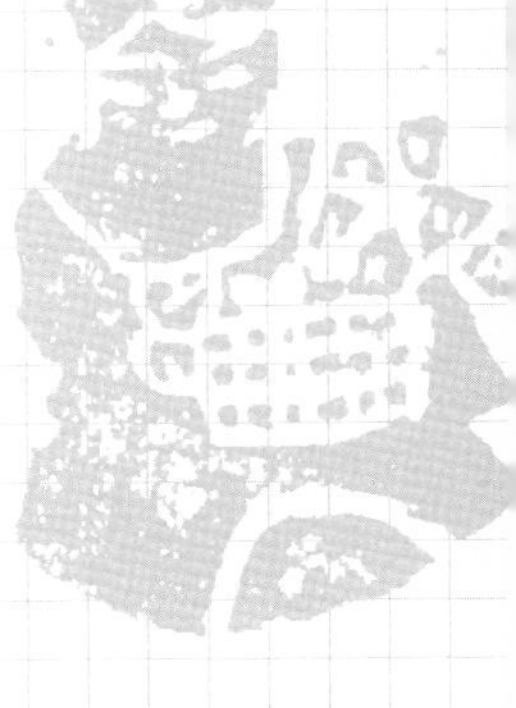

はじめに――学校所在資料の価値を増すために――

北白川小学校所在の資料は多岐にわたる。このうち『北白川こども風土記』に関係する資料で代表的なものは、何と言っても、風土記の児童直筆原稿だろう。ほかにも目立ったところだけ挙げても、風土記発刊にかかる案内や会計などの書類、郷土室に展示された写真類、映画『北白川こども風土記』のシナリオ、そして風土記中にも登場する北白川小倉町（おぐらちょう）遺跡や北白川廃寺出土の考古資料がある。いずれもたいへん興味深い資料ばかりだ。これらが半世紀近くにわたって学校で継承されてきた。そのこと自体に筆者は敬意を表したい。学校そして地域にとって、どれだけ大切な資料であったのかがうかがわれる。

とはいえ、学校では、教員は異動し生徒は卒業する。地域の人々も時を経れば、いずれ変化する。北白川小学校に限ったことではない。日本の学校では、近年、学校に所在する資料が、学校の統廃合や教育システムの変化などによって散逸・消失の危機にある。資料の情報が、必ずしも後世に伝わらない状況が生じている。資料の情報は、どこかで記録していく必要があるだろう。筆者がその役割を担うには力不足であるが、本書に資料紹介をすることで、より多くの情報がよせられ、資料の価値がさらに豊か

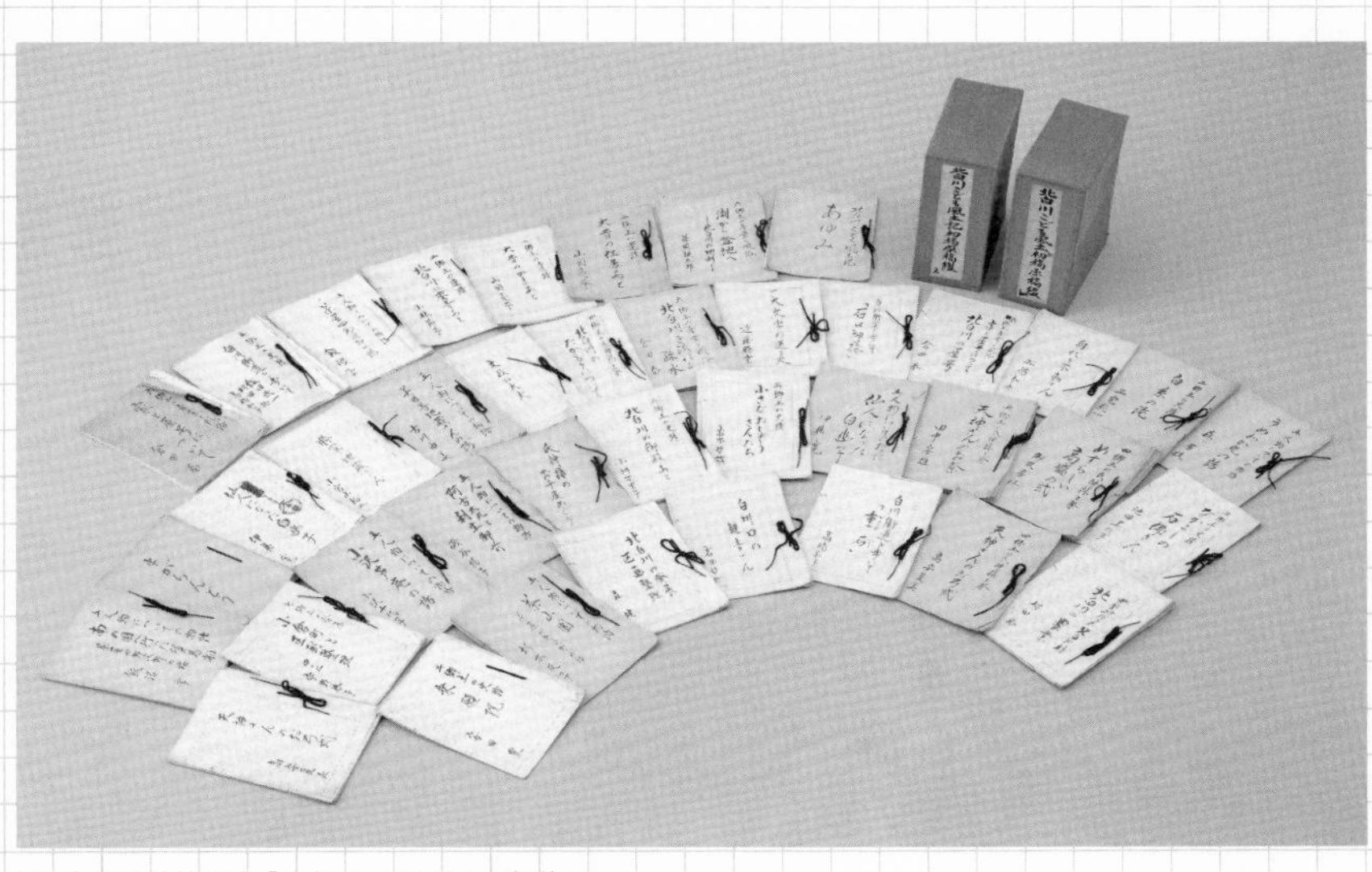
［図1］児童直筆原稿「北白川こども風土記初稿」

になることを期待したい。以下、直筆原稿、映画シナリオ、考古資料を紹介しよう。

児童の直筆原稿

［図1］は『北白川こども風土記』の執筆者たち、つまり児童たちによる直筆の原稿だ。「北白川こども風土記初稿綴」という題簽の貼られた紙箱に、四〇編の原稿が収められていた。一編一編には、表紙がつき、黒紐で綴じられている。達筆な筆字が特徴的な表紙は、一つ一つ丁寧に教員がつけていったものだ。洋紙のため現在は少々劣化の進んだ表紙を丁寧にめくると、児童たち直筆の原稿本文があらわれる。各自の特徴ある鉛筆書きの字で、やや幼い筆致のものから、筆者よりも間違いなく達筆のものもある。

児童の原稿といえば、筆者は「何べんも書き直した」（本岡俊郎「風土記の思い出」『京都日出新聞』一九五九年三月一五日、以下「思い出」）という児童の努力を想像し、映画で教員が「ここはいらない」といって、かなり大胆に文章へ線を入れるシーンを思い出す。それを意識しながら、この原稿を見ると、多くの赤線が入っていることが目にとまる。たしかに大胆な取消し線が文章に引かれているものもある。教員に「だめだ、もう一回書いてみろ」(「思い出」)と言われた児童の、まさにその手に渡された原稿なのかもしれない。まさしく風土記の作成過程を具体的に知ることができる一級資料とも言えよう【本書第2章「地域の力」207頁図6に直筆原稿拡大写真を掲載】。

ただし他の多くの原稿にみられる修正は、追記や改行指示などもみられるものの、ほとんどは文字の級数や句読点の指示などであって、編集・印刷工程に必要な朱筆であろう。その意味で大部分の原稿は児童らにとっては完成稿であって、入稿のために清書したものと言えるだろう。「六年生二学期のころから本当の清書をした」(「思い出」)「やっと今夏の休みを前に、完成をみた」(北白川こども風土記編集委員一同「あゆみ」『北白川こども風土記』)とあるから、これらの原稿は、昭和三三年中頃のものと考えうる。児童の三年間の学びの結晶がここにある。

これらが本書を刊行した山口書店でなく、学校にあった理由ははっきりしない。ただし、筆者らの調査時には、児童の原稿は他の資料などともに、廊下のケース内に展示されていた。だれもがみられる状態で展示していたことの意図を推測するならば、やはり現役の児童らに同世代の児童らの活動成果を示し、児童の学びに刺激を与えようとしたのではなかろうか。

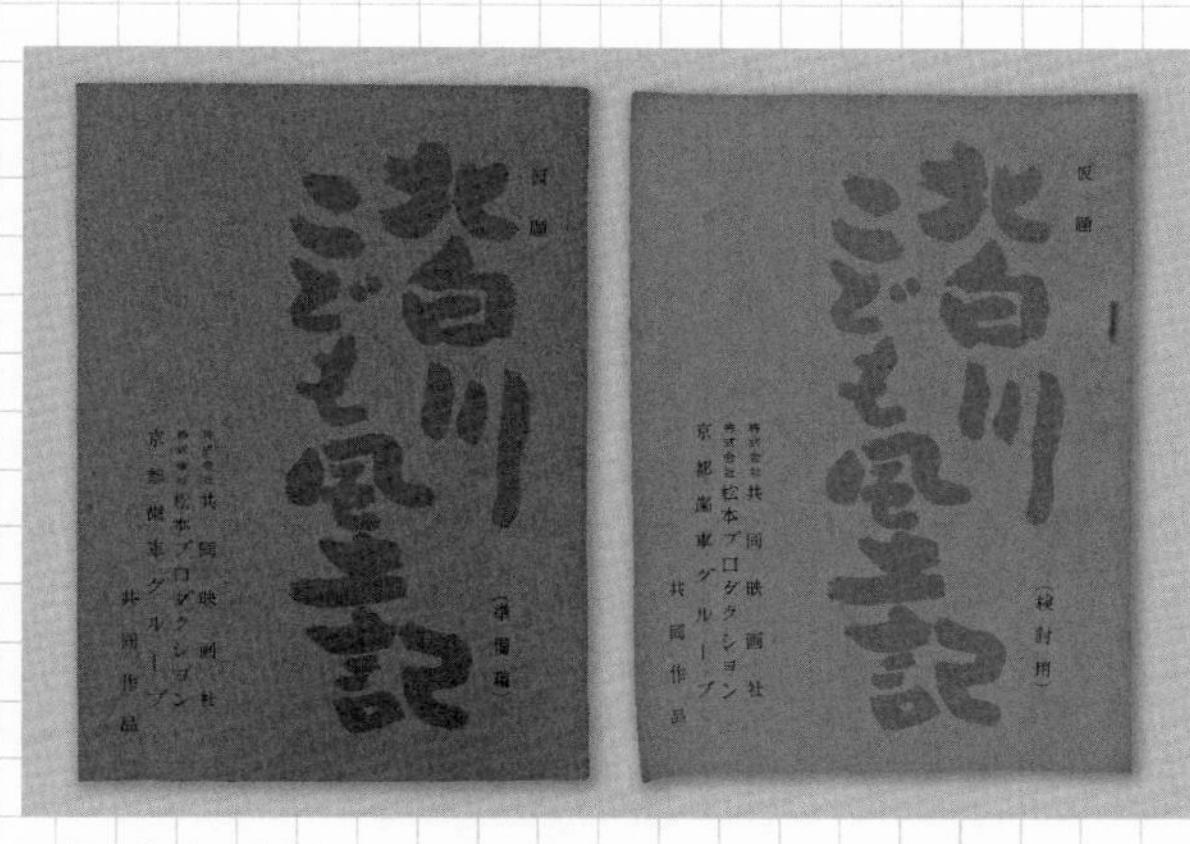

［図２］映画『北白川こども風土記』のシナリオ（左：準備稿、右：検討用）

映画『北白川こども風土記』シナリオ

『北白川こども風土記』は出版翌年の一二月に映画化された。脚本を担当した依田義賢（一九〇九〜九一）は「本書を読み、懇切に指導された先生の経験等を聞いているうちに、郷土研究の学習の仕方や、それに応じた児童の言動を記録映画風に追いながら、そうして自らあるタイプの児童劇映画をつくることができないか」（学校指導課「児童劇映画「北白川こども風土記」完成」『京都の教育』第四六号、一九六一年）と考えたと執筆動機を語る。この脚本は、視聴覚教育全国大会などで検討され、かなり改稿された。準備稿で描かれた考古学者とのやりとりや遺跡見学の場面が省略されるなど変更は多く、中でも教員の大山徳夫中心の構成から、子供たちの場面を大幅に増やしたことが最大の変更だろう。主役は子供という意思がここにも見える。

北白川小学校には、シナリオの「準備稿」と「検討用」がある。前者の次に後者が作られ、さらに「完成稿」も作られたはずだ。シナリオは北白川小学校には記録として保存されたのだろうか。北白川小学校の児童らも多数、出演していたから、子供たちの手にも渡されたかもしれない。映画へのエキストラ出演の喜びを卒業文集に書くものもおり、児童らの記憶に残る思い出となった。なお卒業文集には、大文字の送り火を撮るため、一一月の寒空の下、半袖の夏服を着て演じたことなどが記されており、映画撮影の様子をリアルに想像できる。また映画のスチール写真や映画製作にかかる会議風景写真なども現存しており、映画界にとっても貴重な資料だろう【本書コラム8「映画『北白川こども風土記』と脚本家・依田義賢」参照】。

［図3］学校所在の考古資料と説明札

縄文土器や古瓦

考古資料は、破片も含めれば一〇〇点以上を数える。資料には出土地が示されているものも多く、北白川小倉町遺跡、北白川別当町（べっとうちょう）遺跡、北白川廃寺、滋賀県の石山貝塚、琵琶湖の粟津湖底遺跡、奈良県の唐古遺跡などとある。縄文時代から江戸時代までの資料があり、これらを見れば、ある意味、北白川の変遷を追えてしまう。

北白川小倉町遺跡の縄文土器や北白川廃寺の瓦は、風土記作成とかかわる資料の可能性はある【本書第４章「戦後社会科教育と考古学」参照】。ただし、古瓦類には寄贈者の名が注記されており、それをみると、全員が風土記執筆者の下の学年の児童であった。もちろん執筆者たちも、遺跡を発掘した羽館易（はだちおさむ）（一八九八〜一九八六）の自宅や京都大学文学部陳列館を訪問して、たしかに実物に触れていた。それが子供たちの深い学びにつながったことは想像に難くない。そして、その学びの姿勢は、一代で終わるものではなかった。次の学年へとたしかに引き継がれたのである。そのことを古瓦は私たちに伝えてくれる。

資料の収集には、児童の学びを支援した大人たちも関わった。このうち滋賀県の遺跡出土品に共通して関わったのは、京都大学の地理学者で考古学者の顔も持つ藤岡謙二郎（一九一四〜八五）である。これらの寄贈者が藤岡であると学校の展示ケースに説明書きが残されていた。このうち縄文土器は、学術雑誌『近江』第三号（一九七二年）に掲載された藤岡と丸山竜平の遺跡調査報告の図版に載る。粟津湖底遺跡として知られる遺跡で、自ら発掘した土器を小学校に提供したようだ。風土記の内容を向上させた背景には、学校教員や地域住民の熱心な協力のほか、このような第一線の専門家の協力もあったことがわかる。

学校には豊かな資料がある

以上、ごくかいつまんで資料を紹介した。実は、学校に様々な資料があること自体は、北白川小学校のみの特徴ではない。なぜこれほどの資料が学校に集まるのか？　これはどこでもあることなのか？　定量的な当否は要検討だが、地域の様々な資料が学校に存在することは、日本の特徴なのかもしれない。

考古学を専門とする筆者が、これまで研究対象としてきた中米のいわゆる開発途上国では、国・地域にもよるものの、学校の施設や教室数自体が不足し、午前と午後で生徒・児童は交代制で通うような状況にあり、貴重な文化財とも言えるような資料が保管されることなどまずない。筆者が、国際博物館会議（ICOM）で京都の学校所在資料を紹介した際にも、各国の参加者から非常に特徴的な事例との評価をいただいた。

京都の学校の特色として、学校が教育的機能のみならず、そのほかの例えば、地域の公民館や消防署などの多様な機能を有してきた、いわば地域センターとしての特徴が挙げられる。だからこそ、学校に地域資料が集まるのだろう。北白川小学校でも、郷土室の創設にみられるように、ある意味、学校を地域活性化の核として地域住民が協力したから、様々な資料が学校に集められ展示された。それが『北白川こども風土記』作成時に参考となったことは、本書第1章で述べたとおりである。その意味で、ここで紹介した学校所在資料はいずれも地域の文化資源とも言えよう。地域の記憶や物語を宿す品として、今後もこれらの資料は意味を持つのではないか。

column 5

北白川小学校と「おやじの会」

池側隆之

本コラムを書きすすめるに当たり、筆者の立場は少々複雑である。映像メディアやデザインの研究者であると同時に、今日（二〇二〇年二月）現在、私は京都市左京区北白川の居住者でもある。また長男は四年生からの約二年半、そして次男は一年生から丸々六年間、共に京都市立北白川小学校に通ったので、私は同学区の保護者の一人なのである。そのやや複雑な立場であるからこそ実現できた実践を紹介したい。

北白川小学校にかつて存在していた「おやじの会」が復活したのは二〇一五年のことである。二〇一三年に名古屋から越してきたばかりの「入り人（いりびと）」（よそ者）が地域に触れる機会としては打ってつけであったので、筆者自身その立ち上げにも関わった。京都市内では学区単位での「おやじの会」が比較的盛んであり、「わが子の父親から地域のおやじへ」を合い言葉に、各所で「おやじ」独自の企画が行われている。中心的なおやじメンバーが毎年五〜七名の間で変動しながらも、北白川小学校ではこれまで「おやじの会」主催のイベントとして、「段ボールで遊ぼう」（二〇一六年）、「バラバラ大作戦」（二〇一七年）、「ヒコーキチャンピオンシップ」（二〇一八年）、「段ボールで巨大すごろく!?」（二〇一九年）

などを実施してきた。毎回五〇から一〇〇名の児童数、すなわち小学校全体のおよそ六分の一から三分の一の参加がある大きなイベントになっている。「おやじの会」とは言いながらも、参加・協力は保護者のうち父親にだけ限定しているものではなく、ＰＴＡを中心に、「地生え（ぢばえ）」（その土地で生まれ育った人）「入り人」問わずに母親や祖父母などの協力の下、各イベントは行われている。

二〇一五年には、「学校に泊まろう」と題した二日間のイベントを企画し、いつもと違った小学校に子どもたちが触れられる機会を提供した。文字通り、学校の教室で宿泊することを中心に据え、その前後に「肝試し」や「天体観測」、そして「逃走中（鬼ごっこ）」など盛りだくさんのプログラムを準備した。その一つとして、映画『北白川こども風土記』を活用した「北白川バック・トゥ・ザ・フューチャー」がある。最初は、参加の児童を引き連れて、改めてわがまちをフィールドワークする企画を構想していたが、熱中症を回避する意味から、学校内で完結できるプログラムとして、小学校にＶＨＳで保存されていた映画『北白川こども風土記』の鑑賞と、擬似的に北白川の今昔を楽しく考えるゲームをセットで提供することをおやじメンバーで発案した。ゲームは、映画の中に映し出された昔の北白川の風景をいくつか選び、それを現在の風景とマッチングさせる内容である。約五五年前の北白川とほとんど変化が無い風景もあれば、劇的に変容した場所もあり、今昔の写真を配布された子どもたちはグループに分かれて地図と睨めっこし、多少の想像力を働かせながらゲームを楽しんだ。映画を通じて過去を知り、そこを起点に未来である現在に戻る、そんな意図が「バック・トゥ・ザ・フューチャー」というタイトルに込められていた。

映画の鑑賞中に興味深いことがあった。「地生え」であっても、映画『北白川こども風土記』の存在を知らない保護者もいて、数名から「実家が写っている！」という声があがり、盛り上がった。小学生の親という属性をとり払うと、とたんに縁を見出しにくくなる大人同士ではあるが、この地にこれからも住まい、ともにコミュニティを担う私たちが、ちょっとしたきっかけで互いと知り合えた好例だったと思う。細やかではあるが、おやじによるメディア・プラクティスをこれからも継続させていきたい。

［図］「北白川バック・トゥ・ザ・フューチャー」の様子

第3章 〈先生たち〉〈おじさんたち〉と地域の歴史

黒岩康博

はじめに

冒頭から私事で恐縮だが、私の自宅近くには、昨二〇一九年土木学会により土木遺産に選奨された児童公園▼[1]があって、その隣にO氏という方が住んでいる。このOさん（男性。五〇～六〇歳代）、朝子供の忘れ物を届けに小学校まで追いかけると門前で見守りのために立っているし、昼間は「見回りをしています」の札を掲げた自転車で近隣を流している。正月児童館に行けば杵を振るって餅をついていて、学区内で姿を見ない日がないと言っていいほど、八面六臂の活躍である。現住地に引っ越してすぐ、ポストにOさん手作りの「包丁研ぎます」というチラシが入っていた時は少々訝しんだりもしたが、今では彼の顔を見ると安心する、というより目にしないと落ち着かないくらいだ。

かくしてOさんの存在は、一生活者としての私の脳裏に深く刻まれている訳だが、おそらくこうした地域の「篤志家」は、現在でも全国各地で見られるであろう。しかし、登校の見守りや学童保育での餅つきといったヴォランティアは、学校や学童の「たより」等には記されないため、彼らの活動の記録は、先のチラシのようにエフェメラル（はかない）と言わざるを得ない。そうした中、本書が取り上げる『北白川こども風土記』（以下『北白川…』）は、「子どもというものが、よい指導をえた場合にはどれほどりっぱな仕事をすることができるか、ということをしめすみごとな見本である」[2]という梅棹忠夫の評に代表されるように、これまでは子供の営為に焦点が当てられることが多かったが、中をよく読んでみると、子供たちの知的先達として多くの地域の人物が登場することが分かる。『北白川…』ではその編集後記において、それらの人たちが大きな役割を果たしたことが、次のように記されている。

　郷土の遺跡や史跡等については、大学の先生や有識者の好意的な協力と指導をうけ、また風俗、伝説等については、土地の古老からこれを聞くという風でありましたが、このことは大方夜分になされました。〔三六九頁〕[3]

ここで「大学の先生や有識者」と「土地の古老」の二つに大別されている地域の知的先達とは、具体的にはどのような人たちだったのだろうか。本論では、前者を〈先生たち〉、後者を〈おじさんたち〉と呼び、『北白川…』の成立に貢献し、ひいては北白川地域における郷土研究の基盤を築いた彼らの像に迫りたい。

1　〈先生たち〉と郷土研究──かく──

登場する〈先生たち〉のうち、一般的に最も著名なのは、「貴重な時間をさいての御指導」〔三七〇頁〕を子供たちに授けた「大学の先生」であろう。北白川の地からそう遠くない場所には、『北白川…』刊行と同年に西京大学から改称した京都府立大学も存在した[4]が、専ら児童を教え導いたのは、京都大学の教員たちであった。例えば、本岡俊郎「石器時代の北白川――小倉町の遺跡――」〔三九～三八頁〕【本書23頁『北白川こども風土記』抄」（以下《風土記抄》に収録）によると、日本放送協会編『歴史の京都 古代篇』（桑名文星堂、一九五四年）を読んで学区内の小倉町遺跡（縄文時代）に興味を抱いた同少年は、その発見者であり同じく学区内に居住する羽館易（京都大学人文科学研究所。以下京都大学を略した当時の所属を記す）を訪問して教えを受け、出土した土器・石器が収められた京都大学文学部陳列館を、考古学者樋口隆康（文学部）に案内してもらっている。また、同書に「小倉町遺跡」の項目を記した考古学者小林行雄（文学部）や地理学者藤岡謙二郎（教養部）は、児童の父兄――つまり学区の住人でもある――として『北白川…』に関わっている[5]【本書83頁「北白川こども風土記の出来るまで」、コラム7「小林行雄と北白川」参照】。

　右のように、父兄も含め、『北白川…』に登場する京都大学の研究者では考古学者が最も目立ち、山岡亮平「大昔のかまあと」〔三九～四二頁〕では、北白川小学校で郷土学習を指導した教員大山徳夫に北白川瓦窯跡の発見譚を聞かせた人物として、梅原末治（文学部）の名前も見られる。より詳細な北白川地域と京都大学との紐帯については本書序章に譲るとして、私が気になるのは、先の定義では「有識者」に相当すると思われる、この発見譚の主人公たる僧侶である。大正二年（一九一三）のお話。

> 渡辺瑞孝という乗願院のおしょうさんが、四人ぐらいの人をやとって、乗願院のお墓を広げるための工事をしていた時です。木の根っこをほりおこしていると、ぬの目をうつしたようなかわらが三枚ぐらい重なって出てきました。／そこでおしょうさんは、そのぬの目がわらを取りのぞいて、下の方を見たら、深さ約一メートルぐらいもある小さな口をした穴が見えたので、これはなんだろうと、ふしぎに思いました。（中略）あくる日になって、おしょうさんは京大文学部へぬの目がわら

を三枚ぐらい持って行って、考古学者の今西先生〔龍―筆者注。引用中の〔 〕は以下同様〕にその穴の話をしたら、今西先生はぜひしらべさせてもらいたいと言われました。／そして、さっそく今西先生や、おしょうさんはしんけんになってしらべることになったのです。そういうことが新聞にものったので、それを知った人々は、その穴を見物するためたくさん集まって来ました。／いよいよ穴のたんけんです。おしょうさんと今西先生は、その穴にはしごをかけておりて行きました。

〔三九～四〇頁〕

この後瓦窯跡の穴において、朝鮮史家今西龍（りゅう）（文学部）と共にさらに大量の布目瓦（平安期）を発見することになる渡辺瑞孝は、明治から昭和にかけて乗願院（仕伏町（しぶせちょう））・禅法寺（上終町（かみはてちょう））で住職をつとめた人物である。清水吉彦「禅法寺」〔七七～七九頁〕によると、新潟県出身の渡辺は、当初乗願院の住職――この間瓦窯跡を発見――をつとめていたが、次いで長らく同寺の子院のような扱いであった禅法寺を立て直し、現在地に「禅法寺の土地であった、瓜生山の一部分を島津さん〔二代目源蔵〕の別荘を建てる用地として売って、そのお金でお寺を建てた」〔七九頁〕という。また、「北白川が、京都市の住宅地としてさかえていくことをたいへんのぞんでいたので、そのためにいろいろとほねをおられて、北白川の人々と協力された」〔同〕とも伝えられている。

それら地域における渡辺の活動の中でも、最も特筆すべきものが、郷土の歴史研究及びその成果の発信である。自費で刊行したという「「北白川の名勝古蹟」といういんさつぶつ」〔七九頁〕、正確には『北白川名勝古蹟』と題する毎号四頁のリーフレットは、現在少なくとも五号存在したことが判明している（北白川小学校所蔵）。第一号の奥には「昭和七年九月」の年紀があり、「昭和十年六月／禅法精舎　渡辺

享保年間白川村地誌ニ

地藏堂ハ瓜生山上ニ在リ里ヨリ東行程十二町本南向キ本堂造替ノ爲メ暫ク東方ニ遷シ西向トナス

本尊勝軍地藏ハ石佛ナリ土人智證大師ノ御作トイフ

勝軍地藏堂關係者ヨリ其筋ヘ願書（大正七年）

當勝軍地藏尊ハ元本村ノ東北二十餘町ノ山頂ニ安置シアリテ、北白川照高院宮道晃親王ヲ中興ノ開祖ト仰キ奉リ、代々宮家ノ御念持佛ニ有之候、寶暦年間忠譽法親王ノ御代ニ參詣人ノ便宜ヲ思ハレ現今ノ瓜生山ニ移シ給フ、爾來益靈驗著シク、村人ハ殊ニ今日ニ至ルマテ宮家ノ御恩ト佛徳トニ沐浴仕リ候、然ル處明治維新ノ際宮家ハ東京ニ移リ給ヒ、随テ地藏堂御守屋等ハ御取壞チニ相成リ候、後本堂宇ヲ當禪法寺持チ境外佛堂トシ來リ候、而シテ堂宇ノ境内地及附屬ノ地所ハ明治五六年ノ頃氏神並寺院其他ノ地所ハ一般村持ト相成リ候事有之、其後又氏神及寺院ヲ無償ニテ名義書換ニ相成リ候得共、當勝軍地藏堂ニ關スル地所ハ漏洩ニ相成リ今日ニ至リタルモノニ候、是迄村民信徒ハ屢名義書換出願ニ付協議仕リ候得共、何分全ク村内ノ事柄ニ候故深ク留意仕ラズ候處、今回本年四月ヨリ本村ハ京都市ニ編入セラルヽコトニ相成リ候趣ニ付、随テ該地所モ市有トセラルヽ事ト相心得候、然シテハ從來持主名義ノ如何ニ關ハラズ、該地ノ使用ハ勿論地上所得ヲ以テ地藏堂ノ經營ノ資ニ支用シ來リ候コトニ付テハ今後多大ノ不便有之事ト存シ候、加之當村ハ元宮家ノ御領地ニシテ村民ノ御恩ヲ蒙リシ事一方ナラズ候、其御念持タル地藏尊ハ即チ宮家ノ御恩ヲ忘却セザル爲メノ唯一ノ記念ト奉存候、依之吾々（以下畧之）

右願意聞屆ラレ地所ハ無償讓與サレタリ

愛宕郡村誌（明治四十三年）

勝軍山ハ本村ノ東北叡山ノ坤位ニ在リ別ニ小峰ヲナシ松樹蔚生ス山上ニ方二間餘ノ石窟ヲ築キ其中ニ甲冑佩劍ノ地藏尊ヲ安ス之ヲ白川勝軍地藏ト號ス足利氏築城ノ時其廓内ニ屬ス寶暦年中照高院宮命シテ其像ヲ瓜生山ニ移シ別像ヲ安シ其由ヲ石ニ刻セシメラル

清荼山禪法精舍　渡邊瑞孝　代謄寫

[図 1]「勝軍地蔵堂関係者ヨリ其筋へ願書」(『北白川名勝古蹟』勝軍地蔵堂の号)

瑞孝　代謄写」という奥書を持つ号があること[6]からも明らかなように、活版印刷である。白幽子・小沢蘆庵という北白川に縁の深い人物のほか、照高院宮址、北白川宮智成親王墓、聖護院門跡内外廟、石川丈山墓、藤貞幹墓、山田以文墓、「七猛士」墓、勝軍地蔵といった史跡[7]を取り上げており、そのうち「白幽子伝（和訳）」と「勝軍地蔵縁起」は『北白川…』の資料篇に収められている［三四二〜三四四頁］。

渡辺は、同誌において、照高院宮址碑や石川丈山墓碑などの刻文を紹介するほか、勝軍地蔵がメインの号では、「白川地志」（奥書享保六年〈一七二一〉）・『京都府愛宕郡村志』（同郡、明治四四年）を引用するのと併せて、

本年四月ヨリ本村ハ京都市ニ編入セラルコトニ相成リ候趣ニ付、随テ該地所モ市有トセラル丶事ト相心得候（中略）当村ハ元宮家ノ御領地ニシテ村民ノ御恩ヲ蒙リシ事一

方ナラズ候、其御念持タル地蔵尊ハ即チ宮家ノ御恩ヲ忘却セザル為メノ唯一ノ記念ト奉存候と訴えて地蔵堂地所の譲渡を願う大正七年の文書「勝軍地蔵堂関係者ヨリ其筋へ願書」も掲載している［図1］。また、「山田以文先生ノ孫有年ノ三男松岡皈之翁ヨリ聞得タル有益ナル話」「富岡氏（鉄斎もしくは謙蔵）、山田（田山カ）氏に聞く処多し」[8]の如く、京都の学者とその子孫への聞き取りを行っていたこともうかがえる。それら貴重な談話のうち、前者が『北白川名勝古蹟』に掲載されたかは定かではないが、後者は「大正十五年の秋歌屋小西先生（大東）が勝軍地蔵堂にて講演せられし[9]を大略筆記せるもの」と併せて、同誌の「小沢蘆庵翁略伝」に結実している。

江戸中後期の歌人・国学者である小沢蘆庵（一七二三〜一八〇一）は、死後明治維新期まで瓜生山（うりゅう）にあった心性禅寺に葬られ、廃寺後の同地には二代目島津源蔵の別邸暁雲山荘（現在日本バプテスト病院が所在）が設けられたが、昭和初期に同所で催された蘆庵墓前祭に際して、渡辺は参詣者に「小沢家過去帖」なるパンフレットを配付したという。[10]こうした渡辺の営為を発展させたのが、「小沢芦庵先生のことや、心性禅寺のことをせんもんに研究していらっしゃる、中野先生」［九七頁］、稽雪こと中野武（一八九七〜一九七三）であった。近江日野生まれで、蘆庵門人中野熊充の玄孫にあたる稽雪は、京都府立第一中学校（現洛北高等学校）―京都府立医学専門学校（現京都府立医科大学）を経て大正一二年（一九二三）に吉田神楽岡で開業した医師でありながら、「蘆庵大坂生誕説をはじめとして、蘆庵の墓のある京都北白川心性寺が廃寺となった当時の一件書類を鷹峯源光庵で発見したり（中略）多くの蘆庵関係の資料を発掘[11]」した民間学者である。

『北白川…』によると、中野は北白川小学校で児童及び「先生やおかあさんたち」［一八四頁］に蘆庵

［図2］蘆庵墓を掃苔する中野稽雪
（『里のとぼそ第四集』口絵）

の話をした日に、「ふつうの墓石とちがって、しぜんの石でできていますので、石ひみたい」［一八七頁］な瓜生山の蘆庵墓［図2］を案内しているようであるが、北白川地域との付き合いは古く、戦後すぐの一九四七年一二月一日に、北白川史談会主催白幽忌の席上で「芦庵の片鱗」と題し講演（於杉本家）したという。[12] 中野の業績は、「芦庵先生が、おつくりになった歌は、全部で二万首ほどです。ところが、芦庵先生がおなくなりになってから、弟子の人たちが作った「六帖詠草」という、芦庵先生の歌を集めた本の中には、二千首しかのっていません。あとの歌は、中野先生が研究されて、りっぱな本にされたのです」[13]［一八五頁］と簡単に紹介されているが、「ただこと歌」を標榜した歌人蘆庵とその門人を研究した『里のとぼそ』第一〜四集（一九五一〜五六）は、現在も蘆庵研究の際に参照されるべき基本文献となっている。[14]

また、「小沢芦庵の方が、本居宣長、上田秋成よりすぐれた学者だと私は思っていますよ」［一八七頁］との言葉通り、中野は蘆庵の顕彰活動も熱心に行った。一九五〇年、蘆庵一五〇回忌を記念して東山の新日吉神宮内に設けられた蘆庵文庫は、『里のとぼそ』の版元となるほか、資料展観・講演会・墓前祭を継続実施[15]して蘆庵顕彰の中心となったが、中野は出雲路敬和（下御霊神社）・羽倉敬尚（伏見稲荷大社）・鈴鹿三七（吉田神社）といった国学を家学とする学者たちや、田中緑紅（郷土史研究者）・新村出（京都大学名誉教授、言語学者）・西田直二郎（京都大学名誉教授、歴史学者）など錚々たる面々と並び講師をつとめた。墓前祭については、一九五三年の様子が詳しく記録されている。

> 梅雨明けの七月十日の午後、私は伏木南国、物部喜志雄両氏の加勢を得て、瓜生山の翁の墓地を清掃した。（中略）明けて十一日の午前十時から夏の陽射しもすが〱しい緑滴る翁の墓前で、導師鷹ヶ峯龍乗師によって、（役僧は駒澤大学々生の令息）厳かな法要が執り行われ、三十名に近い参列者は、静かに眠る翁の墓前にぬかずいて、次々に感激の黙禱を捧げた。／式が終って一同は島津邸で、ツル子未亡人、達磨会辻染童氏、芦庵文庫等からの饗応の茶菓を喫した。そして私は散会に際して徳力富吉郎氏の版刻になる芦庵翁肖像の懐紙を各位に贈呈した。[16]

右のように、渡辺・中野の二人が「有識者」の中で最も顕著な活動を見せているが、ほかには大正七年（一九一八）に愛宕郡白川村の地図を筆写（「古い地図は、ところどころ破れたりしていて、わかりにくいところもありましたが、苦心して大事なところだけを写しとり、それをまた、新しい紙へ写し上げていきました」［一九〇頁］）して北白川絵地図を作成した画家森吐月がいる（森房枝「おじいさんの絵地図」［一八九〜一九〇頁］）。森の経歴等については現在詳らかにはし得ないが、仙田半助編「大日本絵画著名大見立」（仙田半助〈競撰社〉、明治三五年〈一九〇二〉）という番付には「京竹内塾」とあり、竹内栖鳳の門人であったことが確かめられる。また、一九五六年の蘆庵忌に「あけはなつまどにすゞしきかぜ入れて　新木のめにるあさのひとゝき」「よのわざにおはれくゝて文机の　すゞりはちりにまみれがちなる」という献歌[17]を寄せた医師河根義之一（肛門科）は、『北白川…』の刊行と同時期に、「今の白川の若い人たちにも、たのしんでおどってもらえるような、白川女のおどり」〔二五九頁〕を目指した白川女音頭を作っている。

2 〈おじさんたち〉と郷土研究──かたる──

先の河根は、長らく北白川小学校の校医をつとめた「有識者」であるとともに、「今、わたしの住んでいる家は、昔、北白川の学校だったのですよ。それで私の家の庭先は、そのころの北白川校の生徒さんの遊んだ、楽しい運動場だったわけやな」〔二九八頁〕と昔語りをする土地の名士の一人でもあった。河根が参加した座談会「ぼくらの学校──おじいさんたちの思い出──」〔二九六〜三〇七頁〕には、同じく長年北白川小学校の教員をつとめた大崎政子も出席し、明治三七年（一九〇四）に同校が現在地へと移って以降の楽しい思い出について回想している。

それは、やっぱり、なんと言っても運動会ですね。それに『そう会』と言って、今の学芸会と同じですがね。かくし芸やげきをやったのですよ。げきは、無言げきでした。けれども昔のことですから、今のようにりっぱなものはできませんでしたがね。それから、運動会は十月二十四日でしたよ。運動会の前の日がお祭の日でしたからね。つまりお祭のつづきだったのですよ。そしてね、そのころの白川の人たちは、運動会を見ながら、お祭のごちそうを食べたもんでしたよ。〔三〇二頁〕

父（大崎元義宮司カ）も同校の教員をつとめ、北白川天神宮に生まれた大崎は、「私のなくなった父が、このお弓の式をやっている時分、すこしのしっぽいもあってはたいへんだと言ってね、ずい分気をつかっていましたよ」〔一五三頁〕と御弓神事の現地解説も行っている（高安夏美「天神さんのお弓式」〔一四九～一五四頁〕）。『北白川…』において名前を記されている女性の語り手は、大崎以外では大槻トメ・藤田トメ・藤田マツという老婆たち（栗林純子「おばあさんたちの話――北白川の風俗習慣――」〔二六三～二七八頁〕）など数える程しかおらず、「土地の古老」の中心は男性であった。その中でも、先述した座談会「ぼくらの学校」に出席した二人の「内田さん」は、特筆すべき存在である。一人目の内田元平（下池田町（しもいけだちょう））は、北白川で起こった大火事である文政の大火（「もえもんやけ」）の原因を、「もえもんとはよう言うた／ヒイホウヒイホウ／みそをつくとて／豆たいて／豆のかずほど／家やいた／ヒイホウヒイホウ」〔二九五頁〕というコミカルな歌で伝え、伏見城の一部を移築した北白川御殿（照高院）と「文政の大火で全村やけた時に（中略）お米やお金を分けて下さった」〔八四頁〕宮家（親王）について語った。

私らの小さいころ、よう私のおじいさんから聞かされたことやが、白川の人が、ききんで食料がなくて困っていたらしんや。そしたらなあ、宮さんからおふれがあって各家から一人ずつこいといわれたさかい、なんや知らんと思って行って見ると、米倉から米俵を出して、それをみんなにくばってくれたそうや。そしたらみんなよろこんでよろこんでなあ、それからは白川中の人たちが、宮さんを恩人のように感謝するようになったらしいんや。〔八四頁〕

元平は「今、照高院が残っていたら、そらあ今よりも、もっともっと栄えていて、北白川が観光地にでもなっていたやろなあ」〔八五頁〕と歎いて児童の賛意を得ているが、もう一人の「内田さん」、内田福太郎（仕伏町）は、戦後さびれかけていた「白川女の服そうをなるべくするようにと、みんなにすすめる意味で」〔二〇一頁〕白川女の花祭（花行列）という行事を創始した人物である。また、太平洋戦争中に出来たという「花の組合」〔一九八頁〕の長として三〇〇人あまりの白川女をまとめるかたわら、白川女風俗保存会会長をつとめた福太郎は、白川女（花売り）と大原女（薪・柴売り）の服装の違いを児童に詳細に解説し、幻燈で東京三越百貨店にて行われた白川女によるパフォーマンスの様子を紹介している（西村紀久子「白川女の花売り」〔一九三〜一九九頁〕）。一九六三年には、同保存会の一五年記念として、「華香白川里」という篆額を掲げた石碑が北白川天神宮境内に建てられたが、その表面には「この清らかな風俗は千数十年昔参議宮内郷（卿）三善清行が白川の花を御所のお使い用と定められた時（の脱）献花に始まるという言い伝えがある」と謳う河根義之一撰・内田福太郎書の文章が刻まれていた〔図3〕。時代祭の行列に白川女が加わるようになったのは、その五年後である。

［図3］北白川天神宮の白川女碑（著者撮影）

さらに白川女碑が立つ北白川天神宮の例祭（一〇月）[18]には、鉾を祀る氏子の組（一の鉾・二の鉾・三の鉾）が存在するが、福太郎は各組一六人ずつの老人の集まりである「老分十六人」の「一番の責任者」〔一二四頁〕をつとめていたという。酔っぱらいの若者が喧嘩したり「えらそうに道のまん中で、手をひろげて自動車を止めたりして」〔一三四頁〕廻る神輿とともに、小芋・刻みスルメ・大根なます・白米を高く盛って供える「高盛の式」は例祭の重要な儀式であるが、それについても福太郎は、「いちいち指でさしながら、くわしく説明」〔一四〇頁〕している。その中には、図らずも北白川という地域の変遷を映し出す話もあった。

　今の若い人は、みんな町へつとめに行ってるさかいに、高盛を作ったり、その用意をするためには、どうしても朝から始めて、てつ夜をせんならんから、それで体もえらいし、けっきょく会社を二日間も休むということになってしもうて、だんだんと若い人が、高盛を作るということはむずかしい時代になったんやなあ。〔一四六～一四七頁〕

　二人の内田以外では、御牧房江「めずらしい高盛の式」〔一三八～一四八頁〕に三の鉾の当屋（とうや）〔神事の主宰者〕として登場する西村祐次郎（すけじろう）〔下池田町〕を忘れてはならない。「生まれた時から、北白川に住んでいて、北白川の古い歴史を、きょうみをもってしらべている人」〔一七四頁〕である祐次郎は、「東京大学の先生だった勝本先生〔京都帝国大学法科大学教授もつとめた勘三郎ヵ〕」〔八七頁〕が明治の終わり頃に買ったという北白川御殿跡から智成親王墓、法親王内外廟、瓜生山の照高院宮址碑と児童たちを案内して廻るほか、長年研究してきた仙人白幽子についての史料や知見も、自宅において惜しげもなく披露している。

　一番はしにかけてあるのが、白幽子の住んでいた、どうくつの前にたっている石ひ〔富岡鉄斎書・建立〕の拓本や。これにはな、白幽子は石川丈山の弟子と書いてあるし、夜船閑話には、石川丈山の先生と書いてあるが、わしは年からみても、白幽子は、石川丈山の弟子やと考えているのや。〔一七七頁〕

翌日には、これも瓜生山にある白幽子巌居跡を、「白川中の山奥をあるきまわって、くらしていたんやから、このほらあなにも住んでいたかもしれんな」〔一八二頁〕などと解説しながら案内している。

『北白川…』において、山の史跡は祐次郎が案内人となる様子が多く見られる。「むかしのさむらいは、こんなところを馬なんかひいて、よう往復したもんや」〔二一二頁〕と間道を登りながら解説した勝軍山の北白川城址もその一つで、同行した児童は、細川晴元や三好長慶・松永久秀ら「勢力のあるさむらいから、何べんも攻められて、大変苦しめられた」〔二一四頁〕という話を聞きながら、「いくら下から攻めてきても、山の上に陣取っている方が強いはずだと思う。それだのに、なぜ〔足利〕義晴将軍は負けたのだろうか」〔二一五頁〕と疑問を呈している（吉田進「北白川の城あと」〔二一二～二一五頁〕）。下山のついでに、清沢口では白川石の石切場にも連れて行き、「どうしてあんなに大きい石を切りだすんやろうかなあ」〔二二五～二二六頁〕という質問に答えている（大槻雅子「白川石と石屋さん」〔二二〇～二二七頁〕【本書60頁《風土記抄》に収録】）。

> 明治の頃にはな、石をわる火薬というものが日本にきていたさかいに、その火薬をつこうて、白川石をわってとりだしたもんや。それより前はやな、のみで岩に十センチおきぐらい長四角形のあなをあけ、その中に「矢」（長い鉄のぼう）というものを入れてから、「げんのう」という大きいかなづちで矢をたたくと、大きな石がわれるのや。〔二二六頁〕

祐次郎は白川に製粉用の水車を有していた関係もあってか、近くにも居宅があったのであろう、織田侠一・村田裕・高橋和子「白川街道を歩いて」〔五七～六八頁〕【本書33頁《風土記抄》に収録】には「琵琶町の西村さん」として登場し、白川街道に一里塚があったのかといった質問を受けながら、街道沿いの牛石・蛇石（へびいし）・蛇（じゃ）が壺（つぼ）・重石（かさねいし）などを案内している。

> このへんに、むかし船石と言うて、船の形ににた石があったけど、今は石材に使って、なくなってしもうたが、わしは、そのうちセメントなどつかって、むかしの船石の形に作ろうと思ってるんや。〔五九頁〕

平安時代の学者三善清行にちなんで名付けられ、明治末頃瓜生山の勝軍地蔵堂に移されたという木像の美目善（みめよし）地蔵については、琵琶町の元の地蔵堂のところにあったムクの大木や塚のような小山が潰されて家が建てられたが、「毎ばん毎ばん、夜中になるとゆかがゴトゴトと音をたてたり、気味悪くゆれたりしましたので、人々はおばけやしきだと言って、だれも住む人はいなくなりました」〔一五九頁〕という怪談も伝えている。[▼19]

その他では、「白川街道を歩いて」の末尾で、「白川街道を何年か後にはさくら並木にすると言って、さくらのなえ木を植えている」〔六八頁〕人として登場する西町の「西川のおじさん」は、吉田山麓の二仏（大日如来）を幕末北白川に住んでいた侠客会津小鉄が信仰し、小鉄の死後その家族が「石の花立を、石仏さんのためにつくってのこした」こと〔七〇頁〕や、文政の大火を生き延びて白川口に落ち着いた子安観音が、その昔豊臣秀吉により聚楽第の庭へ運ばれたが、「もとの白川にもどせ、もとの白川にもどせ」と秀吉の夢枕にまで立って訴えかけたため、ついに北白川へと戻された〔七三頁〕という言い伝えを教えている。北白川の産業については、元禄期に「水車仕事を始めた人」〔三三一頁〕西村理兵衛の子孫西村喬（琵琶町）が、もち米粉・デンプンかす・糠を原料とする製糊工場を案内――「にてしまうと糊にならへんし、やっぱり蒸気でむすようにして熱しんことにはね」〔三四三頁〕――し、朝生安之助（あさお）（琵琶町）が、日本電池社長二代目島津源蔵に国策のエボナイト製粉を強制され、「昔からの米つきや製粉の仕事を止めてやり始めることになった」〔三四一頁〕という事情を語っている。

おわりに

このように、『北白川…』は「古老の方々の誠意ある協力は勿論のこと、大学の先生方の貴重な時間をさいての御指導、あるいは有識者の方々の積極的なお力添え」〔三七〇頁〕、つまり地域における知的先達の支えなしには成立し得なかった。『北白川…』刊行の二年後、京都歴史地理教育研究会主催の座談会において、京都市東山区にある粟田小学校教員の「北海道の歴史は、原始時代と明治以後でその中間の時代ははっきりわかりません。その点、北白川など条件に恵まれていると思います。「北白川はええとこやけど、うちはなんにもあらへん」という声もありますね」という発言に対し、かつての『北白川…』指導者として参加した大山徳夫は、「「あんたとこやからできたのや」ということはよく聞きました」と応えている。[20]

こうした周囲の羨望とも慨嘆ともつかない声は、当座談会の流れでは、文書・史跡や伝承といった素材に力点が置かれたものとして呈されているようであり、大山も詳細は語っていないが、これがもし郷土学習・研究を支えた人材、ことに「大学の先生」のみの有無をも含意しているとしたら、これまで見てきたことから全面的には首肯できない。梅棹忠夫は「大学と花うり」において、北白川の社会を「大学族」と「花うり族」に大別し、これらは「相互に無関係に平行して存在する」[21]としたが、そのような地域で編まれた『北白川…』に対しては、「おとなたちはたがいに関係がないけれど、子どもたちは同級生だ」[22]と現地の社会構造を乗り越えた活動の成果物という評価を与えている。これは少々ナイーヴな見方かと思うが、郷土研究の担い手が「大学族」のみならず「花うり族」にもわたる、という知的構造が存在したことは間違いない。

また梅棹は、「反目はあるが、一面戦時中の町内会組織などによって、大学族との接触もすくなくない。徐々にではあるが、がっちりした古典的組織はゆるみつつある[23]」と今後二つの族が歩み寄る可能性を示唆している。勿論社会構造と知的構造を安易に同一視することは出来ないが、こと後者に関しては、二族の中間にあり、『北白川…』には「有識者」として登場する一群の人たちの存在が重要だと私は考えている。具体的には、渡辺瑞孝・中野稽雪・河根義之一の三名で、先述したように禅法寺住職の渡辺は新潟県の産であり、「私が北白川に御厄介になつてからもう四十数年になりますが、北白川と云う所を調査してよい所であると知つて住みついたのではありませぬ。唯時の都合で移つて来たまでであります[24]」と述べる河根も、大正後期の「入り人（いりびと）」であった。そして、終戦間もない時期に渡辺と「共に蘆庵を語ったことがある[25]」という医師中野は、北白川の住人ですらなかった。

『北白川…』が成立したのはいわゆる高度経済成長期の初頭であったが、その頃の「土地の古老」とは、少なくとも江戸の記憶を有する家の人物を指していたであろう。しかし、土地の変貌するスピードが年々加速している現在において、地域の歴史を継承し、郷土研究を可能にし続けるには、右の河根のように長年地域に住み続ける「入り人」も、新たに「土地の古老」――「古老」と呼びたくなければ「中老」でも「少老」でもよい――として認めていくことが重要だと思われる。そして京都帝国大学が創設されて優に一〇〇年を越える今、「有識者」だけでなく「大学の先生」でもこの範疇に入る人が、北白川地域には多く存在するだろう。

「大正九年九月から京都帝国大学で奉職することになつてから、爾来三十六年間ずつと、この北白川の里に住んで」[26]おり、北白川愛郷会の機関誌『愛郷』創刊時に題字を記した西洋古典学者田中秀央は、移住当時の校区の様子をこう語る。

今から三十年あまり以前には、私の知人達の中にも、北白川校をさけて、わざわざ他校へ子供を通学させていた人もいた。私はその一人に、地元の小学校をよくするのは、その住民であるから、我々は子供を他校へ通わすべきではないと忠告したこともあつた。その当時、大学人で北白川校へ子供を通わせていたのは僅か三人ほどであつたかに記憶している。[27]

このような「大学族」の語りすら、今や隔世の感があるであろう。「有識者」や「篤志家」──「はじめに」に記したOさんもここに属すると思われる──を自由に活動させ、「古老」の層を更新して行く。私はそこに地域を知的に活性化する可能性を見出したい。

1 http://www.jsce.or.jp/contents/isan/files/2019_16.shtml（二〇二〇年一月三日閲覧）

2 梅棹忠夫『梅棹忠夫の京都案内』（角川文庫、二〇〇四年）二七九頁。初出は「まのあたり見る新教育の成果──京都市立北白川小学校編『北白川こども風土記』──」（『日本読書新聞』一〇〇〇号、一九五九年五月四日）。

3 以下、京都市立北白川小学校編『北白川こども風土記』第二版（山口書店、一九五九年七月）が典拠の際は、該当箇所を［○（〜△）頁］のように表す。

4 ただ、当時北白川と同じ京都市左京区の下鴨キャンパスにあったのは、京都府立農林専門学校に由来する農学部で、京都府立女子専門学校を前身とする文家政学部は、同市右京区桂にあった（京都府立

大学ＨＰ「大学の沿革」https://www.kpu.ac.jp/contents_detail.php?co=cat&frmId=3844&frmCd=8-2-0-0-0　二〇二〇年一月五日閲覧）。

5　「私は、おとうさんに廃寺の本で、写真や図を見せてもらいながらお話を聞きました」〔四六頁〕「私たち〈大山先生、数人の友だちと私―筆者注〉は文学部の教室で、ろうかの陳列だなにある廃寺のかわらを見ながらおとうさんに説明してもらいました」〔四八頁〕（小林節子「北白川の廃寺あと」〔四五～四九頁〕）。「おとうさんは、白川の扇状地の出来方を、だいたい二つに分けて出来ているということを話して下さった」〔二〇六頁〕（藤岡換太郎「湖から盆地へ―北白川の地形―」〔二〇四～二〇七頁〕【本書56頁《風土記抄》に収録】）。これら京都大学の学者による『北白川…』への貢献については、本書序章及びそのもととなった菊地暁「北白川と人文研―『北白川こども風土記』を読む―」（「人文研探検―新京都学派の履歴書（プロフィール）―」第一五回 http://www.keio-up.co.jp/kup/sp/jinbunken/0015.html　二〇二〇年一月五日閲覧）を参照。

6　今のところ、号数に関しては、「北白川名勝古蹟之一」と題にある第一号しか明記されていない。

7　詩仙堂に住まいした文人石川丈山の墓は、瓜生山の隣山中腹（一乗寺松原町）にあるが、丈山が白幽子の師であるという伝承により取り上げられたのであろう。二人の国学者藤貞幹・山田以文の墓、大村益次郎を暗殺した神代直人ら「七猛子」の墓は、白幽子と同じく吉田芝ノ墓地にあったためと考えられる。

8　富岡・田山の祖先である富岡維叙・田山敬儀が、小沢蘆庵（後述）の門人であったことによると思われる。

9　京鹿子商の家に生まれた有職故実家の小西は、同年一一月一四日にも京都史蹟会の例会において、江戸の豪商茶屋四郎次郎の別邸茶山園を見学し、「茶屋蘆庵略記」と題して講演している（京都史蹟会編『白川講演筆記』同、昭和二年）。小西については、松田万智子による一連の論考（『資料館紀要〈京都府

立総合資料館〉』第二八・三〇〜三二・三四号、二〇〇〇・二〇〇二〜二〇〇四・二〇〇六年）が詳しい。

10 中野義雄編『里のとぼそ第五集 小沢蘆庵の真面目』（同、一九八五年）六二頁。

11 同右、山田重正「序」。

12 中野稽雪『里のとぼそ第一集 小沢芦庵』（芦庵文庫、一九五一年）三頁。

13 芦庵自筆の未定稿『六帖詠藻』（静嘉堂文庫蔵、四七巻五〇冊）は、他詠も含めると一万六六五六首を収載する歌集だが、中野は自筆本と新日吉神宮所蔵の「藤島本」（四七巻四七冊。現在京都女子大学図書館蘆庵文庫所蔵）等を校合して、「校注完本六帖詠藻」を成稿している（加藤弓枝「『六帖詠藻』と蘆庵門弟―自筆本系の諸本を通して―」蘆庵文庫研究会編『小沢蘆庵自筆 六帖詠藻 本文と研究』和泉書院、二〇一七年、六三二〜六三五頁）。

14 同右加藤論文。「ただこと歌」は、『古今集』仮名序に示された和歌の六義の一つで、修辞を排してありのままに詠んだ歌のこと。

15 神作研一「解題（I）蘆庵文庫について」（蘆庵文庫研究会編『蘆庵文庫目録と資料』青裳堂書店、二〇〇九年）八頁。

16 中野稽雪補注『里のとぼそ第三集 芦庵翁六帖詠草摘英』（芦庵文庫、一九五三年）九五頁。伏木は前掲註12中野稽雪書の口絵に掲げられた心性禅寺の模型を、『拾遺都名所図会』（天明七年〈一七八七〉刊行）の図から作製した美術家。物部は、北白川山ノ元町で表具店物部画仙堂を営んでいた人物と思われる。

17 中野稽雪『里のとぼそ第四集 小沢芦庵その後の研究』（芦庵文庫、一九五六年）二二六〜二二七頁。

18 「天神さんのお祭も、昔は旧の月の九月の十日と、十三日に行われていたのですが、明治時代の初め頃からは、愛宕郡十八カ村の人たちが相談して、今まで村ごとにまちまちであった神社のお祭を、同じ日に行なって、にぎやかにしょうという話し合いが出来てからは、新の月の十月二十一日に神幸祭をし、二十三日に還幸祭が行われるようになったのです。／そういうわけで、今では岩倉の石座神社、松が崎神社、それに田中神社や鞍馬神社などのお祭が、同じ日に行われているということがわかりました」［二二四～二二五頁］（西田啓子「北白川の天神様」）。

19　古川由美「美目善地蔵さんの話」［一五七～一五九頁］に登場する語り手「西村のおじさん」については、北白川の郷土誌『愛郷』第五号（一九六三年一〇月）に掲載された「三善清行卿について」（西村祐次郎と辻本庄太郎の対談）において、「三善清行卿の墓所と伝えられている所が、わが家の隣地で代々お墓をお守りしていた」（一〇頁）として墓地及び地蔵について詳しく語っていることから、祐次郎と判断した。

20　『歴史地理教育』第六六号、一九六一年、六二頁。

21　前掲註2梅棹書、二七六頁。初出は「大学と花売―二つの北白川―」（『毎日新聞』一九五一年七月二九日）。

22　同右、二八一頁。初出は前掲註2に同じ。

23　同右、二七八頁。初出は前掲註21に同じ。

24　河根義之一「発刊に際して」（『愛郷』創刊号、一九六一年）三頁。

25　前掲註10中野義雄書、六二頁。

26　北白川小学校創立八十周年記念会編『創立八十周年記念誌』（同、一九五七年）三〇頁。

27　同右、同頁。

第4章　戦後社会科教育と考古学

石神裕之

はじめに

二〇〇〇年一一月五日、日本考古学にとって最大の「事件」が発覚した。旧石器時代の遺跡を、ある人物が多数「捏造した」ことが新聞報道によって明らかになったのである。[1] 実はこの年、六年生の社会科「歴史」の教科書本文から、旧石器時代、縄文時代の記述が消え、弥生時代からとなった。[2] 偶然の一致といえばそれまでだが、「日本の歴史」に初めて触れる小学生が、旧石器時代、縄文時代を学ぶ機会を失ったのである。

いうまでもなく義務教育における社会科は、歴史を学ぶうえで極めて影響力のあるものである。しかし、実際の教科書執筆、編集に際して考古学研究者が関わる機会が少ないことから、先史時代の記述の不十分さや、考古学的成果が全く反映されないといった点を憂うる声も多い。[3]

そもそも「社会科」とは、敗戦後、ＧＨＱ（連合国軍総司令部）の民主化政策に基づいて禁止された「日本歴史」、「地理」、「修身」の代わりとして、一九四七年九月に導入された戦後生まれの教科だ。[4] その初期社会科教育の実践のなかで、子どもたち自身の手により、戦前期には等閑視されていた考古学の成果も活かし、郷土の歴史をいきいきと明らかにした画期的な書籍が誕生した。京都市立北白川小学校編『北白川こども風土記』（山口書店、一九五九年）である。

『北白川こども風土記』（以下、略す場合は『北白川…』）は、社会科教員であった大山徳夫教諭ら北白川校の教員たちが尽力した教育実践の成果である。その刊行は当時話題を呼んだが、一方で京都歴史地理教育研究会の座談会において、「北白川など条件に恵まれていると思います」と指摘されたように[5]、当時の教師の多くは特異な場所における特殊な実践として評価し、その手法が全国へ波及することはほとんどなかった。

では、大山ら北白川校の教員たちが企図した教育の実践は、社会科教育のなかで全く意味を持たなかったのだろうか。本論では『北白川こども風土記』を出発点として、敗戦後から一九五〇年代にかけての社会科教育における教師や歴史研究者たちの具体的な実践活動について検討を行いたい。とくに遺跡、史跡の活用が社会科教育のなかでどのように進められていったのか明らかにすることで、『北白川こども風土記』の成立の背景やその意義について理解を深める一助としたい。

1　北白川の遺跡・史跡の発見

『北白川こども風土記』において特筆されるのは、何をおいても子供たちが行ったフィールド・ワークであろう。［図1］は、『北白川こども風土記』に掲載されている、北白川周辺の遺跡や史跡の位置を示した地図である。遺跡や史跡に関わる項目について、目次をもとに内容を概観してみよう［表1］。

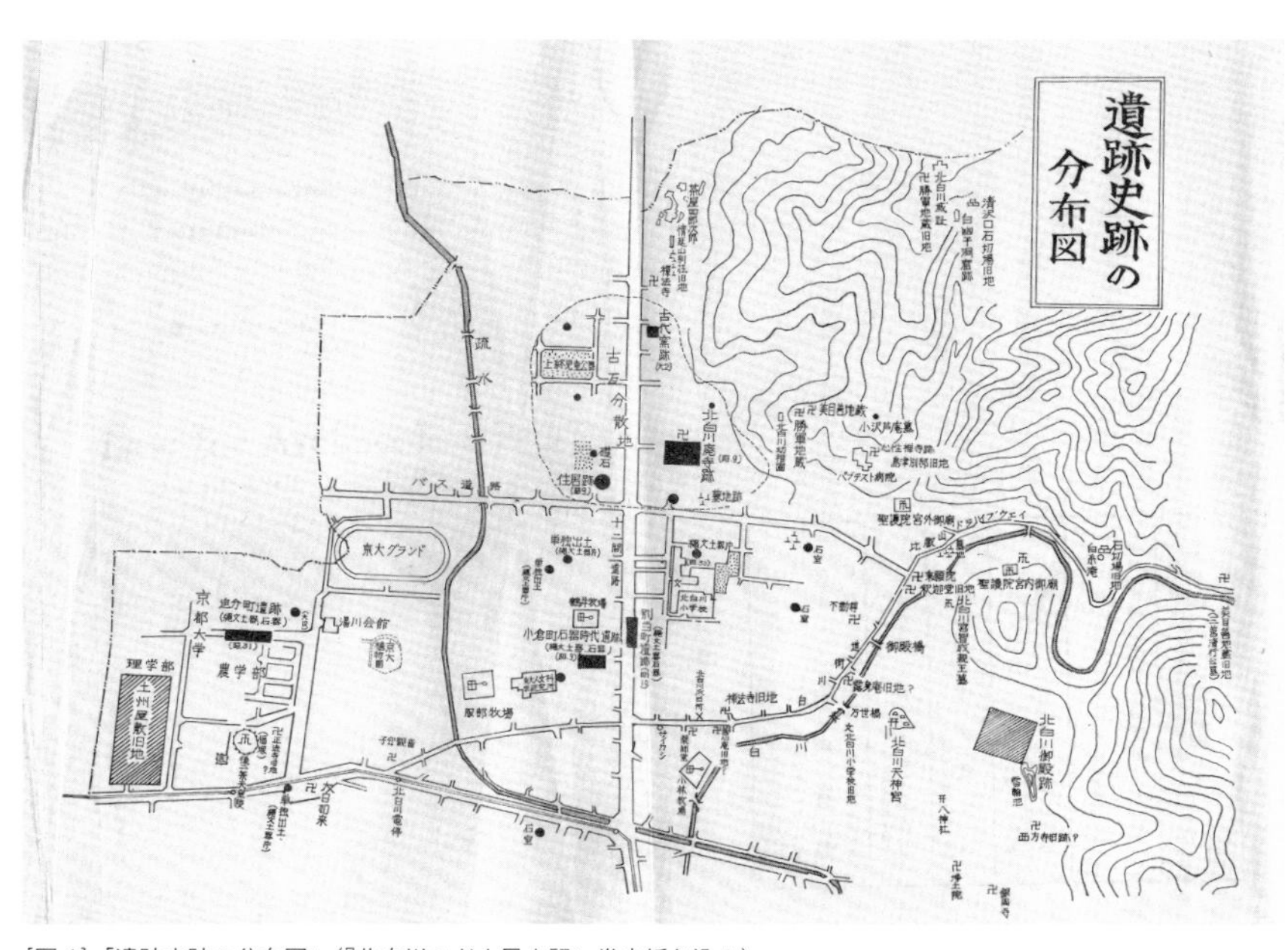

[図 1]「遺跡史跡の分布図」(『北白川こども風土記』巻末折り込み)

「二、郷土の遺跡」では、五つの節がたてられている。例えば一つ目の「石器時代の北白川――小倉町の遺跡――」は、本書でもその本文が再掲されているが【本書23頁「『北白川こども風土記』抄」、以下《風土記抄》】、小倉（おぐら）町、上終（かみはて）町など北白川縄文遺跡群の詳細な発見の経緯を含めて、その意義をわかりやすくまとめており、読み応えのある内容である。▼6 また「知られていない遺跡や史跡」では、当時すでに壊滅していた「塚あと」について、戦前の発見経緯や伝承が記されるなど、極めて貴重な報告を多数掲載している。▼7

ここで留意したいのは、こうした遺跡発見の経緯である。その背景の一つとしてあげられるのが、土地開発の活発化だろう。『北白川こども風土記』のなかでも、北白川における住宅地開発の経緯が記されているが、[8]こうした国土開発に伴う史跡、遺跡の発見が当時の日本各地に認められ、それが史跡保護の運動として、顕在化していく契機となっていった。[9]

京都府では、一八九九年に名勝旧蹟保存委員会（のちの史跡名勝天然紀念物保存委員会）が作られている。[10]濱田耕作（一八八一～一九三八）や西田直二郎（一八八六～一九六四）、梅原末治（一八九三～一九八三）など京大教員らがその委員となり、積極的に遺跡、史跡の発見に携わっていく。一九一九年、日本初の史跡保護の法律となる「史蹟名勝天然紀念物保存法」が成立し、この法律によって、日本各地で遺跡や史跡の調査が本格的に開始される。

北白川における遺跡発見の時期を、保存委員会より刊行された調査報告書から整理すると次のように

[表1]『北白川こども風土記』中の遺跡や史跡に関わる項目

二、郷土の遺跡
「石器時代の北白川―小倉町の遺跡―」
「大昔のかまど」
「大昔の住居あと」
「北白川の廃寺あと」
「知られていない遺跡や史跡」 　「古いお寺」 　「貴族の屋敷あと」 　「塚あと」 　「仕伏町の不動尊」 　「土中から出たお金」 　「吉田寺」 　「善心庵」 　「釈迦堂」 　「露身庵」
三、郷土の史跡
「白川街道を歩いて」
「なかよし石仏さん」
「白川口の観音さん」
「小さなおじぞうさんたち」
「善法寺」
「薬師堂」
「北白川の御殿あと」
「乗願院」
「つぶされたお寺―心性禅寺―」
「白糸の滝」
「身代わり不動さん」
「北白川の城あと」
「勝軍地蔵さん」

なる。

- 北白川瓦窯址（「大昔のかまあと」）　一九一三年、瓦窯跡が発見され、今西龍が調査。
- 北白川追分町遺跡（「石器時代の北白川」）　一九二三年、京大農学部構内で、濱田が石斧を発見。
- 北白川小倉町遺跡（「石器時代の北白川」）　一九三四年、羽館易（一八九八～一九八六）が土器片を発見。梅原らが調査。
- 北白川上終町遺跡（「大昔の住居あと」）　一九三四年、上終町の区画整理地にて村城純郎が縄文土器を発見。小林行雄（一九一一～八九）らが調査。
- 北白川廃寺跡（「北白川の廃寺あと」）　一九三四年、羽館らが瓦類を発見、梅原らの調査により寺院基壇を検出。

※（　）内は当該遺跡の記述がある『北白川…』の項目

土器などの遺物や遺構の発見後は、京大の梅原、小林などが調査を行っており、序章で菊地暁も指摘するように、みな京大関係者による発見・調査の成果といえる。こうした戦前期に培われた素地が、『北白川こども風土記』の内容を豊かにしたことは疑いないだろう。

ただし、当時社会科教育における遺跡の援用はまれであった。例えば戦後社会科教育の実践として名高い、無着成恭（一九二七～）『山びこ学校』（青銅社、一九五一年）。児童自らが調べ、聞き取った内容をまとめたもので、『北白川こども風土記』の内容とは共通する部分も多い【本書「こども風土記33選」303頁、第6章「綴ることと彫ること」参照】。しかしながら、『山びこ学校』では、生徒たちの日々の暮らしぶりを文章や詩として表した「生活綴方」と呼ばれる手法が主体であり、[11]『北白川こども風土記』のような、身の回りの遺跡や史跡、習俗を調べた内容を記述するといった郷土学習的要素は見当たらない。社会科教育において郷土への眼差し、とくに遺跡への関心は、いったいどこから生まれたのか。次節では戦後社会科教育における遺跡・史跡の積極的な活用の実態について検討することを通して、さらに考察を深めてみたい。

2　新しい社会科の誕生と郷土教育の発展

敗戦後の教育界において、まさに未知の教科であった社会科。その教材すら存在しないなかで、実際の教育現場はなにを教えたのだろうか。その手がかりとなる人物に相川日出雄（一九一七〜九一）がいる。相川は千葉県内で教師を長く務め、「歴史教育者協議会（歴教協）」の第四回大会（一九五二年一〇月）において社会科教育の実践例をいち早く報告し、その詳細な内容を『新しい地歴教育』（国土社、一九五四年）として著した。[12]

まずは、その内容を把握する意味で、目次の構成を見てみたい［表2］。全体で一三の章からなり、一九五二年度に千葉県印旛郡富里小学校久能分校の小学校四年生に対して行った実践が時系列ごとに整理されている。[13] 個々の章については、［表2］に概要を示した。相川の実践では、『山びこ学校』と同様に生活綴方を多用している点が特徴の一つとして挙げられる。加えて『新しい地歴教育』では、綴方に対する相川の感想のほか単元構成や作業記録が詳細に提示され、社会科実践の事例紹介としたいという相川の意気込みが伝わってくる。

［表2］相川日出雄『新しい地歴教育』目次構成

章	章題	学習の概要
1	この子らと	児童に書かせた綴方（この場合は詩）の年度初期の作品と後期の作品を示した上で、子どもたちの「前進」や教師の「自己改造」の過程を提示したいという本書の意気込みを示す。
2	地図学習	歴史（郷土史も）の授業では「かならず地図が必要になってくる」として、学校周辺の1/5000と1/10000、1/25000の地図をもとに地図の読み取り方、「フィールドワーク（実地見学）」を行う。
3	生活綴方と生活版画 ―文集製作の第一歩―	フィールドワークの経過をまとめさせ、詩や版画を作成。特に両親の写生とその版画し、詩とともに文集『やづの子ども』第一号を製作する。
4	かりのくらし	「村の歴史」を地図をもとに学ぶ。特に「土地・地層・地質」や遺跡にも関心を広げ、フィールドワークによる地層の断面図の作成や土器拾いを行う。
5	農業のはじまり	農業の始まりについて、縄文土器と土師器の違いなども取り上げ、児童に討論させる。地元にある盗掘された「つか（古墳）」をフィールドワークする。
6	地質学習	理科学習の側面を軸として、海岸線の変化や崖に見られる化石床の観察などを行う。
7	川栗の城	学校近くの台地には、遺跡や山城跡、板碑が残ることから、フィールドワークや古文書なども対象として、中世農民の生活を知る。
8	野馬のすんでいたところ	江戸時代の幕府設置の牧跡をフィールドとして、墓石や牧士の文書、宗門御改帳などをもとに、民衆の生活を知る。
9	続　野馬のすんでいたところ	地図をもとに、旧道を調べたり、庚申塔などの石碑類を調査し、刻まれた銘文から昔の人の名前や新田の歴史を考えたり、先祖の位牌をもとに先祖調べを行う。
10	士農工商	「職人尽絵」の番匠師の絵などを示し、職人＝労働者による生産や農業の姿を学ぶ。
11	創作を通しての歴史教育	獲得した歴史の知識をもとに、野馬のものがたりを創作する。
12	新しい世の中へ	これまでの学習を踏まえつつ、石高帳を整理した年貢生産額の表を見たり、百姓一揆の件数グラフをもとに、幕府の崩壊の流れを知る。また古老の聞き取りから明治から昭和への経緯を知る。
13	わかれ	児童は四年学んだ分校から本校へ。「さようなら」。

また相川は地図学習やフィールドワーク、自然科学や版画なども積極的に援用した。[14] 例えば「かりのくらし」の章では、「とくに原始から古代のような自然が人間にとって重大な脅威であった時代には、自然は社会生活に大きな影響を及ぼすから、我々は自然科学を学習しなければならないし、とくに地理的条件と地質を学ぶ必要がある」と述べている。『北白川こども風土記』でも藤岡換太郎の「湖から盆地へ――北白川の地形――」【本書56頁《風土記抄》に再録】があるが、こうした自然科学的な視座の作業も、重要な実践として位置付けられている点は興味深い。

そのほか相川は教師が「郷土教育」を実践するにあたって、その「教育の突破口をあける」ために「夏休み」を活用した「実態調査」を勧めている。[15] それは社会科の教材開発が目的であり、対象として古文書、地図、考古学、石造物などが取り上げられている。とくに考古学の素人である教員が土器の年代比定などできないという課題については、実際に土器を見るという「経験の積みかさね」が大切であるとし、土器の散布地の調査や採集された遺物を高等学校の「郷土室」などに見学に行くこと、などを提唱している。この「郷土室」への見学は、学校所有の郷土資料の存在と、その活用について言及したものとして注目に値する。[16]

こうした遺跡、遺物を「教材」として活用するということは、戦前の歴史教育においてはほとんどなかった視点であり、[17] 教材の自主編成を迫られていた初期社会科教育の現場にあって、[18] 相川が工夫した新しい実践手法であった。加えて民主主義を教えるという当時の社会科教育における課題に対して、郷土教育と生活綴方を基に克服しようとする意図も含まれていた。こうした相川の先駆的実践に示唆を与えたのが、後に詳述する「郷土教育全国連絡協議会（郷土全協）」での郷土教育運動であった。[19] 次節では考古学の立場から、郷土教育運動の中心的役割を担っていた和島誠一による月の輪古墳発掘を通して、社会科教育と考古学、そして郷土教育運動との関わりについて議論を深めることにしたい。

3　月の輪教室と「概念くだき」の武器としての考古学

敗戦後の日本は、まさに遺跡発見のラッシュであり、戦前以来の原始、古代史に対する既成概念を覆す発見が相次いだ。[20] そうしたなかで行われたのが、岡山県勝田郡飯岡村（現久米郡美咲町）月の輪古墳の発掘であった。

この月の輪古墳の発掘が一般に知られることになったのは、ひとえに地元住民自らが発掘作業に参加した点にある。[21] 考古学者、近藤義郎（一九二五～二〇〇九）により古墳が発見された後、ただちに地元の飯岡（ゆうか）村の有志による文化財保護同好会美備郷土文化の会が発足。英田郡（現美作市）福本中学校教頭で校内郷土史研究クラブの顧問であった重歳政雄が、村民に発掘の意義や資金のカンパ、発掘作業への参加を訴える草の根運動を展開した。[22] そして一九五三年八月一五日に発掘が開始。その後、発掘参加者は村や県を超えて広がりをみせ、総勢一万人に及ぶ一大発掘運動へと展開することになる。

この発掘の意義として当時とくに高く評価されたのは、発掘調査の科学性であった。例えば、それまで考古学では石棺主体部などの部分的な調査は行っていたが、月の輪のように墳丘の葺石部まで露出させる全面調査は全く行われてこなかった。そうした先駆的発掘を主導したのが、近藤と資源科学研究所所員、和島誠一（一九〇九～七一）であった。とくに和島は鉄器の材質分析など自然科学の応用も試み、前期古墳の全貌を初めて具体的かつ科学的に明らかにしたのである。[23]

くわえて、生活綴方の実践、一九五四年に刊行された『月の輪教室』も反響を呼んだ。[24] 発掘に参加した児童、生徒が書いた綴方や発掘参加者の手記をまとめた内容は、月の輪の活動指針である「民主主義と科学的精神を基幹とした、月の輪精神を育てる」とする目標を、[25] まさに具現化したものであった。

当時、福本中学校教諭で文化財保護同好会にも参加した中村常定（一哉）は、「歴史教育のあり方を模索していたわたしが、迷った末に到達したのは、生活綴方の教育への道であ」ったとのちに述べているが、[26] 社会科教育の実践手法の開発が求められた時代において、生活綴方が極めて有効な教育手法となることを、月の輪古墳の発掘運動は示したのである。

４　和島誠一の「郷土教育」論

こうした月の輪の実践を経て、社会科教育における生活綴方の意義や考古学の科学性を改めて認識した人物こそ、和島誠一であった。和島は近藤に請われて月の輪の発掘指導を行ったが、先述した相川の実践に対して助言を行うなど、歴史教育や郷土教育にも強い関心を抱いていた。[27] また和島は学生時代に共産主義に傾倒し、その後、唯物論的思考に基づくマルクス歴史学を基礎として、考古学資料による歴史復元を試みた。その経歴や思想が、月の輪運動にも大きな影響を与えたことは確かであろう。[28]

ここで改めて「郷土教育」について概要を整理しておきたい。大正末以降、地方改良、農村教育の一環として、郷土を通して社会認識を深めるという意図から始められたが、次第に郷土愛や祖国愛の涵養という愛国的な公民教育に収斂していった。[29] 戦後はその反省も踏まえ、民主化、平和教育に舵を切り、むさしの児童文化研究会を母体として、全国組織である郷土全協を設立。小学校教師であった桑原正雄を中心に、考古学の和島誠一、歴史学の高橋磌一（しんいち）（歴教協で活躍）など、多様な人材が参加した。[30]

桑原らの郷土教育は、子供たちが身の回りの生活環境を直に触れ、見聞きすることで問題を発見し解決する「科学的な社会認識を育てる教育方法」を標榜し、[31] その具体的手法が国分一太郎（こくぶんいちたろう）らの推進した生活綴方教育を踏まえた系統的な学習だった。[32] 先述した相川の事例のように、生活綴方と地歴学習を基礎とする実践こそ郷土教育の王道であり、当時の郷土全協では「千人の無着・万人の相川を」が教師たちのスローガンともなったという。[33] こうした戦後の郷土教育運動における生活綴方やフィールド・ワークなどに対する高い評価は、「月の輪教室」の実践とも無関係ではないだろう。

和島は月の輪の実践後、郷土全協、歴教協が共同編集していた雑誌『歴史・地理教育』に「考古学と歴史教育――ものの見方について――」を発表する。[34] そこで和島は考古学の目的を「物をつくり出した歴史的諸関係を、物を通じてつかみ出す」ことにあるとし、それは「郷土教育などのフィルド・ワークを通じて」知るべきだとする。そして月の輪における「体ごと歴史を勉強する」という生徒の綴方に感銘を覚えたとしたうえで、「考古学は、歴史教育を行う際に概念くだきの武器」になると指摘した。[35]

さらに和島は自らが編者であった河出書房版『日本考古学講座』において「V．考古学と郷土教育」と題して、考古学研究者に向けて郷土教育の提示を試みる。[36] ここでは教育学の周郷博（すごうひろし）（一九〇七～八〇）に和島自身の思いを代弁させた。周郷は「概念的な歴史地理と道徳の考え方を作りなおす」ためには、「綴方、描画、気持ちのよい創造的な話合い」が役立ち、「既成の概念くだきと創造的な人間の再生」を進めるうえで、考古学が果たすべき役割は大きいと指摘する。そして相川らの実践も盛り込み、まさに和島が進めてきた郷土教育運動の集大成とも言える方法論を世に問うたのであった。

しかし時代はすでに大きく転換し、一九五〇年代後半、歴史教育に対して反動的な政策が打ち出されていくこととなる。[37] 考古学においても、月の輪の精神を引き継ぐ文化財保存活動は続くものの、開発行為に伴う行政が主体となった記録保存調査という名の遺跡破壊がすすめられていく。[38] そして考古学の成果もまた政治的な制約のなかで社会科教育において十分に生かされない方向へと進み、[39] 冒頭に示したとおり、今日に至るまで変わらない状況が続くことになるのである。

おわりに

最後に『北白川こども風土記』に話を戻したい。風土記の活動を実践した大山徳夫は、自らの実践を「郷土学習」を進めるための「資料の蒐集」であり、「郷土教育」ではなかったと評価した。[40] そして山口書店社長山口繁太郎との対談では、以下のように述べる。

とにかく社会科における郷土教育の実践というものは、教師と地域社会が手を握り、子供を郷土学習の場にしっかりと据えて、地域ぐるみの意識改革と、民主化をなしとげていく努力が必要なんでしょうね。[41]

この発言で注目したいのは、「郷土学習」と「郷土教育」を使い分けた「意図」であり、「民主化」という目標設定である。本章で検討してきたように桑原らの郷土教育運動は、戦後社会科の教育実践において先駆的かつ枢要な位置づけにあり、『北白川…』における遺跡、史跡を扱うといった着想も、明らかにその影響を強く受けているものと考えられる。にもかかわらず、なぜ大山は自らの実践を「郷土教育」ではないと自己評価したのか。

その意味を理解するためには、さらに社会科教育における郷土教育論争や戦後歴史学の動向について言及する必要があるが、すでに紙幅が尽きた。その関係性を読み解く要素としてひとつ取りあげるならば、近代日本が引き起こした戦争の歴史を教訓として、民主主義、平和教育を前提として進められた民主主義科学者協会や歴史学研究会など、歴史学者主導の歴史教育運動との関わりだろう。対談における大山の発言からも、民主主義の啓蒙という「目標」は、大山の心にも深く刻まれていたことが読み取れる。

大山は自らの実践を「風土記は縦の流れのみを追った郷土史」としたうえで、「子供達に郷土に対する問題意識を植えつけ、それを組織化していくだけの指導力というものが私にはなかった」と自己批判した▼42。この大山の発言は、桑原らの提起する「郷土教育」の目的を前提とすれば妥当なものであり、大山は的確に「郷土教育」の本質を理解していたといえる。そして、啓蒙の主体という社会科教師がなすべきとされる実践に至らなかったことをあえて表明することで、本章「はじめに」で示した『北白川…』に対する周囲の消極的な評価の意味を、自ら咀嚼しようとしていたのかもしれない。

昨今、いわゆる「アクティブラーニング」、探求(型)学習の導入が学校教育においても関心を持たれているが、子どもたち自身が地域の課題を把握して考察する、大山の言う本来的な意味での「郷土教育」が再び脚光を浴びる日も近いように思われる。そして考古学ブームのなかで遺跡は身近なものとなったが、いまだにその破壊は静かに続いている。丁寧に郷土の遺跡・史跡と向き合い、その重要性を明らかにした『北白川こども風土記』は、いまこそ読み直されるべき教育実践なのではないだろうか。

1　矢島國雄「旧石器捏造問題」（『日本考古学』第四七号、日本考古学協会、二〇一八年）九～一四頁。
2　一九九八年の小学校学習指導要領の改定により、二〇〇〇年度より改訂となる。その後、二〇一〇年に縄文時代の記述は復活した。剱持輝久・大竹幸恵・大下明「歴史教育と考古学―社会科・歴史教科書等検討委員会の活動と課題―」（『日本考古学』第四七号、日本考古学協会、二〇一八年）八三～九三頁。
3　前掲註2。
4　臼井嘉一「序章　研究課題と方法意識」（『戦後歴史教育と社会科』岩崎書店、一九八二年）五～三〇頁。
5　京都歴史地理教育研究会「「北白川こども風土記」をめぐって」（『歴史・地理教育』六六号、一九六一年）五九～六三頁。
6　北白川追分町遺跡からは、京都盆地最古の押型文前半期の土器（大川式～神宮寺式）が出土するなど、北白川遺跡群は京都市内でも最古級の人間活動の痕跡として現在も評価されている（千葉豊『京都盆地の縄文世界　北白川遺跡群〈シリーズ「遺跡に学ぶ」八六〉』新泉社、二〇一二年）。
7　「池田町古墳群［遺跡番号三九八］」について知ることができる記録として、極めて有用である（京都市埋蔵文化財調査センター編集『京都市遺跡地図台帳〈第八版〉』京都市文化市民局、二〇〇六年）。
8　「七、郷土の発展」の、宇野啓子「小倉町のうつりかわり」（三一四～三一九頁）、森健「北白川の発展―区画整理」（三二〇～三二四頁）などで、戦前における北白川の宅地化の経緯が示されている。
9　森本和男「第一〇章　大正デモクラシーと地方を主体とした保存」（『文化財の社会史―近現代史と伝

統文化の変遷』彩流社、二〇一〇年）三八一～四三一頁。

10 丸山宏「近代における京都の史蹟保存：史蹟名勝天然記念物保存法をめぐる京都の対応」（高木博志編『近代京都研究』思文閣出版、二〇〇八年）一七四～一九八頁。

11 「私は社会科で求めているようなほんものの生活態度を発見させる一つの手がかりを綴方に求めた」とある（無着成恭『山びこ学校』青銅社、一九五一年の「あとがき」二一二頁）。

12 大会報告については、相川日出雄「私の歩んだ歴史教育の道」（『歴史評論』三五、民主主義科学者協会、一九五二年）を参照。

13 白井克尚「相川日出雄による郷土史中心の小学校社会科授業づくり―「新しい地歴教育」実践の創造過程における農村青年教師としての経験と意味―」（『社会科研究』七九、全国社会科教育学会、二〇一三年）一三～二四頁、および前掲註4、「第一章　三　子どもの問題意識を育てる「郷土の歴史教育」―一九五〇年代の相川日出雄実践」、四六～六八頁。

14 相川は全く版画の製作技法がわからず、大田耕士の『版画の教室』（青銅社、一九五二年）を読んで、その疑問を解消することができたと記している（小西健二郎、相川日出雄『学級革命・新しい地歴教育〈ほるぷ現代教育選集一三〉』ほるぷ出版、一九八四年、一八二頁［初版は相川日出雄『新しい地歴教育』国土社、一九五四年］）。

15 相川日出雄「教師ができる実態調査」（『教育』一〇、教育科学研究全国連絡協議会編、一九五二年）七六～七九頁。

16 戦前の「郷土教育」運動の高まりから、各府県師範学校に郷土研究設備施設費が交付され、「郷土室」が設けられて考古資料が多数収蔵された（西川宏「考古学と歴史教育」『岩波講座　日本考古学　第七巻〈現代社会と考古学〉』、岩波書店、一九八六年、一七七～一八一頁）。

17　前掲註16。

18　一九四七年に出された「学習指導要領」（試案）は、教育の実践を教師自ら研究することが求められるなど、自由度の高いものであった（野崎剛毅「学習指導要領の歴史と教育意識」『國學院大学紀要』第二三巻、二〇〇六年、一五一～一七一頁）。

19　例えば、『新しい地歴教育』の「かりのくらし」の項では、「たて穴住居跡」の評価について相川が指導を受けている。前掲註14相川文献、二〇〇頁。

20　一九四七年には、静岡県登呂遺跡において初の水田跡の発見があり、一九四九年には群馬県岩宿遺跡で、日本には存在しないとされていた旧石器時代の打製石器などが初めて発見された。

21　月の輪古墳は岡山県勝田郡飯岡村（現久米郡美咲町）字倉見の大平山山頂に位置し、径六〇メートル、高さ一〇メートルの円墳である（近藤義郎編『月の輪古墳』月の輪古墳刊行会、一九六〇年）。

22　近藤義郎・中村常定『地域考古学の原点　月の輪古墳〈シリーズ「遺跡を学ぶ」四二〉』（新泉社、二〇〇八年）、前掲註21文献、中村常定「第三章　皆で発掘した月の輪古墳」、四八～七九頁。

23　前掲註21。

24　美備郷土文化の会・理論社編集部編『月の輪教室』（理論社、一九五四年）。『月の輪教室』に掲載された「綴方」は中村一哉（常定）が指導した「郷土クラブ」の活動を軸に進められた（白井克尚「一九五〇年代前半における戦後の郷土教育運動の地域的展開—岡山県・月の輪古墳発掘運動の中の教育実践に着目して—」『教育実践学論集』第一五号、兵庫教育大学、二〇一四年、六七～七八頁）。

25　前掲註21文献、中村常定「第三章　皆で発掘した月の輪古墳」、五二頁。

26　前掲註21文献、中村常定「第二章　歴史の真実を学ぶために」、四七頁。

27　一九五一年一月、資源科学研究所の和島を桑原正雄が訪ねたことがきっかけで、郷土教育運動が始まったという（桑原正雄「戦後の郷土教育（一）」『歴史・地理教育』第三巻第四号、一九五六年、一四〜二二頁）。

28 渡部義通「『日本歴史教程』前後の和島誠一」（『考古学研究』第一九巻第四号、一九七三年）四〜九頁。渡部を中心に結成された「唯物論研究会」のメンバーと『日本歴史教程』を三澤章の筆名で共同執筆した。

29 伊藤純郎『郷土教育運動の研究〈増補版〉』（思文閣出版、二〇〇八年）。

30 郷土全協の展開については、白井克尚「一九五〇年代前半における「新しい郷土教育」実践の創造過程に関する一考察―郷土教育全国連絡協議会の「理論」と「実践」の関わりに焦点を当てて―」（『東邦学報』第四三巻第二号、二〇一四年）五九〜七六頁をはじめ、研究蓄積は多い。とくに草創期の経緯については、桑原正雄「郷土教育全国連絡協議会の任務と性格について」（『歴史・地理教育』三〇号、一九五七年）一三〜一九頁に詳しい。

31 桑原は、無着の実践よりも郷土教育は「科学的な方法」であると指摘する（桑原正雄「戦後の郷土教育（三）」『歴史・地理教育』第三巻第五号、一九五六年、二三〜三二頁）。

32 郷土全協、歴教協、日本作文の会の会員が多数関わった社会科教科書『あかるい社会』と国分一太郎が編集した副教材『綴方風土記』との強い関連性が指摘されている（須永哲思「小学校社会科教科書『あかるい社会』と桑原正雄―資本制社会における「郷土」を問う教育の地平―」『日本の教育史学』五六、二〇一三年、四五〜五七頁）。

33 桑原正雄『教師のための郷土教育』（河出書房、一九五六年）五一〜五四頁。

34 和島誠一「考古学と歴史教育―物の見方について―」（『歴史・地理教育』一-五、一九五四年）一〜五頁。

35 国分の『綴方教室』には「概念くだき」の節があり、綴方教育の柱の一つであった。国分一太郎『新しい綴方教室〈新装版〉』（新評論、一九七五年）三〇〜三九頁（初版は日本評論社、一九五一年）。

36　周郷博「考古学と郷土教育」（和島誠一編『日本考古学講座一　考古学研究法』河出書房、一九六六年）二三九～二四八頁、に加えて、相川日出雄「実践例Ⅰ　小学校の部（千葉県富里小学校）」二四九～二六六頁、杉崎章「実践例Ⅱ　中学校の部（愛知県横須賀町立中学校）」二六八～二八二頁、和島誠一「あとがき」、二八三～二八四頁。

37　例えば一九五三年一〇月、自由党政調会長池田勇人とウォルター・ロバートソン国務次官補が会談、「自衛のための愛国心教育」が進められることになる（永原慶二『二〇世紀　日本の歴史学』吉川弘文館、二〇〇三年、二〇二頁）。

38　和島は日本考古学協会埋蔵文化財保護対策特別委員会の委員長として、日本各地の遺跡破壊を調査し、その状況をまとめた。その「あとがき」で和島は「今日のような破壊がつづく限り、それを告発する仕事を中絶することはできない」と悲痛な決意を述べている（和島誠一「あとがき」日本考古学協会編『埋蔵文化財白書』学生社、一九七一年、二一三頁）。

39　松島透（長野県木曽郡日義中学校教諭）は、一九五八年度学習指導要領の改定において「考古学的な興味にだけとらわれて、これら（筆者注：原始社会の社会組織など）に多くの時間を費やさないよう」といった文言がいれられたことに対し、「考古学者が教育の場へ学問の成果をかえす働きかけをしないこと」が背景にあるとして非難した（松島透「社会科における考古学的分野の取り扱い」『考古学手帖』四、一頁）。

40　前掲註5六〇頁。

41　大山徳夫・山口繁太郎「対談「北白川こども風土記」始末記」（京都市立北白川小学校編『創立九〇周年記念誌』山口書店、一九六四年）四〇頁。

42　同右。山口は『北白川…』も月の輪と並ぶ価値ある実践と大山を擁護している（三九頁）。

第5章　評言からみえるもの
——小中「総合的な学習の時間」から「生涯学習」へ

高木史人

1 「語りの水準」と「評言の重なり」と

『北白川こども風土記』を読み解くにあたり、「評言」という言説の様相を確認することから説き始めてみよう。

ストーリーには書き手／読み手、語り手／聴き手、などが入れ籠型のしかけとなって幾重にも内蔵されている。このストーリーの入れ籠型のしかけを、「語りの水準」と邦訳している。[1]「語りの水準」は、短い「昔語り」からも十分に見ることができる。たとえば、小笠原謙吉の手になる岩手県の『紫波郡昔話集』（柳田國男編全国昔話記録、三省堂刊、一九四二年）に「二歳胡麻に三歳胡麻」という「ムガシ」が載っている。これは小笠原謙吉が祖母ユミ（天保三［一八三二］年生まれ）から聴き取ったという。伝承事情は、『紫波郡昔話集』巻末「後記」に記されている。

　昔あつたぢもな。長者殿のお婆さんはむがし（昔話）を好きで、なんたな（どんな）昔語りでも、お婆さんを飽せる事は出来ながつたから、長者殿では昔を語てお婆さんを飽せた者々には、二歳ごまに三歳ごまをけると門前さ高札を立てだ。するとおめり（お目出）とうごあんすと来た男は、こちらのお婆様はむかしを聞ぎたいとの事で、高札の表について参りましたと言ふから、長者殿ではお婆さんの座敷さ其男を通すと、お婆さんは昔を聞きたがつて待あぐんで居たので、昔語りの男は、まずなしお婆さん、昔あつたぢもなし、語たらば、お婆さんは口にえぼしはあと謂つた。それから其男は、或所に大きな大木はあつたぢもなしお婆さんといふと、お婆さんは口にえぼしはあ。その木のうど穴（空胴）さ一匹の大蛇は住んで居たぢもなしお婆さん、口にえぼしはあ。そしたら其木の枝さ鴉は一羽来てたがつた（留る）ぢもなしお婆さん、口にえぼしはあ。鴉はがあとさがぶ（鳴）と、蛇はのろ〱と出だぢもなしお婆さん、口にえぼしはあ。又鴉はがあとさがぶと、蛇はのろ〱と出だぢもなしお婆さん、口にえぼしはあ。又鴉はがあとさがぶと、蛇はのろ〱と出だぢもなしお婆さん。何度も何度もそれをくり返すと、お婆さんは昔は飽ぎだからやめてけろ。あれやく〱、誰が蔵さ行つて、去年の胡麻一升に一昨年の胡麻一升出してきて、この人さやれと言つたので、二歳駒と三歳駒貰ふ気で来た昔語りの男は、ただ胡麻二升貰て帰つたとさ。どつとはらい。

これを読むと、入れ籠の一番奥には鴉という語り手と蛇という聴き手とがいる。次にその外の入れ籠にはムガシ語りの男という語り手とお婆さんという聴き手とがいる。そうして、このストーリーの外には、祖母のユミという語り手と孫の謙吉という聴き手とが対峙していた。

だが、入れ籠のしくみはこれに止まらない。小笠原謙吉はこのムガシを文字に書き留めて柳田國男（一八七五〜一九六二）に示した。書き手の小笠原と読み手の柳田とがいる。そうして柳田はこのストーリーを含めた小笠原の筆になる七九話の「ムガシ語り」を「昔話」と名を改めて「柳田國男編」の叢書「全国昔話記録」の一冊『紫波郡昔話集』として刊行したのである。そうして、柳田國男と向かい合って多くのこの昔話集を手にとるかつての読者がいる。

以上を整理すると、入れ籠の一番奥①から順に外側⑤（さらに⑥の外枠にいまここの我々がいると思われるのだが）までを図示すると、このようになるだろう［図1］。なお、⑤の柳田國男の位置について、叢書「全国昔話記録」は極めて曖昧な表紙と奥付とになっている。たとえばこの叢書の奥付に採話者の名前は見

［図1］柳田國男編『紫波郡昔話集』「二歳胡麻に三歳胡麻」の「語りの水準」

［図２］『紫波郡昔話集』表紙・奥付

られず、「編者　柳田國男」だけが記載されている［図2左］。また表紙からは著者か編者かが曖昧なままに最上段に緑色の「柳田國男編」の表記が強く印象づけられるというしくみである［図2右］。

さて、ここで問題にしたいのは、みぎの六つの語りの水準の枠ごとに、語り手／書き手や聴き手／読み手がじしんの思いを述べる場合があることだ。たとえば②の聴き手のお婆さんは「昔は飽ぎだからやめてけろ」と言う。このようなじしんの思いを、「評言」という言葉で迎えてみたい。そこにお婆さんの思い、考え、評価が現れていると見た。

あるいは、④の翻字者（書き手）の小笠原謙吉の評言は、なかなかに興味深い。それというのも、『紫波郡昔話集』には佐々木喜善著『紫波郡昔話』（「炉辺叢書」の一冊、郷土研究社刊、一九二六年）という先蹤があるからだ。その「序文」の冒頭には「此集の資料の殆ど全部は盡く紫波郡煙山村の小笠原謙吉氏から頂戴したものである」と資料の出所が明記されていた。ところが、『紫波郡昔話集』「後記」には、「詞友佐々木喜善氏の『紫波郡昔話』は大正十四年九月に著はされたものであるが、その資料は私の以前から提供して居たものであつた。それが上梓されて目を通すと、失礼な言葉だが、内容は大分佐々木型の昔話になつて居て、紫波郡の昔話としては特質を失つたものは多いので（以下略）」

と、ここに改めてじしんの手で資料を編み直す謂れを記していた。これは④の水準における小笠原謙吉の思い、考え、評価が現れた評言であろう。

このように評言は、書物という織物(テクスト)のいくつもの水準に織り込まれている。ときには水準を曖昧にして混乱を楽しむような評言もあるが、これらの評言の幾重もの重なりが、その織物のその織物らしさを造り上げていくのだと思う。また、その重なりを見つけて聴いたり読んだりするいとなみが、聴くことや読むことの豊かさを築き上げていくことになるのだろう。

それでは、『北白川こども風土記』における評言はどのような様相を示しているだろうか。ここでは、『北白川こども風土記』(以下『北白川…』)の評言を第2節から第4節までの大きく三つの層の重なりにまとめて、つまりは簡略化して、紹介していく。

2　ストーリーの中に評言性が込められている

『北白川こども風土記』を読んで、ストーリーじたいが評言性を帯びていると感じたのは、次の記事であった。記録した聴き手は田畑久栄さん(以下、当時の児童は全て「さん」、話者(インフォーマント)には氏で統一する(姓名が明記されず姓だけで「〜(のおじ)さん」等という場合はそのままカギカッコに囲んで引用した))。話者は内田元平氏である。

「こんな歌があるんや。」

と言われて、おじいさんの子供の時によく歌ったという歌を、おもしろい声をだして歌われました。

もえもんとはよう言うた
ヒイホウヒイホウ
みそをつくとて
豆たいで
豆のかずほど
家やいた
ヒイホウヒイホウ

この歌を聞いて、お友だちもわたしも、思わずふき出してわらいこけました。わたしは、とてもおもしろい歌やなあと思いました。あんまりこの歌がおもしろかったので、なんべんも歌ってならいました。（「もえもんやけ――文政の大火――」二九四～二九五頁、以下注記のない頁数は『北白川こども風土記』原本の頁数を指す）

これは「文政十三年十一月十三日に起った」大火にまつわる噂歌である。噂歌は、酒井正子が奄美徳之島の事例を論じたものや川田順造が西アフリカのモシの間で行われていた悪口歌を論じたもの等が知られているが、[2] 昭和三〇年代に京都市で記録されたのは珍しいのでなかろうか。ちなみに噂歌が重要なモティーフとして機能している深沢七郎『楢山節考』が雑誌『中央公論』に発表されたのは一九五六年であった。

さて、田畑さんの聴き書きによる記事によると、この大火で白川約二二〇軒の内一九四軒が焼けたという。『北白川…』巻末収録の史料「乗願院住職運誉上人記」によると、「天保元年丑之霜月三日大風卒爾に吹立て、当村中之町茂右衛門より出火」とあり、「二百二十軒之処百八十六軒に寺堂庵地共（中略）七軒、御家中山田氏一軒、惣計百九十四軒丸焼し」とあるから、日付は若干のずれがあるけれども、内田氏の説明はかなり詳細、正確である。しかも、出火の原因を「上人記」では「大風」と記すのみだったが、噂歌では味噌を仕込むために豆を煮た火から出火したと、史料にないことにまで言及している。

この噂歌からは、強風という自然の原因には触れず、人事としての味噌づくりだけが歌われており、そこに火を扱う上で厳重な注意を払うべきだという規範が示されると同時に、それを怠った（と見做されてもしかたないだろう）茂右衛門家に対する批評性が示されているだろう。ストーリーじたいが評言性を持っている。

ただし、それを伝え聴く一九五〇年代の子どもたちに、火事への評言性はよほど希薄になっている。文政一三年は一八三〇年だから、この聴き書き当時から見ても一三〇年近く経過している。話者の内田元平氏も「おもしろい声をだして歌」っている一方、聴き手の田畑久栄さんもその友人も「思わずふき出してわらいこけ」ている。しかし、その笑いこける中にも、人事から引き起こされた火事という記憶はしっかりと受け継がれることになるだろう。そのおもしろさゆえに、田畑さんも「なんべんも歌ってならいました」というのだから、火事すなわち災害の記憶は、この歌によって確かに受け継がれた。災害の記憶を生々しいまま受け継ぐのが効果的か、それとも時間の経過につれて歴史が伝説になりさらに昔語り／昔話のようになるのを認めた方が受け継がれやすいか、という問題を考える契機となる事例だろう。▼3

このような歌を使った記憶の事例として、『北白川…』に次の歌も見える。

おばあさんたちは、いろいろとお話しているうちに、とてもみょうな歌を聞かせてくださいました。それは「白川づくし」と言って、おばあさんたちが娘さんのころよく歌った歌だそうです。この白川づくしは、白川の村に住んでいる人たちの家々を、白川街道の上の方から下の方まで、じゅんばんに歌にしていったものです。

どてらどてがながれる
すけざえもんそこすかしゃ
まごべえまんまちゃ
かくえもんでとまる
じざえもんじっとしてや
ごえもんごろただせ
かぎやつちだせ
ちょうざぶろうちょうちんだせ
にすけのみやさん
たいへいじのてんか

まだつづけてあるのですが、おばあさんたちは、ずいぶんながい間歌ったことがないので、ほとんどわすれてしまっているのです。それに、この歌には、おもしろいわけがあるそうですが、おしいことには、おばあさんたちでさえ、この歌の意味がよくわからないようでした。

（「おばあさんたちの話――北白川の風俗習慣――八　白川づくし」二七七～二七八頁）

聴き手／記録は栗林純子さん、話者は大槻トメ氏（九〇歳）、藤田トメ氏（八〇歳）、藤田マツ氏（七五歳）。『北白川…』は三年をかけて記録をまとめたとあるから、仮に一九五八年の聴き書きだとすると、それぞれ一八六八年、一八七八年、一八八三年ころ生まれの媼（おうな）ということになる。つまり明治初頭に娘時代を過ごしているから、そのころに白川辺で歌われていたのだろう。残念なことに、話者のおばあさんたちにもこの歌意がはっきりと思い出せなくなっている。しかし「おもしろいわけがある」と伝えられているから、この歌にはそれぞれのイエにまつわる伝え、評判、つまり評言性が内包されていたのだろう。

この歌に出てくる「すけざえもん」から始まる呼称は、『北白川…』「家と屋号について　北白川の屋号」（聴き手／記事・倉田泰さん、二五五～二五六頁）の記事と対応させると、『北白川…』刊行当時にも確認できる家がある。倉田さんの説明では、北白川では、個人名よりも地域には「屋号」（民俗学では、商家の「屋号」と区別して、イエの名を「家号」と表記するのが一般的だが、ここでは『北白川…』の表記を尊重する）と「通り名」とが流通していたという。倉田さんは「おじいさんたちからお聞きした」と記しているので、男性話者からの聴き書きだったようである。一方、「白川づくし」はおばあさんたちからの聴き書きである。そこには、性差から来る伝え方のずれもあるかも知らないが、重なるのは二軒である。一軒は通り名「どてら」（屋号「伝次郎」、一九五九年当時の当主・藤田伝次郎、町名・仕伏）。もう一軒は、屋号「かぎや」（「鍵屋」。通り名「兵助（ひょうすけ）」、一九五九年当時の当主・内田鶴之助、町名・下池田）。それ以外は確認ができなかった。

ところで、このような屋号（家号）とそれに付随する評判、由来については、臼田甚五郎の報告例があった。[4] 臼田は「民話」という語を「民俗説話」と理解すべきだと述べ、その民話＝民俗説話には「その生活に根をおろして生きてきた経歴が必要なのである」と述べる。そうしてそのような「民話の生誕」の例として、「家号」に注目した。臼田が自らのフィールドワークから紹介したのは新潟県佐渡島の北小浦の家号であった。そこでは、

> 興深いのは家号を成す人名に必ず綽名がつき、その綽名ごとに由来する話がついてゐる。

として、北小浦全三〇戸の家号と綽名（綽名がない家もあった）とを紹介した。たとえば、「義左右衛門金持」、「与吉郎才槌」、「惣兵衛蝋燭」、「西光寺重箱」、「市兵衛踏段」、「惣吉出臍」、「又蔵」「喜蔵」「彦作」の家号は共に綽名「デンジヤク」、「仕方の又蔵」……のごとくである。この家号に付随する綽名の由来は、分かるものと分からないものとがあるという。分かるのでは、西光寺という寺院は「お寺さんがいつも御馳走を重箱にいれて持つて帰るからだ」。「又蔵」「喜蔵」「彦作」は「それぞれデンジヤクで一括されるやうな性格保持者なのだ」。「デンジヤクとは乱暴をやつたり、喧嘩をしたり、きかん気の者である」。「仕方の又蔵」は「何でもかでも「仕方ねーさ、仕方ねーさ」（仕様がない、どうでもいい）といふ人であつたらしい」。つまり、家号や綽名（通り名）には、そのイエへの評価が付随しており、その呼称じたいが評言性を帯びていた。たとえば、北白川では、「川葉さん」「五兵衛さん」「儀兵衛さん」「善七さん」「卯兵衛さん」「中さん」の六軒が「さん」付けの通り名だといい、これを「すこし村の人々からうやまれていた家だ」と、倉田泰さんは記録している。

ちなみに家号は、日本海側に人名的な場合が多く、太平洋側にホンケ、シンタク、インキョのような家同士の関係やイリ、オクなどの位置関係を示すものが多いようだが、北白川のそれは、日本海側のそれに近いといえるだろう。

3　話者の評言から新しい解釈が生まれる

『北白川こども風土記』には、何人かの重要な話者が登場する。その一人に「西村のおじさん」がいた（第三章黒岩康博論文によると、一一二、二二八、二八一頁に登場する西村祐次郎（すけじろう）氏である蓋然性が高いという【本書第3章「〈先生たち〉〈おじさんたち〉と地域の歴史」参照】）。その「西村のおじさん」に古川由美さんが聴き書きした「美目善地蔵（みめよしじぞう）さんの話」（一五七〜一五九頁）を題材にして、話者の評言について考える。「美目善地蔵さんの話」は、次のように書き始められている。

ある日、わたしたちは、びわ町に住んでいられる西村のおじさんから、いろいろなむかし話をしていただきました。私は、美目善地蔵のお話をしてもらって、おもしろかったところや、こわかったところもありました。

そうして、「西村のおじさん」の話が始まる。北白川ではびわ町の辺りをかつては「地蔵堂」と呼んでいたと旧地名が紹介され、その地蔵を「美目善さん」と呼んでいた由来が説明されていく。それによると、

むかしの人は、このお地蔵さんが、どんないわれのあるお地蔵さんであるか、わかってる人はありませんでした。

ところが、よく考えてしらべて見ると、美目善というのは、ほんとうは「三善（みよし）」のことだのに、人々のよび方がいつのまにか「みめよし」になり「めよし」になったからなのです。だからむかしの本にも「美目善地蔵」と名前がかかれているのでしょう。

> ほんとうの名前が三善地蔵とわかりましたので、このお地蔵さんは、三善清行（みよしきよつら）公という人の名前を、とってつけたお地蔵さんだということが、人々に知れわたりました。
> そうすると、三善清行公のおはかなんか、この近くにあったかも知れないということになりました。それで、大正十二年に人々の相談で、今まで地蔵さんをまつってあった所に、清行公のおはかをたてることになったのです。
> 　ところが、その場所もほんとうはあてにならないので昭和十二年ごろ三善清行公の子孫だという人が、わざわざ東京からこられて、大学の先生といっしょになって、おはかのあとをさがしあてようとされましたが、はっきりせず、そのうち戦争のためその計画も中止になりました。

　この記事から、一体の地蔵を機縁として、そこに住まう人々が想像を働かせて、伝説を育んでいったようすがよく分かる。音で「メヨシ」地蔵と呼ばれていた地蔵は、字では「美目善」地蔵と書かれていた。私のごとき凡庸な口承文芸研究者ならば、かつては眼疾に験ある地蔵、つまり「目良し」とされた地蔵に「御」がついて「ミメヨシ」となり、そこに「美目善」と美しく修飾して表記したが、眼疾に霊験の信仰は忘れ去られたものと、おそらく仮説したかも知らない。しかし、当地の人々は、そう受け取らなかった。

「メヨシ」は元来「ミヨシ」であり、それはかの三善清行公のことであると説明される。さらに、当地は三善公墓所だったのでないか、と仮説される。この間の事情を古川さんの記述では「よく考えてしらべて見ると」と記すばかりで、詳細は窺えない。しかし、これはおそらく「西村のおじさん」の説明でも似たようなものだったのでなかったろうか。

これが普通の伝説集などの記事であれば、このような詮索の記述はなく、坦々と伝説の筋が続くばかりだったろう。『北白川こども風土記』を読んで興味深いのは、聴き書きの記述に話者の評言や聴き書きした子どもの評言が、しっかりと記録されていることであり、そうしてそこに、伝説や世間話等が伝えられる時空の言葉の力学が、はっきりと刻み込まれていることである。

さて、先の引用の後、「西村のおじさん」の説明は、生前の三善清行公の事績の紹介に及ぶ。そうしてその後、「私たちはお話を聞いてから、清行公をまつってあるおはかを見に行きました」という（いつ墓ができたのかの説明は、本文に記されていない）。そうして、そこで「西村のおじさん」は、

「清行公を研究していられる学者達は、清行公のはかをさがされても、これだというはかが見つからないからたぶんこの辺がまちがいなく清行公のはかだろうといってますよ。」

と評言を述べた。

北白川の人には説明不要だったのだろうが、美目善地蔵は聴き書き当時、すでに当地にはなく、三善清行公墓だけが新たに建てられていたようである。古川さんの記事によると、地蔵は、ちょうどその墓所に建っていたといい、その一帯は塚のような小山であったといい、大きな椋木が生えていた。椋木の根元に洞があり、その洞中に地蔵が祀られていたというのである。それが「今から五十年ほど前、瓜生山の勝軍地蔵」の傍に移転したという。

その後、ムクの木は切られ、小山はつぶされました。そしてそのあとに、家が建てられました。ところが毎ばん毎ばん、夜中になるとゆかがゴトゴトと音をたてたり、気味悪くゆれたりしましたので、人々はおばけやしきだと言って、だれも住む人はいなくなりました。それで、もしかしたら、

お地蔵さんのばちがあたったかも知れないし、ということになりましたので、とうとうその家をつぶしてしまいました。

これは、その土地を勝手にさわると災厄が降りかかる、祟りがあるとする、いわゆるクセチ、クセヤマ、クセダの世間話である。北白川では、当時、このような祟りを扱う話群が複数あったようであり、その一つ「牛石」は、第4節でも紹介する。「西村のおじさん」は、「美目善地蔵」について説明する中で、このようなクセチの世間話もしているが、これを小学生に伝えることで、歴史や由緒をも含み持つ場所性（トポス）をそれと伝えているわけだ。古川さんもまたそれと受け止めているから、記事の冒頭に「こわかったところもありました」と記すわけである。そうして「西村のおじさん」によるこの記事の最後は、おじさんの次の評言によって、閉じられていた。

　おじさんは、最後に、

「清行公のやしきは、はっきりわからんけれども、白川のどこかに住んでいたということだけは、むかしの本にも書いてあるさかいに信じられます。それから白川女が清行公のおやしきへ出入りして、お花をさし上げたということも伝説になっていますよ。」

と、おっしゃいました。

「西村のおじさん」の評言では、「はっきりわからん」ことが多いけれども、「白川のどこかに住んでいたことだけは」信じられる、という。これが主旋律であり、その主旋律に沿って、伝説や世間話がつなぎ合わされ、そこに書物の内容や学者、子孫等の行動や発言等がその副旋律として添えられていくものだった。その中から、「美目善地蔵」の向こうに「三善清行公」を透し見ようとするのだが、このような伝説や世間話を評言するしかたは特別なものでなく、むしろ、伝説や世間話を伝えるもっともオーソドクスなあり方だろう。しかし民俗学者の手になる伝説や世間話の資料集の多くは、その王道である評言を削ぎ落として、ストーリーの筋運びだけを紹介する傾向が強い。『北白川こども風土記』の伝説や世間話の紹介のしかたは、口承の場の言葉の力学をかなり忠実になぞっている点で、注目に値する。

4　聴き手の評言が新しい伝承を創り出す

しかし評言は、そのストーリーだけによって紡ぎ出されるものでも、あるいは話者だけによって紡ぎ出されるものでもなかった。

評言は、それらと対峙する聴き手（『北白川こども風土記』では聴き書きをし、記録した子ども）によっても紡ぎ出されるものだった。

聴き手である子どもの評言は、率直な感想であることが多い。

○しかし鳩居堂の方は、今でも大文字の送り火のために寄付金を出してくれているから、ぼくは感心だと思う。

（近藤勝重さん「大文字の送り火」二五頁【本書21頁『北白川こども風土記』抄」（以下《風土記抄》）に収録】）

○ぼくはこの話をきいてふしぎに思いました。（岩本哲也さん「白川口の観音さん」七三頁）

○おじぞうさんもよろこんでいると思います。（同右）

このようにストーリーの詳細の合間に子どもの感想が挟まることで、聴き手が話者のストーリーをどのように受け止めて、我がものにしたかという、たとえば「伝承」という言葉の一方である「承る」のいとなみを、ナイーヴな形で知ることができる。

一方、評言には、情緒や感情が籠められる。それはストーリーというものが、意味内容に限らず、その意味に付随する価値観や倫理観等をも生成させてくる、ということだ。

かつて、能田多代子は体言は意味内容を伝えるが用言は感情をも伝えると説き、あるいは時枝誠記は名詞・動詞等の詞は意味を伝えるが助動辞や助辞などの辞は感情を担うと説いていたが、[5]譬えてみるならば、ストーリーは意味内容を伝えるのに対して、評言は思いや情緒や感情を伝える機能を担っているということだ。しかして、この評言に秀でた子どもは、話者の思いと聴き手の思いとの両方をもしっかりと記録していた。

「北白川の御殿（ごてん）あと」（八一～九二頁）を記録した小川万里子さんである。

「北白川の御殿あと」は「一　元平おじいさんをたずねて」「二　御殿のあとをたずねて」「三　宮様たちのお墓へ」の三部構成になっている。そこには、豊臣秀吉が方広寺の近くに建てた照高院という御殿のことが紹介されている。

たとえば、「一　元平おじいさんをたずねて」では、方広寺の「国家安康」の釣鐘に纏わる故事を本で調べた後で、

　私は家康ってひどいなあと思いました。

と述べ、一度は壊された院が徳川秀忠のもとで再建され、宮家として使われたことを紹介し、郷倉を備えて人々の飢饉に対応したことを、

宮様たちは先のことまでよく考えてくれて、なるほど親切だなあと感心しました。

と述べ、

白川の人たちは、幸福だなあと私は思います。

と述べるなど、随所に評言を挟み込んでいく。そうして、照高院が今に残っていたら北白川が観光地になっていただろうと、元平爺さんが話したことについて、

と、残念そうに笑いながらおっしゃいました。私もほんとにそう思います。

私は、元平おじいさんのお話を聞いて、いっ時も早く、御殿のあとが見たくて見たくてたまりませんでした。

と、話者の表情にも言及し、その話者の表情、感情に交わってじしんの思いが吐露される。

「二 御殿のあとをたずねて」では、話者は「西村のおじさん」に変わる。小川さんたち一行は、「西村のおじさん」に案内されながら、照高院跡を巡った。このときの小川さんは、白川にかかっている御殿橋を渡るときに、

私は、この橋をわたれば、見たい見たいと待ちどうしくしていた、御殿のあとが見られるというので、胸がいっぱいになりました。

と記している。橋を渡ると、おじさんが総門があったと思われるところに来たが、場所を特定できず、

うで組みをされて考えておられました。

と、躊躇するようすまでも小川さんは描写し、さらに奥へと進んで御殿跡近く百メートル程進んだところでは、

御殿橋をわたる時よりも、いっそううれしいという気持ちがわいてきました。

とじしんの気持ちを書き記した。ところが、唐門、玄関跡へと通じる道で、おじさんが、

「道ぶしんのあとやさかい土がかぶさっていて、見つからんなあ……」

と、暗い顔をしておっしゃいました。

とおじさんの表情が描写された。そうして御殿跡だという民家の土地に入った時には、

入って見ると、ふつうの二階建の家が建っているだけで、やっぱり建物のあとなんか、影も形もありませんので、ちょっとがっかりしました。

とじしんががっかりし、台所跡だというところでは、

ほんとにこんなに広い台所があったなんてうそみたいに思われます。

と信じられないと書き、台所の柱はかくれんぼをすると二人も隠れられるおおきさだったらしいと聞かされて、

私はまた、その大きいのにびっくりさせられました。

と記す……。

つまり、ここでの伝承では、「西村のおじさん」の「伝」えるいとなみにしても、「私」の「承」るいとなみにしても、このストーリーと話者と聴き手との間に行われているのは、ストーリーの意味内容だけでなく、思い、情緒、感情もが含まれている。してみると、「伝承」というものがもし認められるとして、その「伝承」は変わらないものでなく、むしろ毎回のストーリーと話者と聴き手との評言の働き、それらの思い、情緒、感情の働きによって、刻々と変化していくものだと仮説できるだろう。「伝承の百面

相[▼6]」を想像する必要がある。

聴き手について、もう少し考えてみよう。「キク」という動詞は、一般に考えられている以上に積極的な働きを指す。「就職の口をキイテやる」とか「この薬はよくキク」、「機転がキク」など、漢字で細分される前の「キク」の広がりを考えると、その積極性が窺われる。聴き手が子どもである場合、聴き手の力はときとして暴走気味にさえなる。それはまた、人々に新しい思い、情緒、感情をもたらすことにもなるだろう。「伝承」が新しい伝説や世間話理解をもたらすわけである。

「白川街道を歩いて」（五七～六八頁）は「本文」を織田侠一さん、「牛石」「蛇石」「蛇が壺」を村田裕さん「重石（かさねいし）」を高橋和子さんが、それぞれ担当して記している楽しい記事である【本書33頁《風土記抄》収録。本書313頁「白川道中膝栗毛」も参照】。大山先生と「西村さん」と子どもたちが弁当持参で（親も途中まで見送ってくれて）、白川街道を歩きながら歴史を確認する催しである。楽しくないはずがなかろう。

織田さんは山歩きが好きだけれども、織田信長と同じ苗字であるのを気にしているようすだ。まず、道しるべを見つけた織田さんは、「すぐ比ゑいさん　唐崎（からさき）坂本。」とあるのを見つけて、「昔の人はたいへん足が強いのだなあと思った」と記す。そうして、ここでの「すぐ」はまっすぐという意味だと教えられたと訂正している。単なる間違いといえば、それまでなのかも知らないが、古語の「すぐ」でなく、現代語の「すぐ」によって自分じしんの考えを記す。こういう想像力が「昔の人」のイメージを作り上げていく。単なる誤解として斥ける前に、昔語り／昔話や伝説や世間話を解釈していくいとなみでよく見かけられるタイムラグによる言葉の新しい意味の生成の瞬間（ここでは未成だけれども）に立ち会うことができたのだと思う。

つづく「牛石」を記した村田裕さんは、この伝説を「西村さん」から教わった。

> それで、西村さんに聞いてみると、むかしある石屋さんが、この牛石をわろうとしておのをふり下ろしたとたん、石の中から血が出てきた。ところがその石屋さんは、ばちがあたったのかまもなく死んでしまった。それ以来近所の人たちは、この石をおそれて近寄らなくなったということだ。

この伝説について、聴き手／記録の村田さんは、次のように評言を続ける。

> それなら、なぜ桂川の鉄橋の土台に使うために切り出した時、血が出ずに、又人も死（ママ）なかったのだろうか。たぶん石から血が出たのではなくて、石をわろうとした人が、おので打ちそんじてけがをしたところから血が出たのではないかとぼくは思った。そんなことからそのころの人たちは、迷信（めいしん）深い人たちだったと考えられる。

村田さんはこの伝説の後、明治一〇年頃に、牛石が東海道線に架かる桂川橋梁工事のとき、土台の石として切り出されてしまい、いまの牛石は小さな模型になっていることから、このような評言を行った。これは伝説研究でよくいわれる「伝説の合理化」である。ストーリーが現在の常識に照らして不都合であると思われる場合に、おそらくこうだったのでないかと解釈を更新するいとなみである。村田さんがこのように解釈をし直すことで、牛石伝説が一九五〇年代ヴァージョンにアップデートされたわけだ。ここでは旧ヴァージョンの伝説の内容を「迷信深い」と批判的に扱っている。

さて、「重石」を記した高橋和子さんの記事に進もう。この評言からは、合理化という大人にも通じる更新法と異なる、子どもならではの積極的な想像力が窺える。

わたしは、目の前にある大きな石を見上げて、びっくりしました。その石は二つ重ねてありました。だから、「重石」とよんでいるのでしょう。それは、まるで大きな石の赤ちゃんが、おかあさんにおんぶをしてもらっているように見えます。

と書き始められている。ここでの譬喩評言に着目したい。この伝説の事物は「重石」と、石が重なっているからの命名であり、そこに何かに見立てて物語るというあり方は見られない。そこに、高橋さんは、母親が赤ん坊を背負っているという新たな物語性を付与する譬喩を試みた。これは、先の合理化でない。新しい伝説の種を産み付けるいとなみであると思われる。この重石、子どもの想像力をかき立てたようだ。石の大きさを計測後、高橋さんは次のようにも記した。

この石の重さは、何千貫、何万貫もあると思います。わたしは、こんな大きな石が、大むかしからこんな形でしぜんにあったのか、またはひょっとしたら、天ぐの神わざで、積んでしまったのかもしれないと思いました。

だれかが、

「べんけいが、かついできたんやろう。」

と、じょうだんはんぶんで言っていましたが、いくらべんけいでも、こんな重たい石はかつげないと思います。

巨石を天狗が積み上げた、あるいは弁慶が積み上げた、いずれもどこかにありそうな話である。たとえば愛知県犬山市には、弁慶が運んできたと伝える岩がある。弁慶はしばしばダイダラボッチと同じ役割を果たしている。ここでのだれかの「じょうだんはんぶん」の弁慶の評言や高橋さんのおんぶや天狗の評言は、瞬時に譬喩・類推能力を働かせて「重石」伝説の可能態をいくつも提示したのであろう。

話を急ごう。子どもの評言の積極性を見てきたが、次の例はどうだろうか。

ぼくたちは、新田のすすきの多い所を通った時、じょうだんで、そこを「すすきが原」と名づけた。

（河野春樹「古い地名は生きている」二九二頁【本書79頁《風土記抄》】）

私は浅学にして、このような記述のある民俗誌を読んだことがない。

そうして、これは評言の極北だと感じた。柳田國男は口碑、口承文芸、言語芸術、昔の国語教育……つまり言葉の技術を紹介する時、その冒頭に新語作成、命名、童言葉辺りを持ってくるのを通例とした。世間では口承文芸というと昔話、伝説、世間話、語り物等を想起するのが普通なのかも知らないが、柳田がまず想起したのは、新語作成、命名、童言葉辺りだったのかと考えている。[7]

ここでの河野春樹さんは、自分じしんで地名を名づける実践を試みた。薄の生い茂る原だから、すすきが原であると。もちろん、ここには「じょうだん」という言葉が挿入されているから、子どもにとってそれは遊びなのだろう。しかし、それが何だというのか。

これは、地名の命名として社会的に機能し得たかも知らない、地名命名、地名由来譚の可能態である。子どもの評言は、「じょうだん」という遊びを通して新しい評言を生み出していく。新しい評言はすなわち新しい伝承の可能態でさえある。

5 「総合的な学習の時間」から「生涯学習」へ

さて、いまここから見て、『北白川こども風土記』をどのように位置づけられるのか、本稿でここまで確認してきたことに焦点を絞って考えてみたい。

「子ども」が聴き手であるのは、昔語り／昔話の伝承のようすと重なる部分が多い。しかして昔語り／昔話の資料集が子どもの手になる、つまり記録が子どもの手になるという資料集は珍しい。だが、昔語り／昔話の場合、聴き手は、情報の受容者であるだけにとどまらず、むしろ積極的な情報の発信者でもあった。[8] 時に聴き手は、語り手や話し手になることさえあった。[9]『北白川こども風土記』の子どももまた、一方的な情報の受容者でなかったのは、第4節で紹介した通りである。

さらに、『北白川こども風土記』から見えるのは、伝説や世間話のしくみが、情報は上流から下流に一方的に流れるだけのいとなみでないことである。それをここでは「評言（性）」の積み重なりから捉えようと試みた。

ストーリーじたいが紡ぎ出す評言性と話者が紡ぎ出す評言と聴き手が紡ぎ出す評言とが綯い交ぜになったところに、伝説や世間話が顕ち現れる。伝説や世間話の言説が発生する場所での言葉の力学を、読者は読むいとなみを通して垣間見る。

その上で、子どもの評言は、もっとも積極的に伝承の創造にまでも係わろうとする力強さを持っている。伝説や地名の命名等の可能態の姿を確認した。

子どもの評言の積極的な創造性は、「じょうだん」という言葉から窺えるように、子どもの「遊ぶ」

態度からもたらされる。[10] 遊ぶ子どもから、新しい伝説や世間話（あるいはそれらの解釈）が、また特に命名、新語作成等の新しい言葉が生み出されていたのでないか。子どもの言葉への創造力に着目したのは、柳田國男だった。特に植物や昆虫の命名は、子どもの遊びの中から行われたものが多かっただろうと考えられる。[11]

ここから現在のいわゆる「伝統文化」教育の陥穽を知る手がかりがあるだろう。

二〇〇六年、第一次安倍晋三内閣の下で教育基本法が改正され、「教育の目標」を記した第二条に第五項が新たに加わった。

五　伝統と文化を尊重し、それらをはぐくんできた我が国と郷土を愛するとともに、他国を尊重し、国際社会の平和と発展に寄与する態度を養うこと。

基本法という大きな法が改正されると、学校教育法、小中高の学習指導要領等下位の法律や告示も次々に変化していく。このようにして、改正当時、「愛国教育」とも報道された第五項の趣旨は、教育の中に浸透していった。[12]

しかして、「伝統」という言葉を尊重する態度を養うことが、教育の場で法的な威力を持つようになったのだが、その「伝統」に懐疑的だったのが、柳田國男だったことはしっかりと押さえておきたい。[13] 柳田は「伝統」という言葉について、「一般の人々は何とはなしに伝統といふ言葉に眩惑されて、有り難がつて使つて居るので、いはゞ言葉の魔術にかゝつてゐるやうなもの」であるという。そうして、「伝統」の語はTraditionの訳語であるが、「政治的な標語になつて仕舞つた」といい、「学問」では「伝承」

というと述べる。そうして、伝統には「よきもの」という価値観が内包されているが、それをよいものだという尺度は「その時その時にできるものであつて、何が伝統であるかといふことは極めて漠然たるもの」だと主張する。「私は今の学問をやり始めて二十年になるが、意識してこの伝統といふ語を使はない様にしてゐる」とも述べている。

『北白川こども風土記』という評言の織物は、紛れもなく一九五九年当時の、北白川における伝説や世間話の伝承としての顕ち現れ方であり、生きられた伝承の動態だった。私は『北白川こども風土記』を読んで、これを「政治的な標語になつて仕舞つた」伝統だとは、読み取れなかった。

二〇一七年『小学校学習指導要領』『中学校学習指導要領』が改訂され、告示された。今回はその中の「総合的な学習の時間」に着目して、『北白川こども風土記』を通して、いまここの教育の問題を炙り出す試みをしてみよう。

「学校教育施行規則」によると、「総合的な学習の時間」は小学校では第三学年から第六学年まで、年間七〇単位時間ずつが割り当てられている。つまり、この四年間に合計二八〇単位時間が割り当てられている（一単位時間は四五分である）。また中学校では、第一学年が年間五〇単位時間、第二、第三学年が共に年間七〇単位時間の都合一九〇単位時間が割り当てられている（一単位時間は五〇分である）。

「総合的な学習の時間」は学校単位にどのような内容を行うかが委ねられている。小学校、中学校共に、教育の目標は「探求的な見方・考え方を働かせ、横断的・総合的な学習を行うことを通して、よりよく課題を解決し、自己の生き方を考えていくための資質・能力を次のとおり育成することを目指す」として、

「（1）探求的な学習の過程において、課題の解決に必要な知識及び技能を身につけ、課題に関わる概念を形成し、探求的な学習のよさを理解するようにする。／（2）実社会や実生活の中から問いを見いだし、自分で課題を立て、情報を集め、整理・分析して、まとめ・表現できるようにする。／（3）探求的な学習に主体的・協働的に取り組むとともに、互いのよさを生かしながら、積極的に社会に参画しようとする態度を養う。」の三点を掲げている。その上で、「各学校において定める目標及び内容」では、小学校では「学校の実態に応じて、たとえば」として、「現代的な諸課題に対応する横断的・総合的な課題」と「地域や学校の特色に応じた課題」とに大別して示し、後者に「地域の人々の暮らし」「伝統と文化など」を例示する（中学校では、後者から「伝統や文化など」が例示から削られる[14]）。

『北白川こども風土記』の調べ学習は、このような「総合的な学習の時間」のとりわけ「地域の人々の暮らし」「伝統と文化など」の学習の魁として考えられよう。

しかしその時、先の柳田國男の伝統論は、真摯に省みられなければならない。それと同時に、『北白川こども風土記』における子どもじしんの達成、すなわち遊びを通して伝説や命名等新しい伝承を創造しようとしたいとなみを見落としてはならない。

児童文化論では、「児童文化」と「子ども文化」とを区別する。

児童文化は、教育や保育のために、大人が子どもにそれらの「目的」を達成するための「手段」としてあてがうものとされる。たとえば、「児童文化財」として、滑り台や砂場や玩具類、紙芝居や絵本などが用意される。ところが註10論文で師岡章が指摘したように、子どもは遊びの中で「手段」と「目的」

とを区分けせずに併せ持つ。その過程の中で、大人が与えた遊びの「目的」を、自分たちじしんの遊びにと換骨奪胎してしまう。たとえば、清く正しいはずの歌を卑猥な歌や残酷な歌に、つまり子どもの替え歌に変換する。これが「子ども文化」である。[15]加藤理は児童文化、子ども文化、子どもを取り巻く文化の三つの文化の相を措定した。そうして、教育者は子ども文化を否定し、禁止するのではなく、子ども文化が子どもの主体性の確立に資する可能性を認識し、特に児童文化と子ども文化とがうまく循環するように働きかけることが重要だと論じた。

これは『北白川こども風土記』にみえる、子どもの評言、たとえば「じょうだん」と子どもたちがいう評言を、どのように地域の文化や教育の中に取り込み、地域や教育の中で循環させていくかという問いになると思う。

『北白川こども風土記』を指導した大山徳夫教諭は、刊行後に「郷土を学ぶことで地域の課題の改善を図る主体をはぐくむ狙いが、郷土自慢にとどまった」と不満を述べていたそうだが、[16]大山教諭の「狙い」つまり「目的」が「児童文化」的であり、大人の眼差しからなされたもののように、私には思われる。柳田國男の指摘した政治家の称揚する「伝統」と同一地平の、しかも「伝統」の対極に位置しているように見える。それは「対極」ではあっても、同一の地平のそれである。それに対して、『北白川こども風土記』にみえる子どもの評言は、おそらく「子ども文化」の次元にまで達していた。「児童文化」とは異なる地平に立っていた。だけれども、『北白川こども風土記』の「子ども文化」は、「子ども文化」が初めて唱えられる一九六六年の七年前における達成だった。大山教諭は精一杯に最善を尽くしたけれども、当時の彼には「子ども文化」の地平に立つ術がなかったのである。

最後に、柳田國男の「昔の国語教育」からも、見通しを述べておきたい。

郷土でさまざまな大人から伝説や世間話等を聴き書きした柳田國男は周知のように、昔話や伝説について、これは本来、大人相手の神話からの零落だったと仮説している。すなわち昔話や伝説は「童話」でなかったとの見立てである。[17] それゆえに、昔話の場合でも話題は子ども向けでないと、次のように述べる。

児童を話好きにする好結果は、寧ろ或年月を過ぎてから収められるやうに、自分などは考へて居る。わかると言つたところで成長した社会の人事が、さうしつくりと腑に落ちるものでないことは、たつた一つの婚姻譚を見ても知れる。（中略）何回も黙つて傍聴して居るうちに、想像も鮮かになり、人の憂や悲しみも身に沁みて来るのである。

（「昔の国語教育」（『柳田國男全集』第一〇巻、筑摩書房刊、一九八八年（初出一九三七年）、八八〜八九頁））

このように柳田國男は述べ、その一例として「蛇聟入」譚水乞型での末娘の嫁入り承諾を例示し、「斯ういふ情合ひなどは、小児にはまだわからない」として、それが分かるのは、人生の経験を経た大人になってからだと述べていた。これを要するに、教育には短期的に効果の達成できるものと、一定の年季を経て達成できるものとの二種があることを示している。それならば、子どもが一所懸命に聴き書きした内容には、子どもの時に理解会得の行き届かなかった場合もきっとあるだろう。それが、大人になり、かつてその話を伝えてくれた「西村のおじさん」方と同じような齢に至った時に、ああ、あの話はそうだったのか、と膝を叩くこともあるのでないか。

そう考えると、『北白川こども風土記』の教育上の試みは、当時の子どもたちの間で、未だ思考の途上にあるのかも知らない。この「総合的な学習の時間」の魁は、ひょっとすると、――現在進行中の――「生涯教育」の魁でもあるのではなかろうか。

付記：この論文は令和元年度関西福祉科学大学研究創成支援制度から三〇万円の助成を受けた研究成果の一部である。

1　G・ジュネット著　花輪光・和泉涼一訳『物語のディスクール：方法論の試み』（書肆風の薔薇、一九八五年（原著初出一九七二年））。

2　酒井正子「うわさ（ゴシップ）歌」の周辺―歌遊びの事例から」「異人と歌―「うわさ歌」をめぐる人々」「奄美の〝うた情報システム〟―うわさ歌の概念化と展開」（『奄美歌掛けのディアローグ　あそび・ウワサ・死』第一書房、一九九六年）。川田順造「うたう、あてこする」（『聲』筑摩書房、一九八八年）。

3　生々しい災害を伝えるのには限度がある。直接の経験者の経験談にも時間の経過と共に話型の形成が見られるだろう。それが、伝聞の伝承となっていくときに、どのように話型として整えられていくのか、観察していく必要がある。コトとコトバとは異なることを自覚した上で、コトとコトバとの関係をどのように構成していくかが問われるだろう。

4　臼田甚五郎「民話の生誕・伝承」（『臼田甚五郎著作集』おうふう、一九九五年（初出一九七五年））。

5　能田多代子「五戸方言集」（『方言誌』第二一輯、國學院大学方言研究会、一九三八年）。時枝誠記『国語学原論（上）』（岩波文庫、二〇〇七年（初出一九四一年））。

6　大森荘蔵「真実の百面相」（『流れとよどみ―哲学断章』産業図書、一九八一年）。

7　佐藤健二「「はなし」と現代」（久保田淳他編『岩波講座日本文学史』第一七巻、岩波書店、一九九七年）の一六六ページに、柳田國男の五冊の書物にもとづく「柳田國男における言語芸術論の分類」表が、柳田の書物における掲載順に示されている。

8　高木史人「昔話の〈場〉と〈時〉」（久保田淳他編『岩波講座日本文学史』第一七巻、岩波書店、一九九七年）。

9　高木史人「「昔話の聴き手」と昔話の語り合い―その整理と分析及び話柄・新しい昔話について―」（『國學院大学大学院文学研究科論集』第一二号、國學院大学大学院文学研究科学生会、一九八五年）。高木史人「昔話の語り合い―『火回し』を中心として」（野村純一他編『ストーリーテリング』弘文堂、一九八五年）。

10　師岡章「「遊ぶ」子ども」（浅岡靖央・加藤理編『文化と子ども』建帛社、二〇〇三年）。師岡は、ヨハン・ホイジンガ著・高橋英夫訳『ホモ・ルーデンス』（中央公論社、一九六三年）。坂部恵「〈ふるまい〉の位相―文化の構造と動態への一視角―」（『新・岩波講座　哲学』第一二巻、岩波書店、一九八六年）。の二著に依拠しながら、子どもの遊びが模倣という本能つまり「自然」と「創造」つまり「文化」とを併せ持ち、ごっこ遊びでは「他者」を演じながら時に「こういうことにしよう」と「自己」の主張を表出するように「他者」と「自己」とを併せ持ち、遊びに熱中すると「手段」と「目的」との境目が溶け出し「手段」「目的」とを併せ持つことになると述べている。『北白川こども風土記』からも、師岡のいう子どもの遊びのようすが窺える。

11　ここでは昆虫の方言研究である柳田國男『西は何方』（甲文社、一九四八年）に代表させて挙げておく。甲文社は戦前に柳田の『野草雑記』『野鳥雑記』の瀟洒な著書を出版していた甲鳥書林の後継。発行者は共に京都市左京区下鴨泉川町、中市弘であった。

12　高木史人「小学校国語・昔話教材の指導法へ　覚書」（『人文科学論集』第九二号、名古屋経済大学人

文科学研究会、二〇一三年)。高木史人「「社会的・共＝競演的でひろい悟り」へのアプローチ」(『口承文芸研究』第四一号、日本口承文芸学会、二〇一八年)。

13 柳田國男「伝統について」(『柳田國男全集』第三〇巻、筑摩書房、二〇〇三年(初出一九三七年))。

14 この他、「児童の興味・関心に基づく課題」「生徒の興味・関心に基づく課題」が例示される。

15 加藤理「子どもの世界と文化」(浅岡靖央・加藤理編『文化と子ども』建帛社、二〇〇三年)。加藤の解説によると、「子ども文化」概念の初出は宇野登・片岡徳雄・藤本浩之輔編『子どもの世界』(三一書房、一九六六年)であるという。また、「子ども文化」の体系化の試みは、藤本浩之輔「子ども文化序説—遊びの文化論的研究」(『京都大学教育学部紀要』第三一号、京都大学教育学部、一九八五年)が嚆矢であるという。

16 樺山聡「地域の生きた証言、今も輝き 「北白川こども風土記」来年刊行60年」(『京都新聞』二〇一八年九月一九日付)。

17 柳田國男『木思石語』『昔話覚書』(『柳田國男全集』第一三巻、筑摩書房、一九九八年(初出『木思石語』一九四二年、『昔話覚書』一九四三年))。なお、柳田の「昔の国語教育」論では「世間話」を大人の入口に入るころから覚え始める話術だと説いていた。世間話は子どもの領域のものでないとみなしていたのである。

column6

上山春平と北白川城

菊地　暁

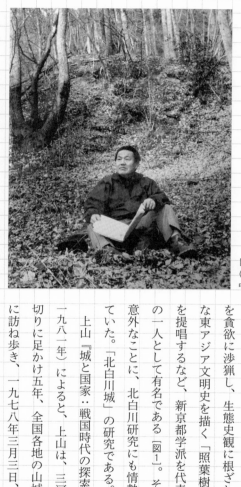

［図1］如意岳城（大文字山）踏査中の上山春平

哲学者・上山春平（うえやましゅんぺい）（一九二一〜二〇一二）は、狭義の哲学研究にとどまらず、多分野の成果を貪欲に渉猟し、生態史観に根ざしたマクロな東アジア文明史を描く「照葉樹林文化論」を提唱するなど、新京都学派を代表する論客の一人として有名である［図1］。その上山は、意外なことに、北白川研究にも情熱を燃やしていた。「北白川城」の研究である。

上山『城と国家：戦国時代の探索』（小学館、一九八一年）によると、上山は、三河松平を皮切りに足かけ五年、全国各地の山城を精力的に訪ね歩き、一九七八年三月三日、銀閣寺裏山の中尾城探索で五三回目を数えていた。なかでも、北白川城の訪問は三〇回余りに及んでいる。

何が上山を山城へ誘ったのか。それは「国家論」だという。植民地台湾に生まれ、京大在学中に徴兵、いわゆる「人間魚雷」部隊として出撃まで経験した上山は、自らに死を命じる国家なるものの存在を人一倍考えざるをえない境遇にあった。その疑問は、指導教官だった哲学者・田辺元（はじめ）（一八八五〜一九六二）の「種の哲学」に触発され、「国家制度史」という問題に構成される。

上山によると、日本国制史の画期は三つ、八世紀の律令国家と一九世紀の国民国家はそれぞれ中国、西欧をモデルにしたものだが、一七世紀の幕藩体制のみ、外国にモデルを持たない「日本史上唯一の自生的国家プラン」だという（同前、一四五頁）。そしてその解明の手がかりとなるのが「山城」である。「山城」に依拠し、やがてそこを放棄していった武家勢力の動向から、近世国家形成の実態をあぶり出そうというのだ。

こうした目論見から始まった上山の山城巡礼だが、いろいろと苦労も多かった。というのも、山城研究はアカデミズムにおける人材や情報の蓄積が乏しい分野で、地図や資料や先行研究の入手がきわめて困難だったのだ。それゆえ、「先行研究」は意外なところから出てくることになる。「北白川城」も、戦国時代に足利将軍が籠城するなど、たびたび国政にも登場した城郭でありながら、その存在は忘却され、正確な位置も不明となっていた。その「先行研究」を示唆したのは、北白川在住の編集者・前芝茂人だった。

前芝さんがこんなことをいわれた。北白川の小学校で『北白川こども風土記』というのを作ったことがある。これはたいへん評判のよかった子供の作文集で、大学の先生たちや北白川地区の父兄たちが協力して、かなりしっかりした内容になっている。[…] それからまもなく、小学館編集部から『北白川こども風土記』（一九五九年三月）がとどけられた。たしかにそのなかに「北白川の城あと」という作文が入っている。これは私の北白川城探索にとってたいへんよいヒントになりました。筆者は小学六年の吉田進君ですが、北白川の熱心な郷土史家の方の協力を得て書いているのです。北白川城の案内は西村祐次郎さんという七十いくつかの方で、〔…〕この方が吉田君たちを北白川城に案内されたのでした。そのとき西村さんが案内されたルートが、あとで北白川城の構造を調べるときにたいへん役に立ちました（同前、八三〜八四頁）。

『北白川こども風土記』が、さらには、そこで児童たちの案内を務めた古老・西村祐次郎【本書第3章「〈先生たち〉〈おじさんたち〉と地域の歴史」参照】が、めぐりめぐって上山の探求をサポートしたわけだ。こうして、北白川の瓜生山を丹念に捜索した上山は、北白川城の縄張図（平面プラン）を書き上げる［図2］。北白川城が琵琶湖交通の拠点・近江坂本と洛中を結ぶ尾根道のルート上に築かれた一大拠点であり、洛中有事の際には足利将軍が退避する緊急避難所だったことを、実地データに基づいて確認したのだ。

ただ残念なことに、山城研究の延長線上に構想されていた上山の幕藩体制論は、ついに上梓されることはなかった。このころから大学の学務が忙しくなったのが一因らしい。公にされたのは、上記『城と国家』と関連する資料集（山下正男『京都市内およびその近辺の中世城郭：復原図と関連資料』京都大学人文科学研究所、一九八六年）、そして、銀閣寺門前の土産屋横にある「如意岳城」の看板に記された「京都大学人文科学研究所精査」の文字ぐらいである。

上山の御遺族の元には、山城研究の関連資料が残されている。『北白川こども風土記』も大切に保存されており、北白川の古老たちから助力を得た旨などが書き記されている［図3］。よく整理されたこれ

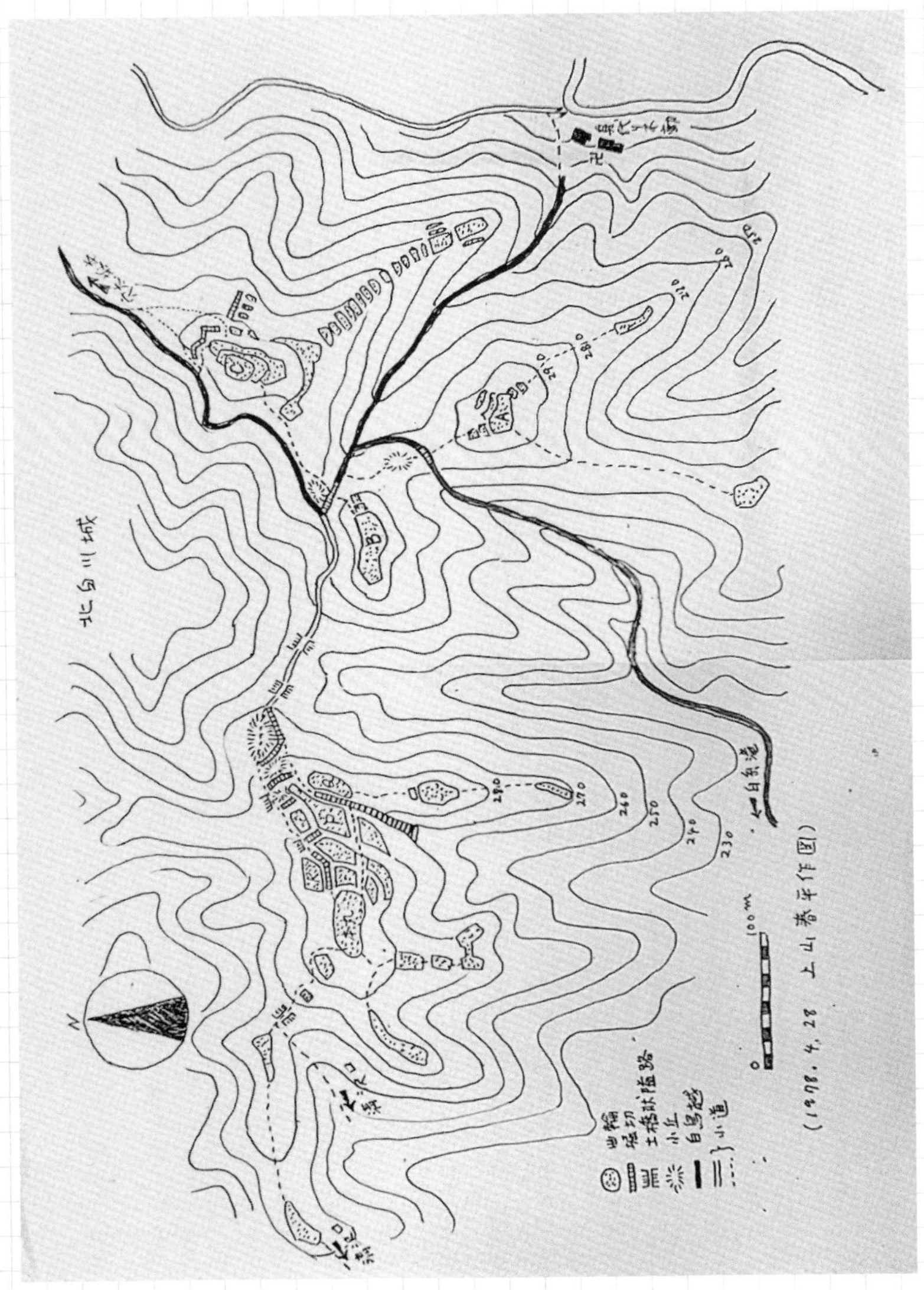

[図2] 上山作図の北白川城縄張図

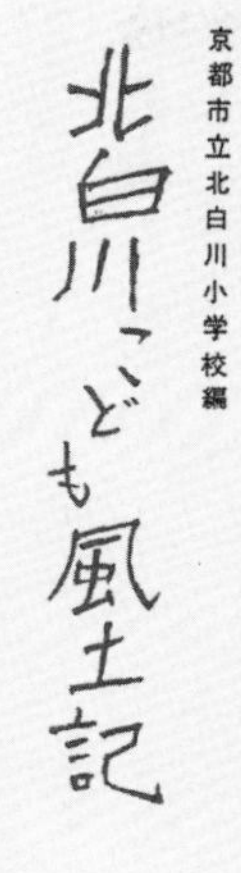

京都市立北白川小学校編
北白川こども風土記
山口書店

この処、京都近郊の戦国期山城をしきりに歩いている。
一九七八年二月四日　北白川城（瓜生山）
二月六日　中尾山城、如意嶽城
二月八日　嵐山城
二月十一日　北白川城　第二回
一九七八年八月十一日。
北白川天神さん前の内田福太郎氏をおたずねする。（山下英吉氏夫人の御紹介）
一九七八年九月四日
「創造の世界」のための報告
「京都周辺の山城」

［図３］上山旧蔵『北白川こども風土記』の書き込み

らの資料からは、筆マメで几帳面、真摯に研究対象と向かい合う、ありし日の上山の姿が垣間見えるだろう。そして何より、山城の魅力に取りつかれた上山の知的興奮が。

付記：本文は拙稿「風雲？北白川城！――上山春平『城と国家：戦国時代の探索』を読む――」（慶應義塾大学出版会ＨＰ、二〇一八年）を大幅に加筆修正したものである。

column7

小林行雄と北白川

石神裕之

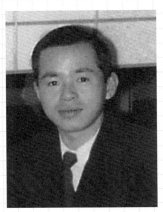

小林行雄　29歳の写真（大阪府立弥生文化博物館提供、ご遺族所蔵写真）

小林行雄（一九一一～八九）と京都帝国大学との本格的な関わりは、『北白川こども風土記』にも登場する北白川小倉町遺跡の発掘からである。戦前は「北白川小倉町石器時代遺跡」と呼ばれ、京都市内の縄文時代の遺跡としては、初めて本格的に調査が行われた遺跡であった。その発見の経緯は、『北白川こども風土記』に本岡俊郎が書いた「石器時代の北白川——小倉町の遺跡——」【本書23頁「『北白川こども風土記』抄」に収録】にも簡単に記されているが、この文章にも登場する『京都府史跡名勝天然紀念物調査報告』第一六冊の記述から、改めてその経緯について整理してみたい。

一九三四年四月二七日、住宅地整備を行っていた北白川小倉町付近で、東方文化学院京都研究所（現・京都大学人文科学研究所）の写真技師であった羽館易（一八九八～一九八六）が土師器を発見した。羽館は同学院の水野清一に鑑定を依頼、水野に示唆を受けた羽館は、さらに踏査を実施して縄文土器片を発見するのである。その報を受け、京都府史蹟勝地保存委員会による視察もあり、調査の必要性を感じた羽館が中心となって、土地開発会社と調整を図ったうえで、一九三四年五月より試掘調査が行われた。これによって遺跡の存在が確認されたことから、京都府史蹟勝地保存委員会は本格調査の必要性を痛感し、保存委員会の調査委員であった京都帝国大学助教授梅原末治（一八九三～一九八三）が発掘を指導するかたちで、小林も参加して調査が行われることになったのである。

実はこのとき小林は、京都帝国大学考古学教室に出入りするいわば「一般人」に過ぎなかった。彼は、京大はもとより高等教育機関での考古学の教育を正式には受けていない。そもそも建築家を目指していた小林は、神戸高等工業専門学校建築科に入学、この発掘前年に神戸高工を卒業したあと、大阪市内の建築設計会社に就職していた。小林の自伝によれば、個人住宅の設計も手がけたことがあるようである。しかし小学校以来、考古ボーイとして遺跡や遺物に強い関心をもち、中学校時代には明石原人の「発見」で著名な直良信夫にも私淑していたことから、建築と並んで考古学への強い関心を抱くようになった。

とくに神戸高工に入学して以降は、建築を学ぶ傍らで考古学に傾倒。一九二八年には、出身地神戸にほど近い六甲村の区画整理地で発見した土器について著した報告文を『史前学雑誌』に投稿した。そして一九三〇年には、在野の考古学者森本六爾が創設した東京考古学会へ入会、その機関紙『考古学』に多数の論考を掲載していく。そんな折、考古遺物の収集家としても著名であった本山彦一（大阪毎日新聞社社長・一八五三～一九三二）のコレクションを整理、図録化する作業に関わることになり、後に永遠のライバルとなる末永雅雄（一八九七～一九九一）の助手として実測図などの作成に従事した。その精緻な実測図など小林の仕事ぶりが、京都帝国大学考古学研究室教授であった濱田耕作（一八八一～一九八三）の目に留まり、「考古学教室」への出入りを許されることになったのである。

こうした経緯から考古学教室に出入りしていた小林は、運よく北白川小倉町遺跡の発掘にも参加することになった。ちなみにこの発掘の成果が濱田に認められたことにより、一九三五年八月、小林は考古学教室の助手となる。そして調査報告書で小林は、遺構に堆積している地層ごとに取り上げられていた縄文土器について型式学的な分類を行っている。この成果はのちに縄文土器編年を大成した山内清男によって全国的な編年にも組み込まれ、近畿地方の縄文前期、後期の基準資料として位置づけられることとなるが、こうした分析に関わる小林自身の文章が報告書に載ることはなかった。

実は報告書本文のすべては梅原末治の名前で出されたのである。報告書に掲載された図の製作や遺物の分析について、小林や末永が担当した旨が記録されているが、分析者当人の文章を載せることはなかった。この後も梅原によって進められた数多くの古墳調査では、測量図、遺物実測図の多くを小林が担った。しかし、その名前が出ることはなかったという。

穴沢咊光は、梅原が気難しく人使いの荒い人物であったことを物語るエピソードとして、次のような逸話を紹介している。あるとき馬目順一（考古学者。早大卒で、学生時代から小林と親交があった）が、小林の著書『日本考古学概説』（創元社、一九五一年）に掲載されている亀山古墳（兵庫県）出土の眉庇付（まびさしつき）冑（かぶと）の実測図について、精緻な図を描く小林らしからぬ省略があることを不審に思い、小林に理由を問うた。すると小林は、梅原から至急に冑の実測をするよう指示されたうえ、未完成の実測図をそのまま取り上げられて、報告書に掲載されてしまったことを語ったという。そして「梅原先生には酷使された」、

「なにしろ絶対服従だったからだ」と述べたとされる。

戦後一九四九年、小林は考古学実習を担当することになり、京大の考古学徒たちを育成していくことになった。他方で、小林は梅原から斡旋された阪大や奈良国立文化財研究所などの就職を幾度となく断ったという。それが元で梅原との関係が悪くなったとも言われるが、そこまで京大に固執した理由は「資料や蔵書のないところには行きたくない」という思いであった。

一九五三年三月、鉄道工事に際して椿井大塚山古墳から三六枚に及ぶ三角縁神獣鏡（卑弥呼が魏王から下賜されたと考えられている鏡）が発見され、それらが全て京大へと持ち込まれた。小林は京大に在籍していたおかげで、一連の資料を用いることができ、一九五五年、これらの三角縁神獣鏡をもとにして「古墳の発生の歴史的意義」（『史林』三八―一）を発表、三角縁神獣鏡が畿内から地方へと配布されたものであるとする「同笵鏡理論」の提起へと道が開かれることとなった（この椿井大塚山古墳に関しては、梅原との間で、後に学会や社会に衝撃を与える事件が起こるが、本稿の主意ではないので穴沢の論考に譲る）。

そしてこの銅鏡が発見された一九五三年、ついに小林は正式に京大講師となった。本岡少年が読んだという『歴史の京都　古代』（桑名文星堂、一九五四年）に掲載されている小林の短文「石器時代（北白川遺跡）」は、まさに小林が京大講師となったこの年の八月からラジオで放送されていた講話であり、小林にとっても晴れがましいものであったのではなかったろうか。

なおプライベートの小林についてみると、少し遡るが一九四二年、在野の考古学者、坪井良平夫妻の媒酌で松山麗子と結婚、北白川に居を構えた（『私たちの考古学』一三号［考古学研究会、一九五七年］に掲載された名簿の住所は北白川平井町であるので、平井町に住んだのち、東瀬ノ内町に越したようである）。そして娘節子が誕生。この北白川の地で育つことになる。

『北白川こども風土記』にも、娘節子の書いた「北白川の廃寺あと」が掲載されている。そして「羽館先生」が「梅原先生」(梅原末治)とともに調査を行い、「おとうさん」も「お手伝いした」と記されている【本書83頁「北白川こども風土記の出来るまで」も参照】。加えて本岡少年が書いた「石器時代の北白川」では、先述の小林の短文を読んで、まずは「羽館さん」に話を聞きに行き、その後「京都大学文学部考古学研究室の陳列館」で「樋口先生」に案内されているほか、「大昔のかまど」でも、大山先生からの伝聞として梅原先生が現れるなど、京大の「先生」が多数登場する。

こうした京大の「先生」たちとのかかわりの深さは拙稿【本書第4章「戦後社会科教育と考古学」】でも述べたとおりであるが、少し気になるのは、京大教授でもあり北白川の住人でもあった梅原の存在があまり前面に出てこない点であろう。確かに一九五六年三月、すでに梅原は定年退官し、朝鮮考古学が専門の有光教一が引き継いでいたため、風土記の調査には関わらなかったと捉えることもできる。ちなみに先述の「樋口先生」は、梅原の弟子の一人であった樋口隆康(一九一九〜二〇一五)である(なお樋口は一九五七年に助教授となっているが、小林は長く講師の職にあり、退官前年の一九七四年に教授となっている)。

以上の経緯もあり、小林もあえて退官した梅原を前面に出すことはなかったのかもしれないが、これだけ北白川の遺跡とかかわりのある梅原の名が小林の短文にも出てこないのは、何らかの含みがあるようにも思えてならない。想像をたくましくすれば、節子や他の子供たち、そして大山先生に対しても、梅原をあえて紹介しなかったのではあるまいか。それは先述したさまざまな梅原との逸話を踏まえるなら、単に気難しいということばかりでなく、小林が調査に携わり、思い入れの深い北白川の遺跡群について、小林自身の言葉で報告書に書くことを認めなかった、梅原への複雑な思いがあるようにも感じられてならない。

いずれにせよ、京都北白川という土地が考古学者小林行雄を育んだことは疑いなく、まさに小林は北白川を愛した。その思いが『北白川こども風土記』への助力に表れているということができるだろう。

〔参考文献〕

穴沢咊光「小林行雄博士の軌跡―感性の考古学者の評伝―」（角田文衞編『考古学京都学派〈増補〉』雄山閣出版、一九九四年）一七八～二一〇頁。

穴沢咊光「梅原末治論―モノを究めようとした考古学者の偉大と悲惨―」（角田文衞編『考古学京都学派〈増補〉』雄山閣出版、一九九四年）二一八～二九九頁。

小林行雄「わが心の自叙伝」・「私の出会った人」（小林行雄博士古希記念論文集刊行委員会編『考古学一路―小林行雄博士著作目録』平凡社、一九八三年）四二～八三頁。

角田文衞「その頃の京大考古学教室―晩年の濱田耕作先生―」（角田文衞編『考古学京都学派〈増補〉』雄山閣出版、一九九四年）三四一～三六〇頁。

都出比呂志「小林行雄論」（大阪府立弥生文化博物館編『森本六爾、小林行雄と佐原真〈平成一五年秋季特別展　弥生文化研究への熱いまなざし〉』大阪府立弥生文化博物館、二〇〇三年）七四～八一頁。

春成秀爾「『日本考古学概説』の誕生―小林行雄」（『考古学者はどう生きたか　考古学と社会』学生社、二〇〇三年）三二六～三四八頁。

大

こども風土記33選

これは、戦中から現在に至るまで全国各地で作られたこども風土記の中から、時代や地域や様式を代表する作品33点を選び、紹介するものである。

一部、「こども風土記」というタイトルではないが、このジャンルにとって重要な作品も含んでいる。

なお、ここでは『北白川こども風土記』はのぞく。

『北海道こども風土記』

北海タイムス文化部（編）
北海道
楡書房　一九五五年

『北海タイムス』紙上のリレー連載をまとめたもの。北海道史研究の第一人者・高倉新一郎をはじめ、河野広道、更科源蔵など北方史、北方文学の専門家一〇名が執筆。「雪のお家」「スキー」「石炭みこし」など五〇件の風物が紹介され、長い冬、先住民アイヌ、開拓移民などなどが織りなす北海道という風土と歴史のユニークネスが浮き彫りにされる。太田達雄の郷愁あふれる挿画も秀逸（菊地）。

『蜜蜂の土産：
こども風土記・春』

平野直（著）
岩手県
国文館　一九四六年

戦後最初に刊行された「こども風土記」。著者は岩手県北上市出身の児童文学者・平野直（一九〇二～八六）。柳田國男『遠野物語』で有名な早池峰山の周辺に暮らすこどもたちの暮らしを、「まんさく」「ちゃぐちゃぐ馬コ」「たんぽぽのサイフォン」など二八のトピックで平易に綴り、子どもたちが自然の中から産み出す〝野のおもちゃ〟の大切さを訴える。岩手県出身の詩人・挿画家・栗木幸次郎が挿絵を担当（菊地）。

『みちのく子供風土記』

渡辺喜恵子（著）
秋田県北秋田郡鷹巣町（現・北秋田市）
文化服装学院出版局　一九六九年

『馬淵川』（一九五九年）で直木賞を受賞した作家・渡辺喜恵子（一九一三～九七）の自伝的小説。大正末年、製材の町・鷹巣に暮らす主人公たち小学六年生の一年間が、四季の風物や折々の出来事とともに詩情豊かに綴られる。戦後、久しぶりに故郷に帰る主人公の独白で結ばれる終章は、故郷の風土と子ども時代の輝きを鮮やかに照らし出す。北秋田市には作者の寄付をもとに建てられた「みちのく子供風土記館」がある（一色）。

『山びこ学校：山形縣山元村中学校生徒の生活記録』

無着成恭（編）
山形県南村山郡山元村（現・上山市）
青銅社　一九五一年

無着成恭（一九二七～）が赴任した山元中学校で取り組んだ生活綴方文集「きかんしゃ」のなかから江口江一「母の死とその後」が文部大臣賞を受賞する。それを機に編まれたのが本書である。「本のはじめに」は坪田譲治、新版に付された解説は国分一太郎が執筆。貧困にあえぐ山村の生活の現実を見つめたテクストは、戦後民主主義教育の実践例として好評を博し、映画化もされる。一九五六年には百合出版から新版が発行され、生徒による版画も所収される。現在でも岩波文庫版で入手可（佐藤）。

【関東】

『子どもの遊び：上州風土記』

酒井正保（著）
群馬県
あさを社　一九八一年

酒井正保（一九二九～）は、日本大学芸術学部でピアノを学ぶ傍ら、日本民謡研究の大家・町田佳聲の知遇を得て民俗音楽に開眼、群馬県をフィールドに民謡、民話などを精力的に調査した。本書では、子供にまつわる行事や四季おりおりの遊びを一四九項目にわたって紹介。遊びで取ったハチノコが晩飯のおかずになり、祭りの中で長幼の序を身につけるなど、子供たちが遊びを通じて生きる術や大人の作法を学んでいく様が、無数のディテールから浮かび上がってくる（菊地）。

『東京こども絵風土記』

中谷健次（監修）、大森忠行（編）
東京都
共同出版社　一九五五年

都内小中学生による絵画作品を中心とした「こども風土記」。監修は画家・中谷健次。編集はデザイナー・大森忠行とヴィジュアル重視の布陣。都内六五箇所が水彩画、ペン画、版画などで描かれ、作文が添えられる。赤坂離宮が国会図書館になり、代々木が米軍将校住宅「ワシントン・ハイツ」になるなど、この時期ならではの風景の描写が興味深い。序文は都知事・安井誠一郎。山の手牛込生まれの洋画家・倉田三郎、下町浅草生まれの作家・久保田万太郎も寄稿している（一色）。

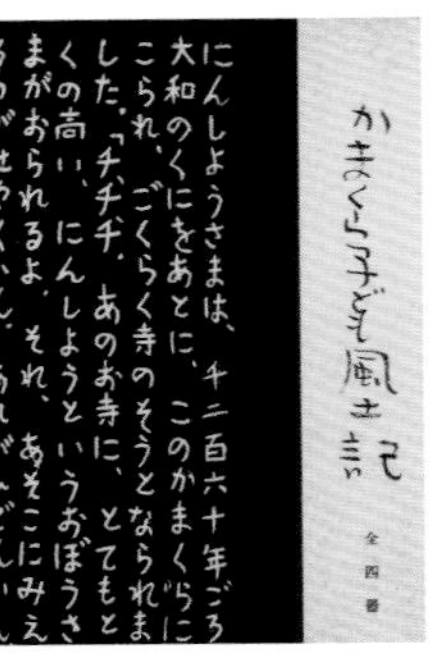

『かまくら子ども風土記』

鎌倉市教育研究所（編・発行）
神奈川県鎌倉市
一九五七年～

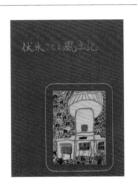

一九五七年に上巻、翌年に下巻が刊行され、一九六二年度に上中下三巻に、一九六七年度に別冊を加え四巻に、その後も版を重ねて二〇二〇年現在一四版を数える息の長い「こども風土記」。市内の小中学校教員が執筆。地域別解説（上巻・中巻）、行事、産業、統計、年表（下巻）、史跡めぐりコース、市内の自然（別冊）といった内容となっている。小中学生の郷土学習資料としてはもちろん、市販され観光ガイドとしても読み継がれてきた。外函（そとばこ）は稲村ケ崎小四年生による「にんしょう（忍性）さま」の作文（一色）。

［中部］

『伏木こども風土記』

高岡市立伏木小学校（編・発行）
富山県高岡市
一九六一年

富山県最初の公立小学校である同校の創立八八周年を記念して刊行された作品。刊行計画は一九四八年にさかのぼり、参照された一四〇冊の文集や学習記録の古いものは一九二九年にまでさかのぼる。「港と工場の町」伏木の風土、史跡、交通、産業などがていねいに調べられ、「学校だより」や児童と教員の交換日記などを収録している点もユニークである。一九六三年には「こども風土記学校博物館」（現・伏木ふるさと博物館）が設置されている（一色）。

『七尾・子ども風土記』

七尾市教職員組合（編・発行）
石川県七尾市
一九八一年

「五年前、十年前の子どもたちが、どのような生活をしていたのか。また、何をどのようにとらえていたのか、わかる資料がない」という問題意識を元に七尾市教職員組合が小中学生の作文等をまとめたもの。富山湾に臨む能登地方最大の都市・七尾の風土、産業、伝統文化を記すほか、修学旅行や生徒会活動といった子どもたち自身にまつわる記述に紙幅を割いている。表紙は、当地を代表する伝統行事・青柏祭の「でか山」と能登島大橋（一九八二年開通）が描かれ、郷土の伝統と未来を表している（一色）。

『もとじゅく子ども風土記』

岡崎市立本宿小学校（編・発行）
愛知県岡崎市
一九七七年

岡崎市制六〇周年、家康公三六〇年祭、増築校舎完工を記念して発行された作品。既刊文集等を元に社会科の郷土学習資料として編集された。旧東海道沿いにある本宿の風土、交通、産業、伝統行事、古老の語りなどを紹介。東名高速道路が開通し、新興住宅地が造成され、急速に変貌する郷土のありし日の姿を克明に記録する。なお、愛知県下の「こども風土記」には、同書のような変形判がいくつかみられる（一色）。

『夜明けの子ら：生活版画と綴方集』

石田和男（編）
岐阜県中津川市
春秋社　一九五二年

教諭の石田和男が指導した岐阜県の恵那地域、中津川市立中津川東小学校の文集「ありの子」をまとめ書籍として出版されたもの。『山びこ学校』の実践に影響を受けた生活綴方教育の実践例であり、「生活版画」という言葉を副題に付けた点で、版画文集の系譜では重要な文献である。序を版画家の平塚運一（うんいち）が、解説Ⅰは国分一太郎、解説Ⅱは『山びこ学校』にも関わった絵本作家、箕田源二郎（みたげんじろう）が執筆するなど、オールスターの感がある。綴方／版画教育の世界からの本書に対する期待が見て取れるだろう（佐藤）。

［近畿］

『京都子供絵風土記』

京都市観光教育研究会（編）
京都市
都出版社　一九五三年

京都市内の小中学生による図画、作文をまとめたもの。編集は市内教員ら一四名からなり、のちに『北白川こども風土記』に関係する美術教員・西田秀雄も参加している。市内の観光地や行事などが題材となり、ペン画、水彩画、木版画などの作品に文章が添えられる。高山彦九郎像が戦争でなくなっていたり、古美術商店が「英語ばかりの看板」になっていたりと、端々に「占領期」が姿を見せている（一色）。

『現代っ子風土記：子供の眼で見る京都』

「現代っ子風土記」編集委員会（編）
京都市
白川書院　一九六四年

市内の小学生による二千点以上の作文、詩を、小学校教員からなる編集委員会が精選、優秀作品を『毎日新聞』紙上に連載した後、一四〇点をまとめたもの。京都タワーがそびえ、新幹線が走り始めるオリンピック・イヤーの「現代」が活写される。その一方、北山の林業、清水焼、伏見の酒蔵といった伝統産業に働く両親をもつ児童も多く、京都が誇るさまざまな伝統の舞台裏がていねいに綴られている。祇園祭や地蔵盆といった年中行事の記述も充実（菊地）。

『泉大津こども風土記』

泉大津国語研究会（編・発行）
大阪府泉大津市
一九五四年

市内小中学校の児童生徒による作文、詩、絵画をまとめたもの。寄稿者は三〇〇人あまり、一人一人の文章は短く、編者の大胆な編集によってコンパクトな地誌となっている。全国各地から女工が集まり、トルコなど海外からも買付人が訪れるなど、毛織物工業で町が栄える一方、騒音、振動、工場倒産や児童労働といった発展の影にも子供たちの筆は及ぶ。また、古くからの農村、漁村の暮らしが急変する様子も印象的に描き出されている（菊地）。

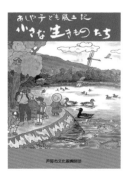

『あしや子ども風土記』全9集

芦屋市文化振興財団（編・発行）
兵庫県芦屋市
一九九二〜二〇〇〇年

芦屋市立美術博物館（一九九一年開館）を運営した芦屋市文化振興財団が年刊で作成したもの。伝説・物語、歴史、植物、動物、文学、地名、写真、美術など、年ごとにテーマを定めており、市販もされた。一九九五年の阪神淡路大震災を乗り越えて刊行された第四集「小さな生きものたち」には、「震災によって損なわれた川や池などもありますが、再び人びとの日常生活の中で「小さな生きものたち」と共存」していくことへの願いが記されている（「あとがき」）。身近な郷土を市民に知ってもらうための興味深い試み（菊地）。

『ひのぼりの子』

日登中学校（編・発行）
島根県大原郡日登村（現・雲南市木次町）
一九四七～七五年

日登中学校長・加藤歓一郎（一九〇五～七七）を中心に取り組んだ教育実践の成果。「こども風土記」と題しているのは六号（一九五三年）のみだが、実際には開校から閉校まで毎年刊行された雑誌の全てが生徒の作文や版画作品等を掲載している。単に日々の暮らしの辛苦を語るにとどまらず、それらを改善の余地のある経営課題として捉え、気象データの観測など、さまざまな工夫を重ねる「生活改善運動」的な「こども風土記」となっている（菊地）。

『岡山子ども風土記』

岡山県教員組合教育文化部（編）
岡山県
山陽図書出版　一九六四年

岡山県下の小中学生による作文、図画から地域にまつわる優秀作品を集めたもの。教員一三名が編集。瀬戸内、中国山地、工業地域、都市地域と多様な環境を含む県下の暮らしをきめ細かく紹介。児島湾干拓や旭川ダム建設、水島工業地帯など、近代化する岡山の姿が活写される。中学生の作品が含まれていることもあり、ニコヨン（日雇い労働者）といった社会的課題が取り上げられていることも興味深い（菊地）。

『うち海物語』
日本子供風土記全集第1集

波頭夕子（著）
愛媛県今治市
新風土社　一九五〇年

全国初の女性校長となり女性教師の地位向上に尽力した波頭夕子（はとうたね）（一八九七～一九八八）の自伝的小説。著者が愛媛で教職を務めた頃に教え子のために書きとめた作品で、「東北を山に囲まれ、瀬戸内海［うち海］を南にいだくところ」（一九六六年版による）で木綿織工場主の娘として過ごした主人公の幼き日々が、てらいのない筆致で描き出される。児童文学作家の坪田譲治は、「女学生などには特別に読まるべき作品」、村岡花子は「古い年月へのあまい追慕とだけでは終らない、多くの示唆を含んでいる」と評している（一色）。

『浦ノ内子ども風土記』

浦ノ内子ども風土記編集委員会（編）
高知県須崎市
浦ノ内小学校　一九九二年

開校五五周年を記念して作成された「こども風土記」。夏休み、児童たちに「地域の自然と風土」「人々と自然のかかわり」といった宿題が課され、父兄や古老への聞き書きを行った成果がまとめられている。お遍路さんや村の祭り、海上交通、新旧の学校生活など、さまざまなトピックが並ぶが、カツオの一本釣りをはじめと漁業の記述が、太平洋に面した町ならではの充実した内容を誇っている。児童に創立者一族がいたことから明徳義塾の歴史が収められていることも興味深い（菊地）。

【九州・沖縄】

『三池のこども　闘いの中から生まれた作文集』

新読書社編集部（編）
福岡県大牟田市・熊本県荒尾市
新読書社　一九六〇年

戦後最大規模の労働争議として有名な三池闘争（一九五九～六〇年）をめぐる作文集。人員整理に抗議するストは長期化し、経営側による第二組合の設置とスト破りなど、事態は混迷を極め、子どもたちも、賃金カットによる貧困生活、炭鉱住宅からの退去命令、親同士が違う組合に入ったことによる軋轢など、いやおうなく状況に巻き込まれていった。そうした子供たちの作文をまとめた本書は、地誌をめざしたものではないが、結果的に同時代の炭鉱地域を伝える稀有な作品となっている（菊地）。

『いんにゃくの里：南大分こども風土記』

南大分こども風土記刊行会（編・発行）
大分市
一九七四年

「いんにゃく（印鑰）」とは、国司が管理する印章や倉庫の鍵のこと。この地にあった豊後国府の跡にある神社の通称「いんにゃく様」から書名が採られている。南大分小学校区の児童数増加による校区分離を機に本書は編纂され、校区内一四町それぞれの史跡、産業、伝統文化などが紹介される。児童に手になる挿画や絵地図が絶妙なアクセント。「好きな食べ物」「好きなテレビ」「将来なりたいもの」などの一口紹介を付した児童名簿が、当時の子どもたちの姿を彷彿とさせている（一色）。

『佐賀関子ども風土記：さがのせき・むかしむかし』

佐賀関子ども風土記編集委員会（編）
大分県佐賀関町（現・大分市）
佐賀関町教育委員会社会教育課　一九九三年

「民話」に特化したユニークな「こども風土記」。神武東征の案内役を務めた椎根津彦の伝説など、佐賀関半島に伝わる民話一〇話（創作民話を含む）を平易な文章と色鮮やかなイラストで紹介する。文化財調査委員などの町内有志が執筆し、竹下内閣の「ふるさと創生事業」によって刊行される。町長が「一人でも多くの人がこの本を読み、ふるさとへの愛情と誇りを持っていただけたら」という序文を寄せている（一色）。

『沖縄わらべ風土記：子どもの遊びとわらべうた』

永山絹江（著）琉球新報社（編）
沖縄県
沖縄風土記社　一九六九年

琉球新報社記者である著者の子供の遊び、わらべうたをめぐる連載をまとめたもの。高齢者からの聞き取りを中心として、往時の子供の遊びと暮らしを紹介。都市化・近代化が進むなかで伝承的な遊びがなくなりつつあることは本土と変わらないが、（復帰前はアメリカの硬貨なので）「穴の開いた硬貨」を使う遊びができなくなったという記述など、随所に沖縄固有の近現代史が垣間見える（菊地）。

【全国・海外】

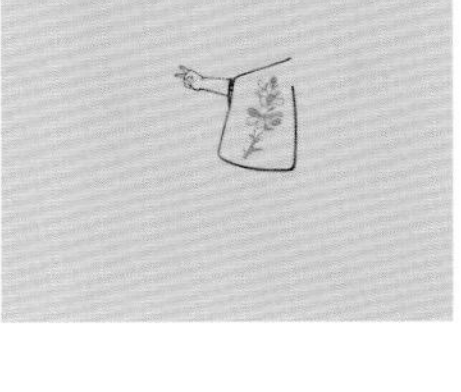

『こども風土記』

柳田國男（著）
日本全国
朝日新聞社　一九四二年

「こども風土記」というジャンルを創始した作品。民俗学者・柳田國男（一八七五～一九六二）による朝日新聞紙上での同名連載（一九四一年四～五月）をまとめたもの。わらべ歌、鬼ごっこ、ままごと等、子供にまつわる民間伝承の数々を縦横無尽に論じ、文化の継承と創造の担い手である子供の存在に着目した連載は多方面の反響を呼び、宝塚歌劇による舞台化、NHKによるラジオドラマ化など、後続の「こども風土記」に多大な影響を与えた。挿絵は初山滋（一八九七～一九七三）（菊地）。

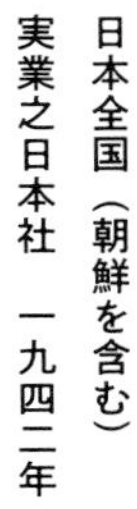

『綴方子供風土記』

坪田譲治（編）
日本全国（朝鮮を含む）
実業之日本社　一九四二年

綴方運動に縁の深い児童文学者・坪田譲治（一八九〇～一九八二）が、『父は戦に：銃後綴方集』（新潮社、一九四一年）に続いてまとめた作文集。同時代の子供たちの生活を記録すべく、全国に呼びかけて募った児童の作文二四〇一篇から四九篇を選りすぐってまとめ、北は北海道から南は九州、さらには朝鮮に及ぶ。日々の生業や歳時に関わる内容が多く、なかには「モルヒネとり」など「銃後」を想起させるものも含まれる（菊地）。

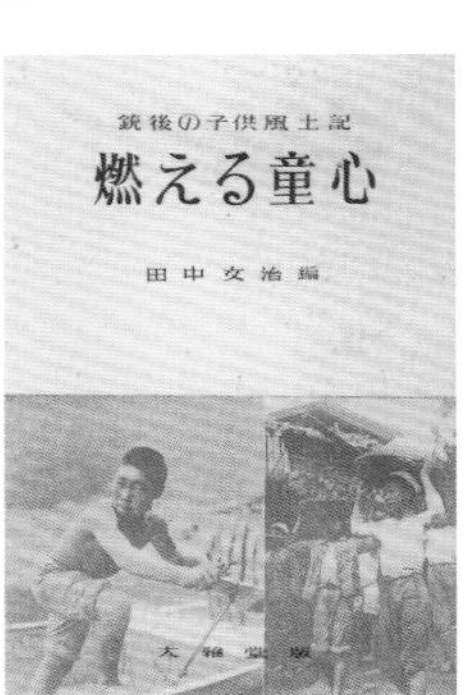

『燃える童心：銃後の子供風土記』

田中文治（編）
日本全国（朝鮮を含む）
大雅堂　一九四三年

「本書は「銃後子供風土記」とも云ふべきものであり、戦時下、子供の教育の第一線にあるものの偽らない現地報告書でもあります」（「序」）。編者は奈良県高市郡今井国民学校の教員であり、他に兵庫県揖保郡神岡、岩手県下閉伊郡大浦、山梨県南巨摩郡五箇、東京市淀橋区大久保、京城市南大門、あわせて六名の国民学校教師により執筆されている。児童たちの綴方も所々に引用され、町、村、海、山、さまざまな環境の銃後を生きる子供たちの姿が浮かび上がる（菊地）。

『こども支那風土記』

実藤恵秀（著）
中国
実業之日本社　一九四三年

中国研究者・実藤恵秀（さねとうけいしゅう）（一八九六～一九八五）による子供向けの中国案内。挿絵は『中支風土記』の著書がある画家・高井貞二（ていじ）（一九一一～八六）が担当。中国各地を探訪した著者の見聞が随所に生かされており、風土、交通から始まって生活、経済など話題は多方面に及び、漢字・漢文論などメディア論的にも興味深い内容を含む。「大東亜戦争」の真っ只中にあって、変わりゆく中国人の「愛国心」に着目せよというメッセージが痛切（菊地）。

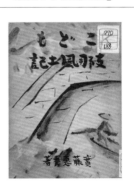

『ボルネオ物語』
大東亜こども風土記

里村欣三（著）
マレーシア・ボルネオ島
誠徳書院　一九四四年

誠徳書院「大東亜こども風土記」シリーズの一冊。同シリーズは六冊が予告されていたが、実際に刊行されたのは二冊だった（もう一冊は満洲を扱った石森延男『マーチョ』【本書序章参照】）。著者・里村欣三（一九〇二～四五）は元プロレタリア作家。転向後、陸軍報道班員として東南アジアを訪問、その体験を元に「理想的な軍人」と原住民の少年の交流をモチーフとした本作を執筆。著者は戦争末期にフィリピンで他界する（菊地）。

『綴方風土記』
全９巻

平凡社（編）
日本全国
平凡社　一九五二～五四年

日本全国の児童生徒による作文、詩、版画、写真等の作品に、専門家の解説を付した全九巻のシリーズ。作品収集は「日本作文の会」（一九五〇年設立）、編集は生活綴方運動の主導者である国分一太郎（一九一一～八五）が担当。監修は地理学者・辻村太郎（一八九〇～一九八三）。木村伊兵衛など一流の写真家が作品提供するなど、版元の人脈が十二分に活用されている。質量ともに充実した内容は、戦後における生活綴方の高まりを示しているといえよう（菊地）。

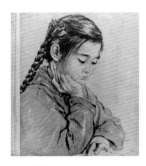

『世界のこども』
全 15 冊

平凡社（編）
全世界
平凡社　一九五五～五七年

『綴方風土記』の世界版というべきシリーズ。引き続き国分一太郎らが編者となり、秋田雨雀（一八八三～一九六二）が監修にあたる。作文収集にはエスペランティストの人脈などが活用される。各国の学制の違いにより、執筆する子供の幅も広く、また、大人による解説部分も増えているが、ともあれ、世界規模の「こども風土記」が刊行されたという事実そのものが驚異である。各巻末は戦争の現代史と平和への祈りによって結ばれている（菊地）。

『写真集こども風土記』

濱谷浩（著）
日本全国
中央公論社　一九五九年

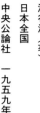

昭和写真界の巨匠・濱谷浩（一九一五〜九九）が全国各地の子供たちに迫った写真集。北は北海道から南は鹿児島まで、撮影は一年間に及んだという。かまくらで遊ぶ秋田の子、陶土で遊ぶ瀬戸の子といった伝統的な風物を収める一方、漁師の父親をソ連に拿捕された根室の母子、共学で男女混合になった騎馬戦を闘う鹿児島の子、といった「戦後」を捉えることも忘れていない。代表作『裏日本』にも通じる充実の一冊（菊地）。

『子ども日本風土記』
全47巻

日本作文の会（編）
日本全国
岩崎書店　一九七〇〜七五年

「この風土記には、すんだ目とまっすぐな心をもった全国の小中学生たちがかいた、それぞれの土地の自然と人間のすがたが、こまかく、くわしく、生き生きとえがかれている」（「この本ができあがって」）。戦後の生活綴方運動を主導した「日本作文の会」の編集による都道府県別のこども風土記。各都道府県の教員が中心となって既刊文集などから作品を募り、伝統的な村の暮らしから近代的・都市的な暮らしまで、生活環境をバランスよく紹介している（菊地）。

『えほん風土記』
全47巻

えほん風土記刊行会（編）
日本全国
岩崎書店　一九七七〜八一年

岩崎書店『子ども日本風土記』の低学年版というべき絵本シリーズ。各都道府県の風土、歴史、産業、習俗、行事、伝説といったトピックを厳選しつつバランスよく紹介。「えほん風土記〇〇県刊行会」というグループが各都道府県ごとに組織され、テキストは教員、歴史家、児童文学作家たちが、ヴィジュアルは地域の代表的なアーティストが担当している。限られた紙面にもかかわらず、公害や基地問題といった現代的テーマに配慮がなされている点も秀逸（菊地）。

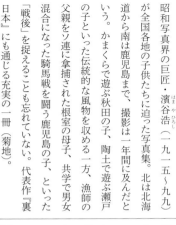

白川道中膝栗毛

作　谷本研（たにもとけん）・中村裕太（なかむらゆうた）　写真　麥生田兵吾（むぎゅうだひょうご）

平成二八年四月二四日
朝九時、快晴。
ポニーを連れた法被姿の二人組。
京都と滋賀を結ぶ
山中越え道の起点である
荒神橋から全長約一三キロ。
東の終点である滋賀里までの
路傍の石仏に花を手向ける
旅のはじまりはじまり。

左から馬方の橋元さん、中村さん、僕（赤兎）、谷本さん、オーナーの五十嵐さん

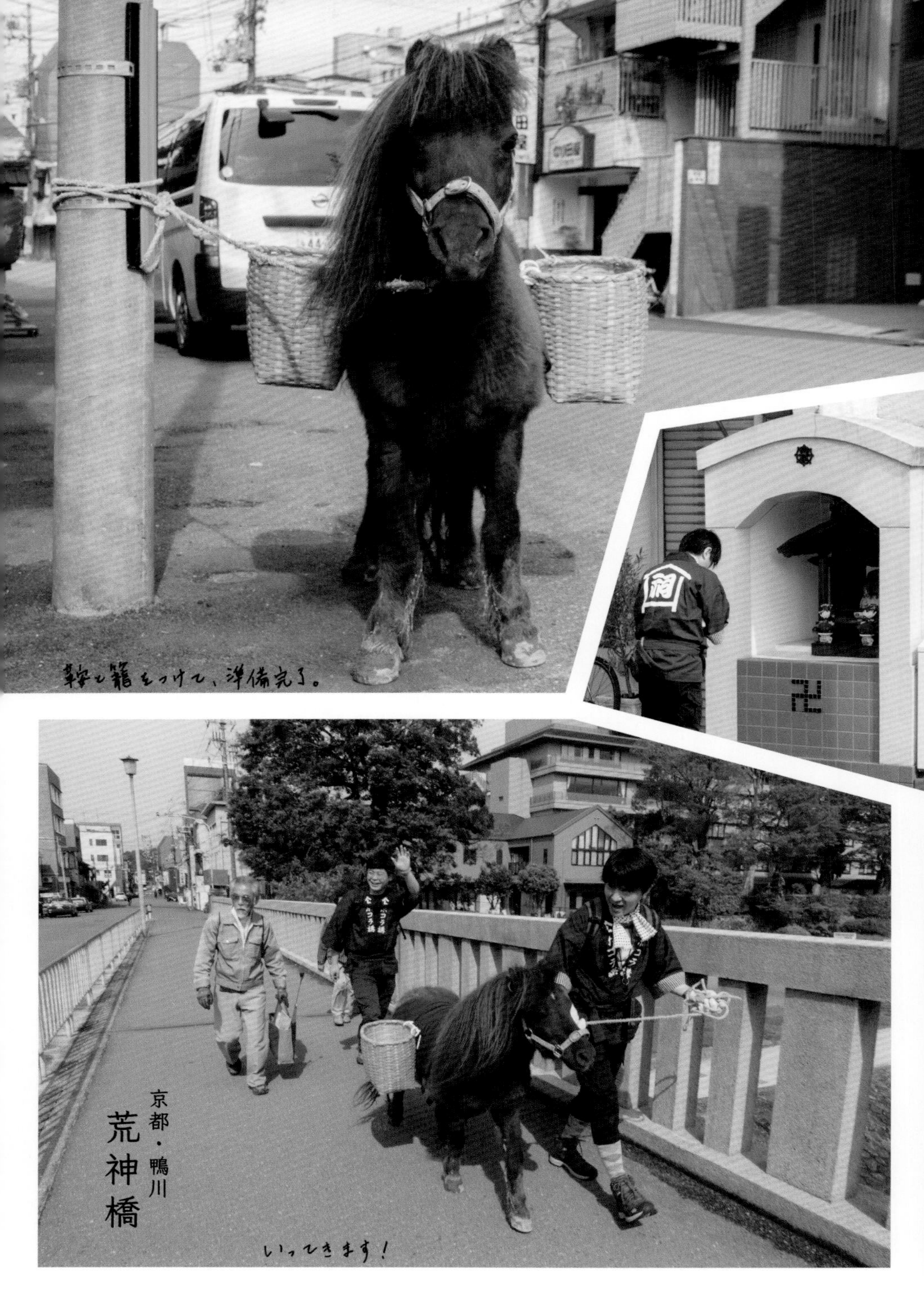

鞍と籠をつけて、準備完了。

京都・鴨川
荒神橋

いってきます！

鴨川東沿い

川端通り

道端で花摘み

京大が出来たときに集められたらしいよ。

北白川
大日如来

市電開通時に並べられたなかよしの石仏。

町中を抜けて、長い登り坂。ウンショ、コラショ。

側道を上れると…

昔この辺りに水車が沢山ありました。

運んだお花を手向けます。

山中町
重ね石

左に一体、右に三体の磨崖（まがい）仏。

ここが京都と滋賀の県境。

ムシャ、ムシャ、うまい。

にぎりめしで昼休憩。

山中町西教寺
阿弥陀仏

旅人の安全をずっと見守ってきた山中町の石仏です。

お先にどうぞー

無動寺弁財天道

石灯籠

そっちに行くと比叡山。

こっちはどこに着くのかな？

昔の人は本当にこんな道を通ったので、

それ!!

比叡山ドライブウェイ下
志賀峠トンネル

この峠を越えると琵琶湖はもうすぐ。

ゴワゴワ、もう一息。

旅の無事を感謝して。

大津・滋賀里 志賀の大仏(おぼとけ)

ついに到着。

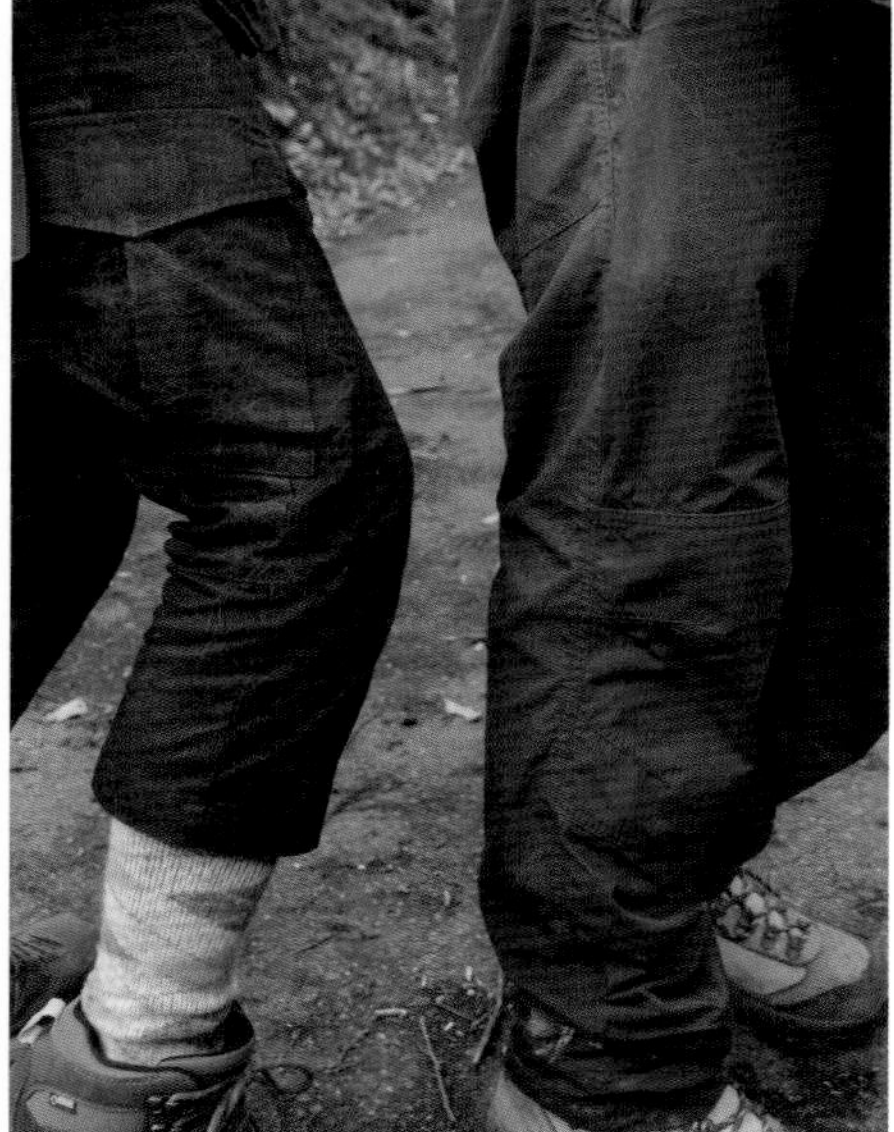

おやおや、膝に旅のあと。

お疲れさまでした。

鞍をはずして、しこたまの栗毛。

※ 撮影：表 恒匡（本頁および左頁のみ）

旅の想い出に後日中村さんは栗毛から筆を作り、
谷本さんはその筆で栗毛絵を描きました。

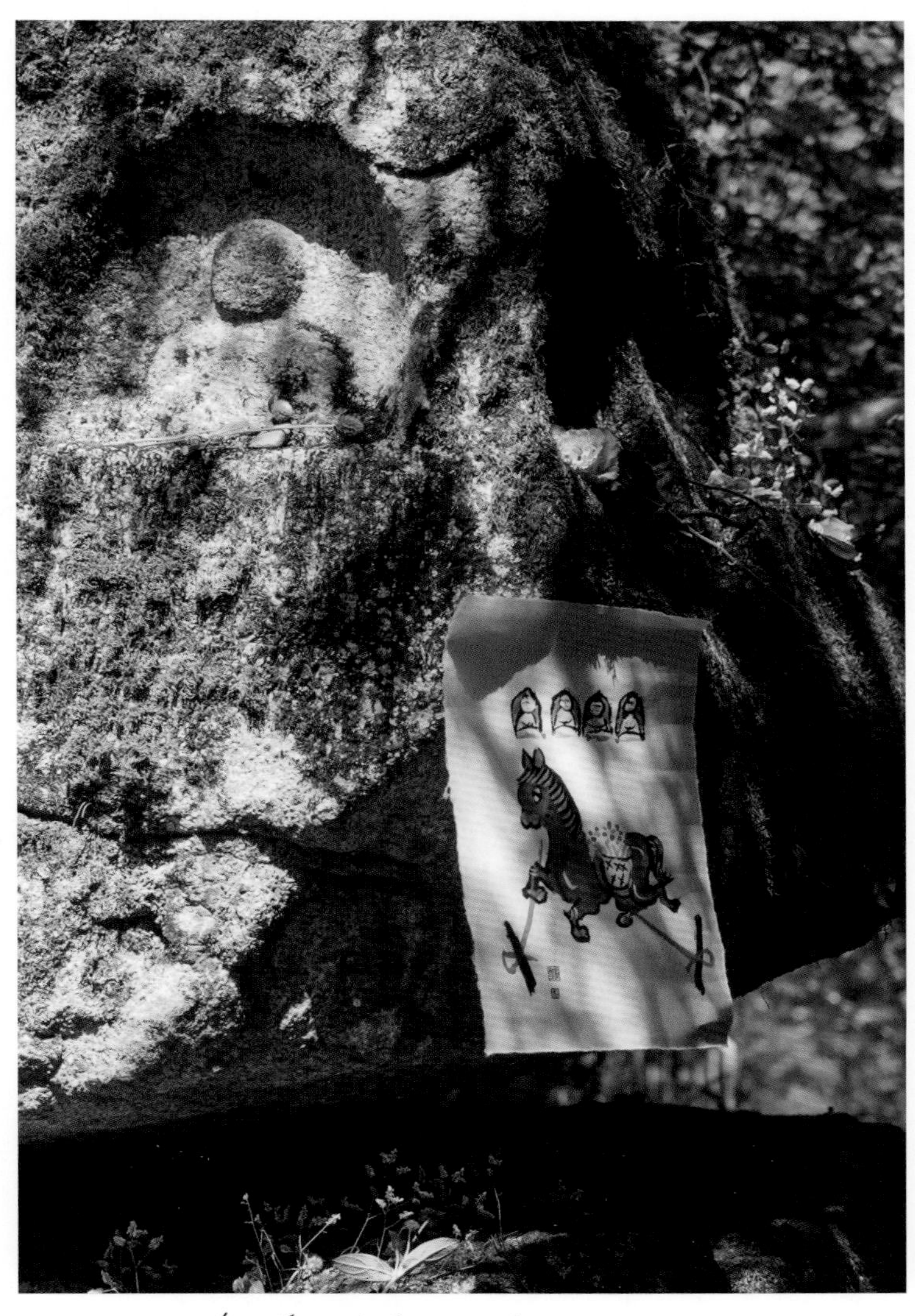

白川道中膝栗毛の土産話、これにて完。

「白川道中膝栗毛」について

佐藤 守弘

アートやその周縁に関わりながら展覧会やプロジェクトの企画活動を続けてきた谷本研と、タイルを使ったインスタレーション作品を発表していた中村裕太のふたりのアーティストが、「タイルとホコラとツーリズム」（以下、THT）という展覧会を開いたのは二〇一四年のことであった。谷本はもともと成安造形大学で行われていた滋賀県大津市仰木地区における「地蔵プロジェクト」の主要メンバーであり、集落の地蔵祠や野仏を調べていた。一方、先述のとおりタイルを主要な素材として作品を作ってきた中村は、京都市中のタイルの使用例に、タバコ屋、薬局、床屋や町家の二階だけでなく、地蔵祠もあることに興味を持っていた。そんな二人が出会い、ゆるやかなアート・プロジェクトとして立ち上げたのがTHTである。

両人とも、もともとリサーチ（調査）を基盤としたアーティスト活動を行ってきた。通常であれば研究者によって行われるリサーチと、芸術家によるアートが組み合わさることに戸惑われる向きもあるだろうが、感性を重要視するモダニズムが「終焉」した以降のアートには、彼らのようにリサーチを基盤としてアート作品を制作する作家が前世紀の終わり頃から徐々に増えてきているのである。白い壁であれば、どんな美術館やギャラリーでも展示できるようなモダニズムの抽象絵画と違って、たとえばサイト・スペシフィック（場所に固有の）・アートと言われる運動は、ある特定の場所でのみその作品が展示されることを目指し、その場所の固有性――歴史、文化、環境など――を徹底的に調査して作品に組み込む。こうした中から、谷本や中村のようなリサーチを基盤としたアーティストが登場するのである。

たとえば谷本の《ペナント・ジャパン》（二〇〇〇～〇八）というインスタレーションは、大量の観光ペナントを譲り受けた彼が、ペナントの歴史や最盛時の状況をリサーチした上で、多くのペナントをギャラリーの壁一面に展示するというものであった――その成果は、『Pennant Japan』（PARCO 出版、二〇〇四）として出版された。また中村の初期の作品である《豆腐と油揚げ》（二〇〇九）では、床に並べられた白色タイルを原稿用紙に見立て、それぞれのタ

［図1］ 2014年 第一回「タイルとホコラとツーリズム」展 会場風景（撮影：表 恒匡）

イルに透明の上絵具で文字が書かれる。その文字を読み進めると、中村がタイル史研究のなかで見出した谷崎潤一郎『陰翳礼讃』における白色タイル批判の文章が浮かび上がるというアイロニカルな作品であった。

京都の地蔵盆の時期に行われた第一回の「タイルとホコラとツーリズム」の目指すところは、「京都市内で目にするホコラの生態系に着目したもので、「タイル」と「ホコラ」をそれぞれのポイントとして捉えつつ、それらを地域における「ツーリズム（観光）」といった視野で考察する試み」であって、谷本は京都の地蔵祠の探査から（勝手に）選定し、そのミニアチュアを会場に《三十三所ミニホコラ》として設えた。中村は、路上で「採集」したタイル片を棚に吊るし、《納涼盆棚観光》と名付けた。さらに会期中に行われた「ホコラ三十三所巡礼ツアー」までが、ひとつのサイト・スペシフィックなプロジェクトであった［図1］。第二回の主題は、「地蔵本」であり、将来まとめられる（かもしれない）地蔵祠にまつわる書物の基礎的リサーチとして「ホコラテーク」（ビブリオテーク＝図書館をもじったもの）を中心にした資料室を作るという目論見であった［図2］。ここに持ち込まれ

[図2] 2015年「タイルとホコラとツーリズム season2《こちら地蔵本準備室》」展 会場風景（撮影：表 恒匡）

たのが、本書編著者、菊地暁による『北白川こども風土記』に関するテクストであり、「あとがき」に詳述するが、この展覧会の「足洗（あしあらい）」──THTでは打ち上げをこのように称する──から、私たちの『北白川こども風土記』共同研究が始まったと言っても過言ではないし、本書こそがもしかしたら「地蔵本」が姿を変えたものかもしれない。

本書に所収したのは、シリーズ三年目の展覧会となる「タイルとホコラとツーリズム season3《白川道中膝栗毛》」を再編集して写真絵本としたものである。『北白川こども風土記』の織田侠一「白川街道を歩いて」（村田裕、高橋和子と、本書三三～四四頁に再録）は、山歩き好きの織田少年が弁当持ちで、荒神口を「おとうちゃん」と一緒に出発し、白川口で父と別れたあとは、先生たちと合流して北白川を経て、山を越えて大津に続く白川街道（山中越、志賀越道とも）を歩き、途中の牛石、蛇石、重ね石などの「郷土の史跡」を訪ねて、その記録を綴ったものであった。

THTの二人は、この織田少年の足跡を辿ろうと思いつく。道連れには「赤兎（せきと）」という名のポニー。織田少年が先生から見せてもらった本に、馬に荷物を運ばせて山道を歩く挿絵があったということからのアイデアである。一行は、織田少年のルートを再訪し、出会う石仏に花を手向けるというのが、彼らの計画したアート・パフォーマンスであった。織田少年は、山中村までで引き返したが、大人のTHTは、滋賀里まで足を伸ばした。旅の終わり、ポニーに花を運ばせるために着けていた鞍にたくさんの栗毛がくっついていたことに気づき、それを集めて中村が筆を作り、谷本が「栗毛絵」を描く──それは白川街道とは別ルートの東海道の大津追分で描かれていた大津絵のスタイルで描かれた。展覧会場では、そのパフォーマンスのスライド・ショーと栗毛絵が展示された。その後、写真絵本のかたちで雑誌『愛郷』五七（北白川愛郷会、二〇一七年）に掲載され、二〇一九年には、京都文化博物館でもパネル展示された。それを再び紙上でカラーで展開したのが、本書収録のヴァージョンである。

THTのプロジェクトは以降も続く。第四回は「アジア回廊現代美術展」の一部として、THTは旅行社という体裁で、沖縄、対馬、済州島、台湾のホコラめぐりのツアーを企画し、他者である旅人に巡ってもらうというプロジェクトを行う。第五回では、いったんの総まとめを迎えるが［図3］、その後京都を離れ、広島や北海道、沖縄などへもフィールドを広げ、それぞれの場所の固有性を踏まえたアート作品を制作しつづけている。

本書の企画段階から、共同研究の出発点となった「白川道中膝栗毛」を再録したいというのは、編者たちのたっての望みであった。織田少年の「白川街道を歩いて」と、この「白川道中膝栗毛」が、沢山の物語を潜ませる街道へ誘うガイドとなれば、というのが編者の、そしてＴＨＴの願いでもある。

[図3] 2018年「タイルとホコラとツーリズム season5《山へ川へ。》」展にて発表された「タイルとホコラ参詣曼荼羅」(画:谷本 研)。THTの第一回展からseason5までの世界観を社寺参詣曼荼羅になぞらえて一画面に凝縮。画面右上には白川街道も描かれている。

THT活動一覧

2014　**「タイルとホコラとツーリズム」**（京都、Gallery PARC）

2015　**作品展示《タイルとホコラとツーリズム》**（「お地蔵さまサミット」、キャンパスプラザ京都）

「タイルとホコラとツーリズム season2《こちら地蔵本準備室》」（京都、Gallery PARC）

「タイルとホコラとツーリズム 番外編《お地蔵様を運ぶプロジェクト》」（京都、ゼスト御池）

2016　**「タイルとホコラとツーリズム season3《白川道中膝栗毛（キャラヴァン）》」**（京都、Gallery PARC）

2017　**「タイルとホコラとツーリズム season4《一路漫風!》」**

（東アジア文化都市 2017 京都「アジア回廊現代美術展」、京都芸術センター）

2018　**「タイルとホコラとツーリズム season5《山へ、川へ。》」**（京都、Gallery PARC）

「タイルとホコラとツーリズム 番外編《父をたずねてやんばーる》」

（やんばるアートフェスティバル 2018-2019、沖縄、旧塩屋小学校周辺、2019 年まで）

2019　**作品展示《白川道中膝栗毛》**

（「京都府内の学校所蔵 考古・歴史資料展 2」、京都文化博物館）

「タイルとホコラとツーリズム season6《もうひとつの広島（フィールド・オブ・ドリームス）》」（広島市現代美術館）

「タイルとホコラとツーリズム season7《ムイカーヌシーのコイコイ、ウンガミ様》」

（やんばるアートフェスティバル 2019-2020、沖縄、旧塩屋小学校周辺、2020 年まで）

No. 6

第6章　綴ることと彫ること――『北白川こども風土記』の視覚

佐藤守弘

はじめに

小学校の図画工作の時間や中学校の美術の時間に版画を制作した経験を持たない人はほとんどいないのではないか。私に関して言えば、小学校の低学年のときに石膏版画を彫ったことや中学校のときにグループで版画集を作ったことを思い出す。ただし、版画教育がどれほど広範囲に行われてきたのかに関する研究や統計については、管見の限りでは知らない。あくまでも、個人的に人に尋ねた経験からのあやふやなものではあるが、みな異口同音に学校で版画を制作したことについて語っていた。円空仏の存在を、小学校で買わされた彫刻刀のケースで知った人も多いだろう。ところが日本以外では、このような版画教育が行われてはいないようである。いったいなぜだろうと長い間不思議に思ってはいたが、積極的に研究対象にしようとは思わなかった。ところが『北白川こども風土記』に出会い、テクストに添えられた版画を見たときに、この疑問が蘇ったのである。

その疑問を解決する第一歩として、本章では『北白川こども風土記』の版画を中心とした視覚的な側面に注目してみたい。もちろんこの本は、児童たちによる歴史、民俗誌、地誌というテクストを中心として構成されたものであるが、それだけではなくさまざまなイメージ、すなわち挿絵、図解、地図、写真、複製図版、そして児童たちによる版画が表紙、章扉、本文のあちらこちらに散りばめられた、すぐれてヴィジュアルな書物とも言えるのである。

こうした学校教育におけるイメージ制作については、とくに美術教育学が扱ってきたところであるが、その領域では実践的な教育のための手段としては考察されるものの、それらのイメージそのものについて論じてきた訳ではない。一方でイメージそのものを研究する美術史学や芸術学にとっては、児童・生徒の作るイメージはあくまでもとるに足らない周縁的なものであり、研究対象となるものではなかった。しかし、これらのイメージは、ある地域——すなわち日本——のある社会集団——小中学生——、そしてある時代——すなわち戦後——に特有の視覚文化（visual culture）として、考察する意義は十分にあると考える。というのも、これほど広範に長年実践されてきたイメージ制作活動は、例を見ないからである。

本章の目的は、『北白川こども風土記』におけるイメージ群、およびそれとテクストとのつながりを、それに先行する『山びこ学校』、『夜明けの子ら』という生活綴方（つづりかた）と生活版画を結びつけた書物と比較することによって、『北白川こども風土記』の視覚を検証するところにある。

以下、まず『北白川こども風土記』において、どのようなイメージが掲載されているかを確認する。次に日本の学校教育にどのように版画が導入されたかの歴史を辿って、ふたつのメルクマール的文集、『山びこ学校』と『夜明けの子ら』における版画イメージの使われ方を検証する。その上で、版画の特性に関する言説を分析して、「版画文集」をメディアとして考える視点を導入したい。最後に『北白川こども風土記』に立ち返り、先行する版画文集と異なる独自の視覚のあり方について考察したい。

1　『北白川こども風土記』と視覚的イメージ

『北白川こども風土記』の目次の次ページには、イメージを手がけた児童たちの名前が記載されている。表紙版画四名、扉絵版画四名、章扉版画八名、本文挿絵および版画六名、カット版画八名の名前が見いだせる（『北白川こども風土記』一二頁、以下頁数のみ示したものは同書の頁数を指す）。誰がどのイメージを担当したかについては明記されていないが、テクストの著者の名前も見えることから、テクストを担当した児童が制作した場合も他の児童が制作した場合もあったと想像される。巻末の「あゆみ」には「原稿を離れたしごとも見逃すことはできません。それは、版画や挿絵をほったりかいたりした、子供たちのことです。毎晩のように、学校近くのO（大山徳夫―筆者注、以下〔 〕内は同様）先生の家に通っては、その腕をふるいました。これも長い日数をかけた労作になり、この本の内容を一そう豊富なものにしています」（三七〇頁）とあるので、イメージ制作も課外活動として行われていたことが分かる。

ただし、『北白川こども風土記』執筆者たちの証言によると、書籍版に所載されている図版には、自らによるものではなく、下の学年の児童が制作したものも含まれているという。原稿執筆時から書籍化の間には時間的ギャップがあり、すでに彼女／彼らの手を離れていたという感があったと述べていた。そこでキーとなるのが、西田秀雄（一九一三〜九二）という教師である。西田は、一九四〇年代に京都に赴任し、尋常小学校で教師を勤めた。一方で独自の美術教育理論を打ち立て、一九五一年には『美術教育』に投稿をはじめ、五二年には、京都大学の美学者、井島勉（一九〇八〜七八）のもとで一年間研修を受ける。[1] 彼が北白川小学校に赴任したのは、一九五七年のことで、それから六年間、教鞭を執った。[2] 執筆者たちは西田のことは、はっきりと覚えていないとのことであるが、その「下の学年」による図版追加に西田が関わっていた可能性もある。とはいえ、どの図版が執筆者によるもので、どれが「下の学年」によるものかは定かではないため、本章では、両者を一体のものとして考えていく。

ここで『北白川こども風土記』にもどって、掲載されたイメージの点数を確認してみたい。イメージの総数は、一五八点におよぶ。そのうち写真【本書13頁「『北白川こども風土記』抄」（以下《風土記抄》参照】は四七点、『都名所図会』（一七八〇年）や古文書などの既製のイメージの複製図版も一七点載っている。写真や図版の複製は、大人によるものであろうが、児童たちによる挿絵【本書23頁《風土記抄》】が二〇点、地図に代表される図解【本書34頁《風土記抄》】が一二点ある。[3] 一番目立つのが児童たちによる版画で、総数六二点に及ぶ。それらをよく見てみると、二種類に分けることができる。まずは凸版によると思われる版画【本書11頁《風土記抄》】である。凸版とは、版を彫る際に残った部分にインクをつけて、バレンなどで紙に写し取るもので、総数四二点確認できる。現在に至るまで、小学生や中学生による版画の多くはこの技法によるものが多い。通常は、木を縦に挽いた板に彫る板目木版が使われるが、当時、『北白川こども風土記』に参加した方に聞くと、柔らかい樹脂のようなものを彫った記憶があるとのことであり、リノリウムを版に使うリノカットであった可能性も高い。同じ凸版（板目木版）で制作される、たとえば浮世絵版画の場合、版を細く彫り残すことで黒い線をつくる。しかし細い線を彫り残すことは、熟練の技倆が必要となるので、小学生だと多くの場合は、線を彫ることになり、摺りの段階でネガとポジが反転した白い線が見られることになる。

その一方で、明らかに凸版とは異なる印象を与える版画［図1］も二〇点見られる。まず気づくのは

［図1］章扉版画「三、郷土の史跡」（55頁）

細い線が黒く表されていることであり、第二に白い部分にフロッタージュ（凹凸のある面の上に紙を敷いて、鉛筆などでこすって写しとること）のような独特の物質感が見られることである。先述のように年少者が線を細く彫り残すのが困難な場合が多いことから、これは凸版ではなく凹版、すなわち彫られた部分にインクを詰めて紙に写し取る種類の版画であることが推測できる。凹版を代表する技法は銅版画であるが、硬い素材に対して鋭利なニードル（針状の描画具）を使うドライポイントや劇薬を使うエッチングを小学生にさせることは考えづらい。可能性として考えられるのは、銅版の代わりに板紙を用いる板紙凹版という技法である。児童向けの版画入門書に板紙凹版が紹介されていて、「白く表現するところに、ニードルで線や点をつけたり、紙やすりやガラスの破片などでこすって、調子をつけて、表現を深め」ることができるとあるので、この技法である可能性も高い。[4] 執筆者に聞き取りをしたところ、記憶がないとのことであったので確定的なことは言えないものの、こうした凸版以外の技法を指導していたとすれば、当時の北白川小学校における版画教育の幅の広さを示すものと考えられるだろう。

2　『山びこ学校』と生活綴方

ここで、日本の図画工作／美術教育史における版画の位置を、教育者、版画家で版画教育のキー・パーソンであった大田耕士（一九〇九～八八）による「日本教育版画協会の歩みと活動――版画教育史」を参考に概観してみよう。大田は、版画教育のはじめを、大正期の創作版画運動の中心人物であり、また自由画教育論の唱導者でもあった山本鼎（一八八二～一九四六）に置く。大田によれば創作版画運動は、「伝統版画の製作様式を否定して自画・自刻・自摺をモットーとした。作者の芸術表現の一貫性を主張し、個性と主体性を尊重した」。それが「美術教育に一般化されたものが即ち〝自由画教育〟であろう」として、創作版画運動と自由画教育を同一線上に置く。その中で「ごく自然に版画は子どものものとして、美術教育の中に取り入れられてきた」とする。[5]ここに見られるのは、まさにヨーロッパ近代における芸術に関する考え方、すなわち制度や慣習にとらわれない近代的主体としての個人が、みずからの内面を「表現」することで、今までにはない新たな作品を「創造」するという芸術観であり、それが、戦後の版画教育においても基本となっていく。

戦前の版画教育は、一旦戦争により断ち切られるが、それが戦後に本格化するのは、大田の呼びかけで恩地孝四郎（一八九一～一九五五）、平塚運一（一八九五～一九九五）、川上澄生（一八九五～一九七二）ら、創作版画界の大物たちも名を連ねた日本教育版画協会の設立（一九五一年）であったという。一方で、版画は、生活綴方運動と結びつく――すなわち文集の挿画として版画が使われるようになったのである。前掲の大田は、「生活版画は生活綴方の「弟」」であるとして、以下のように述べる。

はじめ、全国の熱心な綴方教師（といっても綴方の専門家というわけではありません）によって作られたガリ版刷の文集のなかに、新しい版画は、まるで馬小屋のワラのなかに生まれた赤ん坊のように姿をあらわしました。素朴な文集は、版画が育つのに屈強な、そして健康な場所でした。活発な綴方運動――生活綴方運動のなかで、版画は文集の表紙を飾り、カット・挿画の役目につきました。[6]

ここで大田が、綴方と版画の結びつきの第一歩として特筆するのが、「炭やきものがたり」である。これは、山形県山元村という、ほぼ農業しか産業のないような貧困にあえぐ山村に、中学校教諭として赴任した無着成恭（一九二七〜）の指導のもとに、生徒たちの文と版画で構成された文集「きかんしゃ」の一三号（一九五一年三月）に掲載されたものであった。「きかんしゃ」は、のちに国分一太郎（一九一一〜八五）――戦前から生活綴方運動に関わってきた――らの仲介で、坪田譲治（一八九〇〜一九八二）の推薦文とともに、書籍『山びこ学校――山形縣山元村中学校生徒の生活記録』（青銅社、一九五一年）としてまとめられ、ベストセラーとなった。[7]

［図２］『山びこ学校』新版・定本

青銅社版には所載されなかったものの、百合出版から刊行された新版・定本（一九五六年）［図２］で付け加えられた「炭やきものがたり」は、一三編の小文とそれぞれに対応した版画――一編を除いて、すべて版画と文は同じ作者――で、炭焼の工程を描くシリーズである。無着は、その序文で「図画と綴方を結ぶ一つのこころみとなった[8]」と述べている。その三、小笠原誠（一九三五〜?）という生徒による「木わり」を見てみよう。

「エイ!」ポン

「エイ!」ポン

なれないうちはどうしてどうしてわれるものではない。同じわれ目にまさかりがくいこむのだって中々のことだ。今は土釜といって四貫俵で四十俵も五十俵も、一度で出すのになったから、そうこまかくわらなくともよくなったが、石釜時代は三俵位の木をわるのに半日もかかった。

でもまた、だんだん品物が量よりも質などといわれて、炭もかたい白炭に変りはじめて、またあぶら汗を流してわらなければならなくなった。足に注意しろ。

ふっとんでくる木のはじで目をやられるな。

マサカリの柄をおるな。

注意してだぞ。

死んでしまうぞ。[9]

［図 3］版画「木わり」（『山びこ学校』新版・定本、264 頁）

木を割るオノマトペからはじまり、炭焼き職人に取材した薪の割り方の丁寧な記述、そしてそれが職人が発する注意の声とシームレスに変わっていく。多声的なテクストともいえよう。生活綴方におけるリアリズムの目指すところが伝わってくる。

そのテクストに添えられた版画［図3］では、炭焼き職人がまさかりを振り上げて、今まさに打ち下ろそうとする場面が、大胆な彫線で表象される。上半身と下半身が多少アンバランスであるが、それがかえって力強さを誇張しているようにも見える。まさにスナップショット的な視覚によるドキュメンタリー・イメージと言えよう。

ただし、無着自身は、もともとイメージについては、さほど重要なものと考えていたわけではなかったという。彼が出張していた際にやってきた箕田源二郎（みたげんじろう）（一九一八～二〇〇〇）――美術教育運動に携わっていた絵本作家――が、生徒たちとともに作り上げたのが、この「炭やきものがたり」で、それを見てから「綴方は、ちゃんとした考えのもとに、ちゃんとしたものを書かせているとき、版画をちゃんとした考えのもとに、ちゃんとしたものを刻ませないということは、私の指導意識の低さを物語るものであり、芸術に対する理解の浅さをしめしてくれたものであった」[10]と考えを変えたという。

3　『夜明けの子ら』と生活版画

さて、『山びこ学校』の基礎となった生活綴方とは、戦前から続くもので、すなわち自らの生活に取材した文を自分のことばでありのままに書かせる作文教育[11]――久野収（くのおさむ）（一九一〇～一九九九）と鶴見俊輔

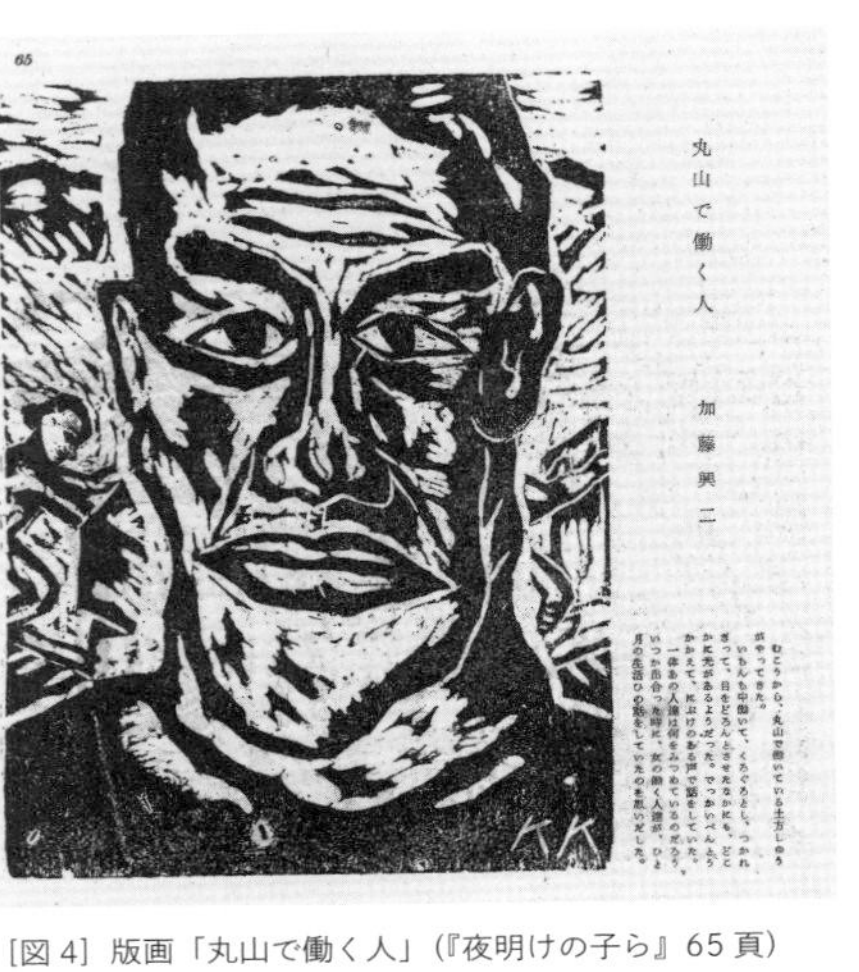

［図4］版画「丸山で働く人」（『夜明けの子ら』65頁）

（一九二二〜二〇一五）はそれを「攻撃的プラグマティズム」と評する――の影響下にあるものであるが、それに付された版画も、『夜明けの子ら』の副題にある「生活版画」という呼称のもとに広がっていくこととなる。生活綴方がプラグマティズム的性格を有するならば、生活版画もまたその性格を分け持っていたとも言えよう。

石田和男（一九二八〜）が指導した岐阜県、恵那地域の中津川東小学校の文集「ありの子」は、『夜明けの子ら――生活版画と綴方集』（春秋社、一九五二）としてまとめられ、出版される。[12] 石田の教育法に助言をし、かつ同書の解説を書いたのは、すでに登場した国分一太郎と箕田源二郎であり、『山びこ学校』と同じ人びとが関わっている点には注目すべきである。あきらかにこの二編は、生活綴方に生活版画をあわせた教育運動のひとつの波のなかのものと考えることができよう。

『夜明けの子ら』は、第一部「わたしたちの生活」、第二部「わたしたちの見た人々の生活」から構成され、それぞれが「生活版画集」と「生活綴方集」と分かれているため、テクストとイメージのつながりは「炭やきものがたり」のように密接なものではない。ただ、生活版画のなかには、短いテクストが付されているものもある。たとえば《丸山で働く人》と題された版画［図4］を見てみよう。画面に収まりきれないくらいのクローズアップで人の顔が力強く彫られている。「炭やきものがたり」の中学生のような技巧はないが、その分、労働者の意思の強そうな顔が迫力たっぷりに描かれている。それに付されたテクストは以下の通りである。

むこうから、丸山で働いている土方しゅうがやってきた。いちんち中働いて、くろぐろとし、つかれきって、目をどろんとさせたなかにも、どこかに光があるようだった。でっかいべんとうかかえて、にぶけのある声で話をしていた。一体あの人達は何を見つめているのだろう。いつか出合った時に、女の働く人達が、ひと月の生活ひの話をしていたのを思いだした。[13]

後ろの人の姿は、「女の働く人達」であろうか。その上の山にも見える塊は、彫り残しの線とつながって、その生活の辛苦を表しているかのようにも見える。

労働こそが『夜明けの子ら』のひとつのテーマである。もちろん、その他の日常も描かれるが、労働、格差、闘争といったテーマが目立つ。佐貫浩によれば、農業しか産業のない『やまびこ学校』の山元村と違い、工業、商業が栄える恵那地域では、「資本と労働との階級闘争という基盤での民衆の闘いを土台とした生活綴方が取り組まれて」いて、「日本資本主義との闘いと課題が根底にあった」[14]という。実際、『夜明けの子ら』の版画およびテクストを見る限り、石田の政治的姿勢が色濃く反映されていると思われる。

以上見てきたように、『山びこ学校』および『夜明けの子ら』における版画には、指導者たちの意思が多く反映されていると見ることは、おそらく間違いはないだろう。ということは、これらの版画の「作者」とは、生徒／児童といった単一の主体ではなく、指導者も含んだ一種の集団的な制作と考えるほうがいいかもしれない。[15]そのことは、芸術を単一の主体の表現と見る近代的芸術観からは、根本的にずれていると考えられるだろう。また、それらの徹底的な社会へのコミットメントという面から見ても、芸術の自律性を謳う近代主義とは相容れない部分もある。教育理念としては、近代的芸術観に発しながらも、どうしてもその枠に収まりきれない部分。これが生活版画の面白さと言ってもいいだろう。

4　ミニ・メディアとしての版画文集

先述の大田耕士は、『版画の教室――生活版画の手びき』という本で、以下のように述べる。

これらの版画は子どもの生活のなかから、子どもがつかんだ実感がなまなましく表現されています。その何よりも現実に肉薄する生活直視の態度と、豊かにたたえられたヒューマニティ――これほど新鮮に、わたしたちの胸をうち、感動をゆさぶるものは少ないでしょう。
これは、版画そのものがもっている特別な性格や機能と純粋にむすびついているからです。これらの新しい子どもの版画に、生活――それは生きており、動いている。そして、ひろい幅とつながりをもっている。――の名前をかぶせて「生活版画」とよぶことがふさわしいと思います。[16]

では大田の言う「版画そのものがもっている特別な性格や機能」とは、どういうものと考えられていたのであろうか。『夜明けの子ら』の序文を書いた平塚運一は、「版画は小刀で絵を描くのであるから、紙に筆や鉛筆などで描く場合にくらべて、いろいろな約束があって、不自由である為に、直写を整理要約して表現することが大切である。あいまいであってはならない。／これを云いかえれば、造形美術で最も重要な条件である単化と、デフォルマッションなしには版画は作れない、と云うことである[17]」と版の物質性に由来する間接性を重要視している。

版画の物質性／間接性に関する言説とは、版の制作過程に着目したものであるが、印刷過程に視線を移すとまた別の版画の特質や機能が見えてくる。『夜明けの子ら』に寄せた「生活の歌」という文で、本稿で再々登場する箕田源二郎は、「何枚も同じ絵が生み出せる版画は商品としてはねうちが少いかもしれません。〔中略〕版画も、どこの家、どこの壁にもかざられて、人々とともにくらしていってくれることができるのです。〔中略〕版画は数多く生み出せるものですから、生活のうたをみんなにきかせるのには、もっともぐあいのいい表現の形式だと思うのです[18]」と版画の複数性／複製性に注目する。大田は、版画と文集の結びつきに着目して、「子どもの版画は、美術教育の中からではなく、いち早く文集の中に芽をふいた。それは、文集という簡易な印刷物が自然に影響したものであった。表紙・カットとして素朴な形ではあったが、戦前の伝統〔創作版画／自由画教育〕はここに復活して、やがて、版画作品が主になる版画文集へと発展していく[19]」と振り返る。この「複製性／複数性」からは、版画文集をメディアとして捉える視点が導きだせるだろう。

総じて言えば「文集」とは、手軽なガリ版〔謄写版〕印刷によるテクストと版画によるイメージの組み合わせによって、学校教育の規模のなかで簡単に作りうる「簡易な印刷物」であり、それが戦後の国語教育、美術教育のなかに浸透していく一番のきっかけであったのではないかと私は考える。そうした文集は、小学校とその周辺という狭いコミュニティにのみ流通する、いわば〈ミニ・メディア〉であるが、そんななかからまさに氷山の一角のように書籍として出版され、マスに流通するようになったものが『山びこ学校』であり『夜明けの子ら』であり、また『北白川こども風土記』であった。

5　『北白川こども風土記』の視覚

テクストとイメージを組み合わせた文集という性格から、『北白川こども風土記』も当時全国各地の小学校や中学校で制作されていた版画文集の系譜に連なると考えてよいだろう。ただし、先行する文集の多くが児童／生徒の身近にある現実を「そのまま」描くことを目指していたのに対し、『北白川こども風土記』は、それらとは多少異なる視点を持っていたように思える。ここでは、凸版画を三点見ていきたいと思う。

第七章に置かれた「小倉町のうつりかわり」では、近代における北白川の変貌が「古老」たちへのインタヴューをもとに記される（三一四〜三一九頁）。かつて——「明治から大正の終わり頃まで」——は、見渡すかぎりの田畑であった。それが土地会社による住宅地化計画や京都市による白川通——当時、地元では「十二間道路」と称された——の整備などによって、「北白川の地は土着の「花うり族（＝近郊農家）」と新来の「大学族（＝学者・サラリーマン）」が二分する様相」が出来ていった。▼20

本節の筆者は、古くから小倉町（おぐらちょう）に住んでいた「波多野さんというおじいさん」の話から、その家の近くにむかし牧場があったことを知る。小さな牧場で、牛も一二〜三頭しかいなかったが、その持ち主は、採れた牛乳を町に売りに出ていたようだ。

> その頃、おじいさんの家のあたりは田畑が多くて、中でも花畑がとてもきれいでした。それに用水路の水が、いくすじも小川のように流れていました。（三一八頁）

宅地化される前ののどかな北白川の風景を描いたのが、本節に付けられた版画［図5］である。九頭の乳牛が大胆な彫りで表された牧草を食んでいる。その奥には低層の住宅が立ち並び、さらに奥には中央に大文字山を配した東山連峰が比較的正確な遠近法を用いて描かれる。上記のテクストから版画を担当した児童が、すでに失われた北白川の風景を、自らの想像力を駆使して描き出したのであろう。さらに古い北白川を想像して描いた版画［図6］と比べてみても面白いだろう。

「ぼくらの学校――おじいさんたちの思い出」（二九六～三〇六頁）は、題の示すとおり、古老に、北白川小学校の昔を聞き書きしたものである。ここに添えられた版画［図7］で描かれているのは、二代目の校舎が北白川天神宮下にあった頃（一八七七～一九〇四）であろうか。テクストでも書かれているよう

［図5］版画「小倉町のうつりかわり」（314頁）

［図6］版画「農村だった白川村」（214頁）

［図7］版画「ぼくらの学校―おじいさんたちの思い出」（296頁）

［図8］版画「石器時代の北白川
—小倉町の遺跡」（30頁）

に、筒袖の着物を着た小学生が三人、田んぼの畦道を歩いている。中のひとりがお辞儀をしているのは、洋装の教師であろう。その横には、もうひとり教師と思しき和装の人物も描かれている。東山のふもとから一面に広がる田端に和装の小学生という光景は、一九五〇年代の児童にとっても、もちろん自らとは隔絶した、一種エキゾティックな風景であっただろう。

第二章冒頭の「石器時代の北白川——小倉町の遺跡」（二九〜三八頁）【本書23頁《風土記抄》】は、小倉町遺跡を発見した羽館易（はだちおさむ）（一八九八〜一九八六）への聞き書きや樋口隆康（一九一九〜二〇一五）による京都大学の考古学研究室の案内をもとに記された節であるが、そこに付されている版画［図8］も興味深い。東山であろうか、岡の上には木の実を採集する人、兎や鹿のような動物を狩って運ぶ人々、木登りをする子どもなどが描かれている。小倉町辺りと思われる集落には、竪穴式住居が三軒見下ろされる。前掲の牧場の版画に比べると、遠近法的には不正確で、集落の辺りが持ち上がって見えるのだが、それが視点のダイナミックな移動を思わせるなんとも面白い効果を表している。縄文時代の人びとの生活を、非常にわかりやすく図解した絵である。これもまたテクストをもとに児童が想像力を働かせた結果であろう。

実際のところ、凸版画のなかで明らかに現在の姿を描いているのは、「大文字の送り火」【本書11頁《風土記抄》】だけで、現在か過去かの区別がつきにくい「天神さんのお祭り」【本書48頁《風土記抄》】も含めて、すべてが過去の姿を描いているというのは興味深い。『北白川こども風土記』が地誌、歴史、考古を主題とするテクストを中心とするということからは当たり前のことかもしれないが、この点は、先行する『山びこ学校』や『夜明けの子ら』との大きな違いである。北白川には、山間の農村の極貧や地方工業都市の格差も、少なくとも目に見えるかたちでは存在しなかっただろう。本書の他の部分でも言及されている通り、「地区全体人々間の精神的な結び付きは薄く、むしろ各種異質的（Heterogeneous）な生活者たちの偶然的集合地域といった感が深い。〔中略〕ここ北白川の地区にはふるい伝統をもつ谷口を中心とした土着の人々の生活と、各地から移住してきた外来人（エトランジェー）的な近代的な生活との混用地区だということが出来る」[21]と藤岡謙二郎（一九一四〜八五）が言うような特殊な地域において、共有できるものとして、「過去」が持ち出され、それが版画の対象となったと考えてもいいだろう。『北白川こども風土記』に掲載された版画や絵は、生活版画運動に見られる個の内面表現や戦後社会派に通ずるリアリズムの流れを汲みながら、それとは少し異なる、聞き取りを中心とする児童たちの綿密な調査に基づいた想像力によって、現実や虚構を視覚的に再構成することを目指していたものと思われる。

おわりに

本章では、『北白川こども風土記』に掲載されたイメージを検証するために、その成立過程を、先行する『山びこ学校』と『夜明けの子ら』というふたつの文集と比較してみた。そこで浮かびあがってきたのは、前二者とは相当に違う視覚のあり方であった。この点からも、『北白川こども風土記』が、生活綴方や生活版画によって作り出されてきた土壌に生まれながらも、それらとはまったく違う性質を持った文集であったことがわかる。とはいえ、ここから新たな「こども風土記」の系譜が生まれてくることから考えれば、リアリズムやドキュメンタリーとは少し違う、もうひとつのイメージのあり方をしるしづけたと考えてもいいだろう。一九六〇年代に入って、北白川だけでなく、全国のあちこちで、従来のコミュニティとは違う、「異質的（Heterogeneous）な生活者たちの偶然的集合地域」が増えてくるなかで、出自や社会階層に関係なく共有できる物語として、地域の過去を提示する「こども風土記」が次々に作られていったのではないだろうか。ただし、これはあくまでも仮説であるので、さらなる検証を必要とするだろう。

学校教育において図画工作や美術教育のなかで制作され続けている大量のイメージが、「美術作品」として顧みられることはまずない――これは綴方と「文学」との関係にも言えよう。もちろん、そうしたイメージは、そもそも芸術の枠組みにおける「作品」としての資格を満たしてはいないだろうし、私もそれらを、アウトサイダー・アートのように芸術作品としてすくい上げようとするつもりは毛頭ない。ただ、本章で試みたようにそれらの制作のプロセスを検証してみると、ヴァナキュラーなイメージ制作の実践のひとつとして捉えてみる価値は十分にあると考える。

「ヴァナキュラー（vernacular）」とは、辞書では「その土地固有の」という意味を持つ形容詞であるが、近年の文化研究においては、人びとの身近にある、無名のアマチュアなど非芸術家によって制作され、市場経済の外に存在する、美的価値や歴史的価値では評価できない制作物を指す言葉である。ヴァナキュラー文化に注目することで、芸術や建築や写真などの既成の規範を問い直すことができるのである。私自身も、ヴァナキュラー写真の一例である遺影写真[22]や鉄道写真[23]の研究において、視覚的イメージが社会のなかで機能する様子を分析した。

ただし、学校で作られるイメージ――ドキュメンタリーにせよ、想像的なものにせよ――を、ヴァナキュラーなものとして括るのは早計に過ぎるかもしれない。というのも、ヴァナキュラーの特徴のひとつとして制度の周縁で自生的につくられるものというニュアンスがあり、これが学校や教科という教育の制度のなかで、多かれ少なかれつくらされるイメージにはそぐわないのではないかという懸念があるからだ。とはいえ、すでに指摘したように芸術という制度に発しながらも、それからどうしてもずれていってしまうという美術教育の根本的な矛盾点を抱えながら、集団的に生産され、狭いコミュニティで受容されるこれらのイメージをヴァナキュラーという視点から捉えていくことは、視覚文化研究の新たな課題となるのではないかと考えている。

付記：本章は、拙稿「郷土を調べる子どもたち――『北白川こども風土記』と〈アーカイブする実践〉」（原田健一、水島久光編『手と足と眼と耳―地域と映像アーカイブをめぐる実践と研究』学文社、二〇一八年、二一六～二三三頁）を大幅に改稿、加筆したものである。

1 勅使河原君江「西田秀雄の美術鑑賞教育―西田秀雄著『日本美術と児童画』より」（『美術教育』三〇一、二〇一七年）四二頁。

2 西田秀雄「自由表現への人間」（『美術教育』三七、一九五七年、一〇～一三頁）での所属が、前号までの富有小学校から北白川小学校に変わっているので、一九五七年度の赴任と考えられる。また同「絵日記に育つ子 伸子の場合（3）」（『美術教育』九六、一九六三年、一二～一五頁）で、北白川小学校から修学院小学校に所属が変わっているので、一九六二年度まで北白川小学校にいたと考えられる。

3 挿絵と図解は判別しがたいものもあるが、おおまかに風景などを描いた絵画的なものを「挿絵」、説明的なイラストレーションは「図解」に分類した。

4 大田耕士編『やさしい版画教室』（ほるぷ出版、一九八四年）二八頁。

5 大田耕士「日本教育版画協会の歩みと活動―版画教育史」（日本美術教育連合編『日本美術教育総鑑 戦後編』日本文教出版、一九六六年）三一一頁。

6 大田耕士編『版画の教室―生活版画の手びき』（青銅社、一九五二年）四頁。

7 書籍『山びこ学校』の成功を承け、映画『山びこ学校』（一九五二年）が八木保太郎プロダクションにより製作される。この映画は、文集「きかんしゃ」の成立過程をドラマ化したものであり、映画『北白川こども風土記』の先行例と見なすこともできよう。

8 無着成恭「「炭やきものがたり」序文」（『きかんしゃ』一三号、一九五一年）（前掲註6大田編『版画の教室』八頁）。

9 無着成恭編『山びこ学校』（岩波文庫、岩波書店）二七四頁。

10 無着成恭「この版画について」（『美しい暮しの手帖』一四、一九五一年）五二頁。なお前掲註6大田編『版画の教室』（八～九頁）、及び前掲註9無着編『山びこ学校』（二九六頁）にも転載されている。ちなみに「炭やきものがたり」は、『山びこ学校』初版（青銅社）の出版（一九五一年三月）と同年同月の文集「きかんしゃ」に掲載されたため、それには所収されなかった。同年一二月には、『暮しの手帖』の前身誌である『美しい暮しの手帖』に「炭焼き」として掲載され、『山びこ学校』の新版・定本（百合出版、一九五六年三月）には所収されることとなった。

11　久野・鶴見は、生活綴方を日本型のプラグマティズムと捉えて「アメリカのプラグマティズムが、哲学書から無意味な議論をおいだすための、「読み方」の方法としてはじめに工夫されたのにたいして、この日本のプラグマティズムは、自分の生活の真実を描くための「書き方」の理論として出発したため、環境にたいする働きかけの面が強い」として、「攻撃的プラグマティズム」と表現する。久野収、鶴見俊輔『現代日本の思想―その五つの渦』（岩波書店、一九五六年）七六頁。

12　前掲註5大田論文三一一頁。

13　石田和男編『夜明けの子ら―生活版画と綴方集』（春秋社、一九五二年）六五頁。

14　佐貫浩「岐阜県恵那の教育運動の展開と戦後教育学―石田和男の教育運動と実践の展開に即して―〈その1〉」（『法政大学キャリアデザイン学部紀要』一一、二〇一四年）七九頁。

15　アルチュセールが「イデオロギーは、われわれが呼びかけとよび、警官（中略）が毎日やっている「おい、おまえ、そこのおまえだ!」（中略）によって（中略）諸個人のなかから主体を徴募し（中略）諸個人を主体に「変える」（中略）ように「作用し」、あるいは「機能する」」と指摘するように、生徒／児童たちをイデオロギーに呼びかけられ、立ち上がった主体として考えることもできよう。ルイ・アルチュセール『再生産について―イデオロギーと国家のイデオロギー諸装置　上』（西川長夫、伊吹浩一、大中一彌、今野晃、山家歩訳、平凡社ライブラリー、平凡社、二〇一〇年）八六～八七頁を参照のこと。

16　前掲註6大田編『版画の教室』三二一頁。
17　前掲註13石田編『夜明けの子ら』頁数なし。
18　同右書、一七九頁。
19　前掲註5大田論文三一一頁。
20　本書序章九一頁。
21　藤岡謙二郎、西村睦男『北白川と嵯峨野―大都市周辺地域の人文地理的モノグラフ』（地人書房、一九六五年）七六〜七八頁。
22　拙論「遺影と擬写真―アイコンとインデックスの錯綜」（『美学芸術学論集』第九号、神戸大学芸術学研究室、二〇一三年、五四〜六四頁）、および「遺影写真」（大谷栄一、菊地暁、永岡崇編著『日本宗教史のキーワード―近代主義を超えて』慶應義塾大学出版会、二〇一八年、九三〜九九頁）などを参照のこと。
23　拙論「鉄道写真蒐集の欲望―20世紀初頭の日本における鉄道の視覚文化」（『京都精華大学紀要』第三九号、二〇一一年、四九〜七二頁）を参照のこと。

追記：本書刊行後に、当時、版画を制作した方から連絡があり、資料も提供いただいたことで、本稿執筆時には分からなかった『北白川こども風土記』のイメージ制作についてさまざまな事実を知ることができた。新しく明らかになった諸事実については、『人文学報』一一七巻（京都大学人文科学研究所、二〇二一年五月／http://hdl.handle.net/2433/264027（京都大学学術情報リポジトリ KURENAI 紅））に拙稿「補説―北白川小学校の版画教育」（二〇三〜二〇七頁、https://doi.org/10.14989/264301）としてまとめた。

なお、同誌には、本書の「書評特集」として、共編者・菊地暁の趣旨説明とともに、本書刊行後に行ったオンライントークイベントの登壇者を中心に執筆された書評が九編掲載されている。前掲『人文学報』を参照のこと。

column8

映画『北白川こども風土記』と脚本家・依田義賢

森脇清隆

『西鶴一代女』（一九五二）、『雨月物語』（一九五三）、『山椒大夫』（一九五四）、どれもが世界の映画史に輝く名作である。溝口健二監督は京都を拠点にこれらの作品を作り上げた。そして脚本を担当したのが依田義賢（よだよしかた）（一九〇九～九一）である。京都で生まれた依田は脚本家を志し日活京都撮影所に入所。その後、嵯峨野に出来た第一映画に移るが、そこで溝口健二と出会う。若き依田は、日本一の映画監督を目指していた溝口の期待に応え、女性を主人公にした新しいリアリズム・スタイルを確立してゆく。溝口健二監督は依田義賢を手放そうとはしなかった。戦後、溝口・依田コンビ作品

依田義賢（1955 年頃、大映京都撮影所にて）

映画『北白川こども風土記』

一九六〇年製作　一六ミリ　五巻五〇分

企画　京都市教育委員会

製作　共同映画社、松本プロダクション（松本酉三）、歯車グループ

協力　日本学校視聴覚教育連盟、京都市小学校視覚教育研究会、京都市立北白川小学校ほか

監督　小坂哲人　　脚本　依田義賢

撮影　黒田清己　　主演　多々良純

第六回東京都映画コンクール　第二部門（児童生徒向）銀賞受賞

第一五回毎日映画コンクール　教育文化映画賞（短編劇映画）受賞

あらすじ

『北白川こども風土記』の成立過程をドラマ化した映画。電気屋の父（多々良純）の手ひとつで育てられた多田君（沼田正晴）は小学校五年生。勉強嫌いの彼を勉強させせようと躍起になっている父は、子どもが通う北白川小学校で

は世界の映画祭で賞を獲り続けるようになる。これらは溝口作品と呼ばれるが、脚本家・依田義賢無くして、これらの名作も無かった。一九五六年、溝口監督が逝去。すでに日本映画界で脚本家として五指に数えられていた依田は様々な分野に食指を伸ばしてゆく。

　本作『北白川こども風土記』もそんな作品の一つである。当時、依田の住まいは北白川に近い下鴨御蔭（みかげ）橋。そして、小学校に通う子どもがいた。当時の資料では企画段階から依田が関わっていたとされるが、出版された『北白川こども風土記』の評判とメディアへの露出度からも、その可能性は高いと思われる。また、依田は溝口と出会う前の一九三三年に、同じく実話を元にしたセミ・ドキュメンタリー作品『非常時涙の少年僕らの弟』の原作・脚本を手がけている。母を亡くした子どもが主人公のこの作品は、タイトルの〝非常時〟が流行語になるほどのヒット作となった。そして、事実に基づくセミ・ドキュメンタリー表現に関しては、全ての溝口作品の脚本造りは、社会制度、生活・風俗

大村先生（入江慎也）を中心に社会科の郷土研究が行われていることを知る。父のゴリ押しでグループに参加した多田君は、みんなと北白川天神宮を訪ねるが、そこで聞いたことをうまく整理できない。しかし、祭の太鼓の描写を褒められたり、いろんな人の話を聞いたりするうちにだんだんと面白みがわかってくる。

　理科の研究発表と一緒に、グループの原稿も展示され好評。多田君の父は大喜びする。グループのみんなは挫折しそうになりながらも、研究

の徹底した取材を根幹にしていたことからも依田にとっては慣れ親しんだ仕事ではある。

なお、この映画は、その内容と一時間以内という長さから教育映画というジャンルにあてはまる。これは資金回収を、映画館興行ではなく学校での上映（貸与）を主とすることが前提となっている。

依田とともにこの映画化のキーパーソンが松本酉三である。松本は戦後、レッドパージされた映画人らを集め、山本薩夫監督らとともに独立プロを組織していたが、出資や興行の部分で、労働組合や左翼系団体との関係が深かった。依田は、映画界に入る前から、特高に家宅捜索をうける程に左翼運動に携わっており、この松本酉三とは『異母兄弟』（一九五七・家城三代治監督）、『荷車の歌』（一九五九年・山本薩夫監督）で仕事をしている。本作ではプロデュース以外でも、この左翼系ヒューマニズムのネットワークからの映画人も多く、準備段階の監修は山本薩夫監督、撮影は『裸の島』（一九六〇）含め多くの新藤兼人作品を担当した黒田清

を続ける。そんな時、多田君を手伝ったり、励ましてくれたりしていた田辺さん（上藤清美）が父の仕事の関係で東京に転校することになった。すぐに転校させるという彼女の母を、せめて大文字の送り火までと説得する多田君。そして八月一六日の送り火の日にごった返す大文字山周辺を熱心に取材するみんな。午後八時に火が点けられるなか、みんなは満足げに顔を輝かす。

田辺さんが転校していったあとも、みんなは郷土の研究に熱心に取り組み続けるのであった。

（佐藤）

映画『郷土学習のしかた』

一九五九年製作　八ミリ　二五分

製作　京都市教育委員会
北白川郷土史研究会
企画　梅原聖弘　大山徳夫
撮影　塩崎洋　照明　松野豊子
解説　島崎和江　美術　西田秀雄
録音　小川正　野口耕司　室華子　永尾静江
撮影補助

己。そして毛利菊江率いる関西新劇の雄である劇団くるみ座の俳優陣が脇を固めている。また、演出では、戦前から松竹京都撮影所で多くの娯楽時代劇映画を手がけた小坂哲人が監督をしている。

表現の側面で、端正かつ奥行きまで利用した緻密な構図、そして地元劇団からのしっかりした演技陣の供給、子役含めた俳優の綿密な演出と、この作品が、同時期の教育映画と比べ、しっかりした品格を湛えているのは、依田を含むこのネットワークから供給されたスタッフ・キャストの体制によるものであろう。

戦前から、溝口健二監督とともに女を描いて、新たなリアリズムを拓いたと評価される脚本家・依田義賢であるが、この教育映画、セミ・ドキュメンタリーというジャンルでは、どう評価できるのであろうか。

調査のため、依田義賢関係の研究書や書籍を探ってみて驚いた。彼のフィルモグラフィーに『北白川こども風土記』という題名が無い。ご本人が監修した研究書にも、シナリオ作家協会が没後一〇年を記念して出

六年　飯沼学　倉田泰　小宮山治雄　西村栄子
五年　西山繁禧　沢田順一

「この映画は北白川こども風土記 過去三年間のあゆみを紹介しようという意向のもとに製作したもので、風土記の全貌を忠実に迫った記録ではない。したがって、児童たちの郷土研究に対する取りくみが、このような形でなされたという概観的なものにとどまっているが、映画を通して児童たちの真の労苦の一端をくみとっていただければ幸いである。映画製作に当って積極的に協力していただいた各方面の方々に感謝したい」というテロップが冒頭に流れる（句読点は引用者）。郷土学習が始まったのは児童たちが四年生の時だが、映像化が決まったのはしばらく後であるため、一部に再現映像が用いられているということだろう。

撮影スタッフは当時の北白川小教員であり、「北白川郷土史研究会」は、映画のためだけに用意された名義かと思われる。

映画は、郊外住宅地としての発展著しい北白

版した書籍でもこの作品は載っていなかった。

この作品にふれた依田のコメントは少ない。子ども＝純粋な人と見立て、その好奇心が生じ、学びになってゆく過程をセミ・ドキュメンタリー手法で描こうと意図したこと。また、公開された作品のパンフレットでは、尺（授業用の五〇分という長さ）の関係や、子どもが理解出来る内容・表現の部分で思うようにいかなかったこと、そして次も作りたい意志を表している。実際、準備稿から撮影台本の間に、子ども達の現代の生活への繋がりや、研究が夢を育むことを表現した部分など、削られた部分は多い【本書コラム４『北白川こども風土記』にかかる学校所在資料」も参照】。

没後三〇年を前にして、日本を代表する脚本家・依田義賢の業績の一つが新たに発掘された。本稿では、作品の製作された背景の概要を述べてきたが、拙論が依田義賢の新しい側面の研究の呼び水になれば幸いである。

川の近況から始まり、模型を使った史跡の概要、大山先生による郷土教育授業、児童たちが史跡、古老を訪ねての「郷土しらべ」、報告文や版画図版の作成、教員たちによる編集作業、そして刊行に至るまでを収めている。

一部再現映像ではあるが、「こども風土記」著者である児童たちが実際に登場し、また、カット割りなど随所に映像的な工夫も見られる。映画『北白川こども風土記』（一九六〇）のプレテクストとして重要な作品だろう。

（菊地）

第7章　関係性を紡ぐ
――メディア・プラクティスとしての『北白川こども風土記』

池側隆之

はじめに

本論考は『北白川こども風土記』の特性を再解釈し、メディアを通じた実践、すなわちメディア・プラクティスとしての価値を新たに検討するものである。メディア・プラクティスとは、文字通り、広義にはメディアを活用した社会的あるいは身体的な実践を指すが、ここでは「グローバル情報化のもとで精緻に体系化され、管理されることで巧妙に環境化したメディア状況を積極的に組み替える、編み直す、デザインするといった志向性を持った活動全般」と捉えてみたい。[1]

このようなメディア・プラクティスの必要性が語られるようになったのは、一九九〇年代までに、メディアのみならず、それまでの社会システムが生み出してきた様々な歪み、すなわち格差問題や地球環境問題、都市の人口集中問題などが大きく露呈しはじめ、多方面から新しい目標設定と社会運営の原理として「持続可能性」を検討する必要性に私たちが迫られてきたことと関係がある。そういった状況で必要とされるのは、誰かが得をすると誰かが損をする縦型社会ではなく、水平軸上に展開する社会もしくは多くの中心を持った社会であり、また、それを支えるコミュニケーションの仕組みである。

二〇世紀、マスメディアは公共圏を知名度の追求の場として利用し、オーディエンスを消費者として捉えてきた。そのためトップダウン型の情報発信─受信の構造は、持続可能性を啓蒙的な話題としか提供できなかった。一方で一九九〇年代以降のインターネットを代表とする情報環境の劇的な変化は、公共圏を代案の提示の場として捉え直す契機となったと言える。すなわちメディアを活用したコミュニケーションを担うのは「生活者」であり、二一世紀に入った現代では様々な社会単位でのそのような実践が数多く見られる。後述するソーシャル・デザインの考えとも呼応した、このようなメディア・プラクティスの意義は、マスメディア上のコミュニケーションにカウンターとして併置されるものではなく、「プロ化され、職業化されたマスメディア産業の中の「送り手」の実践を、はるかに広いメディア表現の文脈の中に転位させ、拡張する」ものである。[2] 過去の出来事ではあるが、その「転位・拡張」に開かれた予兆を私は『北白川こども風土記』およびその周辺で行われたことから読み解いていきたい。

１　「記録」を軸とするメディア・プラクティス

『北白川こども風土記』は、郷土学習の機会として北白川小学校の生徒らがコミュニティの古老や父母を初めとする生活者にアクセスし、土地に根付く情報を掘り起こし、それを文章としてまとめたものである。そのメディア的特性を再解釈する際、書籍というメディアに目が行きがちであるが、ここではその立場を取らない。その代わりに、正規授業とは別に行われた課外の取り組みである『北白川こども風土記』に通じる実践そのものをメディア・プラクティスとして位置づけたいと考える。さながら「プロジェクト『北白川こども風土記』」である。なぜなら、このプロジェクト自体が、多方面へのメディア展開の可能性を含有した実践に他ならないからである。

そして、「「記憶」が究極的には個人的なものなのに対し、「記録」が社会的なものである」からこそ、[3] プロジェクトに関わった人々は「北白川の風土や文物」を「大観」する（『北白川こども風土記』「序」より）試みに利他的に貢献した。その一方で、何よりも「取材・調査」の過程の段階で、その都度発見的効果をそこに関わる生徒たちにもたらす教育性があったと考えられる。『北白川こども風土記』に関わった先生は、その実践の目的とそれに至った経緯について、編集委員一同として巻末の「あゆみ」の中で記している。

郷土学習という社会科の単元の中で、つねに当面した問題として、教材研究にしても拠のない空転りをくり返していたこと、又実際的な指導の面においても、おざなりの学習に流れがちであったからです。随って郷土の実際の姿が、きわめて概念的にしかとらえられなかったという、うれいがありました。

そこで私たちは、郷土学習のための資料の蒐集をして実際の指導に役立てたいと考えました。しかしそれは、私たち教師のための郷土学習の資料である以上、子供にとっては、間接的に郷土についての認識を漠然とうえつけられるに過ぎません。これでは、子供のための生きた郷土学習にはほど遠いものであります。そこで、郷土学習の指導面についての問題——就中、郷土学習のあり方についてては、更に多くの問題を考える必要があったわけです。

> それは、やはり子供たち自らの具体性をもった直接経験を通して、ものの見方や考え方を養っていこうという、郷土学習本来のあり方――つまり問題解決学習として、そういうあり方が望しいという考え方でした。
>
> このような考え方にたったとき、もはや私たちが郷土研究の主体者であることは好ましくなく、子供たちがその主体となり、私たちは、資料の蒐集とか、子供たちの活動をより効果的に導くための、側面的な協力につとめることでした。
>
> （三六八頁、原文ママ）

郷土研究の「主体」が生徒であることで、記録者の自己に向かうベクトルと、コミュニティを中心とする社会という外に向かうベクトルの狭間にメディア・プラクティスとしての『北白川こども風土記』への取り組みが機能していたと言える［図1］。

茨城県土浦市にあるNPO法人 宍塚の自然と歴史の会が発行した『続 聞き書き 里山の暮らし土浦市宍塚』（二〇〇五年）では、聞き書きという調査・記録作業の意義が「昔を知るということは、目の前に見ている三次元の景観に時間軸を加えて四次元の世界に入ることです。それは今を位置づけ、未来を展望するのに役立つ

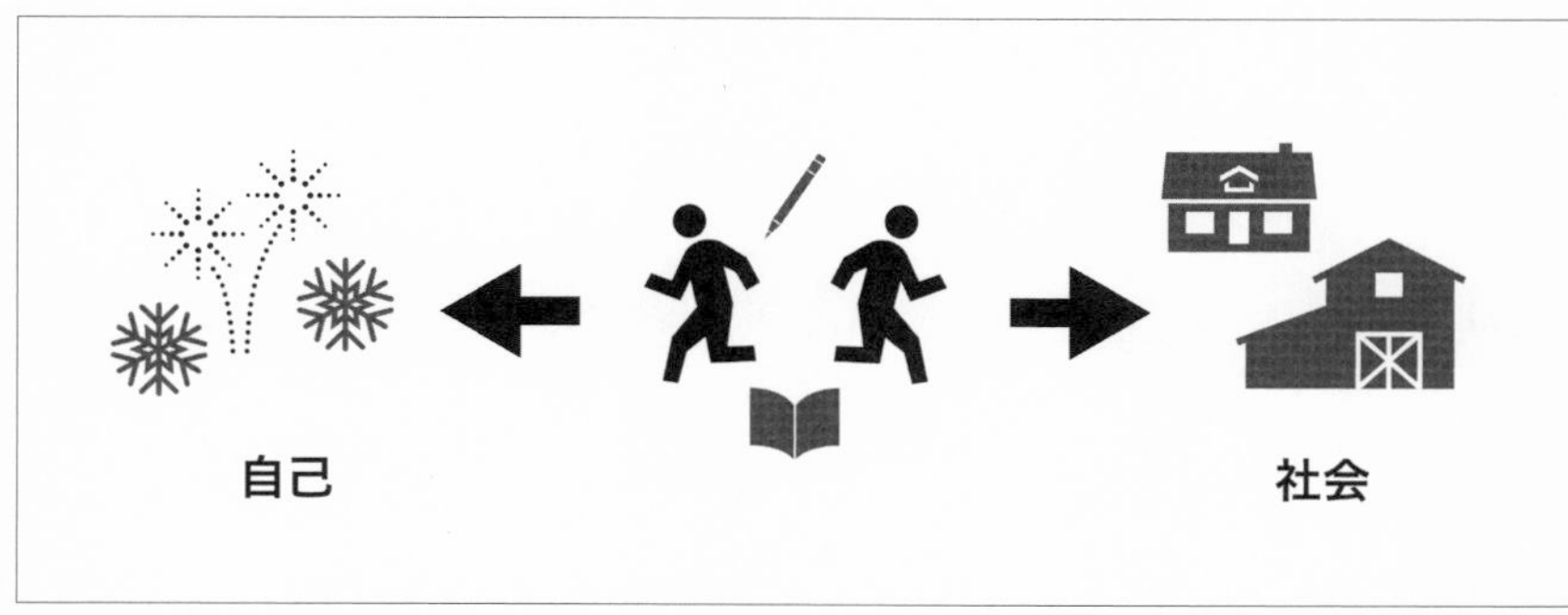

［図 1］自己と社会の狭間に位置づけられるメディア・プラクティス

と思います」と述べられている。「時間軸」は重要なポイントだろう。

地域の未来を考える上で、長らく住まう地元住民はもちろんのこと、新しく移住してきた住民、そして行政等、多様な人々の参画は不可欠である。そして聞き書きをはじめとする作業やその成果がまとめられた書籍メディアは地域の中での共通認識を深める手段となる。すなわち、地域に接触しながら理解を深めるという個人の関心とその関心が他者の関心と重なり合うことで共同性を帯びた運動と呼応していく、「内と外」をつなぐ作用が明らかにそこには存在する。

このような観点から改めて『北白川こども風土記』に注目すると、「北白川の風土や文物」を「大観」するため、「今」を軸に記述が成されていることが確認できる。郷土学習の一環で関わった生徒らは「今」を作り出した「過去」を見出すことで、少なからず「未来」というものにも思いを馳せたことだろう。もちろん書籍『北白川こども風土記』に至る実践は、地域の潤滑油となるようなメディア・プラクティスという位置づけで計画されたものではない。しかし、その実践はまさしくメディア・プラクティスであり、地域に内在する価値を再検討するアプローチの一つとして、今日のコミュニティとメディアをめぐる知見を導入して『北白川こども風土記』を考察することも、決して無駄ではあるまい。

2　コミュニティとメディア

次に、コミュニティ、すなわち地域社会とメディアの関係を考える上で、コミュニティ・メディアの概念を整理したい。コミュニティ・メディアのコミュニケーション構造を咀嚼することで、『北白川こども風土記』の詳細を読み解く足がかりを見出したい。

そもそもコミュニティとは、人々が共同意識を持って共同生活を営む地域社会やその社会の成員集団を指す。コミュニティを結束するものは、物理的に特定地域に住まうことで得られる地縁や共通の趣味・関心などの精神的なもの（今日的に言う趣味縁）など様々である。

そのコミュニティで活用されるコミュニティ・メディアとは、「地域の情報や身近な情報などコミュニティに必要な情報を提供するメディア」▼4と定義することができる。具体的には、地方紙、地域紙、地域情報紙、フリーペーパー、折り込み広告、チラシ広告、自治体広報などの印刷媒体、また、地方ローカル局、ＣＡＴＶ、コミュニティＦＭ放送、同報無線、有線放送などの放送媒体など、いわゆるオールドメディアから、ニューメディアのインターネットも含まれる。

また、類語に「市民メディア」があるように、ユーザーの「参加」がポイントとなる。既存のマスメディアに拮抗するオルタナティブ・メディアという立ち位置において、コミュニティの成員である生活者自身がそのメディアに自由にアクセスできるだけではなく、コミュニティ・メディアでやり取りされる情報の生産にも深く関与することも重要な要素である。メディア上の情報生産においては、マスメディアとは異なるメッセージの伝達方法が確立されることとなる。すなわち「トップダウン型」ではない「ボトムアップ型」の仕組みである。

例えば、トップダウン型のメッセージ生成は、伝達内容の「価値」を事前に「設定」する傾向が見られる。したがって方針→取材・記録→編集→提示の過程を経ることとなる。企画立案から伝達に至る過程を「起承転結（プロセス）」で表現すると分かりやすい。何を取材するのか、それが受容者にとって意味ある内容なのかが事前に検討され、見出された方針に従い、取材・記録作業が遂行される。この過程は「起承転」であり、伝達したい価値は取材・記録作業を通じて得られた結果で十分なので、「結」が過程から分離され、それが受容者に提示され消費される。消費の対象となる多くのコンテンツは高い専門性を持ったプロの手によるものであり、「時間的・空間的な差異を利用」して「他なるもの」として共同体に持ち込まれる。[▼5] すなわちそれは、受容者の生活には「いまは無い」「ここに無い」交換価値を有したものである。

その一方で、ボトムアップ型メッセージは、生活者自身による地域社会に潜在する「価値」を「発見」することに重きが置かれ、取材・記録→方針→編集→提示のプロセスを経る。したがってここでは「起承転結」そのものがコンテンツとなるのだ。取材・記録者の視点は、地域コミュニティの生活者と同じ高さにあり、その作業過程の紆余曲折は未だ見ぬ身近な価値としてメディアを通じて共有される。

このようなコミュニケーションは、映像が遍在化したSNS上の人々の実践はもちろんのこと、最近の一部のマスメディア（特にテレビメディア）のエンタメ表現手法にも影響を与えていることは周知の事実である。これは、「プロ化され、職業化されたマスメディア産業の中の「送り手」の実践を、はるかに広いメディア表現の文脈の中に転位させ、拡張する」だけではなく、受け手の実践が、精緻に体系化・管理化されたマスメディア環境に転位、拡張された状況と言える。

日本各地で出版された小学生向けの「風土記」の多くは、概してトップダウン型の取材・編集方針に基づいたメッセージ伝達あるいはコミュニケーション構造を持っていると指摘できよう。すなわち、地域や社会の大人がこどもたちに知ってもらいたい地域の価値が最初に観念として存在し、それを伝えることを目的とするものである。したがってコンテンツ内容に関する意思決定がトップでなされ、役割分担のもとで「こどもたちに伝えたい地域」というメッセージに必要なパーツが集約され、出版物が完成する。

一方、『北白川こども風土記』の「あゆみ」の中の記述は、ボトムアップ型の価値創造としての教育についても示唆していると言える。すなわち、生活者であればこそ自由にアクセス可能な環境や情報が存在する地域コミュニティにおいて、受動的な教育を超えた実践が郷土学習にこそ求められると言う点である。もちろん、書籍『北白川こども風土記』は、主に担当された大山徳夫先生の監修なしには達成できなかったものであり、この実践は初等教育の範疇に入るものであるため、「こどもたちに伝えたい地域」という教育上のメッセージを伝達する大枠でのシステムは当然トップダウン型といえる。その一方、同書の最大の特徴は、小学校の児童らの関わり方である。すなわち、大人のサポートを多分に得てはいるが、取材・記録者は児童ら自身であり、テーマ毎の情報はボトムアップの形で集約されている。書籍『北白川こども風土記』は、トップダウンとボトムアップの混淆により実現していることは明らかである。

3　価値発見過程という物語①農山漁村文化協会

もう一つメディア・プラクティスの例を挙げたい。コミュニティ・メディアの一種として捉えても良いと考えられる農山漁村文化協会（以下、農文協）の取り組みである。地域密着あるいは地産地消型のライフスタイルを紹介する紙媒体の「ローカルメディア」は、「生活者主導の暮らしに着目」し、「生活者の暮らしを反映しながら、地域活性化を促す」役割を担っている。[6] 興味深いのは、地域社会やその社会の成員集団に必要な情報であるだけではなく、見出される価値発見の過程そのものが重要な情報であり、それは同時に、当該コミュニティの外の人々にも有用なメッセージとして受信されていくということである。すなわち、地域に特化した情報が水平軸のコミュニケーション・チャンネルの形成に寄与することを意味する。

著書『ローカルメディアのつくり方』で知られる編集者の影山裕樹氏は、農文協という出版社の魅力をｗｅｂレポートという形で発表している。[7] 農文協が手がけるのはいわゆる業界紙あるいは専門誌と呼ばれる物である。それは、特定の業種に特化した記事内容を誌面化し、業界の中で流通することを目的に発行されているものである。しかしソーシャルの時代においては、その業界そのものがコミュニティ、すなわち人々が共同意識を持って生活を営む場という性格をより強めている。よってこのレポートでは農文協の出版物を「コミュニティ・メディア」として捉えている。そのユニークなのは取材と記録であり、①全国に支部を持ち、そこに所属する職員を「普及職員」と位置づけている、②『現代農業』の購読をお願いするために普及職員は各地域の農家を回るが、同時に、訪問先の農家で面白い話がないか聞いて回る、③集められた話は日報の形でデータベース化し、編集チームがチェックし記事づくりに反映する、といった具合である。

出版物の制作という観点からは典型的なボトムアップ型の編集スタイルと言えるが、この「取材と営業が一体となった〝普及〟という仕組み」は、単に農文協側だけのメリットになるものでは無い。[8] 普及職員は営業という作業において地域と関わるが、地域に潜在化した情報をすくい上げる媒介者でもある。

また他の普及職員からの伝聞やすでに記事化された内容を下敷きにして、普及職員は農家と会話を交わす。その会話は単に知識の交換というよりは、生活者同士の身近な物語（ストーリー）の共有といった側面が強いのでは無いだろうか。こんなエピソードがレポートに記されている。

> 黄色いバケツにアブラムシが寄ってくる性質があるから、石鹸水を張っておくと、そこに入ってきて捕まえられることを、「アブラムシ　黄色いバケツで　つかまえる」なんて川柳にしたこともあった。このネタが広がり、農協の資材店で黄色いバケツが売れすぎて困った、なんてエピソードもあるそうだ。

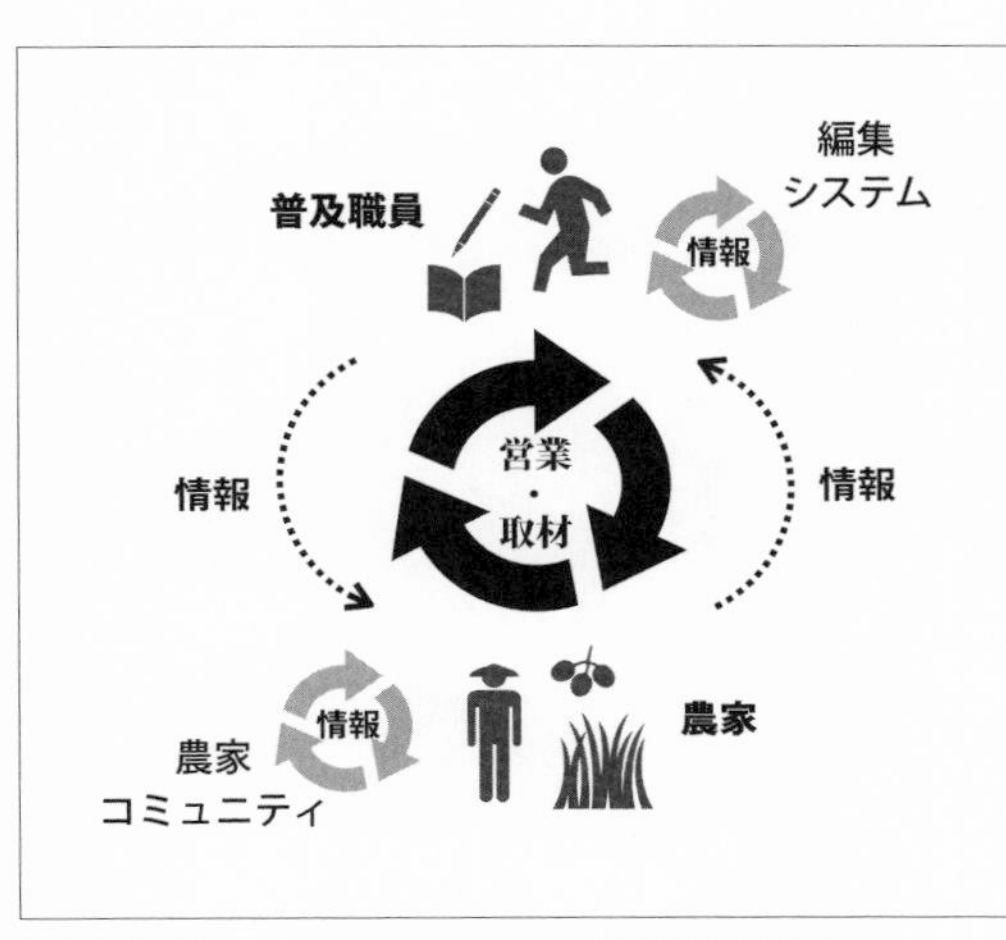

［図２］農文協のコミュニティ・メディアが担う情報サイクル

情報が物語（ストーリー）ベースであるからこそ共感が得られ、当事者性が意識化されるのである。そして紙面が多様な農家同士のコミュニケーションの場、つまり情報プラットフォームの役割を果たしつつも、普及職員の行動もまた農家とのギブ・アンド・テイクの関係において情報循環を促している。このようなコミュニティ・メディアの営業・編集システムそのものが、特定コミュニティに内在する情報の顕在化を促すことは着目すべきであろう［図２］。

一九九〇年代以降、情報デザインという考え方が生まれたが、主たる対象は出版物やデジタルコンテンツのような「メディアのなかで表現される情報」であった。ジャーナリストで、情報デザインの持つ今日的な可能性に注目し続けた故・渡辺保史氏は自著の中で以下のように言及している。

情報は、人がこの世界のなかで他者とコミュニケーションしたり環境やモノとかかわったりしているような複雑で多様な経験から「切り離され」、紙やデジタル媒体などのメディアに「閉じ込められる」ことで初めてデザインの対象になり得たのである。[9]

しかし、現在私たちが手にしたメディアはネットワークでつながり、生きた情報、すなわち物事の背後にある『見えない関係性』を浮き上がらせることに貢献し、さらにそれを組み換えることを可能にしている。そのため、単に「モノからコトへ」の価値転換だけでは無く、むしろ生きた身体や環境との関わり合いの中で情報と触れあう契機づくりが必要とされている。

こういったメディア・プラクティスは近年のソーシャル・デザインに関する動向と深くリンクしている。ソーシャル・デザインは、メディア・プラクティスと同様に、硬直化した社会システムを「組み替える、編み直す、デザインする」ことを指向する。ソーシャル・デザインはプロセス指向、すなわち過程を機能させる仕組みづくりに重きが置かれる。つまりそれは、潜在する社会のアベイラビリティ(利用可能性)の吟味を通じて、新たな公共性や共同性の実現に向かう人間の営為を後押しするデザインのあり方を考え、実現することである。

確かにコミュニティ・メディアが提供する情報とは、基本的には当該コミュニティにとって有益なものであろう。しかしその情報にはそもそも「行為・行動を方向づけるというかたちで働く」役割がある。[10]すなわちコミュニティ・メディアは、単なる消費の対象では無く、そこに介在する多様な人々の行為・行動を方向づける情報を顕在化させるメディエーター的機能を有しているといえる。メディエーターとは「情報を運び、人々を対象と結びつけて、テクニカルな様々な記号過程を実現し、方法を通してプロセスを可能たらしめる」ものだ。[11]

農文協の例では、コミュニティ・メディアの制作というメディア・プラクティスの中で、情報は普及職員や出版物というメディエーターによって運ばれ、それがもたらす情報の循環が当該コミュニティを活き活きとさせている。すなわちソーシャル時代のコミュニティ・メディアは、「取材・記録→方針→編集→提示」に「共有→創造」の過程が接続する。そして地域社会に潜在する価値発見の流れを単一の「起承転結（プロセス）」として完結させずに、多様な関係者の複数の「起承転結（プロセス）」を駆動させ、かつそれらと有機的に繋がることを指向するのである。この部分が、今日にも通じる『北白川こども風土記』の評価として再確認できるのでは無いだろうか。

4　価値発見過程という物語②『北白川こども風土記』

『北白川こども風土記』は、関わった生徒らの試行錯誤そのものも「起承転結（プロセス）」として記述されている。もちろん取材・調査の結果、各自が設定したテーマに対する解答を得ることが究極的な成果（ゴール）ではあるが、成果（ゴール）は過程とセットとなることで共感的情報を読者に投げかけている。

それから私たちは、いよいよ「雪輪池（ゆきのわいけ）」とよばれていた御殿の池を見るために、ささのトンネルを通りぬけました。出た所は工事場のすぐ前でした。私が、工事に気を取られてぽかんとしていると、

西村さんが、

「あそこに池があるやろう。」

と、指をおさしになったので、はっとわれにかえって、その方向を見ますと、そこには、うす暗い林にかこまれた、小さな池がありました。私は御殿の池ってこんなに小さな池だったのかと思って、少しがっかりしましたが、ほんとうは、もっと広い大きな池だったということです。

(「北白川の御殿あと」八九頁、原文ママ)


私たち女の子も、行っていっしょうけんめい、いろいろな所をほって見ましたが、もちろん金のかわらなど見つからなくて、平がわらという普通の家にあるかわらしか見つかりませんでした。

(同九〇頁、原文ママ)


私たちは、ここを最後に帰ることにしました。あたりはすっかり夕ぐれに近くなって、下の方の家々には、あちらこちらと電気がついているのが見えました。西村のおじさんは帰る時、おつかれになっていたのか、ゆっくりかいだんをおりながら、「私は、そのうち、御殿のもけいを作ってみようと思っているんやけど……」と、一人ごとのようにおっしゃいました。私も一日も早く御殿のもけいがみたいと思っています。

(同九二頁、原文ママ)


このような、北白川小学校の生徒、あるいは北白川学区に住まう一人の生活者ならではの立場に依拠した取材・調査の描写も、まさに物語(ストーリー)の集積として捉えることができる重要な要素である。以下の文章も、「生活者」としての視点と、見慣れたはずの光景を捉え直し、そこに価値を見出そうとする「記録者」の視点が交差しているようだ。

神社の広場に夜店をだしておられるおばさんたちは、みこしがまわってくるたびに、「きゃあ。」といって青くなっていた。雨あがりのため石段がすべるから、みこしを本殿へ上げるのは中止になった。白川の祭は、毎年天気がよいということになっているそうだのに、今年は運がわるかった。去年は雨もふらなかったので、みこしは本殿まで上ったが、今年は上がらず、ざんねんだった。

ぼくは、去年の祭のことをふっと思いだした。それはみこしを本殿までかついで上がるのに、長さ二十メートルほどもある太いつなを、大人や子供でひっぱりながら、ものすごいいきおいで、みこしが上がって行った時は、何とも言えんスリルがあったのに、今年はなんだかものたらん気がした。

みこしは、御旅所の前で、さいごの元気を出してあばれまくってから、御旅所におさめられた。

（「天神さんのお祭」一三七頁、原文ママ、【本書55頁「『北白川こども風土記』抄」にも収録】）

世界的なデザインファームであるＩＤＥＯの創始者の一人であり、デザインイノベーションの先駆者であるトム・ケリーは、革新的な成果を目指すデザインチームに不可欠な人格のひとつに「人類学者」を挙げ、その能力的特性を「前に実際に見たことが何度もあるものを、いま初めて見ているような感覚をもって、「ずっと前からあったのに見過ごされてきたものを『見る』こと」ができることと紹介している。[▼12]「こども」の視点も、本来的に「人類学者」なのかもしれない。

5 メディアミックスまたはクロスメディア

大変興味深いことに『北白川こども風土記』をめぐっては、単にプロジェクトが出版物に留まらずに他メディアに展開されてきた事実がある。具体的には映像メディアへの広がりである【映像メディアについては本書コラム8「映画『北白川こども風土記』と脚本家・依田義賢」も参照】。

8ミリフィルムによる『郷土学習のしかた』は書籍『北白川こども風土記』が刊行される道のりを記録した、約二五分の小型映画である。小型映画は、大手映画会社が手がける作品と対局に位置づけられる、個人もしくは個人を中心とした集団によって、主に8ミリカメラを用いて作られた映像のことを指す。北白川小学校の『創立九十周年記念誌』によれば、『北白川こども風土記』という8ミリ作品が一九五八（昭和三三）年に完成しているが、これが『郷土学習のしかた』と同一の物なのかは判然としない。しかし、郷土学習の過程と出版に至る流れが描写されているので、制作年はほぼこの時期に間違いは無いだろう。一九五〇年代には、日本の多くの企業が、普段一般の目に晒されることのない業態や生産工程を伝えるPR映画を積極的に制作している。そういった潮流とも連動すると思われるが、『郷土学習のしかた』は文字どおり、その方法や手続きが記録されている。今のように無尽蔵にメディア上の記録ができるわけでは無く、限られた予算で効率的に映像を作るために、しっかりとしたシナリオが準備されており、映画は郷土学習の方法を映像によって絵解きするものである。

そして何より忘れてはならないのが映画『北白川こども風土記』（共同映画社・松本プロ歯車グループ共同作品）である。書籍刊行の翌年の一九六〇（昭和三五）年に公開された約五〇分の作品である。タイトルを聞くと、書籍の中身、すなわち生徒達の掘り下げた郷土の文化や歴史がオムニバス形式で映画化されたと思われるかもしれない。実は、この映画は『北白川こども風土記』に通じる小学校での実践、つまりメディア・プラクティスそのものが描かれているのである。故にこれは記録映画では無く、紛れもなく劇映画なのである。今日で言うところの「ドキュドラマ」（docudrama：documentaryとdramaを合わせた新造語）の分野に相当するものである。[13]

『北白川こども風土記』というタイトルから推察できるとおり、小学校での取り組みを一般化して、架空の、もしくは他の地域に置き換えた物語では無く、あくまでも京都・北白川がそのまま舞台となっている。そのために、実際の小学校を中心に、主要な舞台はすべて北白川で撮影されている。スタッフ陣も豪華であり、脚本の依田義賢は『雨月物語』など一連の溝口健二作品を手がけたことでも有名である。また監督の小坂哲人や撮影の黒田清己は、山本薩夫や新藤兼人らによる、一九五〇年以降に起こった独立プロの制作者として活躍した面々である。

本作品を巡って重要な点が二つある。一つには、先述の通り、メディア・プラクティスとしての郷土学習が生活者の視点を通じた価値発見過程のモノグラフとして、多くの共感的な情報を包含し、書籍というメディアに落とし込まれており、それそのものが共有に値する物語（ストーリー）として映画の中で活かされたということ。もう一つは、さほどの時差を設けずに、書籍『北白川こども風土記』を取り巻く環境が視覚情報として残された点である。

二〇世紀は映像の世紀と呼ばれるが、これは映像が産業として発達した歴史的事実を指すものだけではなく、個人が個人の手によって家族や地域を映像によって捉えた最初の時代を意味する。そのような時代を経て、二一世紀に私たちの周辺には数多くの個人映像が存在し、公共財としての価値を共有すべく、映像アーカイヴが少しずつ設けられつつある。映画『北白川こども風土記』に描かれた眼差しを通して、当時の北白川の様子を知ることは、地域で生きることや未来を考える上で重要な、新しい価値創造に向かう情報に触れる契機を提供するに違いない。▼14

おわりに

本論考では、『北白川こども風土記』をメディア・プラクティスと位置づけて、今日的なメディア指標に従い再評価を行ってきた。コミュニティにおけるメディア・プラクティスは参加した生徒たちに対して、記録者自身の場（＝フィールド）に対する「当事者意識」を醸成し、地に住まうという生活者の力能を養うことに貢献したと思われる。また、このメディア・プラクティスそのものは、地域に対しても、1．個々の思考に埋め込まれた知識、2．場に眠る歴史の痕跡、3．人々の所作に受け継がれる先人の記憶、を顕在化させることに多大なる貢献をしたと言える。さらには、書籍『北白川こども風土記』に代表される記録物がもたらす「共感」的情報のメディア上の再配置は、コミュニティの唯一無二性を感じさせるとともに、今後コミュニティを超えた知見を見出すことにも寄与するものと考えられる。

現在、生活者自身によるメディア・プラクティスが再び北白川の地で、そして他のコミュニティでも求められているのではないだろうか。そして今度は、顕在化された価値を活かす「共有→創造」の仕組みづくりとセットで構想される必要があろう。

付記：本考察は、科研費基盤研究（C）「質的リサーチ手法に基づく映像デザイン研究の体系化と深化に関する実証研究」（二五三五〇〇〇七）を得て、二〇一三年から二〇一五年にかけて国内外のメディア・プラクティスを分析した結果の一つである。

1　水越伸・吉見俊哉「メディア・プラクティスとは何か」（『メディア・プラクティス［媒体を創って世界を変える］』せりか書房、二〇〇三年）。
2　同右。
3　鳥羽耕史『一九五〇年代「記録」の時代』（河出ブックス、二〇一〇年）。
4　船津衛「コミュニティ・メディアの現状と課題」（『放送大学研究年報』二四、二〇〇六年）。
5　北田暁大『広告都市・東京』（ちくま学芸文庫、二〇一一年）二一頁。
6　東京・新宿にあるリビングデザインセンターOZONEで開催された「世界のマガジン展 地域と文化をつなぐメディア」（二〇一六年）、「ローカルマガジン展 地域と文化をつなぐメディアⅡ」（二〇一七年）のweb広告から引用。
https://www.ozone.co.jp/event_seminar/event/detail/129　（二〇二〇年一月閲覧）。
https://www.ozone.co.jp/event_seminar/event/detail/368　（二〇二〇年一月閲覧）。
7　影山祐樹「創業八〇年の農業雑誌、出版不況にびくともしない『普及力』の秘密」（『DIAMONDO ONLINE』二〇一九年一一月一五日公開）。
https://diamond.jp/articles/-/219744　（二〇二〇年一月閲覧）。
8　同右。

9 渡辺保史『情報デザイン入門』（平凡社新書、二〇〇一年）一八九～一九〇頁。

10 増山和夫「デザインと情報」（『芸術学フォーラム8　現代のデザイン』勁草書房、一九九六年）。

11 池辺研究室「プロセス・情報・オブジェクト　プロセスを可能とした情報の役割-2」（『人間・建築・環境六書⑤　情報と創造』彰国社、一九七五年）一四五頁。

12 トム・ケリー、ジョナサン・リットマン著／鈴木主税訳『イノベーションの達人！　発想する会社をつくる一〇の人材』（早川書房、二〇〇六年）二六頁。

13 映画版に関しては一九六一年一月下旬号『キネマ旬報』の短編映画紹介ページで「依田脚本は半記録ふうな児童劇映画をねらう」という記述がある。

14 北白川学区での取り組みは筆者によるコラム5「北白川小学校と「おやじの会」」を参考にされたい。

No. 8

第8章　新編 湖から盆地へ
――北白川の地形と風土　その成り立ちと変遷

藤岡換太郎

はじめに：旧編「湖から盆地へ」

筆者は『北白川こども風土記』(以下、『北白川…』)の中で「湖から盆地へ」という題で小文を書いている【本書56頁『北白川こども風土記』抄」(以下《風土記抄》)に収録】。その内容は、まず海であった北白川が、水が引いて湖になり、そこへ比叡山の斜面から流れ下る白川が、削剥した土砂を運び扇状地を造った、という話であった。このようなシナリオは、当時京大の地理の教授であった父親から聞いた話をほぼそのまま文章にしたもので、実際に自分で現地を歩いて地形や扇状地の解析を行って確かめたわけではない。

この本が出版され、その翌年に映画ができてから一〇年後には、筆者は大学で地形や地質を専門にする地質学(地球科学)を専攻するようになっていた。そこで改めて故郷を眺めて見ると、北白川の文化や文明がすべて白川に依存していることが分かった。縄文人たちは白川の扇状地の上に家を建て、街道沿いの産業は白川の水を使った水車を利用して発達した。京都から滋賀県へ移動する志賀越道も、もとは白川の川筋を利用していたと思われる。このようなことをもう一度考えてみたいと思った。

二〇一七〜一八年に北白川小学校の三年生の授業で、横尾正亮教諭が『北白川こども風土記』を取り上げられて、北白川の自然や地形に関する授業を行うこと、子供たちを野外観察につれて行くことを依頼された。その際に感じたのは、四六名の子供たちの熱心さと、小学生当時の自身の原稿の稚拙さであった。これは当時としてはやむを得ないことであったが、何か機会があればこれを改訂したいものだと考えていた。

本章では、白川の流れや白川扇状地が地域の文化や文明の発展にどのように寄与してきたのかについて、『北白川こども風土記』出版から六〇年経って考えたことを取りまとめてみた。それは、地域の地形や地質に対する筆者自身の考えがどのように変わってきたのかを示すものでもある。

1　近畿の大構造と地質

北白川を含む近畿全体の地形や地質を概観してみたい。大地形に関してはランドサット（地球観測衛星）からそれを概観すると、和歌山県から三重県に亘って東西に走る中央構造線によって近畿の地形や地質は北部と南部に二分されることがわかる。西南日本内帯と外帯である。京都は北部の西南日本内帯に属する。内帯には敦賀から伊勢湾、そして伊勢湾からこの中央構造線に沿って大阪湾の淡路島あたり、ここから敦賀を結ぶ大きな三角形が目に付く。これは藤田和夫によって「近畿トライアングル」と名付けられた地形的な特色である。この三角形の各辺を構成しているのは、敦賀—伊勢湾構造線、中央構造線、有馬—高槻構造線といった名前の構造線（断層）であり、出来た時代はまちまちである。近畿トライアングルの中は周りからみて全体として陥没あるいは沈降した凹地になっている。琵琶湖や京都盆地、奈良盆地、大阪平野などはこの三角形の中に含まれる。このような三角形の陥没は主として日本列島が東西圧縮に変わったおよそ三～二〇〇万年前に起こったと考えられている。

　京都府の地質は北から南へ古い地層から新しい地層が順に発達している。一番北にある舞鶴帯[1]はオフィオライト[2]を形成する約五億年前の玄武岩、斑糲岩、超塩基性岩からなる地質体で、古い海洋プレートが大陸の上に乗り上げたものと考えられている。断層を介してその南には丹波帯が広く分布している。これは四億年ほど前の砂岩、泥岩、チャート、石灰岩、枕状溶岩[3]などが付加体[4]を形成している。同様の地層は岐阜県などに広く分布する美濃帯と呼ばれている岩体と同じである。この付加体は約二億年前のジュラ紀（二億一〇〇万年～一億四五〇〇万年）には陸化した。白亜紀（一億四五〇〇万年～六六〇〇万年）の終わり九～八〇〇〇万年前には領家花崗岩や濃飛流紋岩と呼ばれる花崗岩質の火成活動が起こったが、京都では園部周辺のるり渓の花崗岩以外にはあまり影響は無かった。白亜紀の終わり（七〇〇〇万年前）に比叡山や比良山を作る花崗岩が丹波帯に貫入して、京都の東の境界である東山を形成した。白亜紀の終わりから新第三紀（二三〇〇万年～五三〇万年前）の一七〇〇万年前頃までは、京都はまだユーラシア大陸の東の縁にあった。西南日本が大陸から分かれて現在の位置に来るのは一七〇〇～一五〇〇万年前頃に始まった日本海の拡大という事件によってであり、一三〇〇万年前頃までには京都は現在の位置にたどりついた。

　新第三紀になると瀬戸内の海が京都盆地の奥まで湾入し、堆積物を溜めていった。宇治田原あたりには浅海の化石が産出する地層が存在する。一四〇〇万年前頃に大阪や奈良の県境付近、例えば二上山では高マグネシウム安山岩（サヌカイト）[5]が山を作っていったが、京都には火山活動の痕跡はない。新第三紀の鮮新世（五三〇万年～二五八万年前）から第四紀（二五八万年前から現在）にかけては瀬戸内海の海が再び広く京都盆地へ入り込んで、広い地域に大阪層群の泥や砂が広く堆積した。その厚さは京都では南ほど厚く、巨椋池のあたりでは二〇〇m以上もあることが地震探査の結果からわかっている。第四紀の完新世（一〇〇万年前）になってからは海水準の低下と堆積物による埋積によって、大阪湾が瀬戸内海へと後退するにつれて、京都盆地から海が引いて行った。完新世の堆積物はおおむね扇状地の堆積物で、水はけが良く、地下水がたまっている。京料理がうまく酒が旨いのは、この豊富で良質な地下水のためである。

まとめると、京都府の北、東西に丹波帯が分布し、それが第四紀に正断層によって陥没して京都盆地を形成、瀬戸内海が入ってきて深泥池あたりまで海であったが、やがてそれが引いて行って、巨椋池や深泥池を残して陸化していった。北の高野川や音羽川、白川そしてそれらが合流した鴨川などの河川によって運ばれた土砂が堆積して複合扇状地をつくり、その表面は北ほど高く南の大阪湾へ向けて低くなっている。

2　北白川の地形と地質

ここでもう少し微視的に北白川の地形や地質を見ていきたい［図1］。京都が盆地であることは比叡山の頂上にある将門岩から眺めると良くわかる。平将門と藤原純友が見たように北、東、西を山に囲まれ

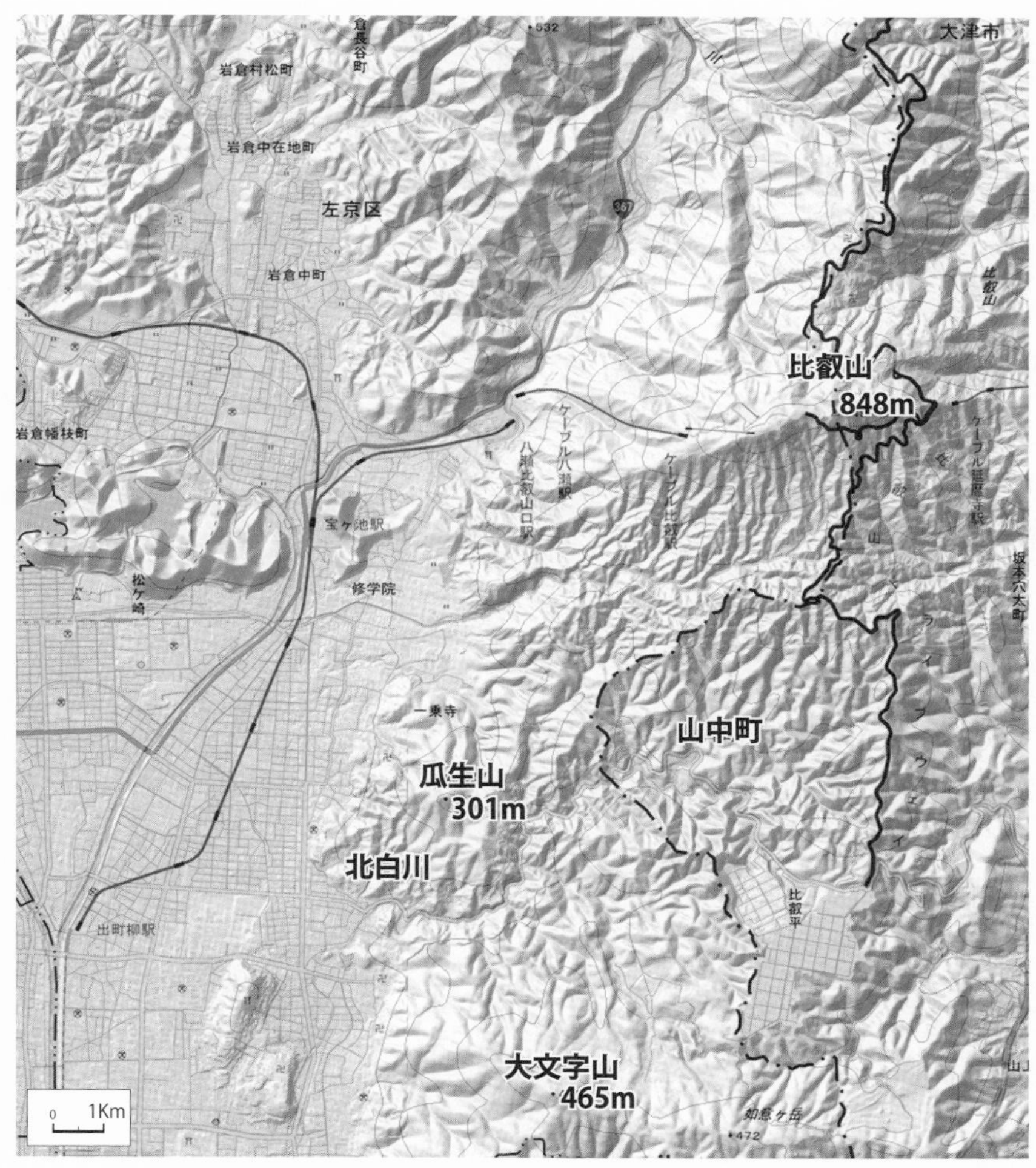

［図 1］北白川周辺の地形図（国土地理院地理院タイル（標準地図、陰影起伏図）に文字を加筆）

た盆地である。また、京都駅の前に立った京都タワーの展望台からは、京都盆地全体や遠く大阪城やアベノハルカスまでが見通せる。京都盆地は北が高く南へと下った地形で、上賀茂神社の鳥居の高さは海抜八〇mあり、北白川仕伏町（しぶせちょう）の乗願院も同じくらいの高さがある。その東には、東山三十六峰とも言われている東山連峰が、北は比叡山（八四八m）から南は伏見の稲荷山（二三三m）まで続く山々を形成している。中・古生代の丹波帯に花崗岩が貫入して接触変成を受けたホルンフェルスが、ひときわ固く高い山を作っている。それが比叡山と大文字山である。その間は花崗岩でできているが、風化や侵食に弱く、低い山並みを作っている。大文字山には褐簾石（かつれんせき）と▼6という放射性元素を含んだ鉱物がある。比叡山ドライブウェイの途中の山中町の温泉にはラジウムが含まれている。これらの放射性元素は比叡山や大文字山を作った花崗岩に由来する［図2］。

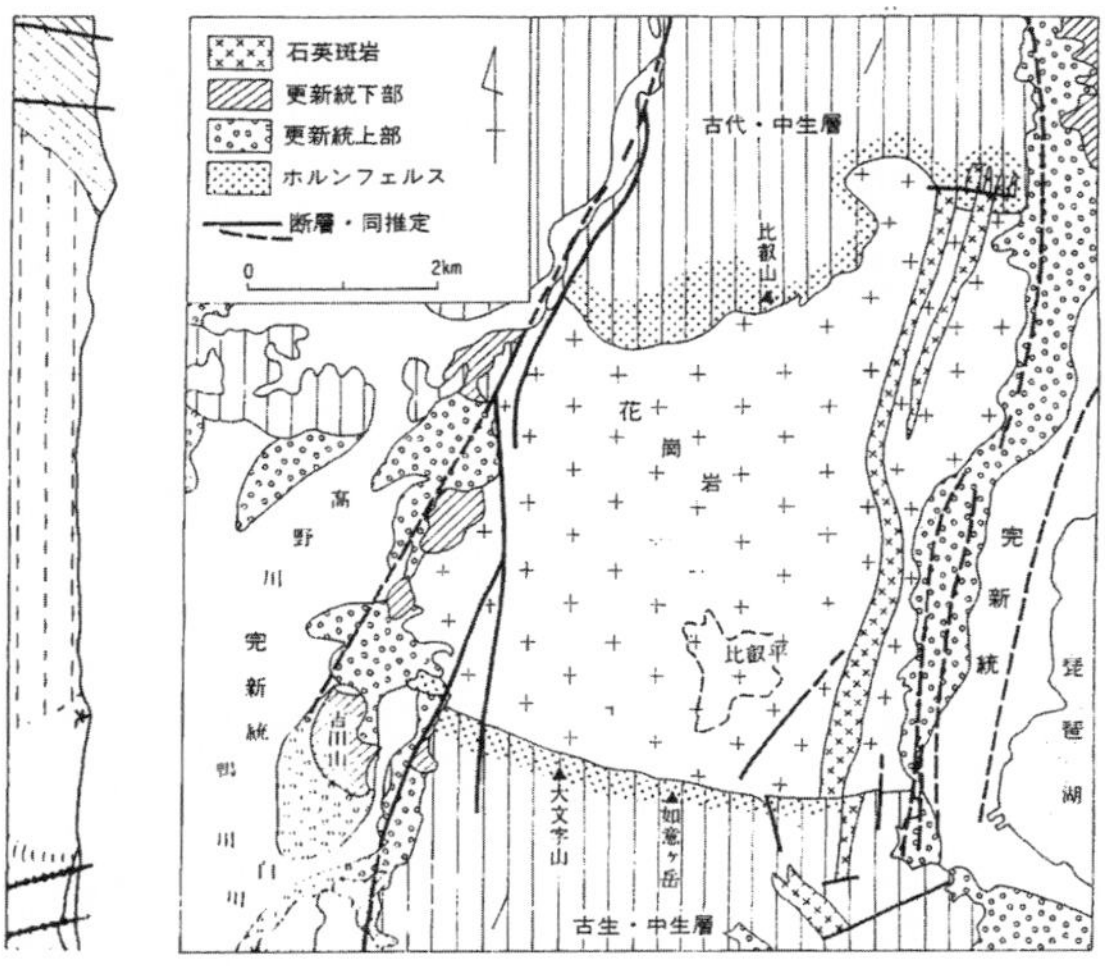

［図2］北白川周辺の地質とその断面（北白川小学校創立百周年記念委員会編『北白川百年の変遷』（地人書房、1974年）より）

東山の裾野には滋賀県の朽木村（くつきむら）まで続くほぼ南北性の花折断層が直線状に通っていて、街道を作り「鯖街道」と呼ばれている。福井県の小浜で獲れた鯖を七二時間かけて街道を運び、京都市左京区の出町柳へ着く頃には、程よい塩加減で鯖寿司の材料になる。比叡山や大文字山の麓には、断層による崖錐（がいすい）や白川によって運ばれた土砂が、谷口扇状地[▼7]を作っている。扇状地は土砂によって埋められた地形で、一番下には礫（れき）があり、砂、泥などが積み重なっていて水はけが良く畑に適した地形である。

まとめると、中古生層からなる丹波帯の地層に白亜紀の花崗岩が貫入して、その境界部に比叡山や大文字山などのホルンフェルスの山を形成、第四紀になってこれらの山から流れる北側の音羽川や南側の白川が、山地を出た谷口に扇状地を作っていった。これは約二万年前の最終氷期で、旧石器時代の人々が白川に住みついた時代に相当する。七〜六〇〇〇年前頃の縄文時代には小倉町（おぐらちょう）周辺に人が住みついていて土器を使っていた。

3　白川の流路を歩いて

白川は、花崗岩が風化・侵食してできた真砂（まさ）で川床が白くなっていることから名付けられたとされている。源流から河口である鴨川までの約一一kmを流れる川で【本書34頁《風土記抄》の地図「白川街道と白川」、242頁第4章図1「遺跡史跡の分布図」参照】、上流は比叡山の南斜面を下り山中町へ至る。中流はそこからさらに流れ下り、仕伏町の乗願院あたりを扇央とする扇状地を形成、下流は白川の村を街道に沿って流下し、銀閣寺道の西田橋［後掲図5］で人工河川である琵琶湖疏水と交差、動物園の裏の蹴上で疏水と合流し、河口である四条大橋の北で鴨川に流れ込んでいる。『北白川…』には、水車の話や石屋の話、天神宮や御殿など、風物、産業に関する話が書かれているが、これらはすべて白川の流れに沿っている。

筆者とその一行は源流から河口まで何度か歩いてみた。白川の源流は正確にはどこであるのか不明である。筆者が源流と考えていた場所へは、二〇一八年の台風でできたと思われる倒木や地滑りなどによって荒廃した谷を踏査することができず、遊園地のある場所（夢見が丘）へ出たので、その辺を仮に源流と定めた。源流が河口から最も遠いところであるとすれば、ロテルド比叡または一本杉の南西斜面であろう[▼8]。

源流域は標高およそ五五〇m。最初の湧き出しはわからないが、染み出してきた水が細い川を作って勢いよく流れだしていた。斜面は場所によっては二〇度以上もあって相当に急である。おそらく過去にいくつも小さな地滑りがあったために急斜面を形成し、そこに幾条もの細い河川が下って行ったものと思われた。

源流域では河川はきわめて細く網状で、斜面の崩壊に沿って流れる。大人がまたげるくらいの幅しかないが、流路には五〇cm以上の土石流堆積物がたまっている。急斜面の地形が緩くなったところには神社がありその下流にはダムが造られていた。ダムの中には何層かの黒い有機物に富んだ堆積物が見られた。これは何回かの洪水で有機物がたまったものと考えられる。

ダムから下ると山中町のバス道路に出る。これは比叡山ドライブウェイが旧道と交わるところである。白川はここから山中町の旧道に沿った集落をぬって下っている。山中町には神社、お寺、宿場の跡などがあって、かつては滋賀県からの荷物や旅人が通ったことを偲ばせる。なお、山中町（標高三〇一m）までは、およそ一・五kmで高度差が約二〇〇mという相当な急斜面であり、急流が流れていると思われるが、山中町から乗願院（標高およそ一〇〇m）まで水平距離は約四kmで高度差は二〇〇mとやや緩くなる。

白川の川床は花崗岩やホルンフェルス化した頁岩（けつがん）、砂岩などが見られ、その層理面（地層が重なっている面）

は断層によって切られて段差ができて堰（せき）を形成している。これは天然の堰でたくさんあるので「四十八滝」と称した。旧街道は急な斜面だが、白川の流速はこの堰によって緩められている。

山中町の集落を抜けると再び比叡山ドライブウェイとの交点に出るが、それがちょうど京都府と滋賀県との境である。ここには『北白川…』で取り上げられている「重石（かさねいし）」が見られる［図3］。重石の前には古い茶店であったと思われる廃屋があり、その横には県境の碑や一級河川白川の碑などが立っていた。重石には滋賀県側と京都側に小さな地蔵が掘られている。

白川はここから露頭を穿ったやや急な流れになって小さな瀬や滝を経て流れる。かなり大きめの滝が「蛇（じゃ）が壺（つぼ）」である。ここは花崗岩の節理（ジョイント）による約三mの落差があって流れ落ちる水が滝壺

［図3］重石　京都側と滋賀側

［図4］蛇が壺

を作っている。花崗岩の表面は水流によって研磨されてつるつるになっている［図4］。このすぐ下流にすでに述べた古くから稼働しているラジウム温泉がある。

ここから下流には白糸の滝との合流があり、丸山での大蛇行があって、乗願院のところで川床はやや平坦になる。標高はおよそ一〇〇m。ここが白川扇状地の扇央になると考えられる。乗願院は恐るべき場所に建てられていることがわかる。

白川街道は乗願院から久保田町の子安観音までつながるが、白川はそれから南へはずれ、銀閣寺道まで続く。銀閣寺道西田橋での標高は七六m。川床の傾斜は、丸山の大蛇行から出てくるところに比べて少し緩くなるが、依然として急である。この間に御殿跡、天神宮、万世橋などがあって、様々な史蹟に関する記載が『北白川…』には見られる。銀閣寺道の西田橋で琵琶湖疏水と十字交差していて、疏水は白川の下をくぐって久保田町から小倉町へと流れる［図5］。

［図5］疎水と白川との交差（西田橋）（筆者撮影）

ここまでが『北白川…』に取り上げられたエリアである。これより下流に関しては、河口までの間にいくつか顕著な場所がある。動物園裏の疏水との合流、織物工場、船着き場、二条の巽橋の景観、河口の鴨川との合流点などである。

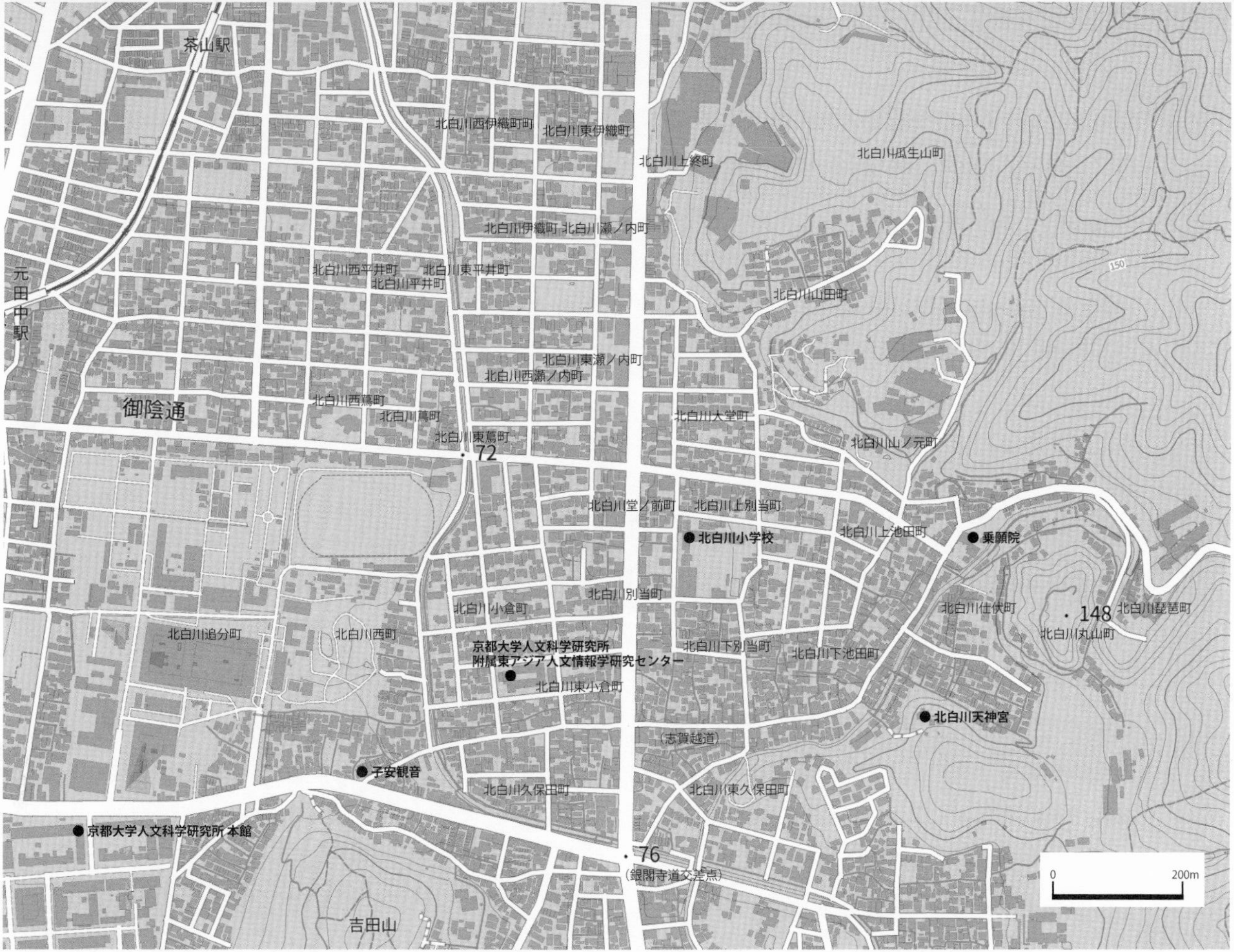

[図 6] 北白川主要域と周辺地図（国土地理院地理院地図 Vector に文字を加筆）

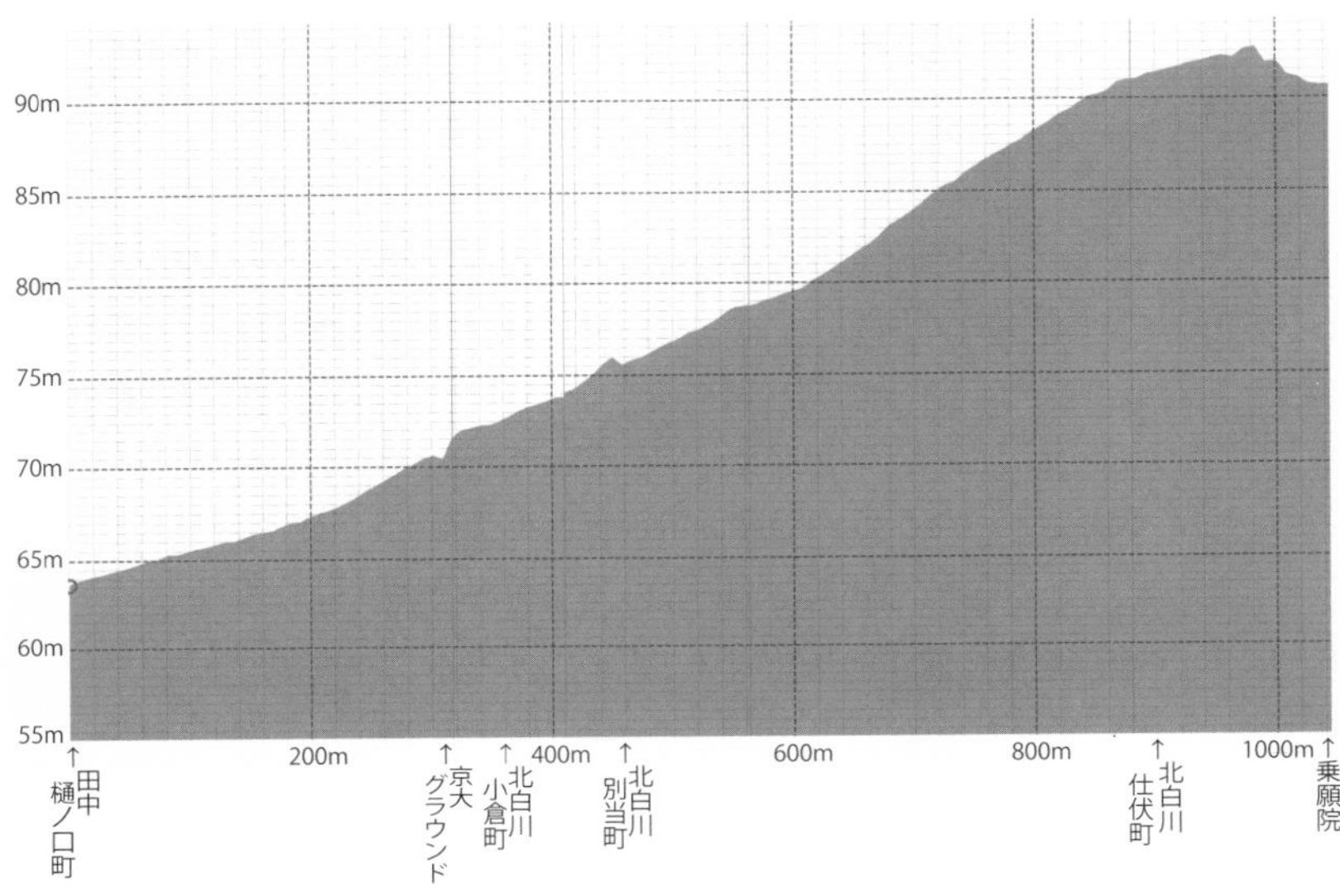

［図 7］ 白川扇状地の断面図

4　白川扇状地の断面

白川扇状地の高度分布や構造区分などは『北白川…』に記載されていたものが唯一であり【本書58頁《風土記抄》「北白川扇状地形図」】、「資料篇」には、当時の京大生が測った扇状地の高度分布が収められている。以後の測定データはないが、谷本研・中村裕太が仔馬をつれて歩いた「白川道中膝栗毛」【本書313頁に収録】の折に、そのルートに沿った高度分布を測っている。筆者は国土地理院から出ている地形図を使って扇状地の地形断面を作って見たが、花折断層の分岐断層を介在して扇状地はいくつかの部分に分けられるようである［図7］。

これらを分析すると、『北白川…』に書かれているように、扇状地は乗願院から始まって上部、中部、下部の三段あって、その先端は御蔭（みかげ）通の市バスの田中樋ノ口町バス停あたりである。市バスの終点の仕伏町から、別当町（べっとう）あたり（白川通、昔の十二間通）までが上部、別当町から小倉町（疏水の西側の道路）までが中部、以下の田中樋ノ口町バス停あたりまでが下部に相当する。このことは樋ノ口町から仕伏町まで歩いてみると良くわかる。琵琶湖疏水は、中部の先端の花折断層支脈上の比較的平坦な面に作られている。

毎年一月に行われる全国都道府県対抗女子駅伝の第四区は、百万遍（標高五六ｍ）から銀閣寺道（七六ｍ）までの坂を上ってくる。この坂も扇状地の表面地形に沿ったものであるが、ここでは下部と中部の二つの扇状地が識別できる。

ややイレギュラーなのは、乗願院の前から仕伏町のバス停までの部分であり、ここだけ逆に坂が少し上流側へ下がっている。このことは、扇状地の扇央がその後の流路の変更と洪水によって侵食された結果だと考えられる。白川は丸山のあたりで大きく蛇行するが、それは花折断層の分岐断層によって川が切られてこのような流路になったと考えられる。その出口からの洪水によって、白川街道方向へ削られた土砂が流れて行ったためであろう。白川扇状地の内部構造はボーリングなどによって明らかになっていて、増田・富井らは流路の変更や大洪水による砂質土石流堆積物の存在を明らかにした。

5　北白川の災害小史：洪水と地震

北白川では明治以降の記録に残っている大きな水害には以下のようなものがある。明治二二年（一八八九）の水害、昭和一〇年（一九三五）の水害、平成三〇年（二〇一八）の風水害などである。これらはすべて白川に関係する。

京都での地震の記録はたくさんあるが、すべて南海トラフに起因するものだ。伏見城の崩壊（慶長大地震、一五九六年）や一九四四年、四六年の南海トラフの地震がある。しかし、北白川は地震ではあまり大きな影響を受けなかったようである。

一方、花崗岩地帯ゆえ、水害による斜面崩壊や土石流は多発したようだ（同種の災害としては、平成三〇年豪雨により岡山県や広島県で起こった土石流が記憶に新しい）。今から二五〇〇年前の弥生時代に大きな洪水が起こり土石流堆積物が扇状地を襲い稲作が放棄されたらしいと増田・富井は述べている。

明治二二年の洪水では、当時乗願院にあった北白川小学校は大きなダメージを受けたようで、その後、明治三七年に現在の場所へ移転した。昭和一〇年に起こった水害では多くの死者が出たようで、その石碑が山中町に建てられている。平成一八年には上流域に砂防ダムが設けられた。先に述べたように、ダムの中の粗い砂の層の中に黒い有機物に富んだ地層が少なくとも四枚あって、平成一八年以降の四回の大雨によって運ばれたものと思われる。

令和元年（二〇一九）五月一日、白幽子（はくゆうし）の洞窟を見に行った。往きは尾根筋を通ったが、帰りには谷筋を通ったため、倒木や土石の跡が生々しくて歩行に難渋した。これは平成三〇年の台風の折に倒木や大水がこのあたりを襲ったと考えられる。明治以降では、五〇～七〇年の間隔で大きな水害が起こっているようである。

6　この半世紀の間に何が変わったのか：環境と文明の変遷

『北白川…』が出版された一九五九年から二〇一九年でちょうど六〇年になる。この半世紀以上にわたる間、北白川ではどのような変化があったのだろうか。明治二二年以降発行され続けている地形図から、大正、昭和と時代を重ねるにつれて町がどのように変遷してきたかを見ることができる。一九七四年に発行された『北白川百年の変遷』には地形図が八枚掲載され、昭和四七年（一九七二）までの地形図を見ることができる［図8］。

最大の変化は、昔「十二間道路」と呼ばれていた南北に走る白川道が上終町（かみはてちょう）までしかなかったことである。市バス５系統はここで引き返していた。さらに北に一乗寺へ行くには、田圃の中のあぜ道を通るか、下り松までつながる細い道を歩くしかなかった。それが今では、北山通まで、さらに宝が池の国際会議場にまでつながる道路になった。それにつれて交通の便がよくなり、住宅が立ち並び、店舗がたくさんできた。前述の全国都道府県対抗女子駅伝（第一回は一九八三年）は、この道を通って宝が池で折り返している。幹線道路が一つできると、その周辺の環境が目に見えて大きく変化していくことが良くあらわれている。

なお、白川道は、白川扇状地の上部と中部の境になる平坦面が利用されている。『北白川…』で使われた扇状地の地図では、白川道の位置と扇状地の区分とは一致していない。また、中部と下部の境界は疏水の道筋にあたり、下部の方はちょうど花折断層の支脈が通っている。京大農学部グラウンドの東の急崖で、ここでは地表面が約３ｍ垂直方向にずれている。疏水はその上の平坦面を通っている。

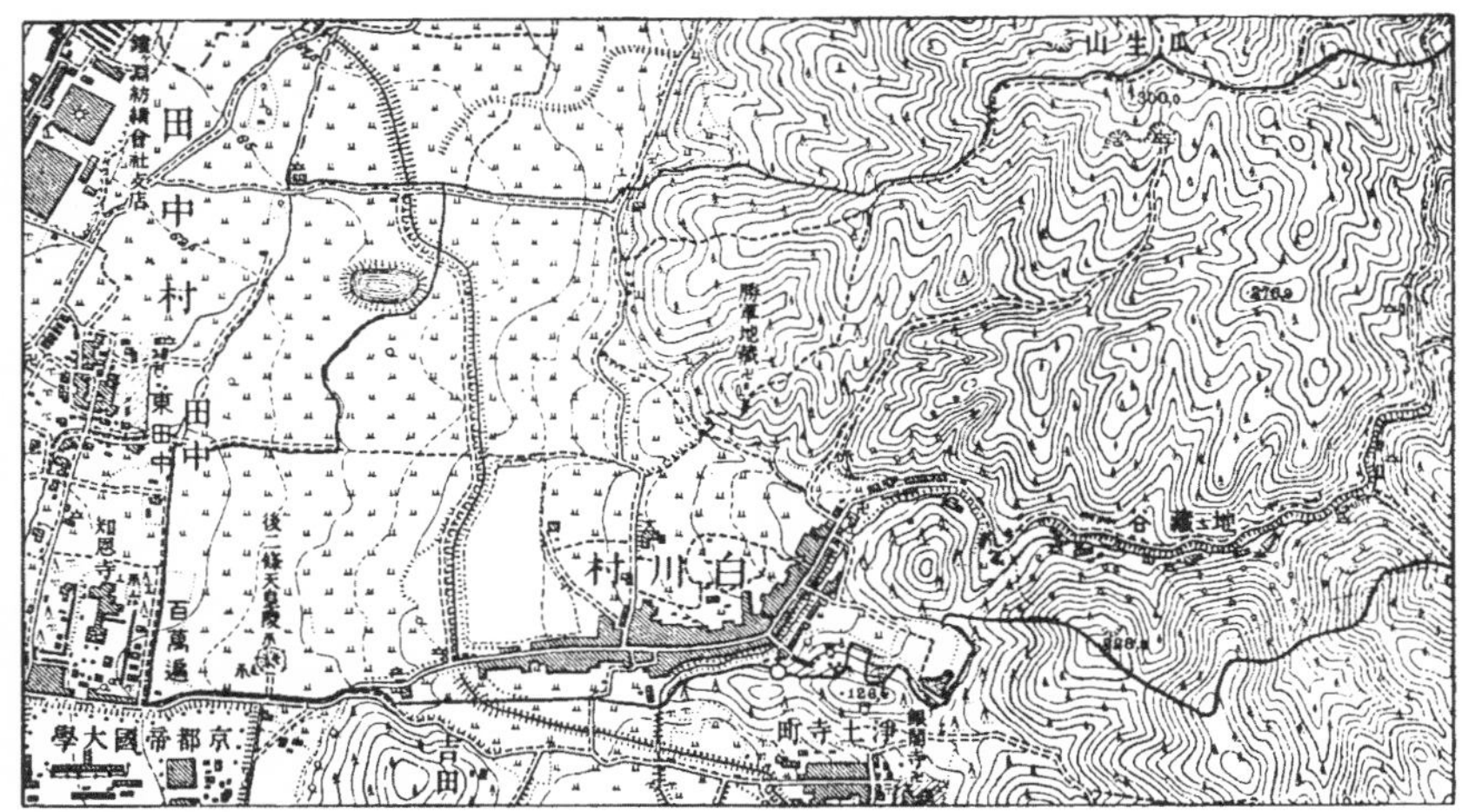

［8-1］明治 22 年

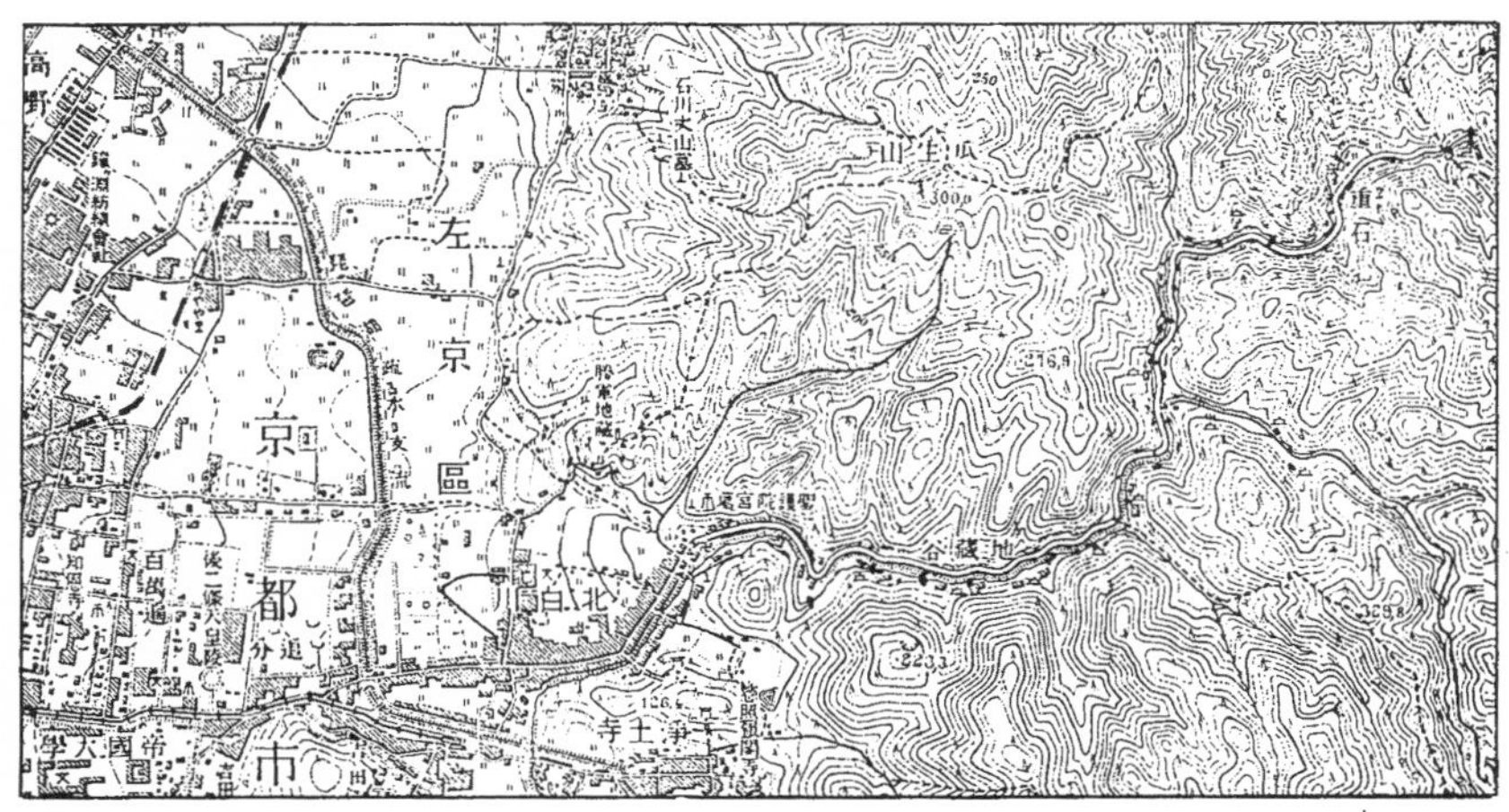

［8-2］昭和 6 年

［図 8］北白川の地形図の変遷（前掲『北白川百年の変遷』より）

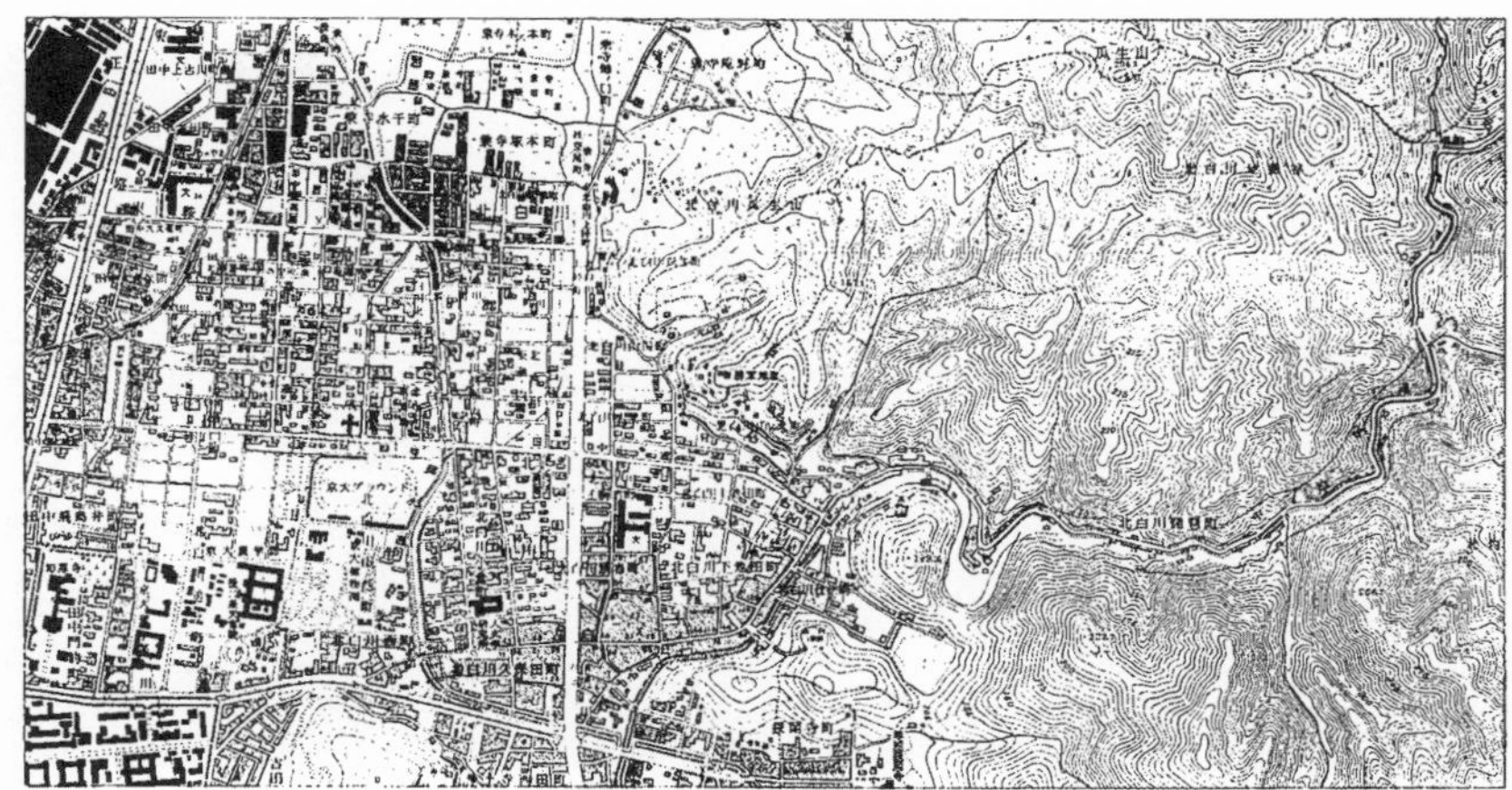

[8-3] 昭和 26 年

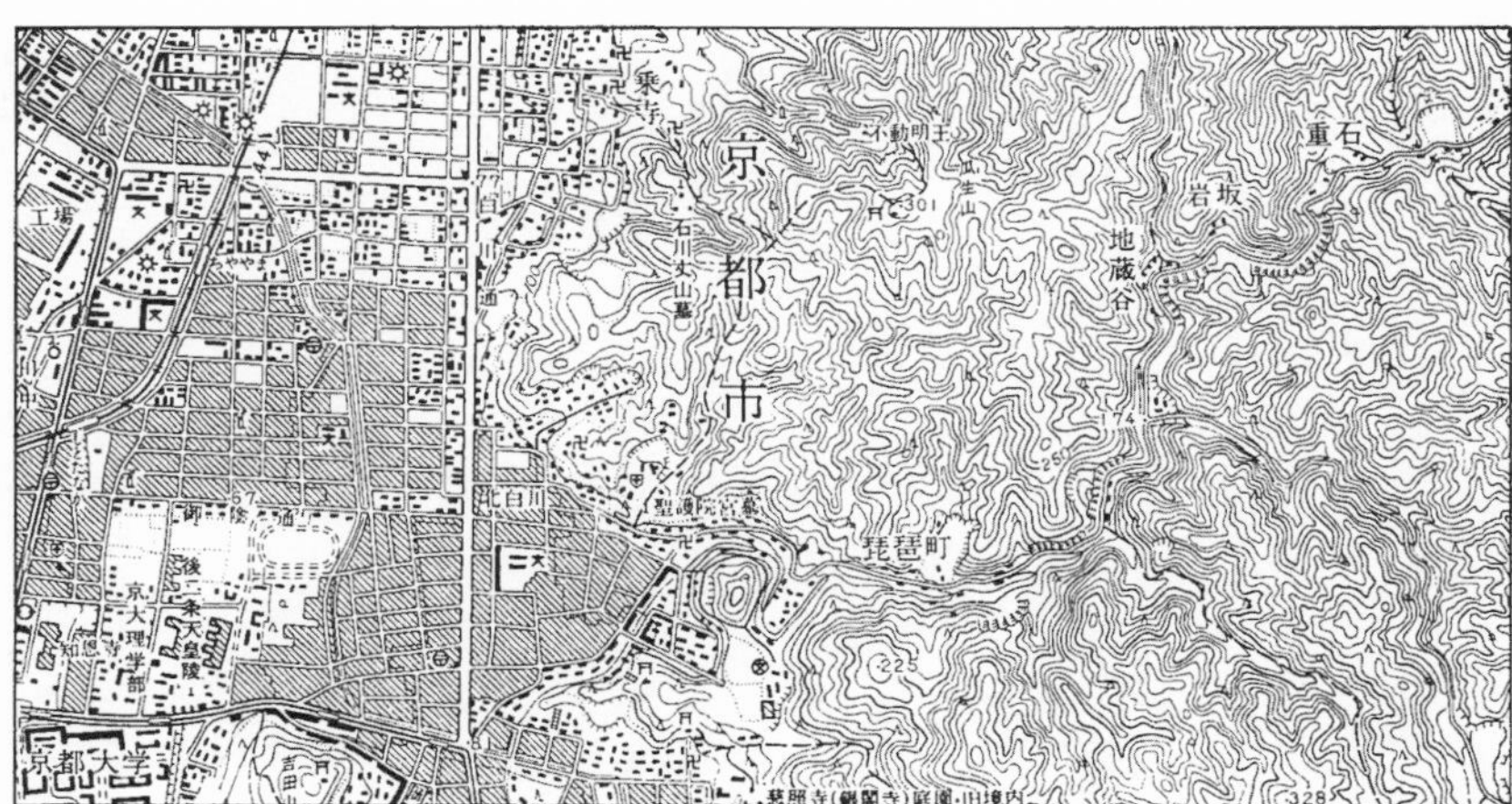

[8-4] 昭和 47 年

変化があまり見られないのは現在の北白川小学校である。筆者らが巣立ったころから現在の場所にあって、建物こそ変化しているが、正門などは全く変わらない。北白川小学校は明治七年に創設されて以来一四五年を超えている。乗願院にあった最初の学校は明治二二年の洪水によって明治三七年に現在の位置に移転した。それ以来、校舎の場所は洪水などの影響を受けていない。一世紀以上も災害に見舞われなかったのは場所の選択が素晴らしかったということなのかもしれない。

産業に関しては、北白川は大いに変化している。『北白川…』を書いている頃にも多くの産業が衰退していたが、その後、水車を使った産業、金粉工場、石屋など同級生の家がそうであったがほとんどがなくなってしまった。花売りも激減した。これは住宅の増加にともなう畑地の減少ということであろう。

白川街道沿いの産業はほとんどなくなったが、文化としての祭りなどは今でも伝承されている。平安時代からあった天神宮の天神祭である。現在の天神宮の総代は我々の小学校の同級生が務めている。

梅棹忠夫は北白川の住民を「花うり族と大学族」という表現で区分している。北白川は古い在来産業の子孫である「花うり族」と、新しくできた京都大学に赴任して移り住んだ「大学族」が共存している所である。この花うり族と大学族の子孫が相まって出来たのが『北白川こども風土記』ということになる。

それから六〇年経った現在、北白川の文化や伝統の継承を見た時、この梅棹の言葉は当たっていたと思われる。花うり族はその伝統を継承し、現在でも地域で天神宮の祭りを守っている。しかし、これも高齢化や地域から離れる者が多く、継承が危ぶまれている。一方、大学族である学者の子孫のほうは、大学を卒業しても学問を引き継ぐものはほとんどなく、就職して学問以外の道に進む者が多く、同級生で学者になったものは三名しかいない。北白川で研究を引き継いでいるものは筆者ともう一名である。

それも後を継ぐ者はいない。そういう点で、学者グループは全滅というわけである。まさに鴨長明の「方丈記」の観がする。

『北白川こども風土記』の基盤は白川の流れにある。この本を読みなおしてみると、そのことが良くわかる。約二万年前の旧石器時代、白川は乗願院のあたりから扇状地を作っていった。その中部扇状地あたりに人が棲みついて、水田や田畑などを作って生活した。白川の流れに沿って山中町あたりから集落が形成され、志賀越道沿いに旅籠などもでき、神社や寺が建てられた。白川の水を使って水車を回して工業が発達し、たくさんの石屋ができ、畑を利用して花売りが始まった。北白川の人々の生活は、白川抜きには語れない。白川の集落、産業、文化のすべてが白川の営みによって賄われてきた。そのことが『北白川こども風土記』に書かれているのであった。

〔参考文献〕
藤岡換太郎『山はどうしてできるのか』（講談社ブルーバックス、二〇一二年）
藤岡換太郎『川はどうしてできるのか』（講談社ブルーバックス、二〇一四年）
藤岡謙二郎・西村睦夫『北白川と嵯峨野』（地人書房、一九六八年）
金田平太郎・吾妻崇・吉岡敏和・寒川旭「京都府周辺の活断層と歴史地震・古地震」（『地質ニュース』六一五号、二〇〇五年、四九〜五三頁）
北白川小学校創立百周年記念委員会編『北白川百年の変遷』（地人書房、一九七四年）
増田富士雄編著『ダイナミック地層学』（近未来社、二〇一九年）

松下進『日本地方地質誌　近畿地方改訂版』（朝倉書店、一九七一年）
宮地良典・水野清秀・尾崎正紀「京都盆地の第四紀地質」（『地質ニュース』六一四号、二〇〇五年、四三～四五頁）
中村務「風土としての北白川を考える」（『愛郷』五七、愛郷会、二〇一八年、三～五頁）

1　舞鶴帯とは京都の舞鶴周辺を模式地として特徴的に露出する地質体で、昔の海洋プレートを構成する玄武岩や超塩基性岩などの岩石からなる地質体のことをいう。

2　オフィオライトとは一つの岩石の名前ではなくて、複数の岩石の組み合わせからなる岩石の名前である。それは上から深海性泥岩、玄武岩、斑糲岩、超塩基性岩（橄欖岩）からなる層序を持った岩体で過去の海洋地殻と上部マントルの破片、すなわち海洋プレートそのものをあらわす岩石のことをいう。

3　枕状溶岩とは断面が枕のような形をした溶岩のことをいう。これは玄武岩質、または安山岩質のマグマが海水（淡水でもいい）に突っ込んで急冷したときに、表面は固まっても内部はまだ熱く、外の殻を破って流れだし再び硬い表面を作りその内部のマグマがまた出てくるという風にいくつも筒状（ローブ状）の溶岩を作る。その断面が枕に似ているのでこの名前がある。

4　付加体とは海溝にたまった陸源性の堆積物や海から運ばれた生物の遺骸、玄武岩の破片や泥質の堆積物がプレートの運動によって押されて陸側の斜面に押し付けられて次々に陸側に地質体を作っていって、長い時間の間に陸に顔を出すようになり地質体を作ったものである。

5　高マグネシウム安山岩とは一般に安山岩はあまりマグネシウムを含まないがこの安山岩は多くのマグネシウムを含む特殊なものでその成因には高温が必要である。その一種にかんかん石と名付けられた

6 讃岐石（サヌカイト）がある。小豆島や二上山など瀬戸内に特徴的に産出する。

褐簾石は大文字山の花崗岩の中に含まれる特殊な鉱物で鉛筆の芯のような形をして放射性元素を含む鉱物である。

7 谷口扇状地とは山地から川が平野に出てきたところにできる扇状地である。ここでは川の傾斜が緩やかになって川の流速が小さくなるので運んできた土砂が置いていかれて堆積して扇のような地形である扇状地をつくる。

8 白川の源流は正確にはわかっていない。原点という一点ではなくて広い地域が源流に相当すると考えたほうがいい。

あとがき

佐藤　守弘

まずはこの不思議な本ができあがる過程について述べてみたい。私、**佐藤守弘**（編者、第6章ほか）が『北白川こども風土記』について知ったのは、**谷本研**と**中村裕太**（「白川道中膝栗毛」）による連続展覧会「タイルとホコラとツーリズム」の第二回でのトーク・セッション「屋根裏談義」（二〇一五年八月二九日）の際であった（本書「「白川道中膝栗毛」について」を参照のこと）。その第二回展は、「season 2《こちら地蔵本準備室》」と題され、「地蔵本」の出版を目指す二人がギャラリー空間を準備室に見立てて、そこに人びとが持ち寄った資料が拡大複写されて陳列される「ホコラテーク」を出現させるというものであったが、そこに展示された資料の一枚が、**菊地暁**（編者、序章ほか）によるウェブ・エッセイ「北白川と人文研――『北白川こども風土記』を読む」であった（330頁写真参照）。その時のトーク・セッション、および終了後の「足洗（あしあらい）」――この本の核となるメンバーはだいたい参加していたように記憶する――では、『北白川こども風土記』に関する話題でもちきりであった。

はじめは、小さな規模での研究会をはじめようと言っていたのだが、ちょうどその時、HAPS（東山アーティスツ・プレイスメント・サービス）で、イヴェント・シリーズ「HONESTY AND MODESTY」が行われることになり、その一環として、二〇一六年三月六日に公開研究会「こどもと郷土――『北白川こども風土記』を読む」を開催することになった。私と菊地、谷本のほか、**池側隆之**（第7章ほか）、**福島幸宏**（コラム2）も参加して、領域横断的に『北白川こども風土記』およびその映画について討議する機会を持つことができた。菊地によ

2016年3月　第1回公開研究会（HAPSスタジオにて）

2015年8月　ホコラテーク（Gallery PARCにて）

る概要説明に続いて、物語映画『北白川こども風土記』を上映し、福島「『北白川こども風土記』の普遍性～北白川こども風土記　以前・以後～」、池側「本、映画からの拡がり」、佐藤「版画教育の一九五〇年代　『北白川こども風土記』の視覚」という発表。そして、制作途中であった《白川道中膝栗毛》について谷本が語った。研究会もなにもやっていない時点だったので、まだ時期尚早かとも思ったが、結果として開催してよかった。というのも、定員四〇名を悠に超えるオーディエンス。そのなかには、『北白川こども風土記』の執筆者の方々や、**堀内寛昭**（第2章）など、地元／地域の人びとが多く来場され、その知遇を得たことは、その後の研究の進展に大いなる影響を与えることになったからだ。

二〇一六年に開催された「タイルとホコラとツーリズム season 3《白川道中膝栗毛》」は、『北白川こども風土記』の一節「白川街道を歩いて」に啓発された映像インスタレーションが展示された（本書「白川道中膝栗毛」を参照）。会期中の八月二七日には、公開研究会「こどもと郷土――『北白川こども風土記』を読む2」も開催され、映画上映とともに、前回のメンバーによるディスカッションに加え、中村および**一色範子**（コラム3ほか）も参加した。またこのときには、菊地の上記ウェブ・エッセイを読んでいた**藤岡換太郎**（第8章）から、菊地、池側への手紙が手渡され、交流がはじまることとなる。

藤岡は、当時（二〇一七～一八年）、北白川小学校の総合学習の授業でゲスト講師を務めることもあって、ふたたび『北白川こども風土記』に関してなにかやれないかと思っていたようで、たまに京都に夫妻で帰ってくるたびに、私たち（藤岡いわく）「風土記関係者」を、北白川を中心とした巡検、および夜の交流会に誘ってくれた。『北白川こども風土記』の舞台を実際に歩くことは、私たちの興味をさらに深くしたし、その過程で、また多領域の研究者たちが、この研究に関わることになる。

2017年4月　白川探索

2016年8月　第2回公開研究会（Gallery PARCにて）

そしてこの本の出版の企画が持ち上がったのが、二〇一九年三月から四月に、京都文化博物館で行われた「京都府内の学校所蔵 考古・歴史資料展2」であった。キュレータは**村野正景**（第1章ほか）で、さまざまな学校に所蔵されてきた考古・歴史資料とともに、『北白川こども風土記』の児童直筆原稿や映画のシナリオ、各地で編まれた〈こども風土記〉などが展示された。この展覧会は、北白川小学校をはじめ、同校の学校運営協議会や北白川愛郷会、京都府教育委員会、京都市教育委員会、京都市学校歴史博物館、株式会社山口書店、共同映画株式会社、それにこの本の執筆者たちなど、多数の個人と組織の連携によって実現した。来場者は一八〇〇〇人以上を数え、複数のマスメディアにも取り上げられるなど、『北白川こども風土記』を再評価する雰囲気がさらに醸成されていった。

展示初日の三月九日に行われたのが『北白川こども風土記』出版60周年　学校・地域・物語　『北白川こども風土記』から探る」というイヴェントであった。村野による趣旨説明「学校資料の価値の多様化」、菊地による基調講演に続いて、映画上映が行われた。休憩後には『北白川こども風土記』を語る」と題して、池側、**石神裕之**（第4章ほか）、一色、菊地、**黒岩康博**（第3章）、佐藤、谷本、中村、福島、堀内と、普通のトーク・イヴェントでは考えられないくらい多人数が並んで討論を行った。それぞれが自身の発表をきっちり行っていては、どれだけ時間があっても足らないので、壇上では持ち時間五分程度に制限し、それぞれの研究内容はA1大のポスターにまとめて、会場に展示をするという趣向で行った。イヴェントは大盛況で、一五〇名ほどの参加者が、京都文化博物館別館（旧・日本銀行京都支店）のホールを埋め、成功裏に終わった。終了後には、『北白川こども風土記』執筆者たちとの交流会も持たれ、さらに新しい資料を見せていただいた。

そしてその懇親会の席で、小さ子社の原宏一さんから、この共同研究を書籍のかたちにしな

2019年3月　映画上映（京都文化博物館別館にて）

2019年3月　京都文化博物館での展示

いかという提案を頂いた。それから一年三ヶ月、研究会メンバーでは論じきれなかったテクスト／物語論的視座を**高木史人**（第5章）、映画についてを**森脇清隆**（コラム8）に依頼して、総勢一四名による論考／コラムと『北白川こども風土記』抄を加えて、ついに完成を見たのである。

少し長くなったが、この本が出来上がるまでの経緯を述べた。ここに見られるのは、人のつながりにより、ときには偶発的に、研究のネットワークが出来上がっていくという、きわめて興味深い現象である。それも科研費などの競争的資金に申請してグループを組織してやってきたわけでもない。研究会にかかわる経費は、基本的には手弁当で、あるいはその場その場で幸福にも捻出することができた。自生的研究ネットワークと言ってもいいだろう。だからこそ、このように自然と領域横断的な研究ができあがったのであろうし、アカデミックな研究の枠にとらわれず、アートや教育の現場とも呼応しながら、やってこられたのだと考える。

領域横断的、学際的な学術研究の必要性が謳われて久しいが、実際のところ、それぞれの研究者が育ってきた研究領域の手法、姿勢の違いというのは大きく、乗り越えられることができずに統一感のない共同研究になってしまうこともしばしばある。ところがこの場合は、与えられた共同研究ではなく、自生的であるがゆえだろうか、全体として見渡してもバランスの取れた共同研究になったと考えている。

ここで少し私自身のケースを取り上げてみたい。まずは『北白川こども風土記』という魅力的な素材が目の前にいきなり登場した。ただ、これまでの自らの研究——写真を中心とした日本近代の視覚文化——の路線では、おそらく出てきようのないタイプの研究対象であった。でも、なにかこれに対して寄与できる点はないかと考えた上に見出したのが、戦後の美術教育における版画の果たした役割を複製メディア論的に切っていくという方法であった。私のみならず、他の著者たちにも、これに似た経緯で『北白川こども風土記』のなかから

2019年3月　交流会（京都文化博物館にて）

2019年3月　トーク（京都文化博物館別館にて）

考察の対象を見出した人はいるはずだ。

このように『北白川こども風土記』が与えられ、そのなかからそれぞれが自身のできることを見つけ出し、それを掘っていった末に『学校で地域を紡ぐ』という一冊の不思議な本ができあがった。私には、この過程が、児童たちがそれぞれの力を活かして、北白川という土地に立ち向かってできた『北白川こども風土記』と重なって見えてしかたがない。

また本自体の作り方としても例外的であった。というのも多くの学術書の場合は、著者も編者もテクストを作り上げることで仕事は終わり、あとは出版社とデザイナーにすべてを任せるという場合が多いのだが、この本の場合、ブックデザインを共同研究にはじめから関わる執筆者のひとりであり、『北白川こども風土記』を深く読み込んでいる谷本に依頼することで、編者である菊地、佐藤、出版者の原さん、そしてデザイナー・谷本が、編集部として一体となり、最後の最後まで議論を戦わせつつ、どのようにすれば読みやすい本になるのかを考えて全体をつくりあげた。このことは特記していいことであろう。

それでも、執筆者たちを悩ませていたのが、『北白川こども風土記』について考えれば考えるほど、「おどろくべき本」としか見えず、その特殊性のみが際立ってしまうことだった。というのも研究者としては、ある特殊な事例から、なんらかの普遍性を抽出するというのが目的であることが多く、それが「おどろくべき本」に帰着してしまうというのは、どうも敗北に近いような気がするからだ。言い換えれば、大山徳夫が浴びせられた「あんたとこやからできたのや」の呪縛が今に続いていたと言ってもいい。とはいいながら、この本においては、それぞれの研究者が、それぞれの方法で、その呪縛を解くことができているのではないかと編者としては自負している。

（文中敬称略）

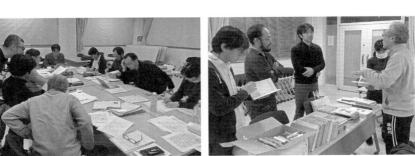

2020年1月　編集会議（京都大学にて）

2020年1月　編集会議（京都大学にて）

謝辞

本書の執筆、編集にあたり、左記の機関、および関係者の皆様には格別のご協力を賜りました。ここに厚く御礼を申し上げます。

岩本哲哉
大槻雅子
織田侠一
栗林純子
河野春樹
近藤勝重
杉本（矢島）友子
高橋和子
田中安雄
村田裕
本岡俊郎
森（小林）節子
山岡亮平
山根祥司
『北白川こども風土記』執筆者の皆様

株式会社 山口書店
共同映画株式会社
北白川愛郷会
北白川小学校学校運営協議会
Gallery PARC
京都市学校歴史博物館
京都市教育委員会
京都市立北白川小学校
京都大学
京都府京都文化博物館
京都府立京都学・歴彩館
東山アーティスツ・プレイスメント・サービス（HAPS）

（五十音順、敬称略）

※田中安雄氏と山岡亮平氏は、それぞれ二〇二一年と二〇二二年に逝去されました。謹んでご冥福をお祈りいたします。

池側隆之（いけがわ・たかゆき）
1968年生. 京都工芸繊維大学デザイン・建築学系教授. 京都工芸繊維大学大学院工芸科学研究科博士後期課程修了. 博士（学術）. 専門はメディアデザイン, 映像デザイン.
主要業績『キュラトリアル・ターン―アーティストの変貌、創ることの変容』（昭和堂, 2020年, 分担執筆）,「創造を担う映像ドキュメンテーション」『KYOTO Design Lab Yearbook 2018』（KYOTO Design Lab）, 2019年,『世界をきちんとあじわうための本』（ELVIS PRESS, 2016年, 分担執筆）.

黒岩康博（くろいわ・やすひろ）
1974年生. 天理大学文学部准教授. 京都大学大学院文学研究科博士後期課程研究指導認定退学. 博士（文学）. 専門は日本近代史.
主要業績『好古の瘴気―近代奈良の蒐集家と郷土研究』（慶應義塾大学出版会, 2017年, 単著）,『「甲子園」の眺め方―歴史としての高校野球』（小さ子社, 2018年, 分担執筆）,『論集 明治時代の東大寺―近代化がもたらした光と影（ザ・グレイトブッダ・シンポジウム論集第17号）』（東大寺, 2019年, 分担執筆）.

石神裕之（いしがみ・ひろゆき）
1973年生. 京都芸術大学芸術学部准教授. 慶應義塾大学大学院文学研究科後期博士課程単位取得退学. 博士（史学）. 専門は考古学・文化資源論.
主要業績『47都道府県 遺跡百科』（丸善出版, 2018年, 単著）,『近世庚申塔の考古学』（慶應義塾大学出版会, 2013年, 単著）,『近世都市の常態と非常態―人為的自然環境と災害―』（勉誠出版, 2020年, 分担執筆）.

高木史人（たかぎ・ふみと）
1957年生. 武庫川女子大学教育学部教授. 國學院大学大学院文学研究科博士課程後期単位取得満期退学. 専門は口承文学研究, 国語科教育.
主要業績『次世代に伝えたい新しい古典』（武蔵野書院, 2020年, 共編）,「昔を「話す」か、「語る」か。」『異文化研究』（山口大学人文学部異文化研究交流施設）14, 2020年,「母と息子との「民話」」『口承文芸研究』（日本口承文芸学会）43, 2020年.

谷本 研（たにもと・けん）
1973年生. 成安造形大学助教. 京都市立芸術大学大学院美術研究科修士課程絵画専攻（造形構想）修了. 専門は現代美術, デザイン, 漫画.
主要業績『Dan Graham: Works 1965-2000』図録（セラルヴェス現代美術館（ポルトガル）ほか, 2001年, 漫画執筆）,『Pennant Japan』（PARCO出版, 2004年, 単著）,『フランスの色景―写真と色彩を巡る旅』（港千尋・三木学共著, 青幻舎, 2014年, ブックデザイン）.

中村裕太（なかむら・ゆうた）
1983年生. 京都精華大学芸術学部特任講師. 京都精華大学大学院芸術研究科博士後期課程修了. 博士（芸術）. 専門は現代美術, 工芸文化論.
主要業績『アウト・オブ・民藝』（誠光社, 2019年, 共著）,『日本ラインの石、岐阜チョウの道』（美濃加茂市民ミュージアム, 2019年, 単著）,『MAMリサーチ007：走泥社―現代陶芸のはじまりに』（森美術館, 2020年, 分担執筆）.

森脇清隆（もりわき・きよたか）
1962年生. 京都府京都文化博物館主任学芸員. 佛教大学文学部教育学科卒業. 専門は映画史.
主要業績『KYOTO映像フェスタ』展覧会図録（京都文化博物館, 2003年, 分担執筆）,「フィルムアーカイヴとデジタル・テクノロジー」『DiVA』（芸術科学会）10号, 2006年4月,『時代劇文化の発信地・京都』（時代考証学会, 2014年, 分担執筆）.

藤岡換太郎（ふじおか・かんたろう）
1946年生. 静岡大学防災総合センター客員教授. 東京大学理学系大学院博士課程中退. 理学博士（東京大学）. 専門は地球科学.
主要業績『三つの石で地球がわかる』（講談社ブルーバックス, 2017年, 単著）,『フォッサマグナ』（講談社ブルーバックス, 2018年, 単著）, Arc volcanism and rifting, Nature, vol. 342, 1989, 共著.

執筆者紹介 (編者以外は掲載順．2020年6月25日現在)

菊地 暁 (きくち・あきら) [編者]

1969年生．京都大学人文科学研究所助教．大阪大学大学院文学研究科日本学専攻博士課程修了．博士(文学)．専門は民俗学．
主要業績『柳田国男と民俗学の近代：奥能登のアエノコトの二十世紀』(吉川弘文館，2001年，単著)，『今和次郎「日本の民家」再訪』(平凡社，2012年，共著)，『日本宗教史のキーワード：近代主義を超えて』(慶應義塾大学出版会，2018年，共編著)．

佐藤守弘 (さとう・もりひろ) [編者]

1966年生．同志社大学文学部教授．同志社大学大学院文学研究科博士後期課程退学．博士(芸術学)．専門は芸術学・視覚文化論．
主要業績『トポグラフィの日本近代 ― 江戸泥絵・横浜写真・芸術写真』(青弓社，2011年，単著)，『俗化する宗教表象と明治時代 ― 縁起・絵伝・怪異』(三弥井書店，2018年，分担執筆)，『開封・戦後日本の印刷広告『プレスアルト』同梱広告傑作選〈1949-1977〉』(創元社，2020年，分担執筆)．

山岡亮平 (やまおか・りょうへい)

1947年生．京都工芸繊維大学名誉教授．京都大学大学院農学研究科博士課程農芸化学専攻所定の単位を取得．農学博士(京都大学)．専門は化学生態学，応用昆虫学．
主要業績『アリはなぜ一列に歩くか』(大修館書店，1995年，単著)，『びっくり害虫図鑑』(三省堂書店，1993年，共著)，『共進化の謎に迫る』(平凡社，1995年，共著)．

福島幸宏 (ふくしま・ゆきひろ)

1973年生．東京大学大学院情報学環特任准教授．大阪市立大学大学院文学研究科後期博士課程単位取得退学．専門はデジタルアーカイブ，図書館，日本近現代史．
主要業績『青野原俘虜収容所の世界：第一次世界大戦とオーストリア捕虜兵』(山川出版社，2007年，共著)，『デジタル文化資源の活用 ― 地域の記憶とアーカイブ』(知的資源イニシアティブ編，勉誠出版，2011年，共著)，「これからの図書館員像：情報の専門家/地域の専門家として」『現代思想』46(18)，2018年12月．

一色範子 (いっしき・のりこ)

京都市安井児童館 児童厚生員・佛教大学教育学部生．佛教大学大学院教育学研究科生涯教育専攻修士課程修了(教育学)．専門は教育学．
主要業績「小学校における学校内歴史資料室の実態とその課題―学校所蔵資料の保存と活用の観点から―」『京都市学校歴史博物館研究紀要』第6号，2017年，『みんなで活かせる！学校資料 学校資料活用ハンドブック』(京都市学校歴史博物館，2019年，分担執筆)，「京都市立小学校が編纂した「子ども風土記」の活用の意義 ―「伝統と文化」を軸とした授業開発をとおして―」『佛教大学大学院紀要 教育学研究科篇』第47号，2019年．

村野正景 (むらの・まさかげ)

1978年生．京都府京都文化博物館学芸員．金沢大学国際文化資源学研究センター客員准教授．九州大学大学院比較社会文化学府博士課程退学．専門はパブリック考古学，文化遺産研究，博物館学．
主要業績『学校の文化資源の「創造」― 京都府立鴨沂高等学校所在資料の発見と活用Ⅰ―』(学校資料研究会・京都府立鴨沂高等学校京都文化科，2020年，編)，『みんなで活かせる！学校資料 学校資料活用ハンドブック』(京都市学校歴史博物館，2019年，共編)，『過去を伝える、今を遺す：歴史資料、文化遺産、情報資源は誰のものか』(山川出版社，2015年，分担執筆)．

堀内寛昭 (ほりうち・ひろあき)

1951年生．北白川学区市政協力委員連絡協議会会長．北白川小学校学校運営協議会理事(副会長)．元京都市埋蔵文化財研究所．
主要業績「「つぼつぼ」考―出土する李形小壺と茶の湯のつぼつぼ」『淡交』49 (12)，1995年12月，『若中会結成五十周年記念誌 若中』(北白川天神宮若中会，2002年，共著)，「瓜生山不動明王」『愛郷』(北白川愛郷会) 55号，2015年3月．

● テキストデータ提供のお知らせ

視覚障害、肢体不自由、発達障害などの理由で本書の文字へのアクセスが困難な方の利用に供する目的に限り、本書をご購入いただいた方に、本書のテキストデータを提供いたします。
（ただし、「『北白川こども風土記』抄」については、テキストデータがありませんので提供できません。ご了承ください）
ご希望の方は、必要事項を添えて、下のテキストデータ引換券を切り取って（コピー不可）、下記の住所までお送りください。

【必要事項】 データの送付方法をご指定ください（メール添付　または　CD-Rで送付）

メール添付の場合、送付先メールアドレスをお知らせください。
CD-R送付の場合、送付先ご住所・お名前をお知らせいただき、200円分の切手を同封してください。

【引換券送付先】 〒606-8233　京都市左京区田中北春菜町26-21　小さ子社

＊公共図書館、大学図書館その他公共機関（以下、図書館）の方へ
図書館がテキストデータ引換券を添えてテキストデータを請求いただいた場合も、図書館に対して、テキストデータを提供いたします。そのデータは、視覚障害などの理由で本書の文字へのアクセスが困難な方の利用に供する目的に限り、貸出などの形で図書館が利用に供していただいて構いません。

がっこうでちいきをつむぐ
きたしらかわこどもふどきから

学校で地域を紡ぐ
―『北白川こども風土記』から―

2020年6月25日　初版発行
2022年5月25日　第2刷

編　者　菊地　暁・佐藤守弘

発行者　原　宏一

発行所　合同会社小さ子社
〒606-8233 京都市左京区田中北春菜町26-21
電　話 075-708-6834
F A X 075-708-6839
E-mail info@chiisago.jp
https://www.chiisago.jp

ブックデザイン、カバー・本扉イラスト　谷本　研

印刷･製本　亜細亜印刷株式会社

ISBN 978-4-909782-05-2